**A ESQUERDA E O
GOLPE DE 1964**

Dênis de Moraes

A ESQUERDA E O GOLPE DE 1964

1ª edição revista e ampliada

Rio de Janeiro
2024

Copyright © Dênis de Moraes, 2024

1ª edição Espaço e Tempo, 1989
2ª edição Espaço e Tempo, 1990
3ª edição Expressão Popular, 2011
4ª edição Expressão Popular, 2013
1ª edição revista e ampliada Civilização Brasileira, 2024

Diagramação: Abreu's System

Todos os direitos reservados. É proibido reproduzir, armazenar ou transmitir partes deste livro, através de quaisquer meios, sem prévia autorização por escrito.

Texto revisado segundo o Acordo Ortográfico da Língua Portuguesa de 1990.

Direitos desta edição adquiridos pela
EDITORA CIVILIZAÇÃO BRASILEIRA
Um selo da
EDITORA JOSÉ OLYMPIO LTDA.
Rua Argentina, 171 – Rio de Janeiro, RJ
20921-380 – Tel.: (21) 2585-2000.

Seja um leitor preferencial Record.
Cadastre-se no site www.record.com.br
e receba informações sobre nossos
lançamentos e nossas promoções.

Atendimento e venda direta ao leitor:
sac@record.com.br

Impresso no Brasil
2024

CIP-BRASIL. CATALOGAÇÃO NA PUBLICAÇÃO
SINDICATO NACIONAL DOS EDITORES DE LIVROS, RJ

M819e Moraes, Dênis de, 1954-
A esquerda e o golpe de 1964 / Dênis de Moraes. – 1. ed. – Rio de Janeiro : Civilização Brasileira, 2024.

ISBN 978-65-5802-130-8

1. Brasil – Política e governo – 1961-1964. 2. Políticos – Brasil – Entrevistas. 3. Brasil – História – Revolução, 1964. I. Título.

CDD: 320.981
CDU: 32(81)

24-88120

Meri Gleice Rodrigues de Souza – Bibliotecária – CRB-7/6439

Para Júlia e Lívia, sempre.
Para Joana, saudade eterna.

Em memória de Ênio Silveira (1925–1996),
Moacyr Félix (1926–2005)
e Nelson Werneck Sodré (1911–1999).

Eram tempos de luta e entusiasmo. Uma geração inteira de estudantes universitários, mobilizados pela UNE, metia-se na política, organizava-se em grupos e partidos. Alguns no velho PCB, os católicos na JUC e na Ação Popular, outros ainda, escassos, mas radicais, na POLOP. Do lado de lá, a direita laica e truculenta, os Congregados Marianos e a turma do Tradição, Família e Propriedade, dos bispos de Campos, Antônio de Castro Mayer, e de Diamantina, Geraldo Sigaud, a quem os alunos, não os bispos, chamávamos de donzéis. Muitos se congregavam nos cineclubes de Belo Horizonte, onde liam os Cahiers du Cinéma e discutiam cinema, política e revolução. Adorávamos a Revolução Cubana, admirávamos Francisco Julião, desconfiávamos de João Goulart, detestávamos Carlos Lacerda e o imperialismo ianque. Estávamos seguros de que éramos os agentes privilegiados da história na construção de um Brasil socialista, que seria implantado pelos camponeses de Julião, pelos operários do Comando Geral dos Trabalhadores (CGT), pelos estudantes da UNE, pelos generais do povo, sargentos do Exército e marinheiros do almirante Aragão.

José Murilo de Carvalho, 2020

Eles têm a força, poderão nos avassalar, mas não se detêm os processos sociais nem com o crime nem com a força. A história é nossa e a fazem os povos.

Salvador Allende, último discurso pela Radio Magallanes, Santiago de Chile, 11 de setembro de 1973

SUMÁRIO

PREFÁCIO À EDIÇÃO DE 2024 – *José Paulo Netto*   13

INTRODUÇÃO À EDIÇÃO DE 2024 – 60 anos do golpe   21

PARTE 1 – Que país era aquele?

Conscientizar para mudar   35
Duas explosões: Cuba e Sartre   43
A política em toda parte   51
Do sopro de João XXIII ao campo minado   59
A voz da UNE   67
Artistas e intelectuais na linha de combate   71
Reformistas, revisionistas e revolucionários   85
A batalha do Plano Trienal   119
Quem eram os democratas?   135
Na boca do fuzil   157
Notas   173

PARTE 2 – Ilusões e euforias

Estávamos mais unidos que nunca   185
A frente única não decola   195
Todos alertávamos para o golpe   199
Nós triunfaríamos   207
Falhou a previsão do babalorixá   223
Notas   239

PARTE 3 - No túnel do tempo escuro

Dias de ódio e fúria   245
"Os pobres, de fome; os ricos, de raiva"   257
Notas   259

PARTE 4 - Repensando a derrota (depoimentos)

Almino Affonso (1929–)   267
Celso Furtado (1920–2004)   275
Darcy Ribeiro (1922–1997)   279
Eduardo Chuahy (1934–2021)   289
Francisco Julião (1915–1999)   295
Frei Betto (1944–)   305
Gregório Bezerra (1900–1983)   317
Herbert de Souza (Betinho) (1935–1997)   327
Hércules Corrêa (1930–2008)   337
Janio de Freitas (1932–)   345
José Salles (1940–)   363
Leonel Brizola (1922–2004)   373
Luiz Carlos Prestes (1898–1990)   385
Marcello Cerqueira (1939–)   395
Marly Vianna (1937–)   403
Milton Temer (1938–)   415
Neiva Moreira (1917–2012)   427
Nelson Werneck Sodré (1911–1999)   437
Plinio de Arruda Sampaio (1930–2014)   443
Raul Ryff (1911–1989)   453
Rui Moreira Lima (1919–2013)   459
Sérgio Magalhães (1916–1991)   465
Theotonio dos Santos (1936–2018)   473
Waldir Pires (1926–2018)   479

PARTE 5 – O desafio que ficou para trás

Quatro hipóteses   491
Notas   505

POSFÁCIO À PRIMEIRA EDIÇÃO – *René Armand Dreifuss*   507
BIBLIOGRAFIA   519
FONTES CONSULTADAS   527
AGRADECIMENTOS   531

PREFÁCIO À EDIÇÃO DE 2024

José Paulo Netto[*]

A esquerda e o golpe de 1964 teve a sua primeira edição em 1989 e se lhe seguiram outras três (1990, 2011 e 2013), demonstrando inquestionavelmente a recepção exitosa – pela crítica e, sobretudo, pelo público leitor – desse ensaio exemplar. Sai agora a sua quinta edição, marcando a passagem dos sessenta anos do golpe civil-militar que nos impôs, por duas décadas e meia, o regime político que oprimiu, reprimiu e deprimiu o que então havia de melhor e mais avançado na política e na cultura na sociedade brasileira.

E é de saudar esta edição, realmente objeto de cuidadosas *revisão* e *ampliação*. Observe-se que a revisão conduzida pelo autor incidiu somente sobre a formal *textualidade* do ensaio, aprimorando-a; porém, as teses histórico-políticas básicas exaradas pelo autor em 1989 se mantiveram, sólidas e apenas mais polidas estilisticamente – e se mantiveram porquanto resistiram à passagem dos anos graças às suas consistentes fundamentação e pertinência originais. No que diz respeito à ampliação, flagrantemente perceptível, por exemplo, no que se relaciona aos depoimentos recolhidos, ela de fato enriqueceu o primoroso ensaio.

Esta edição, todavia, sai numa conjuntura política muito particular e determinada – sai no momento em que, na sociedade brasileira, as forças sociais de algum modo comprometidas com valores civilizatórios, direitos sociais e práticas republicanas procuram livrar-se do lamentável período de quase cinco anos em que a democracia, institucionalizada lá

---

[*] Professor emérito da Universidade Federal do Rio de Janeiro e escritor.

em 1988, após duas décadas de lutas contra o arbítrio e a violência próprios do regime ditatorial derivado do golpe de 1964, a democracia foi diuturna e sistematicamente golpeada. Esse exíguo lapso temporal teve, contudo, efeitos profundos e ruinosos. Nesta meia década, o renitente conservadorismo de segmentos burgueses associou-se a um reacionarismo tosco e protofascista, com verniz hipocritamente religioso-evangélico, encarnado naquela figura grosseira e repugnante que, aboletada na mais alta instância executiva da República, recuperou o velho mantra integralista "Deus, Pátria, Família" e se autocaracterizou como "imbrochável" – nesta meia década, o aventureiro desqualificado e a sua claque comprometeram o futuro da massa da população brasileira e enlamearam a imagem do país no concerto internacional. Foi só por meia década, mas a devastação produzida demandará muito mais tempo para ser superada.

Espantoso foi, nesta meia década, o nível a que chegaram o falseamento e a mistificação da história do Brasil. Processo que não foi gerado nos últimos cinco anos, nem se deveu apenas à escandalosa e mentirosa exploração de novos meios de comunicação; em estado larvar, já vinha dos anos 1990, com a elaboração crítico-sistemática da história substituída pela sucessão de glorificadas "narrativas" – a olhos efetivamente críticos, claro está que a história foi, das ciências humanas, a mais vulnerabilizada, mesmo antes de entrar em cena a vaga expansiva e deletéria da "pós-verdade". Nos últimos cinco anos tão somente colheu-se, na prática e na disputa políticas, um produto dessa semeadura. Assim, na quadra particular que se está a viver hoje, uma análise autenticamente histórica e crítica do golpe de 1964 e da esquerda que lhe foi contemporânea, tal como a apresentada aqui por Dênis de Moraes, ganha uma significação ainda maior que aquela que teve em suas anteriores publicações. Bem-vinda, muito bem-vinda pois, esta quinta edição que o leitor tem em mãos.

O andamento da pesquisa de Dênis de Moraes foi detalhado por ele. Destaque-se aqui apenas os seus principais procedimentos. Examinou, no

PREFÁCIO À EDIÇÃO DE 2024

Arquivo Nacional, o acervo do Instituto de Pesquisas e Estudos Sociais (IPES) (1961-1973), financiado por empresários brasileiros e norte-americanos, que teve em seus quadros notórias figuras constitutivas da intelectualidade orgânica da ditadura – sob a direção de Golbery do Couto e Silva (1911-1987) – e que se articulou ao Instituto Brasileiro de Ação Democrática (IBAD), criado em 1959 por Ivan Hasslocher (1920-2000), agente da CIA no Brasil (mantido com dinheiros norte-americanos, o IBAD foi extinto por ordem judicial em 1963, dado o seu comprovado papel de corruptor do processo eleitoral de 1962). Pesquisou, para esta edição, no Centro de Referência Memórias Reveladas/Arquivo Nacional; perscrutou documentos da Agência Central de Inteligência dos Estados Unidos (CIA) e do extinto Serviço Nacional de Informações (SNI) (lidando com seus prontuários e informes confidenciais); recorreu aos arquivos e relatórios finais da Comissão Nacional da Verdade, que concluiu seu trabalho em dezembro de 2014. A bibliografia já existente sobre os eventos políticos da primeira metade da década de 1960 foi utilizada pelo autor, bem como matérias saídas à época na imprensa periódica. Esclareça-se que Dênis de Moraes, já com o acúmulo de anteriores experiências de pesquisa, mergulhou nessa investigação com um quadro teórico-metodológico claramente definido, suportado pelo conhecimento da teoria social de Marx e, especialmente para o trato da cultura e da ideologia, recorrendo também às ideias de Gramsci – trata-se, vê-se, de um intelectual que lavra a seara da história a partir de um *background* comprovadamente fecundo.

Porém, Dênis de Moraes não é o que habitualmente se qualifica como um "historiador profissional", um "especialista em história" – nem sempre tem como objeto específico a história brasileira ou momentos determinados dela (como é o caso deste livro), área em que a nossa cultura dispõe de expoentes notáveis, cujo legado é bem conhecido e assimilado por ele. O seu trabalho recorre a esse legado e o explora para explicar e compreender os objetos sobre os quais dirige a sua atenção. Ouso afirmar que, em sentido rigoroso, o que Dênis de Moraes mais busca no conjunto dos seus trabalhos é a apreensão da *historicidade* dos seus objetos de pesquisa: característica que ressalta, por exemplo, na excelência da sua produção como biógrafo de Oduvaldo Vianna Filho (*Vianinha, cúmplice da paixão*, de 1991), de Graciliano Ramos (*O velho Graça*, de 1992) e de Henfil (*O rebelde do traço*, de 1996), e inclusive de polêmicas e importantes figuras mundiais (*Sartre e a imprensa*, 2022). Verifica-se aí que, nas suas análises, Dênis de Moraes não toma a história como *cenário* ou *pano de fundo*, mas agarra a *historicidade* como a *substância* das vidas e das obras que estuda.

Acabo de mencionar quatro produções emblemáticas de Dênis de Moraes. É preciso, contudo, informar ao eventual leitor destas páginas que os quatro livros citados são uma parcela mínima do conjunto das publicações de Dênis de Moraes. Não cabe aqui arrolar sequer uma pequena listagem da sua larga produção, editada no Brasil e no exterior; cumpre apenas sinalizar que ele tem a seu crédito mais de vinte livros e mais que o triplo de textos expressivos inseridos em volumes de autoria coletiva. E ainda: sua produção tem reconhecimento nacional e internacional – para além de distinções concedidas por instituições brasileiras de fomento à pesquisa, recebeu, em 2010, do Ministério de Cultura de Cuba, o relevante Premio Internacional de Ensayo Pensar a Contracorriente. Um reconhecimento, seja no Brasil, seja no exterior, que se refere especialmente às suas pesquisas na área da teoria da comunicação, campo no qual os seus estudos lhe conferiram um *status* privilegiado. Com efeito, é como teórico da comunicação que Dênis de Moraes tornou-se uma inarredável referência acadêmica e um ativo conferencista em eventos da área, na qual a sua bibliografia é copiosa.

Importa, porém, salientar que o profícuo labor de Dênis de Moraes nada tem a ver com o *produtivismo fordista* que, nos últimos anos, tomou

PREFÁCIO À EDIÇÃO DE 2024

conta da vida acadêmica brasileira. Antes de se tornar professor universitário, ele já se destacara na imprensa carioca. De 1976 a 1991, exerceu exaustiva e profissionalmente o jornalismo. Quando pôde dedicar-se em tempo integral ao trabalho docente na Universidade Federal Fluminense (UFF), construiu nela uma carreira exemplar: alçado – por concurso público – ao nível de professor titular, sobressaiu-se em salas de aula na graduação e na pós-graduação, com intensa atuação na orientação de dissertações e teses.

Ressalto que Dênis de Moraes é um caso raro de acadêmico que sabe dar sempre a forma adequada à sua formulação intelectual – quando se volta para o segmento universitário, ajusta a sua linguagem às exigências teórico-científicas; quando se dirige ao chamado grande público, as suas elaborações (sem concessão a qualquer esquematismo/simplismo) adquirem uma transparência cristalina – para a qual, decerto, contribuiu muito a sua prática jornalística. O leitor deste livro seguramente logo verificará esta particularidade do discurso de Dênis de Moraes.

Penso que essa particularidade possui raízes em algo que aqueles que acompanham a sua trajetória podem atestar: a sua evolução como *escritor*. Atrevo-me a afirmar que ele é, em sua maturidade e antes de tudo, um exímio escritor, que dispõe de um estilo muito próprio, no qual a elegância formal do enunciado ajusta-se à perfeição ao seu conteúdo. Para ser breve e conclusivo: é sempre um enorme prazer ler e aprender com os livros de Dênis de Moraes.

Mas há ainda outra característica do autor que eu gostaria de sinalizar, porquanto pouco comum nos intelectuais da sua geração: ele é, para dizê-lo sob forma em desuso nos dias correntes, um notável *polígrafo* – transita, inteiramente à vontade e competentemente, da sua área de especialidade (a teoria da comunicação e campos afins) ao biografismo literário e político, ao debate da teoria política e à análise de episódios históricos. E não exercita esse trânsito como forma de evasão bovarista ou diletância de horas de folga: é prova de que a sua reflexão crítica sobre distintas temáticas contemporâneas nutre-se de uma invejável bagagem cultural.

Perdoe-me o leitor se, diante da importância desta quinta edição *de A esquerda e o golpe de 1964*, fiz digressões sobre outros trabalhos do autor — julguei-as pertinentes notadamente para os jovens que só agora podem se apropriar dos elementos expositivos e analítico deste livro. Volto, pois, a ele.

Desde a sua primeira edição, muitos outros estudiosos, acadêmicos e jornalistas tematizaram a problemática de que, em 1989, se ocupou Dênis de Moraes. Mas este livro — de leitura apaixonante — permanece um ensaio histórico-político paradigmático. Reconstruindo verazmente o processo político que culminou nos idos de 1964 — em andamento sobre base factual precisa e interpretação histórica segura —, o autor percorre e perquire o elenco de concepções, táticas e projeções (e, sobretudo, de ilusões e equívocos) com que diferentes setores da esquerda brasileira se movimentaram sob o governo João Goulart, derrubado a 1º de abril de 1964 pelas forças que acabaram por instaurar o que Florestan Fernandes designou como *autocracia burguesa*.

O escritor talentoso, aqui sob a pele do jornalista arguto, apresenta o processo político e cultural dos idos de 1964 como quase que compondo um tenso roteiro fílmico. Dênis de Moraes refigura o protagonismo de sujeitos coletivos e de personalidades da esquerda (e agrega seus depoimentos) que jogaram papéis relevantes naquela conjuntura complexa e dramática. Democracia, política e cultura são apreendidas e compreendidas à luz de uma perspectiva totalizadora. Por todos os motivos e as razões pensáveis, aqueles que não viveram os anos 1960 (ou que deles têm apenas as versões da história oficial e/ou das narrativas da "pós-verdade") hão de encontrar neste livro um roteiro reflexivo que, sem dúvida, contribui não só para elucidar o nosso passado, mas ainda para clarificar

PREFÁCIO À EDIÇÃO DE 2024

dilemas do Brasil dos dias de hoje. Neste livro, a problemática de 1964 não se toma como objeto de arqueologia histórica: surge restaurada e límpida na grandeza da sua esperança e na tragédia dos seus limites – e das implicações, positivas e negativas, que legaram; seus êxitos e fracassos impregnam a nossa contemporaneidade. Nestas páginas de Dênis de Moraes tem-se a prova decisiva da validez do juízo de Mário de Andrade: *a história não é exemplo, é lição.*

Há, enfim, outro pedido a fazer ao leitor benevolente: que ele perdoe ao signatário desta breve nota um parágrafo de natureza pessoal. Nos anos 1980, li textos de Dênis de Moraes – mas só o conheci no final da década de 1990, em encontro casual numa feijoada de sábado entre camaradas (em que vi, também pela primeira vez, um amigo e significativo interlocutor de Dênis, René Dreifuss). O contato não foi uma conversação superficial, mas impressionou-me tanto a sua largueza de horizontes culturais quanto a sua lhaneza no trato (que, até hoje, parece-me ao que imagino ser a de um lorde inglês). Aproximamo-nos de fato em 2003, a partir de um divertido almoço num modesto pé-sujo do *campus* da Praia Vermelha da Universidade Federal do Rio de Janeiro (UFRJ), em que Carlos Nelson Coutinho nos pôs a discutir sobre tudo, de Marx--Lukács-Gramsci ao futebol carioca. Daí em diante, e até hoje, as nossas afinidades eletivas, intelectuais e políticas acabaram por derivar numa sólida – e, para mim, enriquecedora – amizade.

Decerto que o leitor haverá de perdoar a um encanecido septuagenário esta alusão menor e de cariz pessoal. Especialmente se ele considerar que, nesta nota, o signatário esforçou-se por não se deixar conduzir pela afetividade, mas pela convicção racional de estar se referindo, com a objetividade possível, a um autor e a uma obra que merecem a mais alta consideração na cultura brasileira das últimas três décadas.

INTRODUÇÃO À EDIÇÃO DE 2024
60 ANOS DO GOLPE

Esta edição, revista e ampliada, de *A esquerda e o golpe de 1964*, vem a público sessenta anos depois do golpe de Estado de 1º de abril de 1964. Ela preserva, no essencial, os focos temáticos, os eixos de análise e o estilo narrativo do livro publicado originalmente em 1989, que mereceu generosa acolhida da crítica. Ao mesmo tempo, modifiquei capítulos e incluí outros; reelaborei várias passagens; e, principalmente, introduzi materiais inéditos e novos conteúdos, além de ter consultado fontes surgidas em décadas recentes. Com tais alterações e acréscimos, a minha preocupação básica foi a de reapreciar questões relevantes do período, como também incorporar outras visões críticas sobre o processo político e ideológico-cultural que culminou com a deposição do presidente João Goulart (1919–1976), instaurando no Brasil, por longos e penosos 21 anos, a ditadura militar.

A ideia do trabalho nasceu de uma agradável conversa com o cientista político René Armand Dreifuss (1945–2003), autor do clássico *1964: a conquista do Estado*, num bar do Flamengo, no Rio de Janeiro. Era uma tarde abafada do verão de 1982; René ainda morava em Belo Horizonte e viera passar férias com a família. A devassa que ele fizera nos arquivos do Instituto de Pesquisa e Estudos Sociais (IPES) e que resultara no livro do ano de 1981 tinha despertado a curiosidade de conhecê-lo.

Bem-humorado, ainda acertando-se com o português, o uruguaio René me surpreendeu pela rapidez com que aderiu ao projeto que lhe expus, de entender as causas da derrota da esquerda[1] brasileira em 1964. "Você vai contar o outro lado da história", comentou ele, numa alusão à

sua pesquisa sobre a articulação político-ideológica-militar-empresarial-
-midiática que derrubou Goulart.

René forneceu-me logo uma pista para levantar dados que auxiliassem
a resgatar a memória dos vencidos: recomendou-me consultar, entre
outras fontes, os arquivos do IPES e da Campanha da Mulher pela Democracia (Camde), linha auxiliar no movimento de mulheres conservadoras da Guanabara, com ramificações em outros estados, organizados
com zelo pela equipe do Arquivo Nacional. A indicação se revelou de
extrema valia. Na primeira vez que abri as caixas, compreendi a razão.
Ali estão estocados os rastros da competente, sinistra trama que aniqui-
lou um governo constitucional e progressista[2] – uma vasta quantidade
de documentos e recortes de jornais e revistas, notadamente do período
1963–1964, classificados de forma didática e abrangente.

Os levantamentos iniciais renovaram o sentimento de perplexidade
que sempre tive sobre o desfecho de 1964, quando eu tinha 9 anos e
não entendi por que não haveria aulas no Colégio Andrews, na zona sul
do Rio de Janeiro, onde estudava, no dia 1º de abril. Arrisco-me a dizer
que esse é um sentimento comum a segmentos de minha geração. Por
que a esquerda perdeu? Como explicar o fracasso da mobilização pelas
reformas de base? Por que os setores progressistas se apresentavam tão
divididos? Por que as lideranças populares foram sobrepujadas na arena
ideológica, em plena fase de ascensão do movimento de massas? Por que
não resistiram? As interrogações me impeliram a fazer o livro.

Durante o ciclo ditatorial, a chamada "história oficial" procurou silen-
ciar as vozes que perderam em 1964 e se tornaram opositoras do regime
militar, recorrendo ao alijamento político, à coerção institucionalizada,
à censura, à tortura e até à eliminação física. O objetivo primordial era
desqualificar as mobilizações e reivindicações sociais durante o governo
João Goulart. Essa interdição visava ocultar, conforme José Paulo Netto,
o clamor, com "enfática orientação anticapitalista", por uma "ampla re-

INTRODUÇÃO À EDIÇÃO DE 2024 – 60 ANOS DO GOLPE

estruturação do padrão de desenvolvimento econômico e uma profunda democratização da sociedade e do Estado".[3]

Ao estudar o silêncio dos vencidos na Revolução de 1930, Edgar de Decca esclarece como a ideologia "dissimula no exercício da dominação de classes o processo histórico que efetivou os vencedores da luta política e suprimiu nos discursos a experiência histórica dos dominados".[4] Com efeito, a partir dessa dissimulação se construíram fabulações sobre 1964, refratárias à participação popular e às demandas das classes penalizadas por desigualdades e excluídas dos níveis de decisão sobre o destino do país.

O discurso que buscou dar coesão à versão oficial sobre o golpe se moldou como cimento à fisionomia prepotente e antidemocrática do regime instalado após a queda de Jango. Estigmatizou as tensões e contradições da democracia como elementos impróprios e indesejados, como se não fosse dever de governantes eleitos administrar demandas díspares. A sua pretensão última era impor as hipotéticas razões do golpismo, baseadas em engodos e mistificações sobre "a ameaça comunista", que estaria na base da atuação da esquerda em meio à crise política – crise que, convém insistir, transcorria nos marcos da legalidade.

Um dos erros de cálculo do poder ditatorial foi supor que suas premissas na definição da "verdade" histórica prevaleceriam indefinidamente, contando-se para isso que o arsenal repressivo e a doutrinação ideológica lograssem barrar o contraditório e a divergência.

Mas o passado não está condenado a ficar quieto ou coagulado. "O passado é inevitável, para além da vontade e da razão", salienta Beatriz Sarlo. "Sua força só pode ser suprimida pela ignorância, pela violência simbólica e pela destruição física ou material".[5] Ainda assim, ele pode ressurgir em potência lá adiante. Porque o campo da memória, do qual faz parte, é um campo de disputas e conflitos, instável e cambiante, sujeito às variações da correlação de forças na sociedade. Significa que, no curso das mutações histórico-sociais e da batalha das ideias pela hegemonia política e cultural, outros valores e concepções de mundo podem emergir e prevalecer, alterando progressivamente as bases do consenso. Isso torna possível, ao longo do tempo, recuperar a memória silenciada, reelaborar o conhecimento do passado e analisar os fatos sob diferentes abordagens.

Sérgio Paulo Rouanet nos convida a refletir com Walter Benjamin: a uma concepção contínua e linear da história – que para Benjamin é sempre a história dos vencedores – se opõe uma história concebida na perspectiva dos vencidos, baseada na ruptura e não na continuidade. "A história assim concebida", escreve Rouanet, "não é uma sucessão de fatos mudos, mas uma sequência de passados oprimidos, que têm consigo um 'índice misterioso', que os impele para a redenção".[6] O horizonte da redenção, acrescento eu, está em sintonia com o desejo de liberar vozes até então aprisionadas.

No caso aqui estudado, reescavar o passado e reavaliar 1964, na visão dos vencidos, têm duplo alcance.

De um lado, permite questionar as falácias anticomunistas que preponderavam no discurso dos vencedores, como a da "República sindicalista" que Jango estaria a um passo de implantar, assim como deturpações deliberadas sobre os riscos de "subversão" e "comunização". A exacerbação do anticomunismo tem a ver com o receio das classes dominantes quanto a possíveis efeitos de transformações políticas e culturais na produção de crenças, mentalidades e juízos que incidem na conformação do imaginário social, tradicionalmente sob seu raio de influência. Rodrigo Patto Sá Motta argumenta que o anticomunismo se converte em instrumento ideológico para expressar sentimentos conservadores em relação a valores morais e religiosos. "O perigo vermelho" extrapola os objetivos e a força real dos comunistas e é usado como antídoto ideológico à ascensão social das classes populares, com o indesejável questionamento das hierarquias vigentes.[7] A estratégia discursiva anticomunista consiste em infundir a sensação de perigo em relação a mudanças que possam afetar as conveniências do conservadorismo e a sua hegemonia político-cultural. A pretensão última dessas manobras retóricas é explorar os sentimentos de medo e insegurança da opinião pública, com o propósito de convencer setores sociais a aceitarem intervenções autoritárias.

De outro lado, a reflexão crítica constitui meio incontornável para se rever, sem os travos da mentira e da falsificação, a trajetória das forças populares e democráticas no período 1960–1964. Enfrentar certas versões cristalizadas me motivou a entrevistar nomes representativos do campo progressista e de esquerda, que testemunharam "de dentro" as turbulências de suas naves e tentaram interferir nas tarefas da hora.

Os depoimentos somam ao trabalho de pesquisa registros que rompem a opacidade e revelam outras versões, cotejos entre elas e controvérsias. Trata-se de problematizar aquela conjuntura de pressões e contrapressões, tomando por base o que essas personalidades vivenciaram, fizeram ou deixaram de fazer, ou o que não enxergaram nas águas turvas.

Foi uma experiência rica e inesquecível para mim. Os personagens rememoraram não a frieza dos episódios consumados, e sim com o ardor das vivências, dos sonhos, dos percalços, dos tênues fios que os separavam do precipício. Sob as coordenadas do presente, vieram à luz reavaliações do passado que não pode ser apaziguado.

Na revisão de seus itinerários biográficos e políticos, que também são históricos, poucos não se emocionaram. Lembro-me, por exemplo, das três horas de conversa com Waldir Pires (1926–2018), consultor-geral da República nomeado por Jango, em seu apartamento na avenida Atlântica, em Copacabana. Mais de uma vez, ele precisou tomar fôlego para continuar depondo, tal a comoção com as recordações. Ali estava um homem íntegro que, aos 37 anos, se viu inesperadamente dentro de um avião, a caminho do exílio, sem tempo sequer de avisar a família – ou de pesar as dúvidas.[8]

A dimensão humana permeia as contingências da vida pública, sem se anunciar com a antecedência imaginada. Por vezes, aparece a quente no curso das entrevistas, como nas lembranças da jornalista Ana Arruda Callado – primeira mulher a ser chefe de reportagem na imprensa brasileira. Jovem repórter do *Jornal do Brasil*, ela recebeu como missão correr para entrevistar o presidente da República numa situação limite: ele se dirigia, com discrição máxima, a um hospital do Rio de Janeiro para visitar a mãe internada. Admiradora de Leonel Brizola (1922–2004), Ana me confessou, quase sessenta anos depois, que nunca achou João Goulart "uma maravilha": "Na verdade, achava-o frágil, politicamente frágil. Ninguém que eu conhecesse se entusiasmava com ele. Talvez por suas indecisões." Ela chegou antes ao hospital, a tempo de observar à distância Jango caminhando no corredor de mãos dadas com os dois filhos pequenos, João Vicente e Denise. Ela hesitou, mas era seu dever. "Eu me desculpei por abordá-lo ali. Ele foi delicado: 'Minha filha, vim visitar minha mãe que está doente. Você tem outras formas de saber isso que deseja. Me poupe, não faça isso não.' Sorriu e entrou no quarto da mãe. Foi doce, não disse uma palavra zangada. Que homem amável, educado, eu não sabia!"[9]

A paciência foi o segredo para convencer alguns personagens a darem vazão às memórias. Arredios ou desconfiados nos primeiros contatos, acabavam cedendo depois de uma insistência que, às vezes, demandava meses. A regra, entretanto, foi a disponibilidade para repensar as jornadas de agitação e esperança que precederam o golpe.

Impossível esquecer a solidariedade do coronel Kardec Lemme (1917–2019). "Considero muito importante que os jovens de hoje tenham a noção exata do que aconteceu. Precisamos alertá-los, fazer com que entendam a crise de 1964. A 'história oficial' que eles aprendem pretende manter a ingenuidade e a ignorância sobre o golpe. Cabe-nos mostrar o quadro real, ter a coragem política de expor as coisas com clareza", observou Kardec.[10]

INTRODUÇÃO À EDIÇÃO DE 2024 - 60 ANOS DO GOLPE

Cassações de mandatos, demissões do serviço público, suspensões de direitos políticos, aposentadorias compulsórias, expurgos nas forças armadas, expulsões de estudantes em universidades públicas, prisões e torturas, bem como exílios e privações de direitos, são emblemas da truculência, do obscurantismo e da aversão à democracia. A despeito das provações, a ampla maioria dos perseguidos soube resistir às evidências da barbárie e acumular forças na longa luta pela redemocratização – sem mudar de lado ou renegar as antigas convicções. Do passado, vingou a ideia de encarar as transformações sociais como combustível indispensável para alcançar um crescimento sustentável e inclusivo. Com a anistia política em 1979, o fim da ditadura, a reconquista das liberdades democráticas e a vigência da Constituição de 1988, vários deles reconstruíram as carreiras políticas pelo voto – o único instrumento legítimo e válido de aferição da vontade popular.

Entre os conteúdos produzidos para a nova edição, estão entrevistas inéditas a mim concedidas em 2023 por destacadas figuras que se inseriam no campo nacional-popular: o escritor e frade dominicano Frei Betto; o jornalista Janio de Freitas; o jornalista, ex-deputado federal e capitão de mar e guerra da reserva da Marinha, reintegrado com a anistia, Milton Temer; a historiadora Marly Vianna; e o único remanescente da direção do Partido Comunista Brasileiro (PCB) em 1964, José Salles. Também é inédito em livro o depoimento do advogado e ex-deputado federal Plinio de Arruda Sampaio (1930–2014) à Universidade Virtual do Estado de São Paulo (Univesp).[11] Anos após a primeira edição, o jornalista e ex-deputado federal Neiva Moreira (1917–2012) fraternalmente me passou cópia da entrevista do brigadeiro Francisco Teixeira (1911–1986) ao extinto *Jornal do País*, do qual Neiva foi diretor de redação. Ele me sugeriu incluir, numa reedição ampliada, trechos que considerasse esclarecedores. Foi o que procurei fazer.

Ao incorporar novos depoimentos, busquei focos mais nítidos sobre determinados temas, como a imprensa, a militância dos católicos de esquerda, o movimento estudantil universitário, o meio militar progressista, a reforma agrária e o papel político do PCB.

Sou imensamente grato a todos pela inestimável colaboração.

Além da atualização bibliográfica, desenvolvi para esta edição pesquisas nos acervos *online* da Agência Central de Inteligência dos Estados Unidos e do Fundo do extinto Serviço Nacional de Informações, hoje na base de dados do Centro de Referência Memórias Reveladas, do Arquivo Nacional. Pude acessar memorandos secretos da CIA enviados a Washington e liberados à consulta pública em anos recentes, bem como prontuários e informes confidenciais de órgãos de segurança acumulados pelo SNI. Também foram úteis as consultas aos relatórios finais e arquivos da Comissão Nacional da Verdade, concluída em 10 de dezembro de 2014, e de Comissões Estaduais da Verdade. Os materiais evidenciam como as engrenagens da conspiração, do golpismo e da repressão se centravam, obsessivamente, nos inimigos mortais do bloco político--empresarial-militar-midiático conservador: o presidente João Goulart e a esquerda.

Narrado às vezes como se fosse o roteiro de um filme, o livro está dividido em cinco partes. Na primeira sequência, traço os contornos vertiginosos da época – um Brasil com surtos de renovação em diversas áreas, contagiado com a possibilidade de deixar de ser um país subdesenvolvido na órbita do imperialismo norte-americano, a partir das reformas de base (agrária, urbana, universitária, administrativa, tributária, fiscal, bancária, política, eleitoral e outras). Havia um impulso de intervir na realidade, de construir as vigas mestras de um modelo de desenvolvimento com justiça social. Um Brasil em que fazer política já não era privilégio das elites; entravam em cena o trabalhador urbano e rural, o estudante, o padre, o

INTRODUÇÃO À EDIÇÃO DE 2024 – 60 ANOS DO GOLPE

intelectual, o militar, o homem comum. Esbocei os perfis de organizações de esquerda que se expandiam, com a ambição de conquistar consensos em torno de suas concepções, galvanizando aspirações que o sistema partidário já não retratava em sua complexidade. O sentimento dominante era o de que as demandas populares não poderiam esperar pelo futuro; por isso, muitos optavam por ações imediatas e simultâneas, alimentavam sonhos e utopias revolucionárias, fossem elas exequíveis ou não. Tudo isso em paralelo a confrontos político-ideológicos com classes e instituições hegemônicas, dispostas a atear fogo a medidas que colocassem em risco seus domínios e privilégios.

Na segunda parte, confrontei os discursos de partidos, organizações e lideranças de esquerda com suas práticas, em um contexto conflituoso e incerto. Tratei de desvelar os limites em que atuavam, se esses limites correspondiam a posições reais na balança de forças, suas divisões internas, em quais direções se aproximavam ou se distanciavam do mundo concreto, as consequências no caldeirão em que se gestou e se efetivou o golpe.

A terceira parte situa os dias de ódio e fúria logo após golpe, nos quais os alvos primeiros do "pesadelo diuturno da boçalidade ditatorial" – expressão que tomo emprestada do jornalista Janio de Freitas[12] – foram lideranças civis e militares, partidos, sindicatos, associações de classe, entidades estudantis e culturais e movimentos alinhados às causas populares e nacionalistas.

Na quarta parte, com sentido complementar, estão os depoimentos de atores do campo progressista nos anos Goulart, que formam uma "mesa-redonda imaginária", na definição de René Armand Dreifuss no posfácio à primeira edição (aqui mantido). No mosaico interpretativo, crítico e autocrítico, podemos identificar convergências, dissonâncias e disputas, bem como erros, vacilações e ilusões em momentos cruciais. Nem todos os depoimentos obtidos aparecem na íntegra; alguns entrecortam a narrativa, na medida em que ajudam a compreender e ressignificar episódios marcantes.

A quinta parte faz um cruzamento de visões explicitadas pelos entrevistados, com o objetivo de estabelecer hipóteses sobre as injunções conjunturais, as razões políticas e os principais erros estratégicos e táticos que contribuíram para o fracasso do bloco nacional-reformista[13] diante do golpismo, inclusive sem resistência organizada.

Não pretendi reconstituir factualmente o processo que culminou na queda de João Goulart. Outras obras já o fizeram, com distintos enfoques, sem falar no formidável catálogo de teses e dissertações sobre 1964 hoje disponível. Detive-me na ordem de acontecimentos que, de algum modo, condicionaram ideários e iniciativas da esquerda, durante os árduos embates pela hegemonia e, afinal, de destruição do Estado democrático de direito.

No derradeiro e-mail que me enviou da Alemanha, semanas antes de partir, o historiador e cientista político Luiz Alberto Moniz Bandeira (1935–2017), entusiasta do meu projeto de relançar o livro, escreveu: "Não deixe de destacar algo muito importante para a nossa história. O governo do presidente João Goulart, ao ser deposto, contava com 76% de aprovação nas pesquisas de opinião pública."

Dênis de Moraes
Rio de Janeiro, verão de 2024

Notas

1. Uso o termo "esquerda" na acepção de José Paulo Netto: "Um leque muito amplo e heterogêneo de forças, cujos denominadores comuns são o anti-imperialismo e a crítica à ordem burguesa numa perspectiva voltada para o futuro" e comprometida com um efetivo processo de democratização da sociedade. Ver José Paulo Netto, "Impera na esquerda 'reciclada' um cinismo assombroso" (entrevista a Tatiana Merlino), *Caros Amigos*, São Paulo, 22 de agosto de 2011, disponível em: www.pcb.org.br/portal2/3770. Está em linha com a definição proposta por Marcelo Ridenti: designa "as forças políticas críticas da ordem capitalista

INTRODUÇÃO À EDIÇÃO DE 2024 – 60 ANOS DO GOLPE

    estabelecida, identificadas com as lutas dos trabalhadores pela transformação social." Ver Marcelo Ridenti. *Em busca do povo brasileiro: artistas da revolução, do CPC à era da TV*. Rio de Janeiro: Record, 2000. p. 17.

2. Adoto o seguinte sentido para a palavra "progressista": uma linha de pensamento que se comprometa explicitamente com tudo quanto se possa mudar, transformar e humanizar na sociedade. Sentido próximo ao proposto por Raymond Williams: "Ainda se pode usá-lo simplesmente como termo oposto a conservador; isto é, para referir-se a alguém que aprova ou defende a mudança." Williams observa que "progressista" tem sido usado tanto para referir-se à esquerda quanto para distinguir partidários de uma mudança "moderada e ordenada". Ver Raymond Williams. *Palavras-chave:* um vocabulário de cultura e sociedade. São Paulo: Boitempo, 2007. p. 328-329.
3. José Paulo Netto. *Ditadura e serviço social:* uma análise do serviço social no Brasil pós-1964. 4ª. Ed. São Paulo: Cortez, 1998. p. 23.
4. Edgar de Decca. *1930:* o silêncio dos vencidos. São Paulo: Brasiliense, 1988. p. 70.
5. Beatriz Sarlo. *Tiempo pasado:* cultura de la memoria y giro subjetivo. Buenos Aires: Siglo XXI, 2005. p. 159.
6. Sérgio Paulo Rouanet. *As razões do iluminismo*. São Paulo: Companhia das Letras, 1987. p. 42-43.
7. Rodrigo Patto Sá Motta. *Em guarda contra o perigo vermelho: o anticomunismo no Brasil (1917–1964)*. Niterói: EdUff, 2020.
8. Depoimento de Waldir Pires ao autor, 28 de novembro de 1987.
9. Depoimento de Ana Arruda Callado ao autor, 24 de agosto de 2023.
10. Depoimento de Kardec Lemme ao autor, 18 de junho de 1988.
11. Agradeço à Univesp e ao professor Plinio de Arruda Sampaio Junior pelas permissões dadas para a divulgação do depoimento de Plinio de Arruda Sampaio.
12. Janio de Freitas. "Prefácio", em: Dênis de Moraes. *O rebelde do traço:* a vida de Henfil. 3. ed. Rio de Janeiro: José Olympio, 2016. p. 14.
13. A expressão "bloco nacional-reformista" remete à "frouxa composição de forças políticas representadas no círculo ao redor de João Goulart e que favorecia as diretrizes políticas da industrialização nacionalista fortemente apoiada pelo Estado, a reforma agrária com distribuição de terra, a nacionalização dos recursos naturais, medidas para o bem-estar social, uma política externa neutralista ou alinhada ao Terceiro Mundo, um forte controle das corporações multinacionais e até mesmo a desapropriação em muitos casos". Ver René Armand Dreifuss. *1964: a conquista do Estado*: ação política, poder e golpe de classe. Petrópolis: Vozes, 1981. p. 47.

PARTE 1

QUE PAÍS ERA AQUELE?

CONSCIENTIZAR PARA MUDAR

Lambretas, as "duráveis e indeformáveis" blusas de ban-lon, cabelos com Gumex, o fantástico Almanaque do Biotônico Fontoura, cuba-libre no copo (de preferência, sem Coca-Cola), misses com maiôs Catalina na capa de *O Cruzeiro*, a moda casual com os vestidos tubinhos, o violão e a voz inconfundíveis de João Gilberto ou Paul Anka na vitrola...

Se o início dos anos 1960 fosse só isso – mescla de modismos e puro romantismo –, como fazia supor a novela *Bambolê*, exibida pela TV Globo em 1987, estaríamos até hoje na busca de nossa utopia perdida (e talvez ainda estejamos).

Recoloquemos no vídeo a mesma fita. Os quatro primeiros anos da década, agora, ganham outros contornos, um tom de aventura. Nosso filme não começa com o clima cinzento, pesado, opressivo, das primeiras cenas do filme *Estado de sítio*, obra-prima do diretor Costa-Gavras. Batidas policiais, tanques nas ruas, casas invadidas, oficiais de óculos escuros gritando com os soldados, pessoas presas e espancadas.

Não, este, por ora, não é o Brasil que passa no vídeo.

O Brasil do vídeo brindava a uma espécie de triunfalismo nacional. Vocês se lembram dos títulos mundiais da seleção brasileira de futebol em 1958 e 1962; das demolidoras "pegadas" de esquerda do "galinho de ouro" Éder Jofre; da raquete afiada de Maria Esther Bueno; do comovente *O pagador de promessas*, filme de Anselmo Duarte baseado na peça de Dias Gomes e vencedor da Palma de Ouro no Festival de Cannes de 1962; das curvas estonteantes de Adalgisa Colombo ou, melhor ainda, da gaúcha Ieda Maria Vargas, a primeira brasileira a ser eleita Miss Universo, em 1963?

A ESQUERDA E O GOLPE DE 1964

O presidente Juscelino Kubitschek (1902–1976) não tinha feito "50 anos em 5"? Os Fuscas, Simcas, Dauphines e Aero-Willys que fabricávamos com a expansão da indústria automobilística e a abertura para investimentos estrangeiros não substituíam os velhos Hudsons e Buicks importados?

Pecado mortal seria não rememorar a travessia do samba-canção para a Bossa Nova – desde as reuniões de gênios no apartamento de Nara Leão, no Edifício Chopin, de frente para o mar de Copacabana, logo depois nos shows em faculdades cariocas, até o arrebatador encontro de Tom Jobim, Vinicius de Moraes, João Gilberto e Os Cariocas, juntos pela primeira e única vez, em um *pocket show* no palco do restaurante Au Bon Gourmet, em 2 de agosto de 1962.

A passagem dos anos 1950/1960, com efeito, nos revela tempos de desenvolvimentismo, de maior politização da sociedade, de debates sobre a eficácia revolucionária da arte, de explosão de reivindicações dos trabalhadores urbanos e rurais, organizados em sindicatos, associações e Ligas Camponesas, como também de sonhos com uma Sierra Maestra que nos livrasse do imperialismo, do latifúndio e da miséria.

O grande feito do Brasil do vídeo era o de ter se tornado um país "irreconhecivelmente inteligente", segundo Roberto Schwarz: "O vento pré-revolucionário descompartimentava a consciência nacional e enchia os jornais de reforma agrária, agitação camponesa, movimento operário, nacionalização de empresas americanas etc."[1]

As novas gerações começavam a tomar consciência do povo brasileiro, com toda a sua carga dramática. Hora de agir para mudar a realidade. Uma questão de afirmação nacional. "Queríamos mudar o mundo, era a nossa questão básica; mais: tínhamos a certeza de que isso ia acontecer – para melhor, bem entendido", esclarece Luiz Carlos Maciel (1938–2017). "Não nos passava pela cabeça que o ser humano pudesse passar seu tempo de vida sobre a Terra alheio aos problemas sociais e políticos; esta era, para nós, a pior das alienações."[2]

O "novo" era o povo e cabia a estudantes, artistas e intelectuais descobrir fórmulas capazes de utilizar a cultura como ferramenta para as mudanças sociais. Um sentimento que animava a descoberta e a experimentação de caminhos para o país, com destaque para a produção artística e intelectual.

"Nós não queremos Eisenstein, Rossellini, Bergman, Fellini, Ford, ninguém", bradava Glauber Rocha (1939–1981), um dos ideólogos do Cinema Novo, em 1961. "Nosso cinema é novo porque o homem brasileiro é novo e a problemática do Brasil é nova, e nossa luz é nova e por isso nossos filmes já nascem diferentes dos cinemas da Europa."[3]

O clima de efervescência se refletiu na expansão da indústria cultural. Na verdade, a gênese remonta a fins dos anos 1940, com o crescimento industrial, a maior acumulação de capital daí decorrente e a urbanização. A burguesia paulista passou a investir em empreendimentos culturais, cimentando os alicerces do processo de hegemonização do mercado de bens simbólicos. Entre as iniciativas, destacaram-se a Companhia Cinematográfica Vera Cruz e o Museu de Arte de São Paulo (1947), o Museu de Arte Moderna e o Teatro Brasileiro de Comédia (1948) e a Bienal de Artes Plásticas (1951). Sem falar no advento da televisão (1950 em São Paulo e 1951 no Rio) e na penetração do rádio, com mais de 2,5 milhões de aparelhos pelo país. O panorama teatral deslanchou com patrocínios privados e públicos às turnês de grandes companhias internacionais, bem como a contratação pelo TBC de renomados diretores e cenógrafos italianos que contribuíram para a renovação dos padrões estéticos no país.

Com o aumento da produção de bens duráveis no governo JK, o mercado consumidor se diversificou, nas distintas proporções de uma sociedade caracterizada por acentuadas desigualdades. Não é à toa que os investimentos em publicidade nos meios de comunicação não paravam de evoluir, a cargo de agências multinacionais como a J. W. Thompson, McCann Erickson, Standard e Lintas e as nacionais Norton e Interamericana. Em 1962, a televisão engordou a sua fatia no bolo das verbas publicitárias: 24,7% dos investimentos, contra 23,6% do rádio, que assim iniciava uma fase de relativo declínio. O Brasil entrava na era do videoteipe.

Não convivíamos ainda com o impacto da Rede Globo, e tínhamos de pé o império dos Diários Associados. Nem a TV Tupi, controlada com mão de ferro por Assis Chateaubriand, conseguiu desconhecer os ventos que sopravam no país. No ar, o *Grande Teatro Tupi*, que conciliava peças clássicas com a vertente nacionalista que inspirara o Teatro de Arena de São Paulo. Idealizado pelo ator e diretor Sérgio Britto, o teleteatro era exibido às segundas-feiras, às 22h, com um elenco notável: Fernanda Montenegro, Nathália Timberg, Ítalo Rossi, Cacilda Becker, Glauce Rocha, Sérgio Cardoso, Beatriz Segall, Mário Lago e outros. Nos nove anos em que ficou no ar, o Grande Teatro encenou 450 peças, enriquecendo uma grade na qual prevaleciam programas de auditório e de entretenimento, como *O céu é o limite*.

O jornalismo impresso se modernizou com a reforma gráfico-editorial do *Jornal do Brasil*, liderada por Janio de Freitas e Amílcar de Castro, com a colaboração de Reinaldo Jardim na criação do Caderno B. Na mesma transição de décadas, a inovadora e requintada revista *Senhor* (1959–1964) reunia a nata da intelectualidade. Para um público ávido por novidades, o impacto de uma revista que, em grande medida, refletia a preocupação com o "novo", a vanguarda. Inspirada na concepção editorial das revistas norte-americanas *New Yorker* e *Esquire*, *Senhor* podia tratar da reforma agrária, enviar Paulo Francis aos Estados Unidos para entrevistar Martin Luther King e estampar criações em concreto e vidro de Oscar Niemeyer e Sérgio Bernardes. Ou publicar ensaios sobre o emergente Cinema Novo e desvendar o zen-budismo. No excepcional naipe de colaboradores, ninguém menos do que Jean-Paul Sartre (escrevendo sobre Nova York), Ernest Hemingway, Franz Kafka, F. Scott Fitzgerald, Clarice Lispector, Graciliano Ramos, Carlos Drummond de

Andrade, Guimarães Rosa, Antonio Callado, Otto Maria Carpeaux, Ferreira Gullar, Vinicius de Moraes, Glauber Rocha, Darcy Ribeiro, Rubem Braga, Paulo Mendes Campos. *Senhor* ainda se dava ao luxo de ter como diretor de arte o artista plástico Carlos Scliar.[4]

Embora com alcance mais limitado, a imprensa de esquerda crescia com *Novos Rumos*, órgão do Partido Comunista Brasileiro (PCB), que circulou de 1959 a 1964 e chegou a uma tiragem de 60 mil exemplares; *A Classe Operária*, lançada pelo Partido Comunista do Brasil (PCdoB) em 1962; *O Semanário*, nacionalista; *Brasil Urgente*, editado pela esquerda católica, de 1963 a 1964; *A Liga*, porta-voz das Ligas Camponesas, entre 1962 e 1964; *Binômio*, de Belo Horizonte, um dos precursores do jornalismo alternativo; e *Panfleto*, semanário brizolista.

Havia revistas para um público mais intelectualizado e engajado, como a *Brasiliense* e *Tempo Brasileiro*. A *Revista Brasiliense*, fundada pelo historiador Caio Prado Júnior em 1955, exibia como trunfo o elenco de autores representativos do pensamento social de esquerda, como Florestan Fernandes, Álvaro Vieira Pinto, Josué de Castro, Octavio Ianni, Fernando Henrique Cardoso, José Arthur Giannotti e o próprio Caio Prado Júnior.

O primeiro número de *Estudos Sociais*, dirigida por Astrojildo Pereira e ligada ao PCB, chegou às livrarias em maio/junho de 1958. Integravam o conselho de redação Armênio Guedes, Nelson Werneck Sodré, Mário Alves e Jacob Gorender. Segundo Celso Frederico, *Estudos Sociais* era "o polo que aglutinava os intelectuais comunistas preocupados em renovar o marxismo para além das cartilhas stalinistas, com suas inevitáveis três leis da dialética, cinco modos de produção etc.". O número 5 (março/abril de 1959) publicou o primeiro texto do filósofo marxista húngaro György Lukács (1885–1971) em língua portuguesa: o prefácio de *A destruição da razão*, com o título "O irracionalismo – fenômeno internacional do período imperialista".[5]

A ESQUERDA E O GOLPE DE 1964

Era a vez do autor nacional. Pesquisa feita nos departamentos de História, História Natural e Geografia, e nas faculdades de Direito e Engenharia Industrial da Universidade de São Paulo (USP), revelou que mais de 65% dos entrevistados preferiam autores nacionais; e 47% manifestavam interesse por temas sociais. A literatura enraizada na realidade brasileira se erguia com força redobrada. Jorge Amado seguia sendo o nosso romancista mais lido. A obra de Graciliano Ramos alcançava sucessivas edições e passou a ser adotada em escolas, universidades e vestibulares.

Na poesia, a transição do concretismo para uma produção socialmente comprometida, de Ferreira Gullar a Vinicius de Moraes, de Affonso Romano de Sant'Anna a Joaquim Cardozo. E sempre Carlos Drummond de Andrade. Em reconhecimento ao prestígio de Drummond junto aos leitores, o redator-chefe e superintendente do *Correio da Manhã* em 1963, Janio de Freitas, deslocou suas crônicas do miolo para a última página do Primeiro Caderno, substituindo as iniciais C. D. A. pelo nome completo do poeta.

No ensaísmo, o empenho de compreender criticamente o papel da literatura nos processos histórico-sociais. Entre os títulos marcantes, a *História da literatura ocidental*, de Otto Maria Carpeaux (sete volumes, 1959–1965); e os clássicos de Antonio Candido, *Formação da literatura brasileira: momentos decisivos* (dois volumes, 1959) e *Literatura e sociedade: estudos de teoria e história literária* (1965).

Lia-se mais do que nunca. "O filão editorial", lembra o editor Ênio Silveira, "eram as obras que tinham um papel de conscientização sobre as grandes questões políticas e culturais do momento."[6] A Editora Civilização Brasileira, entre 1961 e 1964, publicava um livro por dia útil, incluindo autores marxistas e não marxistas, coleções de cinema e teatro, com traduções de autores como Bertolt Brecht, Erwin Piscator e Constantin Stanislavski. A Editorial Vitória, do PCB, traduziu obras de Karl Marx, Friedrich Engels, Vladimir I. Lênin e Mao Tsé-tung. Na lista de best-sellers, *Perspectivas do homem*, de Roger Garaudy, ainda filiado ao Partido Comunista Francês, que vendeu 20 mil exemplares.

Grupos de teatro como o Arena de São Paulo e o Oficina traduziam nos palcos o mesmo sentido do Cinema Novo, em busca de uma arte comprometida com as aspirações e os dramas do homem brasileiro. Raras peças traduziram esse sentimento como *Eles não usam black-tie* (1958), de Gianfrancesco Guarnieri. "O problema do nosso país é de cultura – política e teatro ganham fenomenal importância. As condições estão dadas para a transformação. É preciso que isto ganhe a consciência do povo. Esta é nossa tarefa", escreveu o dramaturgo Oduvaldo Vianna Filho, Vianinha (1936–1974), em 1960, às vésperas de deixar o Arena e sua plateia de 150 lugares para se engajar de corpo e alma na vibrante experiência do Centro Popular de Cultura da União Nacional dos Estudantes, o CPC da UNE, que nos aguarda mais adiante.[7]

DUAS EXPLOSÕES: CUBA E SARTRE

A fermentação política e ideológica no limiar da década de 1960, em plena vigência da Guerra Fria entre Estados Unidos e União Soviética, sofreu o forte impacto da Revolução Cubana, vitoriosa em 1959 e declaradamente socialista a partir de 1961. As lunetas da América Latina voltavam-se para Cuba; daí o temor do governo norte-americano de que a experiência cubana se alastrasse pelo continente. Uma ilha no mar do Caribe, a 150 quilômetros de Miami, libertara-se do jugo imperialista.

O mundo havia mudado: não só Cuba entrara na arena, como também o líder soviético Nikita Kruschev se comprometera com a tese da coexistência pacífica e tentava negociar com os Estados Unidos o desarmamento mundial. Dois episódios atrapalharam a distensão entre as superpotências: a crise dos mísseis soviéticos que seriam instalados em Cuba, em outubro de 1962, afinal contornada com a intervenção da ONU (a URSS desistiu de seu propósito, em troca da garantia norte-americana de que não invadiria o território cubano), e o assassinato do presidente John F. Kennedy em 1963.

Outros fatos no plano internacional alimentavam a vaga revolucionária. A China iniciara uma ofensiva para a modernização industrial e o aumento da produção. Na África e na Ásia, os movimentos de libertação das antigas colônias obtinham avanços. Depois de prolongada e sangrenta guerra contra o Exército francês, a Argélia conquistara sua independência, em 1962.

O enigma da ilha caribenha que derrubara um ditador e iniciara um governo popular atraiu o candidato à presidência da República Jânio

Quadros (1917–1992), que aceitou visitar Cuba por sete dias. O anúncio da viagem desagradou aos próceres do conservadorismo, que apontaram o risco de "contaminação" de sua candidatura por "ideias comunistas". Seu concorrente na disputa pelo Palácio do Planalto, o marechal Henrique Teixeira Lott (1894–1984), justamente o candidato das forças progressistas, recusara convite idêntico.

Em 29 de março de 1960, à frente de uma comitiva de 43 pessoas, Jânio foi recebido no aeroporto de Havana por Fidel Castro (1926–2016), com honras de chefe de Estado. Fidel desculpou-se por ter se atrasado. Com um enorme *sombrero* na cabeça, Jânio não se fez de rogado: ele sim é que devia desculpas por ter chegado adiantado… E ainda pôs a culpa no piloto: "São eles que governam os aviões."[8] Entre os convidados de Jânio para acompanhá-lo, estava o líder das Ligas Camponesas de Pernambuco, Francisco Julião (1915–1999), que na viagem descobriria no líder cubano seu guru.

A ida de Jânio caía como uma luva no propósito de Fidel de fortalecer sua posição no plano internacional, caracterizado ainda pela Guerra Fria. A Cuba pós-revolucionária já se insinuava como ponto fora da curva. Desde o pós-guerra, a política externa dos Estados Unidos intensificava a penetração de suas indústrias culturais (os filmes de Hollywood, as histórias em quadrinhos etc.) e lançava mão de vários instrumentos para conservar a sua hegemonia na América Latina: o Tratado Interamericano de Assistência Recíproca (TIAR, 1947) e a Organização dos Estados Americanos (OEA, 1948); a estratégia de contrarrevolução preventiva, que se traduzia no apoio político, militar e logístico a golpes de Estado para depor governos progressistas; e o programa Aliança para o Progresso (1961), com a CIA por trás, que financiava projetos e atividades em países da América Latina, em consonância com a estratégia de manter seus tentáculos políticos e econômicos na região e barrar a "ameaça comunista".

DUAS EXPLOSÕES: CUBA E SARTRE

A viagem permitiu a Jânio Quadros antecipar, como candidato, uma política externa independente, mesmo que à custa da desconfiança de Washington em relação às suas reais intenções. Jânio guardou de Fidel a imagem de um "perfeito líder que exerce fascínio sobre o povo", embora tímido no trato. E ainda se reuniu com Ernesto Che Guevara (1928–1967) e Raúl Castro, irmão de Fidel e chefe das forças armadas.

Fidel Castro tinha visitado o Brasil em fins de abril de 1959, depois de ir aos Estados Unidos tentar influir a opinião pública sobre a revolução que comandara. Na incursão à América do Sul, vislumbrava prováveis aliados – numa premonição dos dias tortuosos que os cubanos enfrentariam dali a alguns anos, em função do bloqueio econômico imposto por Washington e seus satélites.

O entusiasmo despertado pela Revolução Cubana no país, sobretudo na juventude politizada e em setores de esquerda, fez Fidel ser aclamado por onde passou no país. A agenda iniciou-se por São Paulo, onde a União Nacional dos Estudantes (UNE) o saudou na praça Ramos de Azevedo, em frente ao Theatro Municipal, com um enorme retrato seu junto a uma faixa com a conclamação: "Apoiemos o povo cubano contra o imperialismo." Reuniu-se com Juscelino Kubitschek em plena Brasília em construção, passeou pela orla marítima da zona sul do Rio de Janeiro, almoçou com o marechal Lott e discursou por quase três horas em palanque montado na Esplanada do Castelo perante uma multidão que lhe acenava com bandeirinhas de Cuba. Foi à sede da UNE, onde falou a trezentos jovens aglomerados no auditório sobre as primeiras medidas da revolução, defendeu a reforma agrária e a justiça revolucionária e criticou a falta de investimentos sociais do governo norte-americano na América Latina. Ainda sobrou tempo para ser entrevistado no programa *Esta é a sua vida*, no estúdio da TV Tupi.[9]

O escritor e jornalista Ignácio de Loyola Brandão foi incumbido, como repórter da *Última Hora*, de cobrir a passagem de Fidel por São Paulo. Seu relato:

— Muita gente queria ver, tocar, conhecer Fidel. No dia seguinte [à chegada], ele deu uma coletiva no Hotel Excelsior, onde a confusão foi maior. Eu me lembro de que havia um repórter deitado embaixo de suas pernas, com o microfone estendido. Os jornais deram em manchete a principal declaração de Castro: "Emancipação econômica para salvar a América Latina." [...] Todos queriam ir a Cuba, retratar o novo país que surgia. Havia tantos candidatos [no *Última Hora*] que foi preciso um sorteio.[10]

O ator Carlos Vereza relembra o fascínio ao presenciar Fidel caminhando pelo calçadão de Copacabana, com seu mosaico sinuoso de pedras portuguesas.:

— Havia o aspecto teatral da Revolução Cubana... Os uniformes, ver Fidel Castro a meio metro como eu vi na avenida Atlântica, sujeito de dois metros por cinco e meio de largura, charuto enorme... E a barba, aquela farda...[11]

Em 19 de agosto de 1961, ao retornar de Punta del Leste, no Uruguai, onde recusara a ajuda da Aliança para o Progresso com um contundente discurso anti-imperialista, durante reunião da OEA, o ministro da Indústria de Cuba, Ernesto Guevara de la Sierna, fez breve escala em Brasília para ser condecorado pelo já presidente Jânio Quadros com a Ordem do Cruzeiro do Sul (a mais alta distinção concedida pelo Brasil a cidadãos estrangeiros). Trajando farda de brim verde-oliva, Guevara declarou: "Como revolucionário, estou profundamente honrado. Porém, não posso considerá-la uma condecoração pessoal, e sim uma condecoração ao povo cubano e à nossa revolução."

Jânio Quadros desconheceu a Guerra Fria e decidiu retomar relações diplomáticas com a União Soviética, o que lhe valeu um telegrama de congratulações do secretário-geral do Partido Comunista Brasileiro (PCB), Luiz Carlos Prestes. Na conferência da OEA, em Punta Del Este, mesmo pressionado pelos Estados Unidos, o Brasil manteve neutralidade na questão. As reações internas foram díspares.

DUAS EXPLOSÕES: CUBA E SARTRE

Em entrevista à TV norte-americana, o governador direitista da Guanabara, Carlos Lacerda (1914-1977), vociferou contra a posição do governo brasileiro na OEA, a favor da autodeterminação do povo cubano: "O Brasil apoia uma das mais sanguinárias, uma das mais torpes, uma das mais sujas ditaduras do mundo, pois, no momento, é a nação que fortifica a tirania de Fidel Castro no continente."[12]

Já Leonel Brizola enviou telegrama ao Itamaraty cumprimentando-o pela posição de independência em relação aos Estados Unidos. Ao receber o poeta cubano Nicolás Guillén, que fora a Porto Alegre entrevistá-lo, Brizola declarou: "Se vocês, cubanos, fracassarem, a luta dos povos latino-americanos por sua independência retrocederá cem anos."[13]

O triunfo da Revolução Cubana ajudou a reacender o vigor nacionalista e os sonhos libertários da esquerda emergente no começo da década de 1960. Artigos sobre Cuba tornaram-se frequentes na imprensa comunista e na *Revista Brasiliense*. Em abril de 1961, quando da fracassada tentativa de invasão da baía dos Porcos por contrarrevolucionários patrocinados por grupos econômicos e militares norte-americanos, mais de duzentos intelectuais e artistas brasileiros assinaram um manifesto de repúdio à agressão.

Frei Betto não hesita em afirmar que a Revolução Cubana foi um marco para a sua geração, que chegava à militância estudantil justamente naquele período:

— Costumo dizer que os revolucionários barbudos de Sierra Maestra passaram a figurar em minha galeria de ícones, ao lado dos atores James Dean e Marlon Brando. Cuba entrou na ordem do dia. Líamos pela imprensa o que lá se passava e debatíamos no meio estudantil o que representava aquele processo de libertação para o povo cubano. E nós pensávamos: se Cuba conseguiu fazer uma revolução e se libertar dos Estados Unidos, um dia nós haveremos de conseguir aqui também. Mais tarde, veio o exemplo do Vietnã: se o Vietnã venceu a maior potência imperial da história da humanidade, nós aqui poderíamos triunfar também. Isso alimentava a minha utopia.[14]

Cuba na ordem do dia, passemos à próxima tomada: a visita de Jean-Paul Sartre (1905–1980) e Simone de Beauvoir (1908–1986) ao Brasil. O casal desembarcou em Recife, em 12 de agosto de 1960, a convite dos escritores Jorge Amado (1912–2001) e Zélia Gattai (1916–2008), para uma visita que se estendeu por dois meses e meio. Conheceram São Paulo, Rio de Janeiro, Salvador, Belo Horizonte, Brasília, Porto Alegre, Fortaleza e outras cidades. Ficaram boquiabertos com a arquitetura colonial de Ouro Preto; assistiram a danças indígenas na ilha do Bananal e impressionaram-se com a floresta amazônica; percorreram a região cacaueira da Bahia; subiram a favela da Babilônia no Rio; viram crianças com herpes em Recife; debateram com líderes sindicais e estudantis; reuniram-se com intelectuais e artistas.

Sartre comentou com Jorge Amado que o Brasil era "um país surrealista", depois de descobrir que o motorista da Kombi cedida pela Novacap (empresa responsável pela construção da capital federal) para conduzi-lo e a Beauvoir de Belo Horizonte a Brasília era contrabandista e soldado da Polícia Militar ao mesmo tempo.

Sartre e Beauvoir foram recebidos no Aeroporto de Congonhas, em São Paulo, com aplausos e os cartazes: "Viva Sartre! Viva Fidel!"; "Cuba sim, Yankees não!". Era o máximo ver e ouvir o papa do existencialismo a poucos metros no Congresso de Crítica Literária, em Recife, na Universidade de São Paulo (USP), na Faculdade de Filosofia, Ciências e Letras de Araraquara (SP), na Faculdade Nacional de Filosofia e no Instituto Superior de Estudos Brasileiros (ISEB), no Rio de Janeiro.

No regresso de Araraquara, depois da célebre conferência sobre a renovação do pensamento marxista na Faculdade de Filosofia, Ciências e

DUAS EXPLOSÕES: CUBA E SARTRE

Letras e de um debate acerca da reforma agrária inspirada na experiência cubana, Sartre e Simone de Beauvoir, acompanhados por Jorge Amado e Zélia Gattai, pernoitaram na Fazenda Lovera, como hóspedes do casal Júlio de Mesquita Filho. Crítico da grande imprensa, Sartre foi recebido para um jantar de gala em sua homenagem, com numerosos convidados, pelo proprietário de *O Estado de S. Paulo*. O jornal fazia uma das mais completas coberturas da agenda dos visitantes, mas criticava nos editoriais as posições políticas do filósofo francês.

Os discursos de Sartre sobre o marxismo ("a filosofia insuperável do nosso tempo"), o existencialismo, a Revolução Cubana, as lutas de libertação nos países do Terceiro Mundo e a opressão do imperialismo norte-americano arrebataram auditórios lotados.

O carisma de Sartre incomodou uma parte da imprensa conservadora. Editorial do *Diário Carioca*, 20 de agosto de 1960: "A histeria sartriana que domina certos círculos intelectuais não tem razão de ser. Sartre é hoje na Europa uma sombra vaga que não desperta controvérsia, pelo menos aquela que lhe adveio das experimentações práticas do seu existencialismo de fundo de bar." Mas seus enfoques críticos também ganharam manchetes: "Sartre afirma que irmanar os homens é a função precípua do escritor" (*Diário de Pernambuco*, 13/8/1960); "Sartre: o fenômeno mais importante do século é a liberdade dos povos coloniais" (*Correio da Manhã*, 16/8/1960).

A Editora do Autor traduziu em prazo recorde e lançou o livro *Furacão sobre Cuba*, baseado na série de dezesseis reportagens escrita por Sartre e publicada pelo jornal *France-Soir* sobre a recente viagem a Cuba com Simone de Beauvoir, após a qual os dois manifestaram vivo apoio à revolução. Nas noites de autógrafos, em São Paulo e no Rio, o filósofo assinou mais de 2 mil exemplares (ele abriu mão dos direitos autorais).

A visita de Sartre influenciou uma geração de jovens de esquerda. "Achávamos que tínhamos a missão sagrada de libertar nosso país da dominação, o povo da exploração, nossas vidas da neurose e nosso planeta da catástrofe. E o meio adequado para atingir tais objetivos era a política. Foi o que Sartre nos ensinou", assinalou Luiz Carlos Maciel.[15] Um dos líderes do Teatro Oficina, Fernando Peixoto (1937–2012) afirmou que "a descoberta do existencialismo sartriano constituía um princípio de libertação dos valores vigentes e ao mesmo tempo o aprofundamento em uma série de indagações que estavam em todos os jovens inquietos e insatisfeitos".[16]

Aproveitando a passagem de Sartre, o Oficina adaptou a sua peça *A engrenagem*, que aborda a ineficácia de ações revolucionárias não correlacionadas às lutas de libertação nacional. Numa correria louca, os diretores José Celso Martinez Corrêa e Augusto Boal montaram em quinze dias o espetáculo no Teatro Bela Vista, em São Paulo. Só não imaginavam que a censura estadual cortaria várias cenas. Os atores protestaram, amordaçados, em frente ao Monumento do Ipiranga.[17]

Antes do regresso, Sartre declarou que a situação no meio rural brasileiro era "potencialmente revolucionária", em função das dramáticas condições de vida. "Não há solução para os trabalhadores do campo nordestinos fora da redistribuição das terras. Não se trata de reforma agrária, mas de revolução agrária. Os camponeses serão levados a resolver sua situação através da revolução." Dias depois, a *Última Hora* sustentou que, "se Sartre ficasse dois anos no Brasil, mudaria o futuro do nosso país".[18]

A POLÍTICA EM TODA PARTE

A renúncia de Jânio Quadros, em 25 de agosto de 1961, se de um lado chocara o país e detonara a perspectiva de um golpe militar para impedir a posse do vice-presidente João Goulart, de outro permitira uma demonstração de força dos segmentos progressistas, com a patriótica campanha pela posse de Jango, liderada por Leonel Brizola no Rio Grande do Sul, com o apoio de partidos e organizações progressistas e do comandante do III Exército, o general José Machado Lopes. A UNE, então presidida por Aldo Arantes, participou ativamente da campanha da legalidade, deslocando a sede para Porto Alegre.

Para dobrar os militares e a União Democrática Nacional (UDN), aceitou-se a solução conciliatória: o parlamentarismo. Os dezesseis meses do novo regime foram marcados por crises políticas e administrativas e pela resistência às reformas de base por parte de parlamentares que concluíam seus mandatos em 1962. Os gabinetes de Tancredo Neves (1910–1985), Francisco Brochado da Rocha (1910–1962) e Hermes Lima (1902–1978) não haviam conseguido debelar a crise econômico-financeira que já então se manifestava no descontrole da inflação, no déficit nas contas públicas e na balança comercial e na escassez de capitais para impulsionar o crescimento econômico. Em paralelo, as mobilização sociais se acentuaram, com greves por melhorias salariais e direitos trabalhistas.

A intensa campanha pela volta ao presidencialismo foi vitoriosa no plebiscito de 6 de janeiro, primeiro domingo de 1963. Resultado avassalador: 9 entre 10 milhões de eleitores votaram pelo fim do parlamentarismo e pelo restabelecimento das prerrogativas presidenciais estabelecidas na Constituição de 1946.

A esquerda marchou unida pelo presidencialismo. "O parlamentarismo é governo de condomínio, que se revelou incapaz de corresponder às aspirações do povo", pregava o governador Brizola. "Todos às urnas no dia 6 para votar: não!", instruía a manchete de *Novos Rumos*, porta-voz do PCB. "Não à espoliação do país; não à carestia e à fome. Portanto, companheiro, um NÃO grande ao parlamentarismo", aconselhava a Confederação Nacional dos Trabalhadores na Indústria (CNTI). O governador de Pernambuco, Miguel Arraes (1916–2005), era taxativo: "Presidencialismo ou o caos!"

A campanha pelo "não" ao parlamentarismo, de resto, forjou uma aliança circunstancial entre esquerdistas e conservadores (alguns deles presidenciáveis em 1965, portanto interessados na recuperação dos poderes presidenciais, como Carlos Lacerda, Magalhães Pinto e Juracy Magalhães).

Com Jango reassumindo plenos poderes, era o momento exato de caminhar para as reformas de base. De fortalecer o movimento estudantil, agitar o campo, colocar o bloco revolucionário na rua.

Ao estudar o quadro histórico entre 1945 e 1964, Octavio Ianni enfatiza os avanços do processo democrático e salienta o papel desempenhado pelo populismo:[19] "Como movimento político, proposta ideológica, organização sindical e partidária, governo, regime político ou forma de organização do Estado, [...] o populismo domina largamente a vida política nacional [...]. E é em ligação com o populismo que se desenvolvem as conquistas democráticas desses anos. Mesmo quando certos quadros burgueses do populismo adotavam posições dúbias, ou contrárias às lutas democráticas que os setores populares do populismo desenvolviam, [...] ficavam evidentes os comprometimentos do movimento populista, em sentido amplo, com um tipo de participação popular que propiciava o avanço democrático. Ao longo desses anos, cresceu a participação de operários, camponeses, empregados, funcionários e outras categorias de assalariados no processo político."[20]

De 1960 a 1964, a política brasileira não se limitava mais ao Parlamento – tornou-se algo bem mais abrangente. A disputa pela hegemonia ultrapassara a esfera partidária para penetrar nos movimentos sociais. As propostas nacionalistas e desenvolvimentistas encontravam audiência crescente nas classes subalternas. Em primeiro lugar, porque defendiam o papel do Estado como indutor do desenvolvimento e pregavam políticas públicas de inclusão e medidas econômicas, acopladas a mudanças institucionais profundas, que permitissem a geração de empregos e uma distribuição de renda mais equânime – sobretudo nas áreas urbanas que se expandiam demograficamente em meio a desigualdades e aumento da pobreza. Em segundo lugar, porque o ideário nacional-reformista estimulava a participação popular como meio de explicitar as suas reivindicações.

Era hora de exigir e praticar os direitos da cidadania – que sempre foram um quase privilégio das elites dominantes. E para exercer os direitos da cidadania, ter voz e voto, precisávamos compreender os mecanismos que regiam a dominação econômica e vislumbrar saídas para uma crise que parecia insolúvel.

A reorganização do movimento sindical, ainda nos anos JK, iria acentuar-se a partir da ascensão de Goulart à presidência da República. Um dado eloquente: o número de sindicatos legalizados saltou de 1.608 em 1960 para 2.049 em 1964. As lideranças dos trabalhadores passam a ser interlocutoras no jogo político, numa conjuntura em que "o Estado ganhava configuração mais democrática; parecia cada vez mais aberto às propostas dos movimentos políticos de base popular".[21]

Formaram-se pactos intersindicais, na prática estruturas autônomas, ainda que embrionárias, à margem da tutela do Ministério do Trabalho.

Entre eles, destacavam-se o Pacto de Unidade e Ação (PUA), congregando ferroviários, portuários, marítimos e estivadores de todo o país; o Fórum Sindical de Debates de Santos; o Conselho Permanente de Organizações Sindicais; e, mais tarde, o Comando Geral dos Trabalhadores (CGT), criado em 1962 com a meta de unificar e coordenar nacionalmente as lutas da classe trabalhadora. Sem falar na teia de federações e confederações, como a que reunia os trabalhadores na indústria (CNTI), que existia desde 1946.

Pequeno perfil do movimento sindical até 1964:

1) Baixo índice de sindicalização das categorias assalariadas. Eram consideradas categorias de "vanguarda" (com maior número de trabalhadores sindicalizados) estivadores, marítimos, bancários, metalúrgicos, têxteis e ferroviários.
2) Engajamento nas lutas político-partidárias. Os organismos da cúpula sindical, com mais influência no quadro político, estreitaram suas relações com o Executivo janguista.
   Não por coincidência, as principais greves do período tiveram caráter político, embora associadas ao programa de reivindicações salariais e trabalhistas. Destacamos duas: a) em defesa da posse de João Goulart, em 1961; e b) pela convocação do plebiscito que decidiria ou não a volta ao presidencialismo, em outubro de 1962.
3) Envolvimento com o governo Goulart. Os dirigentes do CGT não só tinham facilidade de acesso ao presidente como dirigiam suas reivindicações preferencialmente ao governo federal, em função do apoio que lhe davam. Em consequência, atrelavam-se excessivamente e flertavam – segundo os críticos – com o clientelismo político, notadamente na área da Previdência Social, vinculada então ao Ministério do Trabalho.

Leôncio Martins Rodrigues chama atenção para o " aumento da participação dos sindicatos na vida política brasileira [que] foi, em grande parte, artificial, [pois] não resultou de um aumento da capacidade de pressão autônoma da classe operária, mas do apoio que as lideranças dos sindicatos oficiais receberam do governo". Esse envolvimento com o Executivo "criou a ilusão de poder, que estimulou os sindicatos a radicalizarem sua orientação política, indo muito além do que suas próprias forças permitiriam".[22]

Corte para Clodesmidt Riani, dirigente sindical muito ligado a João Goulart, que compareceu à sua posse como presidente da CNTI, em 11 de janeiro de 1952. Ele defende a aliança que os sindicatos tinham com Jango, embora ressalte que o movimento atuava de forma independente na discussão das reivindicações trabalhistas.

— O doutor Jango demonstrou em toda a sua carreira política ser um homem digno, honesto, corajoso, humano, popular, progressista, de espírito democrático e nacionalista, dando seu apoio total aos movimentos populares. Era um aliado da classe operária através do movimento sindical. Foi o único presidente da República que ao viajar ao exterior incluía um representante dos trabalhadores em sua comitiva. [...] O golpe foi mais pelo que Jango fazia pela classe operária e pelo interesse nacional.[23]

4) Atuação de cúpula. As lideranças tinham maior representatividade junto ao governo e ao movimento nacionalista e reformista, sem uma contrapartida, no mesmo nível, junto às bases de suas categorias. Arregimentavam para greves segmentos de empresas estatais e do funcionalismo público, mas tinham reduzida capacidade de mobilização dos trabalhadores de empresas privadas.

Francisco Weffort aponta esse distanciamento das bases e a dependência do movimento sindical ao Estado como resultado da posição dos comunistas e de setores de esquerda junto aos sindicatos. A orientação desses grupos era "dirigida aos setores decadentes da indústria e ao setor público, revelando-se incapazes de assumir o controle da classe operária dos setores privados modernos, ou seja, dos setores potencialmente decisivos do movimento operário".[24]

Dirigente do CGT em 1964 e ex-membro do Comitê Central do PCB, Hércules Corrêa (1929-2008) tem opinião diversa. A seu ver, o movimento sindical "operava na cúpula, defendendo propostas e alternativas econômicas para o país, com certo grau de prestígio e organização nas fábricas".

— Você não pode negar que em certos setores, têxtil, metalúrgico, bancário, marítimo, ferroviário, o movimento era calcado em comissões sindicais eleitas nos locais de trabalho. Principalmente no Rio, São Paulo, Rio Grande do Sul, Pernambuco, Minas, estados de maior concentração econômica e política – pondera Hércules.[25]

5) Concorrência entre o PCB e o Partido Trabalhista Brasileiro (PTB), na tentativa de controlar as cúpulas sindicais e interferir em suas políticas de ação.

Segundo Dante Pellacani (1923-1981), ex-vice-presidente do CGT, o PTB contava com muito mais recursos do que o PCB para atrair um número maior de sindicalistas. Mas os dirigentes próximos ao PTB eram líderes de categorias pouco expressivas e sem tradição de luta. Já nas categorias mais combativas, segundo Pellacani, a influência do PCB era bem maior, "por força das bandeiras que eles levantavam e da capacidade de convencer os trabalhadores e os dirigentes sindicais – com dados sobre custo de vida etc. – de que elas eram as melhores". E acrescenta: "O pessoal do PTB ficava inibido em trazer esse tipo de dados, porque pertencia a um partido do governo."[26]

6) A multiplicação das greves pode ser medida nesta comparação com os anos JK: de 1958 a 1960, houve 177 greves; nos três anos seguintes, 435. Hércules Corrêa admite que as constantes greves ou ameaças de paralisação possam ter desgastado o governo: "Para dar sustentação ao

projeto reformista de Jango, tínhamos que ter menos greves e encaminhamentos que não levassem àqueles confrontos." Mas pondera que as greves eram um instrumento indispensável para enfrentar o capital já monopolizado: "Fazíamos lutas desesperadas para não sermos tão espoliados como aquele capital queria. Havia a necessidade de se fazer uma espoliação brutal, para poder acumular mais, monopolizar mais."[27]

Na visão da CIA, as greves reforçavam a estratégia dos "ultranacionalistas e esquerdistas, incluindo os comunistas e seus simpatizantes, para empurrar o presidente Goulart ainda mais para a esquerda". O memorando confidencial enviado a Washington em 16 de abril de 1963 e disponibilizado para consulta em 14 de dezembro de 2016 identificava os artífices das supostas manobras grevistas: "O deputado esquerdista Leonel Brizola (cunhado de Goulart) continua a fazer propaganda revolucionária em extensa rede de emissoras de rádio e TV. O Comando Geral dos Trabalhadores – dominado pelos comunistas, e que aspira a tornar-se o órgão dirigente dos trabalhadores organizados – aconselhou os sindicatos sob a sua influência a manterem um estado constante de prontidão para uma greve geral." [28]

7) Conquistas dos trabalhadores: 13º salário, salário-família, aumento de 100% do salário mínimo (em fevereiro de 1964), aposentadorias especiais para ex-expedicionários e por serviços perigosos ou insalubres. Embora concedidas já no regime militar, as férias de trinta dias eram uma antiga reivindicação do movimento sindical.

DO SOPRO DE JOÃO XXIII
AO CAMPO MINADO

A câmera se move para captar o que acontecia, simultaneamente, no meio católico em relação à mobilização dos trabalhadores no campo. Setores da Igreja engajavam-se no processo político, sensíveis aos ideais de transformação social. Como fonte de inspiração, a pregação reformista e modernizadora do papa João XXIII (1881-1963). Com as encíclicas *Mater et Magistra* (1961) e *Pacem in Terris* (1963), ele renovou a postura da Igreja, defendendo o ecumenismo e a independência das instituições religiosas em relação aos poderes estabelecidos. O Concílio Vaticano II (1962) legitimou a intervenção da Igreja nos assuntos políticos, econômicos e sociais, projetando uma atmosfera de otimismo, de abertura em todas as direções, de reconciliação com os anseios de modernidade.

Antes mesmo do Vaticano II, notavam-se alterações na rota do clero brasileiro. A Ação Católica pregava uma participação consciente dos fiéis nas questões sociais. O movimento baseava-se na L'Action Catholique, idealizada na França pela Ordem dos Dominicanos, com o objetivo de ampliar a evangelização e despertar vocações religiosas. Os dominicanos resgatavam no Evangelho o compromisso dos cristãos com a justiça e a igualdade. Projetava-se o embrião de uma esquerda não marxista, apoiada nos textos de Emmanuel Mounier, Jacques Maritain, Teilhard de Chardin, Georges Bernanos, Louis-Joseph Lebret e León Bloy. Humanista, com amplo domínio filosófico, o provincial dos dominicanos, frei Mateus Rocha, cumpriu papel intransferível na consolidação da Ação Católica no Brasil. Sua obra *JEC, o Evangelho no colégio* arrebatou milhares de adeptos, transformando o método Ver-Julgar-Agir em emblema de valores evangélicos permeados por um socialismo utópico.

Em 1960, um marco histórico: a câmera faz uma panorâmica do Congresso dos Dez Anos da JUC, no Rio de Janeiro, presentes quinhentos estudantes, entre os quais o seu coordenador-geral, o baiano Haroldo Lima. Hoje ateu convicto e comunista, ele destaca a importância do encontro para a articulação nacional da militância política da esquerda católica nos anos seguintes:

— No congresso, aparece dom Helder Câmara, já com uma fraseologia completamente diferente para nós. O congresso teve um choque grandioso: de um lado, dom Helder; de outro, Gustavo Corção. E a ampla maioria dos estudantes optou pela posição de dom Helder, rechaçou Corção. Quer dizer, a maré montante na época era no sentido do progressismo.[29]

O Movimento de Educação de Base (MEB), legalizado em 1961 através de convênio assinado por Jânio Quadros e pela Conferência Nacional dos Bispos do Brasil (CNBB), assumiu a missão de promover a alfabetização como meio de conscientização das populações mais carentes do país. As escolas radiofônicas, como foram batizadas as transmissões do MEB por cadeias de radiodifusão, alcançavam, em 1963, 12 estados, com 15 mil aparelhos receptores, 180 mil alunos inscritos e 7.500 monitores.

A reorientação da Igreja se dava numa época em que o modelo de desenvolvimento na América Latina era o capitalismo dependente, com industrialização mais avançada em alguns países. Como subproduto, a crescente marginalização das grandes massas.

Até na Cuba revolucionária as palavras do papa ecoaram, conforme reconheceu Fidel Castro a Frei Betto: "O Terceiro Mundo e os revolucionários do Terceiro Mundo receberam o impacto das profundas colocações de João XXIII, que é lembrado em nossos países com respeito e simpatia por todos, inclusive os marxistas-leninistas. [...] Não podemos falar do movimento da Igreja na América Latina, desse compromisso com o povo, sem mencionar João XXIII."³⁰

À cúpula da CNBB, João XXIII recomendara um plano pastoral de emergência. O apelo mobilizou padres e bispos, além de organizações laicas vinculadas à Ação Católica: a Juventude Estudantil Católica (JEC), a Juventude Independente Católica (JIC), a Juventude Operária Católica (JOC), a Juventude Universitária Católica (JUC). O sociólogo Herbert de Souza (1935–1997), o Betinho, qualifica como decisivo o trabalho de base dessas organizações: "Na JEC, os assistentes apresentavam Cristo como o cara que veio fazer uma revolução, não em termos políticos, mas de qualquer maneira uma revolução, pessoal, humana. Com isso, cultivávamos uma religiosidade muito politizada no sentido de construir uma sociedade justa, com uma visão anticapitalista do mundo."³¹

Em documento de 1963, a CNBB elegeu como prioridade a reforma agrária: "Exigem-se profundas e sérias transformações, cuja concretização não pode mais ser adiada, sob pena de prepararmos para o Brasil dias calamitosos que talvez nos reservem a surpresa de subversões imprevisíveis dos valores democráticos e cristãos, que tão penosamente vimos construindo e preservando".³²

Mas a questão da reforma agrária esbarrou em sérias resistências dentro da própria Igreja. A luta interna se travava entre tradicionalistas e progressistas em torno da Igreja pós-Vaticano II e o papel a ela confiado na estrutura social brasileira. No instante em que os progressistas se aproximavam das classes populares, o jogo de forças na hierarquia católica ainda favorecia as correntes moderadas e conservadoras, alinhadas às classes dominantes – vale dizer, com um olho no terço e outro no fantasma do comunismo.

No barril de pólvora em que tinha se transformado a reforma agrária estavam claramente expostos os choques ideológicos dentro da Igreja. Particularmente em 1963, quando é significativa a mobilização dos trabalhadores rurais em favor de mudanças na estrutura fundiária, melhores condições de vida para a população camponesa e a ampliação de seus direitos, como o voto aos analfabetos e reconhecimento dos sindicatos rurais.

A crise agrária adquiria contornos dramáticos. O censo de 1960 indicava predominância absoluta do latifúndio: as propriedades com mais de mil hectares representavam quase a metade do total. E os produtos agrícolas originários do latifúndio continuavam sendo os principais itens da nossa pauta de exportação: café, algodão, açúcar e cacau eram responsáveis pelo faturamento de 1 bilhão de dólares, num total de 1,4 bilhão de dólares exportados.

O projeto de emenda constitucional apresentado por Jango em 1963 nada tinha de excepcional; simplesmente considerava de interesse social, para efeito de desapropriação, as terras às margens de rodovias e ferrovias, açudes públicos federais e terras beneficiadas por obras de saneamento da União. Os alvos eram propriedades improdutivas com mais de quinhentos hectares, que seriam desapropriadas pelo governo mediante pagamento de títulos públicos de valor reajustável, não mais previamente por dinheiro.

Os bispos da ala conservadora declararam guerra à iniciativa. Dom Jaime de Barros Câmara, cardeal-arcebispo do Rio de Janeiro, no programa radiofônico *A voz do pastor*, de 4 de maio de 1963, opôs-se à modificação na Constituição: "A Igreja defende sempre a propriedade particular, que só pode ser desapropriada em verdadeiro benefício da coletividade em determinadas condições."[33]

Os ultrarreacionários bispos de Campos (RJ), dom Antônio de Castro Meyer, e de Diamantina (MG), dom Geraldo Sigaud, enviaram documento ao presidente Goulart divergindo da posição da CNBB sobre a reforma agrária: "Não se justifica segundo a doutrina católica, nas atuais circunstâncias, a desapropriação ou a partilha forçada – mediante pressão tributária – de propriedades rurais, ainda quando latifúndios improdutivos."[34]

Mas, no lado oposto, vozes da Igreja se insurgiam contra o latifúndio. O bispo de Santo André (SP), dom Jorge Marcos, por exemplo, não deixou sem resposta as críticas de Carlos Lacerda, segundo as quais "os bispos devem rezar e não pensar em reforma agrária". A sua réplica veio no *Diário de Notícias*, em 5 de maio de 1963: "Os bispos rezam, e rezam muito, todos os dias, **mas** não podem ficar de braços cruzados vendo a injustiça social entronizar-se na vida pública, e a gente brasileira sendo dizimada pela fome e pela miséria."

Fosse qual fosse a vertente católica em missão no campo, rivalizava com outras duas organizações: as Ligas Camponesas, de Francisco Julião, e o Partido Comunista Brasileiro, muito atuantes, especialmente no Nordeste, a partir da segunda metade da década de 1950.

Consolidemos na tela uma imagem: a corrida pela hegemonia política entre os trabalhadores rurais. As Ligas, o PCB e a Igreja, cada um a seu modo, empenhados em constituir o maior número de sindicatos. A Igreja, é verdade, subdividida entre o assistencialismo das dioceses conservadoras, dispostas a manter unido seu rebanho e afastá-lo da "tentação" marxista, e as correntes que se empenhavam na reforma agrária.

Ainda no exílio, Miguel Arraes situou os problemas que o seu governo em Pernambuco enfrentou para, simultaneamente, equacionar conflitos entre trabalhadores e empresários e conservar a unidade do movimento popular no campo:

— As dissidências dentro desses grupos não constituíam um grande entrave ao trabalho do governo, embora criassem dificuldades menores ao seu trabalho, quando alguns setores mais radicais – radicais em palavras – tentavam ultrapassar aquelas medidas que eram possíveis e aconselháveis na oportunidade, e quando queriam elevar o grau de solicitação da massa camponesa acima da etapa que ela vivia naquela hora.[35]

A ESQUERDA E O GOLPE DE 1964

O I Congresso Nacional de Lavradores e Trabalhadores Agrícolas, realizado em Belo Horizonte em novembro de 1961, foi um sinal inequívoco da ebulição no campo. Presentes 1.600 delegados de todo o país, o Congresso indicou os principais pontos para a reforma agrária: desapropriação de terras não aproveitáveis com área superior a quinhentos hectares; pagamento de indenização mediante títulos da dívida pública; concessão gratuita das terras devolutas aos camponeses; entrega de títulos de propriedade aos atuais posseiros; estímulo à produção cooperativa.

A câmera está fixa em Francisco Julião, discursando no encerramento do encontro. "A reforma agrária será feita na lei ou na marra, com flores ou com sangue", disse ele, gravando uma frase que seria repetida, daí em diante, pelos setores mais radicais da esquerda. A palavra de ordem de Julião, com efeito, o distanciava da União dos Lavradores e Trabalhadores Agrícolas do Brasil (Ultab), ligada ao PCB. O choque ideológico se traduzia na insistência dos comunistas em prosseguir no trabalho de sindicalização rural e de negociação com o governo para a ampliação dos direitos sociais ao homem do campo. Já os partidários de Julião queriam impor imediatamente uma reforma agrária profunda, a caminho do socialismo. Os desentendimentos entre as duas correntes se cristalizariam a partir de Belo Horizonte.

Os entraves burocráticos para o reconhecimento dos sindicatos rurais tinham sido removidos ainda na fase parlamentarista do governo Goulart, através de portaria do ministro do Trabalho, Franco Montoro, de 26 de junho de 1962. Entre 1963 e 1964 o movimento camponês brasileiro se expandiu significativamente. Contava com mais de 1.200 sindicatos de trabalhadores rurais organizados e 43 federações de Sindicatos de Trabalhadores Rurais e a Confederação Nacional dos Lavradores na Agricultura (Contag). Só em Pernambuco existiam pelo menos setenta Ligas Camponesas.[36]

DO SOPRO DE JOÃO XXIII AO CAMPO MINADO

Atento a toda essa movimentação por direitos no campo, João Goulart criou a Superintendência da Política Agrária (Supra), conseguiu aprovar o Estatuto do Trabalhador Rural (que assegurava direitos trabalhistas aos assalariados do campo) e estendeu os benefícios da Previdência Social aos camponeses.

Em Pernambuco, o governador Miguel Arraes colocou o dedo no formigueiro e pressionou os usineiros a aceitarem o Acordo do Campo, o primeiro do gênero feito no país. O contrato coletivo de trabalho, assinado pelas partes em 20 de novembro de 1963, assegurava o pagamento do salário mínimo aos trabalhadores dos canaviais da Zona da Mata.

No seu último depoimento a respeito, Arraes explicou que o movimento unificado era forte e legítimo, congregando 100 mil trabalhadores da cana-de-açúcar, e não poderia ser desconsiderado pelo governo, nem reprimido pela polícia estadual. Diante das evidências, os proprietários dos engenhos aceitaram negociar.[37]

A problemática agrária era decisiva até para os candidatos à sucessão presidencial, prevista para 1965. Juscelino Kubitschek, por exemplo, ao ser lançado, em 21 de março de 1964, candidato oficial do PSD à presidência, definiu logo seu slogan: "5 anos de agricultura, 50 de fartura."

De olho no clima de agitação da futura campanha eleitoral, Francisco Julião chegou a imaginar uma grande marcha de camponeses a Brasília, às vésperas das eleições de 1965. O objetivo era cercar, com 50 a 100 mil camponeses, o Congresso Nacional, para pressionar os parlamentares a aprovarem uma emenda que modificasse a Constituição, permitindo o pagamento das desapropriações de terras em títulos da dívida pública. "Era o momento adequado, pois o candidato a presidente que se opusesse perderia o apoio de centenas de milhares de votos no campo", explicou Julião duas décadas depois. A marcha, claro, foi arquivada em 1º de abril.[38]

A VOZ DA UNE

O coro reivindicatório na sociedade brasileira se refletiu vigorosamente no meio estudantil. A década de 1960 se iniciara com a reforma educacional na ordem do dia. De 1950 a 1960, o número de alunos matriculados no ensino superior crescera mais de 150% – de 37.584 para 93.002. Mas ainda representava uma ínfima minoria, pois apenas 1% dos jovens em idade cursava a universidade. O ensino se concentrava nas universidades públicas; com uma ou outra exceção, a participação privada se restringia às instituições católicas, que gozavam de benefício tributário.

Depois de prolongada discussão, o Congresso aprovou, em 1961, a Lei de Diretrizes e Bases da Educação (LDB), que determinava a transferência de 9% da receita federal para o ensino fundamental, médio e superior. Embora significasse um avanço, a lei não conseguiria, nos anos seguintes, reverter a dicotomia ensino público (defendido pelas entidades estudantis e pelos setores reformistas) e ensino privado (bandeira dos grupos econômicos).

Mas houve progressos indiscutíveis durante o mandato de João Goulart. O Ministério da Educação e Cultura (MEC) passou a aplicar 11,2% do orçamento da União e a promover, com base no Plano Nacional de Educação (PNE), a impressão de materiais didáticos em grandes tiragens.

Em 21 de janeiro de 1964, Jango assinou o Decreto nº 53.465 que instituiu o Programa Nacional de Alfabetização do MEC. Baseado no método do educador Paulo Freire (1921–1997), o programa representava uma ruptura com a tradição conservadora. Em síntese, o método de Freire valoriza as experiência de vida e a capacidade transformadora e criativa do homem, trabalhando as "palavras geradoras" de expressão e as imagens a elas associadas, a partir da realidade das pessoas, com o propósito de estimular o conhecimento e a leitura do mundo e proporcionar aos alunos condições de compreendê-lo melhor e modificá-lo. O índice de analfabetismo era um dos mais altos da América Latina, cerca de 20 milhões de pessoas, entre 15 e 45 anos, que não sabiam ler nem escrever.[39] Na primeira etapa do programa, o governo planejava alfabetizar 1,8 milhão de pessoas em 1964.

A politização no ambiente estudantil convergia para o ativismo da UNE, da União Brasileira de Estudantes Secundaristas (UBES) e na União Metropolitana de Estudantes (UME), além dos diretórios acadêmicos nas universidades públicas. Se, por um lado, apenas uma minoria tinha acesso ao ensino superior, por outro era viável mobilizar os estudantes em torno de propostas mais homogêneas no campo progressista e de esquerda.

O cardápio de lutas da UNE incluía itens como a reforma universitária e educacional, aumento dos investimentos sociais, limitações ao capital estrangeiro, combate ao imperialismo, política externa independente, indisfarçável simpatia por Cuba, reforma agrária e efetiva participação dos trabalhadores nas decisões do poder público.

Como fazer tudo isso?

Flashback. Estamos em Curitiba, março de 1962. Na assembleia de encerramento do II Seminário Nacional de Reforma Universitária, a UNE divulgou a Carta do Paraná. Um dos tópicos refere-se ao "esquema tático de luta" para se chegar às reformas de base: os estudantes imaginavam uma "aliança com trabalhadores, camponeses, intelectuais progressistas, militares democratas e outros setores da vida".

Uma das providências da UNE foi exigir a participação dos estudantes nos colegiados das universidades, na base de um terço da composição dos conselhos. Como o prazo para as universidades enviarem seus estatutos ao Conselho Federal de Educação terminava em 27 de junho de 1962, a UNE aguardou a regulamentação da matéria até 1º de junho.

Não atendidos, os estudantes entraram em greve em 40 universidades (23 federais, 14 particulares e 3 estaduais). O movimento perdurou até agosto, quando começou a se esvaziar. Mesmo sem atingir seus objetivos, a "greve do um terço", como ficou conhecida, "contribuiu para aumentar a consciência política do estudante e para sensibilizar a opinião pública em torno dos problemas da universidade no Brasil".[40]

A vanguarda política materializava uma frente estudantil, que ia da Ação Popular (AP) ao PTB, passando pelos grupos mais esquerdistas. Como se erguia essa obra de engenharia política?

Marcello Cerqueira, que representava o PCB como vice-presidente da UNE na gestão de José Serra (1963-1964), da AP, revela a fórmula da unidade:

— Conseguimos unir a esquerda na UNE através de um negócio chamado conchavão. O que havia no movimento estudantil? A JUC [Juventude Universitária Católica], que depois virou AP; a Polop [Organização Revolucionária Marxista Política Operária], que era um grupo pequeno, mais à esquerda; o Partido Comunista; e os independentes. O partido, às vezes erradamente, usava a fórmula de colocar simpatizantes como independentes e assim ter hegemonia na diretoria. Eram os chamados "submarinos".

Com bom humor, lembra que em sua gestão havia vários "submarinos" em ação. Na primeira reunião da diretoria, José Serra resolveu votar determinada questão. Marcello disse-lhe baixinho:

— Serra, não bota para votar, vamos no consenso.

O presidente da UNE não cedeu ao argumento.

— Ele botou para votar e perdeu. Aí viu que vários diretores eram "submarinos". Votavam conosco e não com a AP – recorda-se Marcello Cerqueira.[41]

Fiel ao lema proposto por Serra – "A hora é de ação" –, a UNE atuava nos programas de alfabetização do MEC e nas campanhas sanitárias de erradicação de doenças no campo; combinava a sua prática política com a das demais correntes progressistas; e exigia de Jango o fim da conciliação com forças conservadoras.

A vanguarda estudantil cumpria a sua parte, repetindo, com alegria e consciência militante, o hino à politização em que se converteu a *Canção do subdesenvolvido* (1962), de Carlos Lyra e Chico de Assis, com seu arrebatador refrão: "Era um país subdesenvolvido/ subdesenvolvido, subdesenvolvido..." E ainda encontrava tempo para dinamizar a imprensa universitária: circulavam em todo o país, com tiragens relativamente expressivas, os jornais *A Tribuna Universitária* e *O Metropolitano* e a revista *Movimento*, órgão oficial da UNE, cujo editor era o futuro cineasta Arnaldo Jabor.

O calendário para 1964 distribuído pela UNE reforçava os vínculos com as causas nacionalistas e democráticas. Cada mês do ano era ilustrado por uma fotografia que denunciava as condições de vida de operários e camponeses. As fotos vinham acompanhadas de poemas de Vinicius de Moraes, Affonso Romano de Sant'Anna e Geir Campos.

O arquiteto Oscar Niemeyer assinava o poema, "O que fez você arquiteto", ilustrado com a foto de uma favela. Por amarga coincidência, era alusivo a março de 1964: "Você só fez atender/ a homem que tem dinheiro/ que vê o pobre sofrer/ e descansa o ano inteiro/ na bela casa grã-fina/ que fez você projetar,/ esquecido que essa mina/ um dia vai acabar."

ARTISTAS E INTELECTUAIS NA LINHA DE COMBATE

ISEB: O FAROL DAS REFORMAS

Um dos polos de formação político-cultural, naquela etapa em que o nacionalismo se convertia em pedra de toque do pensamento social, foi o Instituto Superior de Estudos Brasileiros (ISEB). Fundado no governo de Café Filho e implementado por Juscelino Kubitschek no âmbito do Ministério da Educação, o ISEB projetou-se como centro formulador de uma ideologia nacional-desenvolvimentista e também sobressaiu como matriz da concepção de cultura como elemento impulsionador de ações políticas que visavam a transformações estruturais no país. Em seus primeiros anos, o ISEB reuniu nomes como Hélio Jaguaribe, Rômulo de Almeida, Evaldo Correia Lima, Álvaro Vieira Pinto, Roland Corbisier, Nelson Werneck Sodré, Guerreiro Ramos e Cândido Mendes.[42]

O viés crítico aplicado aos cursos de formação e especialização, frequentados também por quadros do campo progressista e de esquerda, incomodou a direita, que passou a questionar na imprensa e no Congresso o repasse de verbas governamentais ao ISEB. A penetração do instituto chamou atenção da CIA, em atividade na embaixada e nos consulados dos Estados Unidos no Brasil. O informe secreto sobre "escolas de formação do Partido Comunista" na América Latina, de março de 1960 e liberado à consulta em 9 de dezembro de 2016, incluiu o Instituto entre os aparelhos ideológicos comunistas: "O ISEB [é] uma escola de pós-graduação em estudos sociais apoiada pelo governo, infiltrada e dominada, se não controlada, por comunistas. Formada predominantemente por ultranacionalistas, incluindo comunistas, a escola oferece treinamento intensivo sobre os problemas brasileiros e foi projetada para acelerar o desenvolvimento nacional. Busca doutrinar grupos selecionados de líderes atuais ou potenciais do governo e da indústria que se tornarão propagadores de uma nova filosofia para o Brasil. [...] A maioria dos professores foi caracterizada como comunista ou ultranacionalista de esquerda."[43]

A partir de 1963, após divergências e cisões internas, a visão predominante do ISEB passou a orientar-se pela revisão crítica das concepções nacional-desenvolvimentistas e do eixo do modelo econômico adotado por JK – estímulo à internacionalização da economia, atraindo novos capitais para empreendimentos industriais, como os do ramo automobilístico –, bem como pela adesão à campanha pelas reformas de base. Essa perspectiva incentivava intelectuais a transmitirem às classes populares uma consciência crítica dos problemas sociais.

Representava um curto-circuito na visão clássica do intelectual como um ser circunscrito aos muros acadêmicos ou à dimensão etérea do conhecimento. As teses do ISEB compeliam a um compromisso explícito: os agentes culturais deveriam intervir na realidade. Talvez seja excessivo dizer que estávamos atrás da construção da identidade nacional. Mas parte apreciável da intelectualidade se imbuía da determinação de romper as barreiras do subdesenvolvimento e contribuir para livrar o país da estagnação e da dependência externa.

"A revolução, entre nós, denomina-se reformas de base", proclamava o professor Osny Duarte Pereira (1912–2000), que assumira a cátedra de Ciência Política nessa fase do instituto. "Toda revolução pacífica ou violenta tem de importar em reforma de base, ou não será revolução."[44]

Do grupo fundador, permaneciam fiéis à nova linha do ISEB o professor, historiador e general reformado Nelson Werneck Sodré (1911–1999) e o professor e ensaísta Álvaro Vieira Pinto (1909–1987). Entre os novos quadros da instituição, jovens intelectuais em ascensão, como Wanderley Guilherme dos Santos (1935–2019), Carlos Estevam Martins (1934–2009) e José Américo Motta Pessanha (1932–1993). As posições defendidas por eles nos meses finais do governo Goulart influíram na definição de uma linha tendencialmente esquerdista para o ISEB, alinhada aos movimentos mais combativos.

Os cursos, seminários e pesquisas promovidos pelo instituto – que antes atraíam um público diversificado, como parlamentares nacionalistas, jovens oficiais das forças armadas, empresários, estudantes universitários, artistas politizados – passaram a ter uma audiência mais restrita a grupos políticos afins (sindicalistas, quadros partidários, dirigentes estudantis e ativistas).

Como diretor do Departamento de História, Nelson Werneck Sodré liderou um dos projetos consequentes daquela etapa do ISEB: a coleção História Nova do Brasil. O convênio firmado com o MEC previa a publicação, pela Campanha de Assistência ao Estudante (Cases), de dez volumes em 1964. O objetivo era contribuir, numa linguagem acessível, para uma reforma do ensino básico de História no país, com base na avaliação de que os livros didáticos disponíveis tinham abordagens ultrapassadas e não davam conta das "ações decisivas de nosso povo" no tempo presente. Os livros seriam escritos por uma equipe coordenada por Werneck Sodré. Até março de 1964, foram editados cinco volumes. A coleção foi interrompida pela eclosão do golpe, com a apreensão dos estoques existentes e a abertura de um inquérito policial militar (IPM).

Pensando retrospectivamente, Nelson Werneck Sodré lamenta que a "guinada esquerdista" tenha conduzido o ISEB ao isolamento. Mas salienta que, para se entender essa progressiva perda de influência, convém levar em conta a ação de "forças reacionárias":

— O ISEB era uma instituição de pós-graduação que teria como estagiários pessoas já formadas, indicadas por instituições, inclusive governamentais. Cabia então à área do governo, como ministérios e institutos, indicar pessoas para o ISEB, incluindo as forças armadas. Ora, essas áreas passaram a hostilizar o governo Goulart e não indicavam estagiários para o ISEB. Ao mesmo tempo, a UNE e a ABI [Associação Brasileira de Imprensa], por exemplo, que eram afins com o ideário do ISEB, continuaram prestigiando os nossos cursos. Esse processo de esvaziamento imposto pelas forças conservadoras motivou uma unilateralidade do ISEB, uma esquerdização.[45]

A alta voltagem do CPC

Levar a cultura às ruas, às favelas, às fábricas e aos cafundós nordestinos, de um fôlego só. Com tal impulso, o Centro Popular de Cultura (CPC) da UNE reuniu um escrete: Oduvaldo Vianna Filho, Leon Hirszman, Ferreira Gullar, Carlos Lyra, Chico de Assis, Eduardo Coutinho, Arnaldo Jabor, Joaquim Pedro de Andrade, Cacá Diegues, João das Neves, Carlos Estevam Martins, Sérgio Ricardo, Carlos Vereza, Francisco Milani, Helena Ignez, Jorge Coutinho e outros.

Influência determinante foram as conferências de Paulo Freire no ISEB sobre o trabalho do Movimento de Cultura Popular, no Nordeste. O MCP valia-se do apoio financeiro e logístico da prefeitura de Recife, na gestão de Miguel Arraes, e estruturava-se com base na participação de professores e educadores adeptos do método de alfabetização e conscientização de Freire. O projeto do CPC visava proporcionar às classes trabalhadoras acesso a manifestações culturais, principalmente as que as ajudassem a compreender melhor os dilemas do país.

A UNE cedeu uma saleta de dez metros quadrados, nos fundos do auditório, ao grupo que organizava as primeiras ações do CPC. Para ali confluíam jovens atores, cineastas, professores, poetas e pintores que queriam se engajar na luta por mudanças sociais e políticas.

A publicação do *Manifesto do CPC* acirrou os ânimos quanto à aplicação da tese central: a "arte popular revolucionária". O documento definia três alternativas para o artista: o conformismo, o inconformismo ou "a atitude revolucionária consequente". O *Manifesto* optava pela terceira via, "por ser o CPC parte integrante do povo, destacamento de seu exército no *front* cultural". E acrescentava: "Para nós, tudo começa pela essência do povo e entendemos que essa essência só pode ser vivenciada pelo artista quando ele se defronta a fundo com o fato nu da posse do poder pela classe dirigente e a consequente privação do poder em que se encontra o povo enquanto massa de governados pelos outros e para os outros. Se não se parte daí, não se é revolucionário, nem popular, porque revolucionar a sociedade é passar ao poder ao povo."

A dimensão artística deveria subordinar-se aos conteúdos ideológicos, com o que se incorria no erro de simplificar e subestimar as preocupações estéticas. A meta era fazer da cultura uma ferramenta de conscientização do povo quanto à exploração a que estava submetido.

O núcleo do Cinema Novo dentro do CPC reagiu ao viés panfletário do *Manifesto*, entendendo ser perfeitamente possível conciliar um cinema nacional preocupado com a miséria e o subdesenvolvimento com a sensibilidade artística e as marcas autorais. A formação dos jovens cineastas inspirava-se na Nouvelle Vague e no neorrealismo italiano, mesclando fundamentos do marxismo, o existencialismo sartriano e as críticas do *Cahiers du Cinéma*.

Apesar dessas divergências, o trabalho no CPC fluía a mil por hora – como se desconfiassem que o tempo seria escasso para tantos sonhos. Foram criados os departamentos de teatro, cinema, música, literatura e artes plásticas. O primeiro filme sob a chancela do CPC foi *Cinco vezes favela*, com cinco episódios dirigidos por Leon Hirszman, Joaquim Pedro de Andrade, Cacá Diegues, Marcos Farias e Miguel Borges, denunciando as péssimas condições de vida nas favelas cariocas.

O núcleo teatral partiu para apresentações em sindicatos, clubes de subúrbios e quadras de escolas de samba. Mas o repertório não atraía as massas. Houve espetáculos cancelados por falta de quórum; outros atraíam poucos trabalhadores. A concepção de "arte popular e revolucionária" não correspondia à cultura orgânica e ao próprio imaginário das classes subalternas.

Surgiu a ideia de se testar o formato do teatro de rua. Cenas rápidas, tramas simples, sátiras provocativas, numa dinâmica itinerante: ora num ato público na Cinelândia, ora numa praça da periferia ou numa porta de fábrica. A linguagem teatral como veículo de denúncia e agitação, capaz de reter a atenção dos espectadores. Os atores apresentavam trinta, quarenta esquetes por dia.

O CPC se juntou às caravanas da UNE-Volante por vários estados, mas a ótima acolhida entre os estudantes não foi suficiente para o teatro de rua consolidar interações com plateias populares. As discussões internas questionavam a validade de se continuar sacrificando a criação artística em nome da urgência ideológica.

A partir do segundo semestre de 1963, Vianinha liderou uma guinada no CPC, convencido do esgotamento da fórmula da "arte popular e revolucionária". Passou a defender espetáculos mais elaborados esteticamente, com linguagem acessível e temáticas voltadas ao universo do cidadão comum, em busca de uma comunicação mais fluente com públicos diversificados.

O CPC aproximou-se da cultura popular e do mundo do samba, promovendo shows e atividades com Cartola, Nelson Cavaquinho e Zé Keti e Ismael Silva. Decidiu, ainda, realizar a sua mais ambiciosa montagem teatral, com a peça *Os Azeredos mais os Benevides*, escrita por Vianinha, com direção de Nelson Xavier, música de Edu Lobo e um elenco de 35 atores. A estreia da peça marcaria a inauguração do Teatro da UNE, em 30 de março de 1964. O novo espaço iria dispor de 283 lugares, palco espaçoso, tratamento acústico e sessenta refletores.[46]

Congelemos por instantes o roteiro original.

O CPC ousado e revolucionário, cuja trajetória será subitamente ceifada quando o filme chegar ao sombrio 1º de abril de 1964, suscita controvérsias. Não seria este o espaço adequado e suficiente para escrutiná-las. Mas podemos acender os refletores para algumas intervenções.

A ensaísta Heloisa Buarque de Hollanda questiona a eficácia do modelo do CPC: "Ao reivindicar para o intelectual um lugar 'ao lado do povo', [o CPC] não apenas se faz paternalista, mas termina – de forma 'adequada' à política da época – por escamotear as diferenças de classes, homogeneizando conceitualmente uma multiplicidade de contradições e interesses."[47]

Carlos Vereza rebate:

— Quando vejo alguns ensaios teóricos tachando o CPC de populista, acho tão fácil, tão cômodo. O CPC foi muito mais do que isso: foi a tentativa de tirar da elite apenas a possibilidade do acesso à cultura e à arte.[48]

O poeta Ferreira Gullar (1930–2016) diz que nunca se ajustou aos preceitos da "arte popular e revolucionária" do CPC e priorizou uma poesia que associasse uma linguagem poética mais sofisticada ao cotidiano e à crítica social. Mas ressalta que, no contexto da luta política e cultural, se pudesse, participaria novamente de uma experiência como a do CPC:

— Não existia demagogia no nosso trabalho. [...] O CPC correspondia a uma necessidade da época. Não tínhamos nenhuma ilusão de que estávamos fazendo arte de alta qualidade. Nós sabíamos que estávamos sacrificando valores estéticos em função de valores políticos. Não estávamos querendo vender gato por lebre. O projeto fracassou. Mas não foi só o CPC que fracassou. O que fracassou foi todo o projeto de reforma brasileira da época. Então, quem fica contente com o fim do Centro Popular de Cultura deve estar contente com o golpe de 1964![49]

A concepção de cultura do CPC, embora solidária às reivindicações populares, não correspondia à cultura orgânica das classes subalternas, avalia a professora Liana Silveira, à época presidente do Diretório Central dos Estudantes da Universidade do Brasil (hoje Universidade Federal do

Rio de Janeiro – UFRJ) e militante do CPC: "Nós apanhamos muito porque não tínhamos clareza sobre como fazer um trabalho de base na área cultural. Que ingenuidade a nossa: pensávamos em levar cultura para o povo, quando ele tem a sua própria cultura, muito rica por sinal. Nossa proposta era uma coisa ideal, partia do pressuposto equivocado de que o povo não sabia nada, quando sabia e muito."[50]

Para o cineasta Arnaldo Jabor (1940–2022), o CPC representou uma verdadeira "doideira conscientizadora", que, às vezes, superestimava o seu poder de esclarecimento e persuasão junto às plateias populares:

— O povo olhava embasbacado aquela multidão de jovens que lhes ensinava coisas de dedo em riste, lhes fazia equações, empurrões, gritos de estímulo, eia! sus! querendo transformar os operários e camponeses em revoadas de torsos heroicos... Ficou uma herança de generosidade.[51]

OS INTELECTUAIS EM AÇÃO

Em parcerias com o CPC e o ISEB, a editora Civilização Brasileira editou, entre 1962 e 1964, duas coleções que se inscreviam na ideia-chave de produzir conhecimentos que conscientizassem o povo sobre a necessidade de lutar pelas reformas de base e pela revolução brasileira. "Nós percebemos que a Civilização poderia se transformar, com uma linha editorial voltada à discussão dos grandes temas nacionais do momento, num meio de expressão e mesmo de aglutinação da intelectualidade de esquerda", explica o editor Ênio Silveira (1925–1996).[52]

Os três volumes em formato de bolso da coleção *Violão de Rua – Poemas para a Liberdade*, com curadoria do poeta Moacyr Félix, compunham um painel da poesia engajada daqueles anos. "A poesia deveria ser parte da ideia de que tudo aquilo que é verdadeiro serve ao povo. Este era o nosso ponto de partida", esclarece Moacyr.[53] Na nota de apresentação do primeiro volume, a Civilização Brasileira definia como objetivo "divulgar poetas que usam seus instrumentos de trabalho para participar, de modo mais direto, nas lutas em que ora se empenha o povo brasileiro, revolucionariamente voltado para as exigências de um mundo melhor e mais humano". Os oito autores escolhidos para abrir a coleção: Affonso Romano de Sant'Anna, Ferreira Gullar, Geir Campos, José Paulo Paes, Moacyr Félix, Paulo Mendes Campos, Reynaldo Jardim e Vinicius de Moraes. Cada livro tinha em média noventa páginas.

Foi um enorme sucesso a coleção *Cadernos do Povo Brasileiro*, coedição da Civilização Brasileira com o ISEB e o CPC. Dirigida por Ênio Silveira e Álvaro Vieira Pinto, e tendo como secretário-executivo Wanderley Guilherme dos Santos. Entre 1962 e 1964, foram publicados 28 livros de bolso, que variavam de 60 a 120 páginas. Instruções básicas aos autores: "Rigorosamente nacionalista, conduzirá sempre os estudos e análises para o plano dos genuínos interesses da nação e não terá receio de criticar a quem quer que seja ou de romper preconceitos e tabus criados pelo sistema socioeconômico vigente no país, ou deles decorrentes."[54] Os títulos abordavam questões como imperialismo, nacionalismo, igreja popular, reforma agrária, greves, política externa, socialismo e revolução, grupos de pressão, analfabetismo, inflação, planejamento, tenentismo, indústria farmacêutica e nacionalismo.

"Os *Cadernos* vendiam como água, e acredito que isso se devia ao fato de que correspondiam a uma exigência daquela época de politização e conscientização", lembra-se Moacyr Félix. "O pessoal do CPC fazia a maior propaganda. Realizávamos lançamentos em livrarias, sindicatos, universidades, entidades culturais e associações profissionais."[55] As tiragens iniciais eram de 20 mil exemplares. Seis volumes dispararam nas vendas: *Que é a Constituição?*, de Osny Duarte Pereira (40 mil exemplares); *Por que os ricos não fazem greve?*, de Álvaro Vieira Pinto; *Que é a revolução brasileira?*, de Franklin de Oliveira; *Quem dará o golpe no*

Brasil?, de Wanderley Guilherme dos Santos; *Quem é o povo brasileiro?*, de Nelson Werneck Sodré; e *Quem pode fazer a revolução no Brasil?*, de Bolivar Costa.

Interessante notar que a coleção foi inaugurada com o livro de Francisco Julião, *Que são as ligas camponesas?*, o que evidencia a prioridade dada à intervenção militante de um intelectual orgânico do movimento camponês, em ascensão no cenário político. E podemos ainda comprovar a ênfase à questão da reforma agrária na inclusão do poema "*João Boa-Morte, cabra marcado para morrer*", de Ferreira Gullar, no primeiro volume de *Violão de Rua*. Os versos de Gullar contemplavam João Pedro Teixeira, líder da Liga Camponesa de Sapê, na Paraíba, assassinado em 1962 por ordem de latifundiários, e traduziam o apelo às lutas no campo: "Que é entrando para as ligas/ que ele [o trabalhador rural] derrota o patrão,/ que o caminho da vitória/ está na Revolução."

Um dos volumes mais debatidos foi *Por que os ricos não fazem greve?*, de 1962. Catedrático de História da Filosofia da Faculdade Nacional de Filosofia e diretor do Departamento de Filosofia do ISEB, ao qual se vinculara em 1956, Álvaro Vieira Pinto cumpriu papel significativo na formação de jovens intelectuais e estudantes engajados. No capítulo final, ele responde à questão central do livro invertendo o título para "Por que somente os 'pobres' fazem greve?": "É porque somente os chamados 'pobres' trabalham. [...] Na sociedade dividida em classes exploradoras e exploradas, as primeiras são naturalmente as possuidoras da riqueza. Por isso, a classificação de 'pobre' só pode caber às outras, as exploradas, mas exploradas em quê? No trabalho. Logo, só os trabalhadores são os 'pobres' da sociedade capitalista. E são 'pobres' porque não possuem capital, mas apenas a força de trabalho. Como a recusa de usar 'para outro' esta força constitui a essência da greve, segue-se, como conclusão final, que somente os 'pobres' fazem greve."[56]

Ainda sobre *Por que os ricos não fazem greve?*, há um episódio que retrata o clima democrático em que vivíamos. Em fevereiro de 1964, tocou o telefone no escritório do editor Ênio Silveira. Era o capitão Eduardo Chuahy (1933–2021), ajudante de ordens da Casa Militar da Presidência da República. Queria encomendar cerca de 10 mil exemplares do livro de Álvaro Vieira Pinto. Surpreso, Ênio disse que atenderia o pedido se o pagamento fosse feito à vista. Chuahy pediu-lhe que providenciasse a remessa com urgência. Uma semana depois, chegou a nota de empenho, com o timbre da Presidência da República, autorizando o pagamento. A maior parte dos 10 mil exemplares foi distribuída a sindicatos, por sorte antes da eclosão do golpe.[57]

Em 7 de outubro de 1963, surgiu o Comando dos Trabalhadores Intelectuais (CTI), com a proposta de coordenar "os vários campos em que se desenvolve a luta pela emancipação cultural do país – essencialmente ligada às lutas políticas que marcam o processo brasileiro de emancipação econômica". No manifesto de criação, o CTI fixava dois objetivos para sua ação política: "a) apoiar as reivindicações específicas de cada setor cultural, fortalecendo-as dentro de uma ação geral, efetiva e solidária; b) participar da formação de uma frente única nacionalista e democrática com as demais forças populares arregimentadas na marcha por uma estruturação melhor da sociedade brasileira".

Ênio Silveira montou o QG do CTI na sede da Civilização Brasileira, no coração do Rio de Janeiro, frequentada diariamente por intelectuais e jornalistas de esquerda. "Ênio tinha uma capacidade agregadora sem paralelo. Um homem aberto ao diálogo, corajoso como editor e lúcido nas análises de conjuntura", afirma Nelson Werneck Sodré.[58] A nova entidade nasceu da preocupação de se dar um mínimo de organização ao meio cultural.

— Sentíamos que estava sendo preparado o golpe de Estado, para barrar o esforço sistemático de conscientização das várias camadas sociais. Queríamos alertar as pessoas da área intelectual, fazê-las passar da palavra à ação. Era preciso reunir esse potencial que tínhamos nas mãos – jornalistas, teatrólogos, cineastas, escritores – com um sentido prático. Nossas ideias, até então, se esgotavam em debates parcos – afirma Ênio.[59]

Eram treze os integrantes da comissão diretora do CTI: Alex Viany, Álvaro Lins, Álvaro Vieira Pinto, Barbosa Lima Sobrinho, Dias Gomes, Édson Carneiro, Ênio Silveira, Jorge Amado, M. Cavalcanti Proença, Moacyr Félix, Nelson Werneck Sodré, Oscar Niemeyer e Osny Duarte Pereira. O secretário-geral, Moacyr Félix, se encarregava das articulações com partidos, sindicatos e organizações populares.

— Produzimos um sem-número de manifestos a favor das reformas e de mudanças sociais. Comparecíamos a todas as reuniões dos setores progressistas. Procurávamos manter o equilíbrio, mas, se necessário, metíamos o pau no Jango quando ele conciliava. Agitamos bastante e conseguimos ter filiais pelo país, como a de Minas, coordenada pelo poeta Affonso Romano de Sant'Anna – relembra Moacyr Félix.[60]

O lançamento do CTI provocou um corre-corre às livrarias São José, Ler e Civilização Brasileira, no Centro do Rio. Lá estavam, para ser assinadas, as listas de filiação. Aderiram os escritores Aníbal Machado, Carlos Heitor Cony, Eneida de Moraes, Ferreira Gullar, Geir Campos, Joaquim Cardozo, Jurema Finamour e Paulo Mendes Campos; atores, autores e diretores teatrais, como Agildo Ribeiro, Flávio Rangel, Gianfrancesco Guarnieri, José Renato, Oduvaldo Vianna Filho, Tereza Rachel; os pintores Di Cavalcanti, Djanira, Iberê Camargo e Lygia Pape; os cineastas Arnaldo Jabor, Cacá Diegues, Glauber Rocha, Joaquim Pedro de Andrade, Leon Hirszman, Nelson Pereira dos Santos e Walter Lima Júnior; pessoal de rádio e TV, como Chico Anysio e Janete Clair; os arquitetos Flávio Marinho Rego e Paulo Casé; cantores e compositores como Carlos Lyra e Nara Leão; os jornalistas Paulo Francis, Octávio Malta, entre outros.

— Para nossa surpresa – lembra Ênio Silveira –, o resultado dessa convocatória foi extraordinário: quase quatrocentas pessoas assinaram as listas de adesão. Com o tempo, dada a nossa atuação em reuniões e atos públicos, passamos a ser considerados uma espécie de sindicato dos intelectuais. Como desgraçadamente veio o golpe, o CTI não chegou a ter uma maturação, embora tenha procurado colaborar ao máximo na luta pela democracia, inclusive mostrando que os arroubos românticos em nada contribuíam para evitar o golpe.[61]

REFORMISTAS, REVISIONISTAS E REVOLUCIONÁRIOS

As contradições do processo de industrialização brasileiro geraram conflitos entre duas forças sociais fundamentais, segundo René Armand Dreifuss: os interesses socioeconômicos multinacionais associados e as classes trabalhadoras, aliadas, a partir da posse de João Goulart na presidência, ao Executivo nacional-reformista.[62]

A luta de classes superou o sistema partidário, que se mostrava incapaz de refletir com nitidez a correlação de forças vigente e as tendências político-ideológicas.[63] PTB e PSD, parceiros táticos na aliança governamental, UDN e mais os dez partidos que tinham disputado as eleições de 1962 já não representavam a diversidade de posições.

Divididas em facções, sem dinamismo, com capacidade reduzida de mobilizar as massas, as estruturas partidárias não correspondiam às crescentes demandas da sociedade. No vácuo dessas limitações, passaram a atuar organizações, movimentos e entidades à esquerda (PCB, Frente Parlamentar Nacionalista, Frente de Mobilização Popular, Comando Geral dos Trabalhadores, Ligas Camponesas) e à direita (Ação Democrática Parlamentar, Movimento Sindical Democrático).

Com efeito, o começo dos anos 1960 foi o ponto de partida de um processo de fragmentação da esquerda brasileira, que se acentuaria depois da derrota em 1964 e, principalmente, no pós-1968, com a luta armada contra a ditadura. Sérgio Magalhães (1916–1991), deputado federal do PTB da Guanabara e liderança nacionalista, esclarece que, à época, a esquerda mais uma vez não estava unificada numa só organização e, por isso, "chamava-se de esquerda tudo em geral que era contra o que estava estabelecido".⁶⁴

Para boa parte da juventude que se incorporava à luta política, a nova concepção política do PCB a partir de março de 1958 – por "um governo nacionalista e democrático", em aliança com a "burguesia ligada aos interesses nacionais" – não se coadunava com o atração exercida, naquele contexto, pelo embalo revolucionário da Revolução Cubana, aos discursos engajados de Jean-Paul Sartre ou aos guerrilheiros maoistas que provaram que a revolução poderia vir do campo.

Um paradoxo: no instante em que a politização seduzia os jovens, a intelectualidade e os setores do proletariado e do campesinato, e a ideia do socialismo começava a tomar corpo, os comunistas – tradicionalmente os mais entusiastas da ideia de revolução – se moderavam, falavam em aliança com a burguesia nacional, em caminho pacífico para a democratização da vida social, política e econômica.

Por sua vez, para os setores mais à esquerda, a questão central era convencer as massas de que a proposta socialista era viável e sintonizada com anseios por reformas estruturais.

As variáveis: PTB e PSB

Nas eleições de 1962, o PTB ampliou sua bancada na Câmara de 66 (em 1958) para 116 deputados. Assumia, assim, o segundo lugar (29,8%) na preferência popular, a poucas cadeiras do líder PSD (30,3%) e mais distanciado da arquirrival UDN (23,4%). Os trabalhistas consolidavam sua base urbana e evidenciavam maior penetração nos estados menos desenvolvidos e também no interior.⁶⁵

Porém, o PTB se apresentava dividido em duas facções principais: o "grupo compacto" e o "grupo fisiológico". Segundo Caio Navarro de Toledo, o "grupo fisiológico" postulava a realização de reformas sociais não radicais e, para isso, defendia uma maior aproximação com o PSD. Já o "grupo compacto" rejeitava o clientelismo político da "velha guarda" trabalhista que controlava a burocracia sindical e a máquina da previdência social. Empenhado em reformas político-econômicas de caráter anti-imperialista, o "grupo compacto" identificava-se com causas nacionalistas.[66] Suas estrelas, Leonel Brizola e Miguel Arraes, lideravam governos populares no Rio Grande do Sul e em Pernambuco.

Brizola nacionalizou a energia elétrica e a telefonia, encampando as subsidiárias da American and Foreign Power Company (Bond and Share) e da International Telephone and Telegraph (ITT) e substituindo-as, respectivamente, pela Companhia de Energia Elétrica Riograndense (CEEE) e pela Companhia Riograndense de Comunicações (CRT). Não recuou diante da reação enfurecida do governo norte-americano e seus epígonos no Brasil. E ampliou nacionalmente a sua reputação como líder nacionalista.

Arraes impulsionou investimentos nas regiões mais pobres e negociou acordos para ampliar direitos dos trabalhadores rurais. Suas relações com as Ligas Camponesas eram próximas, mas nem sempre coincidia com Francisco Julião, sobretudo pelas ligações do movimento camponês com grupos de extrema esquerda que subestimavam os conflitos com os proprietários rurais. A articulação de Arraes era mais sólida no Nordeste, mas, pouco a pouco, somava alianças políticas no eixo Rio–São Paulo.

O ala progressista do PTB fazia suas contas e verificava com quem podia contar de fato na campanha pelas reformas de base. A soma aritmética indicava apoios na pequena bancada do Partido Socialista Brasileiro – de feição social-democrática –, de frações de pequenos partidos (como o Democrata Cristão, o Social Trabalhista, o Social Progressista, o Trabalhista Nacional), da minoritária ala progressista da UDN (batizada de "Bossa Nova") e de um pequeno contingente do PSD, os chamados "agressivos". A conquista da maioria parlamentar, todavia, continuava dependendo da aliança com o PSD.

O PSB, que se originara da Esquerda Democrática, em 1947, defendia a "gradual e progressiva socialização dos meios de produção", disposto a aperfeiçoar o regime democrático dentro do sistema capitalista. Tinha reduzida penetração eleitoral: no pleito de 1962, elegeu, por meio de coligações, um senador e seis deputados federais – formando uma representação de apenas quatro Estados. Uniu-se à Frente Parlamentar Nacionalista e apoiou firmemente a posse de Jango e, mais tarde, o presidencialismo.

Entre 1961 e 1964, o PSB propunha teses semelhantes às do trabalhismo: política externa independente, combate à carestia, efetivo exercício das liberdades democráticas, defesa da economia nacional contra o capital estrangeiro e apoio às reformas de base.

Há quem aponte a falta de maior coesão ideológica como pecado capital do PSB. "O partido reunia trotskistas, stalinistas envergonhados, trotskistas dissidentes, social-democratas e nacionalistas. Na prática, era uma fachada legal que abrigava esse conjunto de tendências", pontua Luiz Alberto Moniz Bandeira.[67]

PCB: ASCENSÃO E CONTROVÉRSIAS

No início da década de 1960, o PCB passou a ter concorrentes tanto em organizações de viés marxista como nos setores radicalizados do movimento nacionalista, com suas ramificações populistas.

As divisões internas no PCB se acentuaram após o XX Congresso do Partido Comunista da União Soviética, em 1956, no qual o relatório de Nikita Kruschev denunciou crimes de Stalin e colocou o movimento comunista internacional diante de perplexidades e redefinições de objetivos estratégicos, iniciando-se, ainda que parcialmente, o rompimento com as diretivas stalinistas.

Na verdade, a luta interna já se prenunciara nas discussões sobre o Manifesto de Agosto de 1950, que imprimira uma concepção esquerdista, favorável à luta armada, conduzida por um "exército de libertação nacional". No ambiente tóxico da Guerra Fria entre Estados Unidos e União Soviética, a radicalização política veio na esteira das perseguições impostas ao PCB pelo governo direitista do marechal Eurico Gaspar Dutra. Em maio de 1947, o Tribunal Superior Eleitoral (TSE) suspendeu o registro do partido. E, em janeiro de 1948, foram cassados os mandatos do senador Luiz Carlos Prestes e de quatorze deputados federais eleitos em 1945, entre eles Carlos Marighella, Jorge Amado e Gregório Bezerra. Até ser vítima da ofensiva reacionária, o PCB, com uma linha de frente democrática, havia se transformado num partido de massas para os padrões da época, com mais de 200 mil filiados.

Dogmática, a orientação do Manifesto de Agosto levara o partido a fazer campanha pelo voto em branco no pleito que reconduziu Getúlio Vargas (1882–1954) à presidência da República. Armênio Guedes (1918–2015), à época dirigente do PCB, diz que o Manifesto de Agosto "tinha uma visão ao mesmo tempo catastrófica e apocalíptica da revolução. A revolução seria obra do partido, que, através de um grupo de iluminados, do 'herói positivo' e das 'massas passivas', tomaria o poder e implantaria o socialismo da noite para o dia. Em qualquer lugar onde surgisse uma luta, esta poderia ser o foco de uma revolução vitoriosa".[68]

O Manifesto era tão sectário que exigia o rompimento com os sindicatos existentes e recomendava a formação de entidades paralelas. "Foi um desastre: fomos afastados do movimento sindical", reavalia Luiz Carlos Prestes (1898–1990).[69]

As críticas de militantes sindicalistas forçaram uma revisão da diretriz em 1952. Também havia grupos que questionavam discretamente a tenaz oposição do partido ao governo constitucional de Getúlio Vargas, considerado de "traição nacional". Nessa postura antigetulista, os comunistas distanciavam-se ainda mais das massas.

Nem a morte de Getúlio alterou a linha vigente, reafirmada no IV Congresso, realizado na clandestinidade de 7 a 11 de novembro de 1954. É verdade que os comunistas se uniram à reação popular que se seguiu ao suicídio do presidente, contra qualquer golpe na ordem constitucional. Nessa época, "de um grande partido de massas [o PCB] havia se tornado um pequeno partido dogmático e militarizado".[70]

De todo modo, o PCB já não era o bloco monolítico de antes – e durante o IV Congresso foram questionados certos pontos do Manifesto de Agosto, como nos informes do próprio Prestes e de Carlos Marighella. Em fins de 1954, a cúpula partidária atropelou o programa vigente – favorável ao voto em branco – e iniciou, na prática, a reformulação da diretriz política ao apoiar a candidatura de Juscelino Kubitschek à presidência da República.

Prestes recorda como se deu, progressivamente, a mudança de linha a partir de 1955:

— A verdade é que já havia muito descontentamento com a orientação política que vínhamos mantendo. Em 1950, por exemplo, a classe operária não aceitara a nossa pregação pelo voto em branco na sucessão presidencial. Nossos oradores chegaram a ser vaiados nas portas das fábricas. Quando decidimos apoiar JK, evitávamos dizer que tínhamos mudado a linha política. Mas era evidente que estávamos mudando. O programa era pela conquista de um governo nacional e revolucionário. E nós apoiávamos o Kubitschek, uma candidatura do nacionalismo burguês.

Orgulhoso, Prestes afirma que a maior faixa no comício de encerramento do Congresso Eucarístico Nacional (1955), Juscelino presente, foi: "Legalidade para o PCB."

A crise no PCB instalou-se agudamente em 1957, quase um ano após o XX Congresso do PCUS. Ainda Prestes:

— Foi um impacto muito grande, principalmente o documento do Kruschev sobre o culto à personalidade. Porque nós aqui seguíamos cegamente a orientação stalinista. Achávamos que Stalin era um grande dirigente mundial; a palavra dele era, para nós, segura e certa.

Além disso, Kruschev levantara no XX Congresso uma tese nova, contrária ao que se dizia desde Vladimir I. Lênin, de que a existência do imperialismo traz como decorrência a guerra mundial. O dirigente soviético sustentava agora que a guerra mundial já não era inevitável, e que as grandes potências poderiam coexistir pacificamente.

— Nós, que víamos a transição pacífica para o socialismo sempre acompanhada de guerra civil e de luta armada, éramos convencidos por Kruschev de que a transição revolucionária para o socialismo era possível sem guerra civil e sem luta armada – esclarece Prestes.[71]

O relatório Kruschev provocou, a princípio, incredulidade na direção do PCB. A denúncia contra Stalin aconteceu em fevereiro de 1956 e só em fins de agosto, depois que alguns jornais publicaram o documento do PCUS, houve a primeira reunião do Comitê Central para discutir os acontecimentos. A seguir, iniciou-se um debate nas páginas do jornal *Imprensa Popular*, com autocríticas, ressentimentos, decepções e cobranças à direção partidária. Os militantes inventariavam os anos de subserviência ao ideário e a práticas autoritárias do stalinismo.

Uma frase explodiu dentro do partido: "Sinto a lama e o sangue em torno de mim." Seu autor, desencantado, logo se desligaria do PCB: o escritor Jorge Amado, que começara a desiludir-se nos primeiros anos da década de 1950, quando, exilado na Tchecoslováquia, testemunhara delações e perseguições a intelectuais comunistas pelo governo fiel ao Kremlin.[72] As relações de Amado com Moscou, de resto, tinham se tornado ambíguas. Agraciado com o Prêmio Stalin da Paz, em 1952, o romancista chegou a ajustar obras como *Seara vermelha* (1946) e *Subterrâneos da liberdade* (1954) aos rígidos padrões estéticos do "realismo socialista". Mas, após a morte de Stalin, em 20 de março de 1953, já não gozava do prestígio de outrora junto ao Kremlin. Apenas dois livros seus – *Mar morto* (1936) e *Capitães de areia* (1937) – foram editados na União Soviética.

A liberdade de crítica ficou por um triz no PCB quando se formou uma comissão para regular os debates na imprensa partidária. Os textos não poderiam ferir, segundo a famosa "carta-rolha" de Prestes, cláusulas pétreas do internacionalismo proletário e do marxismo-leninismo, nem o centralismo democrático. Vieram os conflitos inevitáveis. A primeira vítima foi o diretor do *Voz Operária*, Aydano do Couto Ferraz, afastado de suas funções em fevereiro de 1957. Em seguida, a direção reestruturou a imprensa partidária, extinguindo *Imprensa Popular* e *Voz Operária* e substituindo-os pelo semanário *Novos Rumos*.

A crise se propagou: no decorrer daquele ano, as divergências entre o Comitê Central e o coletivo de intelectuais resultaram nas saídas do partido de Jorge Amado, Moacir Werneck de Castro, Osvaldo Peralva e Paulo Mercadante, entre outros.

À frente de antigos militantes, Agildo Barata abandonou o PCB – todos, de acordo com Leandro Konder, "amargurados com a constatação das profundas deformações dos ideais do socialismo e das concepções de Marx no período de Stalin – e, particularmente revoltados com o fato de terem sido cúmplices de tais deformações". Agildo e seu grupo "insurgiram-se contra o partido, criticaram-no em termos que os colocavam praticamente fora dele, preconizando, na prática, sua dissolução". Ele acusou Prestes e seus comandados de constituírem "um grupo de hipócritas a seguir cegamente as ordens de Moscou".[73]

No governo de Juscelino Kubitschek, depois de uma década de clandestinidade, os comunistas voltaram a atuar à luz do dia, numa semilegalidade, sendo arquivados ou prescritos os processos judiciais contra seus integrantes. Na última semana de março de 1958, após onze anos confinado em aparelhos clandestinos, o secretário-geral Luiz Carlos Prestes também reapareceu à luz do dia. Durante a primeira entrevista coletiva, ele revelou que o seu plano mais imediato era viajar pelo país com a filha Anita Leocádia, de 21 anos:

— Ela vai fazer um curso prático comigo, não é melhor? Um curso de brasileirismo. Vamos de jipe até Brasília e depois para o Araguaia. Correremos o Brasil, conhecendo de perto os nossos problemas.

A linha mais moderada da URSS e as teses do ISEB sobre o papel a ser desempenhado pela burguesia nacional no processo de libertação nacional repercutiram no PCB em ebulição. Em 1958, o partido modificou sua plataforma política com a "Declaração de Março", ratificada dois anos depois no documento aprovado no V Congresso. Os comunistas propugnavam agora, como já dito, "um governo nacionalista e democrático", em aliança com a "burguesia ligada aos interesses nacionais". O caráter da revolução brasileira, dizia o documento, "não é ainda socialista, mas anti-imperialista e antifeudal, nacional e democrático. Defendia-se a via pacífica para o socialismo, através da formação de uma "frente única nacionalista e democrática", integrada pelo proletariado, o campesinato, a pequena-burguesia e até "latifundiários em contradição com o imperialismo norte-americano". Prevaleceu, assim, a corrente majoritária que "reconhecia a necessidade de uma reflexão nova em torno da 'questão democrática' – tanto ao nível da atividade político-partidária como ao nível da sociedade em geral".[74]

Até o golpe de 1964 a cúpula do PCB conquistou presença substantiva no campo da esquerda, ampliando significativamente a sua base de militantes, e manteve bom trânsito junto ao governo João Goulart. Para a CIA, a influência política dos comunistas era bem superior ao então número de filiados, por ela avaliado em 30 mil. Em informe confidencial enviado a Washington em 1º de outubro de 1963 e disponibilizado à consulta em 19 de dezembro de 2016, assinalava que o PCB ocupava cargos importantes no governo federal e tinha meia dúzia de parlamentares no Congresso, eleitos em 1962 por outras siglas. Também contava com simpatizantes entre militares nacionalistas. "Os comunistas controlam virtualmente três das cinco confederações de trabalhadores do Brasil e também dominam as principais organizações estudantis do país." [75]

Na verdade, o PTB seguia hegemônico no meio sindical, secundado pelo PCB, que influía "na definição dos princípios políticos que norteiam a atividade sindical naquela conjuntura, tanto [na] política nacional mais ampla como [na] política sindical mais específica". [76]

O PCB dispunha de bases sólidas no movimento camponês. Das 42 Federações de Trabalhadores Rurais, era majoritário em 21, e ainda controlava a primeira diretoria da Confederação Nacional dos Trabalhadores na Agricultura (Contag). No meio estudantil, os comunistas participavam ativamente das direções da UNE, de UEEs e DCEs.

Nem assim o partido conseguiu manter unido o seu rebanho, pois dissidências eclodiram na esquerda. Surgiram organizações e movimentos, legais ou extralegais: Partido Comunista do Brasil, Organização Revolucionária Marxista Política Operária (Polop), a Ação Popular (AP), Ligas Camponesas, Partido Operário Revolucionário Trotskista (POR-T) – sem contar o brizolismo, geralmente associado ao "grupo compacto" do PTB.

Vejamos como se estruturavam essas correntes.

Partido Comunista do Brasil (PCdoB)

Fundação: Fevereiro de 1962.
Antecedentes: A crise interna no PCB. A guinada de 180 graus com a Declaração de Março de 1958, referendada no V Congresso, agravou

a divergência de um grupo de dirigentes que não se conformava com a condenação do stalinismo, nem com a proposta de aliança com a burguesia nacional. No V Congresso, doze deles – João Amazonas, Pedro Pomar, Maurício Grabois, Arruda Câmara, Calil Chade, Elza Monnerat, José Duarte, Lincoln Oest, entre outros – foram afastados do Comitê Central (CC). Dos sete membros da Comissão Executiva, quatro saíram: Amazonas, Arruda, Grabois e Chade.

Segundo Haroldo Lima, membro do atual Comitê Central do PCdoB, "a essência do XX Congresso foi um ataque que se fez a toda a tradição marxista, criticando-se questões de princípio do movimento comunista, sob a capa de condenar o culto à personalidade de Stalin, o grande dirigente na época anterior".

— Eventuais erros de Stalin passaram a ser uma espécie de tabu. Muita gente acha que esses erros são extremamente graves, e fala-se em milhões de mortos. Possivelmente porque os erros de Stalin se transformaram em porta-bandeira de todo o movimento anticomunista mundial. [...] O certo é que naquele Congresso questões básicas da escola marxista foram revisadas.[77]

"Revisionistas" e "revolucionários" disparam torpedos uns contra os outros no suplemento *Tribuna de Debates*, publicado em *Novos Rumos*, com as teses para o V Congresso. Eis alguns flashes da batalha ideológica então travada:

Maurício Grabois: "A Declaração de Março de 1958 [...] não corresponde aos interesses de classe do proletariado [...] e defende uma linha oportunista de direita."[78]

Fragmon Carlos Borges classificou como "grupo antipartido" os opositores da nova estratégia política: "Vejam que ironia da história! Justamente esses companheiros [...], que desfalcaram as nossas fileiras de dezenas e centenas de bons militantes com sua intolerância dogmática e seu falso puritanismo, falam em orientação liquidacionista!"[79]

João Amazonas rebateu: "A Resolução Política de 1958 [...] é uma linha que afasta o partido e as massas do caminho revolucionário."[80]

Réplica de Carlos Marighella, membro da Executiva do partido: "O camarada Amazonas quer demonstrar que a atual linha nada tem de revolucionária. As teses, porém, afirmam que nossa revolução deve ser democrático-burguesa de novo tipo, parte integrante da revolução socialista mundial."[81]

A narrativa dá um salto no tempo.

Os dissidentes romperam depois que o PCB – para tentar se legalizar – publica o programa e os estatutos do Partido Comunista Brasileiro. A substituição de "do Brasil" por "Brasileiro" era o artifício para contornar a alegação dada em 1947 para cassar judicialmente o partido, de que era uma seção da Internacional Comunista.

A campanha pela legalização do PCB foi intensificada no segundo semestre de 1961. Mesmo encaminhando à Justiça Eleitoral requerimento com 55 mil assinaturas, o PCB não obteve o registro. E os dissidentes encontram pretexto para proclamar que o PCdoB (sigla antiga) era o autêntico Partido Comunista.

Programa do PCdoB: Criação de uma ampla frente democrática e anti-imperialista sob a direção do proletariado. Afirmava ser "indispensável a violência revolucionária para livrar a nação do atual regime retrógrado e instaurar um governo popular revolucionário".

O PCdoB aproxima-se da China, que, em 1959, votara contrariada a Resolução da Reunião dos Partidos Comunistas em Moscou, consagrando teses como a transição pacífica ao socialismo e a coexistência com os Estados Unidos a partir de acordos para o desarmamento.

Ao sair da reunião, a delegação chinesa se dirigiu ao túmulo de Stalin para depositar uma coroa de flores. O gesto de audácia indicava que as divergências com a URSS remontavam ao XX Congresso, especificamente a denúncia ao culto à personalidade de Stalin. Era como se os chineses vestissem a carapuça – eles cultivavam como nunca a imagem de Mao Tsé-tung.

Mais tarde, quando explode a crise sino-soviética, a China, apoiada pela Albânia, repudiaria publicamente os termos da resolução de 1959, classificando-a de "revisionista".

O alinhamento do PCdoB com a China foi enfatizado por Maurício Grabois no jornal *A Classe Operária*, em julho de 1963. Ele enquadra o Partido Comunista Chinês como "destacamento de vanguarda e força dirigente da revolução mundial".[82] Ao regressar do exílio, em 1979, João Amazonas contou como se deu a aproximação com os chineses:

— Em fins de 1963, fomos convidados para visitar a China, que tratou nossa delegação de forma semioficial porque não tinha perdido as esperanças no outro partido, o PCB. Nessa ocasião, fomos recebidos por diversos dirigentes e conversamos por três horas com Mao Tsé-tung. [...] Ficamos, digamos assim, encantados com a conversa de Mao, pelo respeito que tínhamos pelo homem. Mas ficamos nisso. Não houve uma declaração pública de opção pela China. Nossa opção era antirrevisionista e pelo marxismo-leninismo.[83]

Penetração: Até o golpe, o PCdoB teve pouca ressonância nos movimentos estudantil, sindical e camponês.

ORGANIZAÇÃO REVOLUCIONÁRIA MARXISTA – POLÍTICA OPERÁRIA (ORM-POLOP)

Fundação: O primeiro congresso da Polop aconteceu em Jundiaí (SP), entre os dias 16 e 19 de janeiro de 1961.

Antecedentes: A iniciativa partiu de um grupo de jovens intelectuais e estudantes que desde 1959 editava no Rio de Janeiro o boletim quinzenal

Política Operária, que mais tarde se transformaria no jornal da organização. A Polop se formou a partir da incorporação de militantes de distintas origens: setores da Juventude Socialista, da Guanabara, que criaram a revista *Movimento Socialista*; partidários de Heinrich Brandler (líder do PC alemão na década de 1920) e Rosa Luxemburgo (a revolucionária polaco-alemã), ambos procurando espaços entre as correntes stalinistas e trotskistas; parte da Juventude Trabalhista, de Minas Gerais; ativistas egressos da Liga Socialista Independente (LSI), do Partido Operário Revolucionário Trotskista (POR-T) e do PSB.

A uni-los, segundo Theotonio dos Santos (1936–2018), um dos ideólogos da Polop, a oposição à aliança com a burguesia nacional, preconizada pelo PCB a partir de 1958:

— Nós achávamos que as lutas contra os elementos pré-capitalistas da sociedade brasileira, como a estrutura agrária, contra o imperialismo e pela implantação da democracia não poderiam se realizar nos marcos de um capitalismo nacional e democrático, tal como o Partido Comunista e o ISEB defendiam naquele momento.[84]

Segundo Moniz Bandeira, também dirigente da Polop, a ideia não era substituir o PCB, "mas formar uma organização com uma política revolucionária alternativa, que não estivesse comprometida com o sectarismo e o dogmatismo do PC". E acrescenta:

— A Polop não era antipartido, anti-PC. Nós queríamos, isto sim, mudar a linha do PC, que não correspondia à realidade de um país em desenvolvimento, e não mais colonial ou semicolonial, onde a burguesia, do ponto de vista estratégico, já não tinha um papel progressista a desempenhar. A nossa intenção era criar uma alternativa de esquerda comprometida com a ideia de que a revolução no Brasil teria que ser socialista

A Revolução Cubana ajudou a legitimar as formulações iniciais da Polop, na medida em que, ao se radicalizar ideologicamente, condenou a concepção da revolução democrático-burguesa na América Latina, recusando aliança com a burguesia.

— Essa posição de Cuba fortalecia as nossas posições e era um ponto de confluência entre os diferentes grupos que integravam a Polop. A Revolução Cubana deu também o exemplo de um socialismo que ainda não estava dominado pela burocracia; em sua fase inicial, se distinguia da tradição centralizadora do modelo soviético – afirma Moniz Bandeira.[85]

Programa: A Polop defendia uma frente de esquerda revolucionária, integrada por trabalhadores da cidade e do campo, as classes exploradas. O objetivo final era "eliminar a dominação burguesa e latifundiária no Brasil" e chegar ao socialismo.

Theotonio dos Santos explica que a frente seria o começo da unificação de forças de esquerda, para que elas pudessem se dirigir à opinião pública como expressão dos trabalhadores:

— Criaríamos a base para um partido revolucionário dos trabalhadores da cidade e do campo. Nesse ponto, éramos realistas: sabíamos que não éramos esse partido revolucionário, diferentemente de outras tendências que existiam por aí, que pretendiam um papel histórico que não tinham condições de ter.

Theotonio explica que, na formulação da Polop, o governo dos trabalhadores da cidade e do campo não ficaria nos limites da democracia burguesa e já teria como prioridade uma transição para o socialismo

— Ou seja: colocávamos a questão do socialismo como fundamental para o país. Essa solução era atacada à esquerda e à direita. À direita, pelo Partido Comunista e os setores nacional-democráticos que consideravam a posição da Polop esquerdista, por não compreender a necessidade de uma etapa de aliança com a burguesia. As críticas à esquerda vinham das tendências ultraesquerdistas, como os trotskistas, que negavam a fase nacional-democrática da revolução, admitida pela Polop. A nossa posição tinha um tom centrista importante. Creio que até hoje essa visão do processo político tem muita vigência.[86]

A artilharia da Polop não poupava nem setores de esquerda. O PCB era caracterizado como "organização burocratizada, que imprime sua ideologia reformista". Sobre a Ação Popular: "Ao pretender salvar seu pensamento do idealismo, a esquerda católica, através de seus teóricos, nada mais faz do que se jogar no ecletismo mais bárbaro e inconsequente." Palavras ácidas sobre as Ligas Camponesas de Francisco Julião: "O jornal *A Liga* nos dá um triste exemplo de quão baixo se pode cair quando o despreparo teórico e o aventureirismo tomam lugar do socialismo científico e da prática revolucionária."[87]

Penetração: As discussões teóricas da Polop não tinham passagem nos setores operários, garantindo espaço apenas nos meios estudantil (um assento na diretoria da UNE e alguns diretórios acadêmicos) e intelectual. A organização fez trabalhos junto a sindicatos em Minas Gerais e no ABC paulista e também se articulou com as Ligas Camponesas. Os contatos, via de regra, cingiam-se às cúpulas dirigentes. "Tínhamos alguns operários de plantão em Minas e São Paulo. Todo o nosso pensamento se desenvolvia fora da classe operária, que era trabalhista ou comunista", esclarece Moniz Bandeira.[88]

AÇÃO POPULAR (AP)

Fundação: Maio/junho de 1962, Belo Horizonte. O primeiro congresso, que aprova o documento-base, se realizou em fevereiro de 1963, em Salvador.

Antecedentes: A militância de grupos de universitários e secundaristas, em fins dos anos 1950, na Ação Católica, já comprometida com os problemas sociais que levavam a um engajamento político. Os estudantes participavam também da Juventude Estudantil Católica (JEC) e da Juventude Universitária Católica (JUC). Entre os seus principais quadros, Herbert José de Souza (Betinho), Duarte Pereira, Haroldo Lima e os três presidentes da UNE, no período 1961-1964: Aldo Arantes, Vinícius Caldeira Brant e José Serra.

Herbert de Souza esclarece que até o aparecimento da AP, a JUC participava do movimento estudantil de uma forma não orgânica, não organizada. "A militância na política estudantil foi importantíssima para nós. Nela, adquirimos não só experiência política, mas também contatos e relações que ampliavam o horizonte daqueles que viriam a formar a AP. [...] Entre outros fatores que contribuíram para o nascimento da Ação Popular, destaco os limites que esses militantes católicos foram encontrando na sua ação dentro da Igreja."

A Igreja do começo dos anos 1960, enfatiza Betinho, não era igual à de hoje: "Se hoje a Igreja está dirigida, digamos, por uma aliança entre liberais e progressistas, no passado ela marginalizava os progressistas e era dirigida por uma aliança conservadora-liberal."

— O nosso grupo – continua – tinha uma posição avançada para a época – acho que até para hoje – e começava a encontrar obstáculos dentro da própria Igreja. Tínhamos o apoio de um ou outro bispo, e de alguns padres – como o padre Henrique Vaz, que foi quem formulou a nossa teoria do conhecimento, a nossa proposta em nível histórico.

Betinho lembra-se de que, quando a AP foi se caracterizando como movimento de ação mais radical, e quando a hierarquia do clero percebeu que a organização se aproximava de uma posição marxista, a reação foi grande. "O curioso é que havia uma forte presença do pensamento e da energia cristãos no projeto base da AP. Mas, para a hierarquia, éramos uma pedra no sapato."

A AP, tal como o PCdoB e a Polop, não concordava com a linha política do PCB. Betinho volta a depor:

— É interessante: a nossa formação ideológica era anticomunista. É bom que se veja o clima do cristianismo da época. Não havia um pensamento ecumênico, nem mesmo dentro das próprias religiões. Ora, muito menos havia ecumenismo com relação ao pensamento ateu e anticristão, sempre combatido. Ideologicamente [por um lado], nós éramos influenciados por uma postura anticomunista. Tínhamos quase medo do comunismo. Por outro lado, acreditávamos que éramos mais radicais que os comunistas. Nós é que éramos os revolucionários. O Partido Comunista era, já naquela época, apresentado como partido reformista, que ia até certo ponto. Nós questionávamos o nacionalismo do PC no seguinte sentido: éramos contra o pensamento nacionalista que subordinava a classe operária à burguesia. Dizíamos: queremos um nacionalismo que sirva ao movimento popular e que esteja sob a direção do movimento popular.[89]

Programa: A AP propunha "uma política de preparação revolucionária, consistindo numa mobilização do povo, na base do desenvolvimento de seus níveis de consciência e organização, firmando esta mobilização numa luta contra a dupla dominação capitalista (internacional e nacional) e feudal". Para a concretização desses ideais, defendia uma aliança operária-estudantil-camponesa.

Dizia ainda o documento-base da AP: "No momento revolucionário, deverá dar-se a coalizão das diferentes forças políticas que por uma contingência histórica aceitaram uma participação unificada, num organismo que deve reunir progressivamente as forças populares. [...] Poderá fazer-se sentir a necessidade de um partido único ou de outro tipo de organização, segundo as circunstâncias do processo revolucionário."

Haroldo Lima, um dos coordenadores da AP no Nordeste, reexamina o documento-base e aponta, como uma de suas debilidades, a falta de articulação entre as proposições programáticas e as táticas políticas.

— Não tínhamos bem definida a questão tática: vamos fazer o quê? Qual é a proposta para amanhã? As reformas de base. Muito bem: quais as ideias básicas que tínhamos para chegar às reformas? Em geral, estávamos a favor das reformas, mas o nosso prato do dia não era esse, e sim a proposição do socialismo, que era uma coisa muito genérica para o povão.[90]

Retoma Betinho:

— A nossa opção política eu diria que era explicitamente socialista. Era uma opção socialista sem base marxista. Sem base marxista-leninista, digamos, sem base marxista ortodoxa. Nossa geração estudou Marx, leu Marx, mas era uma leitura muito marcada pelo compromisso com o humanismo e com a questão da liberdade. Com o problema do pluralismo. Nós estávamos num caminho que os marxistas europeus iriam retomar mais tarde, com o eurocomunismo.[91]

Penetração: A AP era força hegemônica no movimento estudantil, no qual atuava em aliança com o PCB, a Polop e outras correntes de esquerda. Apesar de mais aguerridos, os jovens da AP acabavam convergindo, na prática política, com os "reformistas" do PCB, segundo Betinho:

— Era um fenômeno curioso. Na prática concreta, como o socialismo não estava na ordem do dia, e mesmo o nacionalismo estava sendo engolido pela internacionalização iniciada com JK, nas lutas concretas nos víamos sempre nas mesmas trincheiras com o PC. E isso fez com que durante todo esse período nos aliássemos com ele. Fizemos alianças na UNE, nas UEEs, nos DCEs, no movimento secundarista, no movimento sindical. E depois na primeira diretoria da Contag.[92]

Essa coexistência pacífica com o PCB era possível porque a AP mantinha as divergências políticas, mas valorizava a unidade nos temas essenciais.

Luiz Carlos Prestes confirma a aliança com a AP, com ressalvas:

— Nós aconselhávamos aos estudantes ligados ao partido que fizessem frente única com a AP na base da plataforma de ação da UNE. Mas criticávamos a ação da AP, que tinha erros, exageros de esquerda, posições esquerdistas. Isso se refletia na própria atuação da UNE, que algumas vezes criticávamos pelo esquerdismo.[93]

A AP resistia a ser enquadrada como organização cristã no contexto da esquerda, relembra Betinho, com bom humor:

— Às vezes, o PC nos enchia o saco porque insistia em nos caracterizar como cristãos. E nós resistíamos: "Não somos a democracia cristã. A democracia cristã leva à direita, é intrinsecamente conservadora. Como pessoas, podemos ser cristãos, mas como organização política não nos chamem de cristãos!"[94]

A AP também tinha bases no movimento camponês do Nordeste e de alguns estados do Sudeste. Exercia influência em setores do Ministério da Educação (nas campanhas de alfabetização, por exemplo) e na Superintendência da Reforma Agrária (Supra). Contava com simpatizantes na Câmara dos Deputados, em assembleias legislativas e no meio intelectual cristão.

Segundo Betinho, dos 200 militantes que tinha ao ser fundada, a AP saltou para mais de 2 mil em 1964. "Foi um crescimento extremamente rápido. Com oito meses de trabalho no campo, fizemos metade da diretoria da Contag. E o PC, que tinha a outra metade, estava no campo havia quarenta anos." [95]

PARTIDO OPERÁRIO REVOLUCIONÁRIO TROTSKISTA

Fundação: Em 1953, quando se filia à Quarta Internacional (trotskista) e se vincula à corrente liderada por J. Posadas.

Antecedentes: A oposição à linha pró-soviética do PCB e a defesa da revolução permanente. Os trotskistas ganharam ânimo com a denúncia do stalinismo no XX Congresso do PCUS e, no plano interno, com a mudança das concepções políticas do PCB a partir da Declaração de Março de 1958.

No jornal *Frente Operária*, edição de setembro de 1959, atacavam o "revisionismo" dos comunistas: "A verdade é que as experiências das alianças dos partidos comunistas com as burguesias nacionais já têm acumulado tantos fracassos e tantas derrotas que os próprios dirigentes stalinistas dos outros países não podem abster-se de discuti-las."

Programa: O POR-T defendia "a construção de uma ampla tendência operária de vanguarda, que adote sem reservas a plena confiança de que o desenvolvimento do movimento de massas tenha a perspectiva final do governo operário camponês e no socialismo".

Penetração: Atuava no meio rural nordestino e em setores do operariado urbano.

O trabalho político do POR-T, de acordo com Jacob Gorender, era limitado não só "pela estreiteza obreirista do trotskismo", mas também por propostas desfocadas da realidade, como a criação de milícias camponesas, julgamento de patrões por tribunais populares e a realização de um congresso de operários, camponeses e soldados.[96]

BRIZOLISMO

Sem base marxista, o brizolismo baseou-se no ideário nacionalista e anti-imperialista defendido por Leonel Brizola. Não se estruturou em moldes organizacionais mais definidos ou orgânicos. Prevalecia uma relação direta do líder, que traduz o projeto de poder para as massas.

Para o brasilianista Thomas Skidmore, Brizola era "o mais dinâmico populista da ala da esquerda". Jacob Gorender considera o brizolismo uma expressão do "nacionalismo pequeno-burguês". Paulo Schilling diz que o movimento inspirava-se no "nacionalismo popular-revolucionário".[97]

Schilling, um dos mais próximos assessores de Brizola em 1964, depõe sobre a falta de estrutura interna do brizolismo:

— Ao Brizola, como a todo caudilho, não agradava a organização. Ele resistiu à organização de um partido revolucionário. Com todo o prestígio que lhe deu o episódio de 25 de agosto de 1961, ele poderia ter lançado um partido revolucionário, e a história do país seria diferente. Somente no fim de 1963 foi que o Brizola resolveu lançar os grupos dos onze, que seriam as bases de massa de um futuro partido revolucionário.[98]

O biombo partidário de Brizola era, para todos os efeitos, um PTB de vagos traços ideológicos: "uma mescla de nacionalismo muito diluído, de vagas ideias socializantes e de populismo",[99] dividido em grupos ou facções.

Quando governador do Rio Grande do Sul, Brizola ganhou projeção nacional com medidas de impacto, como a desapropriação de terras improdutivas ocupadas por centenas de famílias do Movimento dos Agricultores Sem Terra (Master) e a criação do Instituto Gaúcho de Reforma Agrária, que garantia assistência técnica para que os assentamentos legalizados produzissem em condições sustentáveis; encampação das concessionárias norte-americanas Bond and Share e ITT; e o aumento de 680 mil vagas nas escolas públicas do estado. Sem falar no ponto alto: a liderança da vitoriosa campanha pela legalidade em 1961, em defesa da posse de João Goulart na presidência da República, após a renúncia de Jânio Quadros.

Na plataforma nacionalista do brizolismo, as palavras-chave eram anti-imperialismo e reformas ou revolução.

Anti-imperialismo: Foi a tecla mais acionada entre 1959 e 1964. Desdobrava-se numa expressão mágica no vocabulário de Brizola: "processo espoliativo."

REFORMISTAS, REVISIONISTAS E REVOLUCIONÁRIOS

Ao paraninfar estudantes de Presidente Prudente (SP), em 25 de novembro de 1961: "O processo espoliativo que vem sendo imposto ao nosso povo é causa fundamental da elevação crescente do custo de vida, da inflação e de todas as tensões, desequilíbrios e deformações que vêm marcando cruelmente este ciclo da vida brasileira."

Ao falar no Centro Acadêmico Cândido de Oliveira (Caco), da Faculdade Nacional de Direito, em 22 de maio de 1962: "A desvitalização da economia brasileira veio favorecer a penetração, em larga escala, do capital monopolista estrangeiro em setores básicos da nossa produção. [...] E aí temos o processo espoliativo que vem incidindo cruelmente sobre o nosso país."

Na cartilha "Organização dos Grupos de Onze Companheiros ou Comandos Nacionalistas", em 29 de novembro de 1963: "Hoje ninguém mais se ilude, porque sabemos que os preços sobem, que a inflação se acelera, que não vêm as reformas [...], em consequência do monstruoso processo espoliativo, do saque internacional que leva para fora de nossas fronteiras os frutos do trabalho e da produção do povo brasileiro."

Neiva Moreira, um dos principais colaboradores de Brizola, explica a visão que a corrente brizolista tinha da conjuntura brasileira nos anos Goulart:

— A etapa que nós estávamos vivendo no processo brasileiro era uma etapa de acumulação capitalista, e nós desejávamos que fosse feita já, digamos assim, em trânsito ao socialismo. A grande luta que se travava naquele momento era se o desenvolvimento econômico e industrial de nosso país deveria ser com base no esforço brasileiro ou no capital estrangeiro. A partir do governo Kubitschek, a presença do capital estrangeiro no país era avassaladora. E a cada dia verificávamos que essa coisa comprometia a soberania nacional.[100]

Reformas ou revolução: Uma dicotomia que funcionava como suporte retórico na campanha pelas reformas de base. Se proteladas as reformas, só existiria uma saída: a insurreição popular.

Tanto as reformas como uma alternativa revolucionária tinham como ponto de partida a libertação nacional frente ao processo espoliativo. Para tanto, Brizola fincava estacas por um governo "nacionalista e popular", que excluísse as forças conservadoras (o que pressupunha o rompimento com o PSD na coalizão governamental) e combatesse duramente o "inimigo externo" e seus associados nacionais.

Assim se expressou na revista *O Cruzeiro*, em 1960: "Só um inconsciente não vê que estamos vivendo o desenvolvimento de um processo revolucionário. De início, a ordem será mantida. Mas, se as coisas continuarem como vemos, a inconformidade popular, depois de alcançar a classe média e a chamada pequena burguesia, atingirá os próprios quartéis."

Intervém outra vez Neiva Moreira:

— A nossa discussão fundamental era em torno da necessidade de um governo que não fosse apenas um governo reformista. Tínhamos uma visão correta de que não podíamos fazer uma transformação revolucionária no quadro brasileiro, mas nós queríamos um governo que fizesse a reforma agrária, a reforma fiscal, enfim, todo esse ideário de que precisávamos.

O programa de um "governo nacionalista e popular" incluía outros pontos:

a) A reforma agrária, "como condição de criação de um amplo mercado interno" e possibilidade de maior campo para o desenvolvimento industrial;

b) A reforma urbana, para fazer face "à realidade deste país onde milhões de famílias vivem em barracos, favelas, ranchos e mocambos";

c) A reforma educacional, "para que a educação deixe de ser um privilégio de castas e, também, uma indústria lucrativa";

d) A reforma de "todo o cruciante sistema que controla e administra as nossas relações comerciais e financeiras com os Estados Unidos, outros países e grupos econômicos – processo espoliativo que transforma o Brasil numa lata furada, por onde escoam nossas finanças";
e) A socialização das indústrias de base, "fundamental para a emancipação econômica do país".[101]

O brizolismo se fez presente nos movimentos estudantil e sindical, conquistou fatia ponderável da baixa oficialidade das forças armadas, atraiu alas radicais do movimento nacionalista e organizações como a AP, parte da Polop, o grupo compacto do PTB e mesmo segmentos à esquerda do PCB. Também exercia influência nas orientações da Frente Parlamentar Nacionalista (criada em fins dos anos 1950) e na Frente de Mobilização Popular (espécie de fórum das esquerdas, criado em 1963, cujo objetivo era articular propostas democráticas e anti-imperialistas e fortalecer a luta pelas reformas de base).

LIGAS CAMPONESAS

Fundação: Segunda metade dos anos 1950, em Pernambuco.

Antecedentes: A mobilização dos trabalhadores rurais em defesa de suas reivindicações, baseadas na reforma agrária e na extensão de direitos trabalhistas ao campo. Em fins de 1961, a rota das Ligas se alterou. Fortemente influenciado pela experiência revolucionária em Cuba, Francisco Julião, o líder das Ligas, passou a propugnar o socialismo, colocando os camponeses na condição de protagonistas da revolução socialista. Um sonho: organizar a guerrilha no campo para derrubar o regime.

A ESQUERDA E O GOLPE DE 1964

Gregório Bezerra (1900-1983), principal liderança do PCB entre os trabalhadores rurais de Pernambuco, vê a guinada radical de Julião como fator de enfraquecimento político das Ligas e de contradições com a vertente comunista no movimento camponês:

— Até fins de 1958, Julião merecia de nós, comunistas, todo apoio, toda estima. Ele combinava conosco tudo aquilo que iria fazer. Aceitava a nossa orientação. Mas dá-se o interessante fenômeno da Revolução Cubana, que foi uma coisa extraordinária, com uma repercussão espetacular em todo o país, principalmente aqui no Nordeste. Julião, que era merecidamente o chefe das Ligas Camponesas, ia a Cuba constantemente, discutia com Fidel e Che Guevara, e voltava muito eufórico. Achava que o camponês organizado nas Ligas já era suficiente para fazer a revolução agrária e anti-imperialista. Nós discordávamos dele, pois não havia condições para um movimento revolucionário. Nem a classe operária, nem a massa camponesa estavam preparadas para isso.[102]

Francisco Julião admite que a Revolução Cubana impactou seu pensamento político:

— Realmente o Fidel Castro exerceu sobre mim uma influência poderosa. Sobretudo a figura de Fidel. Uma figura forte, carismática, um homem que transluzia sinceridade, honestidade nas suas palavras, na maneira de ser. [...] Quem poderia resistir ao impacto de um homem que saía de uma revolução vitoriosa? E nós aqui vivíamos numa região tão miserável, com certas características semelhantes às de Cuba.

E prossegue:

— Voltei de Cuba impressionado com o fato de a Revolução ter sido agrária, partido do campo para a cidade. Imaginei que, como já existia aqui no Brasil um movimento camponês que adquirira muita força, muita substância, poderíamos seguir a experiência cubana. Então, de certo modo, eu cometi essa distorção, quando me deixei conduzir, com certo romantismo, pelo grande processo revolucionário cubano, que chegou a empolgar todo o continente latino-americano, atraindo até a atenção de liberais.[103]

Programa: Formalizado na primeira edição do jornal *A Liga*, de 9 de outubro de 1962. "É hora da aliança operário-camponesa, reforçada pelo concurso dos estudantes, dos intelectuais revolucionários e outros setores radicais da população." Essa aliança lutaria pela "libertação nacional e social", através de uma reforma agrária radical e extinguindo "a espoliação e a vergonha da ocupação econômica e militar do imperialismo ianque em terras brasileiras".

Assumindo uma perspectiva revolucionária, as Ligas opunham-se ao "reformismo" do PCB com a Declaração de Março de 1958. No artigo publicado por *A Liga* em 28 de agosto de 1963, Julião ataca o pacifismo dos comunistas: "A orientação pacífica exagerou no que concerne à aliança com a burguesia. Esta não confia em seus aliados operários, procura corrompê-los e prostituí-los por todos os meios de que dispõe."

As Ligas, contudo, não tinham uma compreensão unitária de sua plataforma. A disputa interna, sobretudo a partir de 1963, dividiu o movimento em dois grupos: os que defendiam uma ação de massas, legal; e os que preferiam uma organização centralizada, clandestina e favorável à luta armada. Desse segundo segmento, participavam dirigentes de outras organizações de esquerda e antigos militantes do PCB acostumados à disciplina partidária de tipo leninista. O Conselho Nacional das Ligas, integrado também por personalidades do meio urbano, procurava coordenar as duas facções, sem maior êxito.

Em janeiro de 1964, a vertente mais radical dá um passo para controlar as Ligas: o Conselho Nacional resolve qualificar militantes numa escola de formação de quadros, orientada segundo o modelo leninista.

Os cursos de capacitação política incluíam ensinamentos sobre os seguintes pontos: história da luta de classes, noções de economia política, a revolução brasileira, a organização de tipo leninista, agitação e propaganda.

Esse plano culminaria com a realização do I Congresso das Ligas Camponesas, onde seriam aprovados os novos estatutos e eleita a nova diretoria nacional. Antecipando-se ao Congresso, *A Liga* publicou, em 11 de março de 1964, o documento "Organização política das Ligas Camponesas", no qual se confirmava, em linhas gerais, o programa de 1962 e se ressaltava que o movimento de Julião "é o resultado da união voluntária e combativa da vanguarda do povo para fazer a revolução brasileira e se constituir uma sociedade socialista".

Penetração: Até 1961, pelo menos, as Ligas tiveram ampla aceitação entre os trabalhadores rurais, a despeito da progressiva concorrência do PCB, da Igreja e, em menor grau, de organizações como a Polop, a AP e o POR-T.

Por conta de posições "esquerdistas", de falhas no trabalho de organização, da tentativa de fazer focos guerrilheiros no país (que veremos a seguir) e também pela multiplicação de sindicatos rurais, as Ligas chegaram a março de 1964 divididas e enfraquecidas.

Outro fator de desagregação foi a infiltração no movimento camponês de militantes de partidos e organizações de esquerda, com o propósito de conquistar bases de apoio. Segundo Julião, "era difícil fazer uma seleção, porque as Ligas eram um movimento e não um partido".

— Nas últimas grandes concentrações em Pernambuco ou na Paraíba, era comum alguém me perguntar: "Finalmente, companheiro, qual é a linha que você segue? Você é de Moscou, Beijing ou Havana?" Eu já sabia que era alguém que queria uma definição, ou um provocador, ou um trotskista. Eu dizia serenamente: "Sou linha Sapê."[104]

REFORMISTAS, REVISIONISTAS E REVOLUCIONÁRIOS

A GUERRILHA DAS LIGAS E O MRT

A influência de Cuba nas Ligas Camponesas teve a sua fase aguda em 1961. Os setores mais extremados se inclinavam por uma solução para o Brasil que copiasse a experiência guerrilheira de Sierra Maestra. Até então, as Ligas tinham como objetivo principal a organização dos trabalhadores rurais. No plano político, como já vimos, a aliança operário-camponesa seria o ponto de partida para a revolução socialista.

A ideia de dotar as Ligas de um braço militar, com dispositivos guerrilheiros em vários pontos do país, ganhou forma a partir da invasão da baía dos Porcos. O risco de uma intervenção norte-americana em Cuba convenceu os dirigentes do movimento de que o mesmo poderia acontecer em países como o Brasil, em que transformações sociais eram reclamadas por amplos contingentes da população. Era preciso, segundo eles, preparar a luta armada de resistência.

O ex-deputado Clodomir Santos de Morais (1928–2016) foi o condutor do esquema guerrilheiro. Tornara-se amigo de Julião quando ambos eram deputados estaduais em Pernambuco. Julião elegera-se pelo PSB e Clodomir, pelo PTB, embora com dupla militância, pois pertencia ao clandestino PCB. Em 1957, os dois integraram uma delegação de quarenta parlamentares nordestinos que foram à União Soviética assistir ao Congresso da Juventude Mundial. Desligado do PCB, Clodomir passou a atuar nas Ligas, tornando-se braço direito de Julião.

Segundo Clodomir, a opção pela guerrilha se firmou com a crise provocada pela renúncia de Jânio Quadros, quando "o golpe militar se tornou iminente". Isso levou a direção das Ligas a preparar um esquema armado que pudesse "oferecer aos camponeses núcleos de proteção contra o terror que inevitavelmente seria desatado por militares e latifundiários".[105]

Os locais para os focos guerrilheiros foram escolhidos "depois de uma longa análise geográfica, logística e sociológica", com base em levantamentos aerofotogramétricos feitos pela empresa de aviação Cruzeiro do Sul, aos quais tivera acesso um sargento ligado às Ligas.[106] Localizavam-se em Gilbués, no sopé da serra que separa o Piauí da Bahia; em Itanhaém, no sul da Bahia; na serra da Saudade, entre Rondonópolis e Alto Garças; no Mato Grosso, mais tarde transferido para a serra da Jaciara; Rio Preto, no interior do Rio de Janeiro; Dianópolis, no norte de Goiás; Prudentópolis, no oeste do Paraná, depois deslocado para uma área entre Cascavel e Toledo; São João dos Patos, no Maranhão; e na fronteira do Acre com a Bolívia.

Quem financiava a guerrilha?

Francisco Julião diz que o dinheiro vinha de Cuba, mas não para suas mãos.

— Nunca recebi um centavo, embora Fidel Castro tivesse me oferecido ajuda muitas vezes. Agora, que a guerrilha que se implantou no Brasil recebeu, aí sim, recebeu. Não estou em condições de dizer quanto Castro deu, e a quem deu.[107]

Clodomir de Morais nega que tenha recebido auxílio financeiro de Cuba:

— O movimento guerrilheiro tinha muitos recursos de dentro do país. Havia gente interessada na luta armada, inclusive pessoas de posse que estavam emputecidas com as tendências golpistas que se manifestavam desde a morte de Getúlio Vargas. Queriam dar uma resposta contra isso e jogavam dinheiro no nosso movimento. Conseguimos com a própria burguesia daqui os meios financeiros.

A experiência guerrilheira durou pouco mais de um ano. Sem dar um tiro sequer, desmoronou em 23 de novembro de 1962, quando paraquedistas e fuzileiros navais tomaram o campo de treinamento de Dianópolis. Houve prisões e foram apreendidas armas e munições. O foco foi descoberto pela área de inteligência do Exército, após denúncias à polícia de Goiás. Os demais acampamentos localizados pelos órgãos de segurança já estavam praticamente às moscas.

REFORMISTAS, REVISIONISTAS E REVOLUCIONÁRIOS

Por que a guerrilha falhou? Clodomir de Morais aponta algumas razões. A primeira delas foi a falta de unidade dentro das próprias Ligas. "O movimento era bicéfalo: uma cabeça era o antigo grupo de comunistas que atuava na organização do campesinato e que passou a organizar o esquema guerrilheiro; a outra era Julião, o propagandista da luta armada nas cidades. Eram dois corpos que viviam em simbiose."[108]

Além das contradições internas, Clodomir acha que o declínio do esquema guerrilheiro se acentuou depois que organizações de esquerda (Polop, PCdoB, trotskistas) ampliaram sua participação nas Ligas. Tal aproximação se intensificou a partir de 21 de abril de 1962, quando Francisco Julião lançou em Ouro Preto o Movimento Revolucionário Tiradentes (MRT). Com o slogan "Reforma agrária na lei ou na marra", o MRT tinha o propósito de unir as Ligas a organizações de esquerda mais radicais e ampliar a sua penetração no meio urbano. Formou-se um conselho dirigente, integrado por dirigentes das Ligas e de grupos de esquerda, intelectuais e estudantes.

Wanderley Guilherme dos Santos testemunhou, como militante, a formação do MRT, que reunia, especialmente, estudantes e intelectuais que não aceitavam a linha pacifista do PCB, de aliança com a burguesia nacional.

— Nós acreditávamos que a burguesia não seria capaz de liderar processo algum. Ela ia ficar vacilante até o fim, só tomaria uma posição com o fato criado. Quer dizer, diante de um processo revolucionário, ela teria de se definir, possivelmente pelo lado conservador. Para nós, o processo revolucionário teria que ser liderado pelo operariado e pelo campesinato. E como nós prevíamos um negócio de longo tempo, tinha que ser estilo Cuba e China: movimento de guerrilha com base rural. Enfim, nós éramos favoráveis à revolução "braba", a partir do campo. Tudo por conta da agitação da época, do que se dizia das Ligas.[109]

Os militantes do MRT trataram de se articular com a guerrilha das Ligas, mas a integração foi problemática. Clodomir define o MRT como "um pequeno grupo de intelectuais do asfalto que tentou artificialmente se infiltrar no esquema guerrilheiro e assaltar os dispositivos militares das Ligas".[110]

Antigos integrantes do MRT queixam-se de que só o grupo de Clodomir conhecia a localização e o funcionamento dos dispositivos guerrilheiros. Segundo Theotonio dos Santos, que como dirigente da Polop recebia informes de militantes engajados na proposta da guerrilha, com o passar do tempo, "as pessoas começaram a deixar os campos de treinamento para denunciar as condições em que lá viviam".

— Aí então nós fomos percebendo que o Clodomir tinha armado uma máquina dentro das Ligas, extremamente corrupta, grupista, conspirativa. Ele manipulava as pessoas, valendo-se da clandestinidade do movimento. Separava uns dos outros, transmitia informações falsas. Até que essas pessoas acabaram descobrindo as falsidades dele – acrescenta Theotonio.[111]

Clodomir rebate:

— Por que pessoas que estavam metidas apenas na organização de massas das Ligas deveriam ser informadas sobre um movimento guerrilheiro clandestino e secreto? Um princípio elementar da clandestinidade é o de que os membros dos organismos é que são informados de seus problemas.[112]

Em 12 de novembro de 1962, Clodomir de Morais foi preso na avenida Brasil, no Rio, próximo ao viaduto de Parada de Lucas. Condenado a um ano de prisão pelo juiz da 11ª Vara Criminal Valporé de Castro Caiado, cumpriu a pena no Quartel do Regimento Caetano de Farias, da Polícia Militar do Rio. Ele foi uma das 24 pessoas indiciadas por envolvimento com guerrilhas. Ao juiz, Clodomir denunciou que fora torturado na Delegacia da Invernada de Olaria para confessar que as armas apreendidas eram de fabricação tcheca.[113]

REFORMISTAS, REVISIONISTAS E REVOLUCIONÁRIOS

Anos mais tarde, exilado no México, Julião falou sobre Clodomir em depoimento a Aspásia Camargo:

— Ele se excedeu em muitas coisas. E o movimento foi duramente golpeado por causa de alguns erros tremendos do Clodomir. Ele planejava bem as coisas, mas, na hora em que o movimento começava a necessitar de que não se acelerasse tanto, de um pouco mais de calma, então o Clodomir acelerava demais, e com isso criava problemas.[114]

Quanto ao fracasso do MRT, ele diz que o movimento foi logo "agarrado por outras organizações, desviado de seus objetivos".

— A verdade é que ele escapou de minhas mãos. Toda essa infiltração se deu porque havia muita gente como que esperando a penetração no movimento dos partidos políticos e das organizações revolucionárias. Mas a minha intenção era boa. Eu queria trazer os estudantes para reforçar o movimento camponês.[115]

Repensando aquele surto estéril de radicalização foquista – que contribuiu para o enfraquecimento das Ligas a partir de então –, Wanderley Guilherme não tem dúvidas de que foi "uma fraude":

— Uma fraude no sentido de que não havia a organização que se supunha que houvesse, não só nas Ligas enquanto Ligas, e muito menos nas bases de treinamento das guerrilhas. O que me pareceu na época um negócio de extrema irresponsabilidade, porque a provocação que o movimento fazia – como querer montar bases guerrilheiras, defender a reforma agrária na lei ou na marra – era no suposto de que estávamos preparados para isso. Quando pagassem para ver, não teríamos nada e, consequentemente, o campesinato ia levar ferro.[116]

A BATALHA DO PLANO TRIENAL

Empresários, proprietários rurais, militares agrupados na Escola Superior de Guerra (ESG) e em comandos de unidades importantes, a Embaixada norte-americana, as "raposas" do PSD e da UDN, as corporações multinacionais, a hierarquia tradicionalista do clero – todos observavam toda aquela mobilização popular com indisfarçável preocupação.

Multiplicavam-se as possibilidades de um projeto nacional autônomo. Contra os interesses do bloco multinacional associado, erguia-se a perspectiva de um capitalismo nacional, com tinturas sociais e distributivas, pautado, no plano político, pelo desejo de democratização e por uma progressiva inclinação anti-imperialista.

A renúncia do "aliado" Jânio Quadros, de fato, fora um golpe profundo nas esperanças das frações mais conservadoras do complexo empresarial-político-militar e suas ressonâncias na classe média. Afinal, ruía uma política econômica que atendia às suas expectativas: contenção salarial, drástica redução do déficit público e corte nos investimentos governamentais.

Para obter aval à concessão de novos empréstimos externos, Jânio reatara com o Fundo Monetário Internacional (FMI) e impusera a "verdade cambial", com fim das taxas múltiplas de câmbio e cortes drásticos nos subsídios. Congelara parcialmente os salários e decretara desvalorização do cruzeiro em 100%. A estabilização econômica por via ortodoxa implicaria pesados ônus para os trabalhadores e "fortes limitações econômicas e políticas a setores oligárquicos tradicionais, bem como a interesses industriais locais de porte médio".[117]

Além de tentar "arrumar a casa" na economia, Jânio, em poucos meses no Palácio do Planalto, procurou afastar o Brasil da Guerra Fria com uma política externa independente, reforçando, mesmo que involuntariamente, a mobilização nacionalista e de esquerda. Condecorara Guevara com a Ordem do Cruzeiro do Sul; iniciara negociações para estabelecer relações diplomáticas com Hungria, Bulgária e Romênia; enviara missões à União Soviética e à China, esta chefiada por Jango; propusera relações cordiais com Cuba, defendendo a autodeterminação do povo cubano; e deixara evidente sua receptividade a movimentos de libertação no Terceiro Mundo.

Mas falávamos na era pós-Jânio e de um projeto nacional autônomo, que Jango só teria condições políticas de fazer decolar com a retomada do presidencialismo. A herança do parlamentarismo no campo econômico não era das mais confortáveis: a inflação em 1962 chegara a 52% e a explosão da população urbana, em ritmo vertiginoso desde o fim do governo JK, exigia investimentos em infraestrutura.

Com a crise econômica batendo à porta, restava a Jango administrar pressões e descontentamentos de toda ordem. A inflação alta repercutia na deterioração dos serviços públicos, atiçava as greves, amargurava a classe média, que perdia poder aquisitivo dia a dia, assustava o empresariado, afastava os investidores internacionais e dificultava a renegociação da dívida externa.

Como debelar a inflação, atrair novos capitais, gerar mais empregos e revigorar os níveis de crescimento?

A imagem que o espectador vê agora na tela é a de João Goulart movendo a sua "rainha" no tabuleiro de xadrez. Em 28 de setembro de 1962, nomeou o primeiro ministro do Planejamento da história do país, o economista Celso Furtado (1920–2004), que chefiara a Superintendência do Desenvolvimento do Nordeste (Sudene) nos governos de Juscelino Kubitschek, Jânio Quadros e do próprio Jango, e antes fora diretor do Banco Nacional de Desenvolvimento Econômico (BNDE) e diretor da

A BATALHA DO PLANO TRIENAL

Divisão de Desenvolvimento da Comissão Econômica para a América Latina e o Caribe (Cepal), no Chile.

Celso Furtado formulou então o Plano Trienal de Desenvolvimento Econômico e Social, cuja estratégia era compatibilizar o combate à inflação com a retomada de taxas de crescimento do final dos anos 1950. Significava um avanço em relação às teses ortodoxas, ao sustentar a possibilidade de reverter o surto inflacionário sem afogar o desenvolvimento. Propunha uma racionalização da ação governamental, através de reformas administrativa e bancária, e a eliminação de entraves institucionais à utilização ótima dos fatores de produção, por meio de reformas fiscal e agrária.[118]

Síntese das medidas previstas no plano: limitações ao crédito, cortes nos gastos públicos, cortes nos subsídios, fim das subvenções e importações e contenção salarial.

Jango procurou acalmar temporariamente o FMI e os credores internacionais. O embaixador dos Estados Unidos, Lincoln Gordon, disse que, apesar de "deficiências técnicas", o Plano Trienal tinha "todos os elementos essenciais de um programa combinado de estabilização e desenvolvimento".[119]

O ministro da Fazenda, San Tiago Dantas, viajou a Washington em março de 1963, a fim de discutir com o governo norte-americano novos empréstimos e a renegociação da dívida externa – indispensáveis ao êxito do plano. De um total de 398,5 milhões de dólares reivindicados por San Tiago, Washington só liberou de imediato 84 milhões. O restante ficou condicionado aos resultados da política anti-inflacionária prevista no Plano Trienal, cuja execução seria acompanhada por técnicos do FMI. Os Estados Unidos seguravam os empréstimos ao Brasil também à espera do equacionamento das indenizações a empresas concessionárias de serviços públicos, subsidiárias de firmas norte-americanas, que haviam sido encampadas no governo de Leonel Brizola no Rio Grande do Sul.

No *front* interno, sem subsídios ao trigo e ao petróleo, disparam os preços do pão e da gasolina. Sem subvenção aos transportes urbanos, as passagens aumentaram. Com teto de 40% para os aumentos salariais, os trabalhadores sentiram o plano no bolso.

O sindicalista Clodesmidt Riani insiste que não foram as reivindicações salariais que agravaram a crise econômica no governo Goulart.

— Os exploradores, inclusive os atacadistas, subiam os preços. Nós dizíamos ao dr. Jango que, enquanto os aumentos das mercadorias subiam pelo elevador, os reajustes salariais subiam pela escada. Lutávamos pela sobrevivência. Nunca ficaram provadas falências ou concordatas por causa de aumentos salariais para os trabalhadores.[120]

A ingerência do FMI e os aspectos socialmente restritivos da política econômico-financeira agravaram as resistências de setores de esquerda e nacionalistas ao Plano Trienal.

Uma vinheta surge na tela: como se derruba um plano econômico.

Os protagonistas agiram rápido. O Comando Geral dos Trabalhadores (CGT) denunciou o "caráter reacionário" das formulações de Celso Furtado. O deputado Leonel Brizola liderou a oposição radical ao Plano Trienal: "A política financeira do atual governo, que tem como mentor o sr. San Tiago Dantas, não tem nada de original, sendo apenas uma repetição do que já foi preconizado e executado tradicionalmente."[121]

Outros coadjuvantes do bloco nacional-reformista encurralaram o plano nas cordas do ringue. Para o PCB, o governo se submeteu a exigências dos monopólios norte-americanos e do FMI, "daí resultando o vergonhoso 'empréstimo' à ITT e a escandalosa promessa de compra das ações da Bond & Share". E fulminou: "A verdade é que o governo continua na sua política de conciliar com os inimigos da nação."[122]

Francisco Julião reivindicou a revogação pura e simples do Plano Trienal, "antipopular, antinacional e pró-imperialista". O presidente da UNE, Vinícius Caldeira Brant, bateu forte: "De um lado, o plano escorcha e sacrifica o povo e de outro mantém privilégios insustentáveis das classes abastadas." O PCdoB protestou: "O plano não se volta contra o latifúndio nem contra o imperialismo; ao contrário, serve aos interesses dos monopólios estrangeiros, e por isso conta com o apoio das autoridades e da imprensa norte-americana."[123]

Subiu o tom do debate entre o Celso Furtado e deputados do "grupo compacto" do PTB, que faziam restrições ao plano.

O deputado Sérgio Magalhães criticou o ministro do Planejamento por ter formulado um programa de governo que permitia ao capital estrangeiro continuar explorando o Brasil. Celso Furtado tentou explicar os objetivos das medidas: organizar a vida do país, evitar o caos. Acossado pelas críticas, desabafou:

— Devo esclarecer que não me encomendaram um projeto de revolução, mas um plano de governo.[124]

Se a narrativa der um salto de três décadas, veremos que, em suas memórias, Celso Furtado escreveu o contrário. Segundo ele, ao lhe solicitar medidas de estabilização econômica, o presidente mencionou a necessidade de apresentar-se aos eleitores na campanha do plebiscito para a volta ao presidencialismo "com um plano de governo nas mãos".[125]

Passagem de tempo.

Ministro do Trabalho de Goulart durante a crise do Plano Trienal, Almino Affonso diz que não houve qualquer debate político prévio, e que nem as lideranças do PTB, que depois teriam a responsabilidade de defender as medidas no Congresso, foram ouvidas. "No dia em que Celso Furtado apresentou o plano, nós tivemos um encontro em que ele nos fazia uma exposição diante de fatos consumados."[126]

Tréplica de Celso Furtado:

— O plano foi elaborado em curtíssimo prazo e submetido ao Conselho de Ministros, devendo ser dado a público antes da eleição [plebiscito] que decidiria sobre a volta ao presidencialismo. Foram estas as instruções que recebi do presidente Goulart e de San Tiago Dantas, os dois líderes do PTB.[127]

O Plano Trienal sucumbiu e a dupla Furtado/San Tiago foi demitida. Em depoimento ao filme *Jango* (1984), de Sílvio Tendler, Celso Furtado refere-se à incompreensão para com a estratégia do plano econômico:

— Eu dizia: se tomarmos controle da situação, vamos desenvolver para crescer, então é possível introduzir as reformas que são a essência mesma da política do governo. Por isso o Plano Trienal terminava indicando as reformas de estrutura que eram necessárias. Mas elas vinham em decorrência de um maior controle sobre a economia e, portanto, da formação já de um consenso que desse solidez ao governo.

E finaliza:

— O que aconteceu foi que os distintos grupos que apoiavam o governo não se entenderam sobre isso, pelo menos, sobre essa estratégia. E havia poderosos grupos que consideraram que era mais importante lançar imediatamente a bandeira das reformas. E foi nisso que não se formou um consenso. E o presidente João Goulart ficou um pouco entre os dois grupos.

Décadas depois, Darcy Ribeiro (1922–1997), ex-chefe da Casa Civil, esclareceu que João Goulart não concordava com a contenção dos reajustes salariais como um dos requisitos para o equilíbrio das contas públicas e o controle inflacionário:

— Jango dizia: "Apoio tudo o que propõem. Mas, se os preços subirem, aumento o salário." [...] O Plano Trienal de Celso Furtado, que um ano antes parecia viável, tornara-se impraticável. O presidente negava-se a conter os aumentos salariais, não só por sua ideologia trabalhista, mas porque os trabalhadores eram a sua base política.[128]

Sem uma política econômica ajustada e coerente, as projeções de inflação para 1963 dispararam para algo próximo a 90%. Imaginem: a taxa anual projetada no Plano Trienal era de 25%. O aumento para o

A BATALHA DO PLANO TRIENAL

funcionalismo, que seria de 40%, alcançou 70%. O empresariado, que a princípio apoiara o plano, agora amaldiçoava o governo, em razão do descontrole inflacionário, da elevação da taxa básica de juros e das restrições ao crédito e, consequentemente, ao consumo.

No final de 1963, encontramos o novo ministro da Fazenda, Carvalho Pinto, sob fogo cruzado da esquerda e do movimento sindical. Segundo o então deputado federal Plinio de Arruda Sampaio, da ala progressista do Partido Democrata Cristão e ex-secretário da Casa Civil de Carvalho Pinto no governo de São Paulo, o ex-governador hesitou em aceitar o convite de Jango para o ministério, justamente por avaliar que sofreria pressões de todos os lados:

— Carvalho Pinto relutou muito, não queria de jeito nenhum. Mas o pressionaram muito. Nós estávamos no Hotel Nacional [em Brasília]. Ele foi indo, indo... No fim, foi ao banheiro, me chamou e trancou a porta. "Plinio, como é, você não acha um absurdo eu aceitar? Esse cara [Jango] é mal visto em São Paulo, a nossa gente não gosta dele." Eu respondi: "Mas, professor, o senhor pode ter a possibilidade de ajudar o Brasil. Eu acho que o senhor devia aceitar." E aí ele topou. Mas sem a menor vontade, porque ele calculou que ia ter problemas, e teve.[129]

Peça-chave no esquema de reaproximação de Goulart das classes empresariais, Carvalho Pinto passou seis meses numa luta árdua para estabilizar a economia. As prioridades eram aumentar as exportações e conter as importações e os gastos públicos. Tentou incrementar a produção agrícola e compensar o aumento de 70% do funcionalismo com um empréstimo compulsório das rendas pessoais, em alíquotas escalonadas entre 1,56% a 15%, conforme as remunerações recebidas, durante 1964 e 1965. A lei que o instituíra previa devolução, com juros acumulados de 6% ao ano, em 1966 e 1967.

A tarefa confiada a Carvalho Pinto era uma muralha quase intransponível. De fato, ele herdara uma caótica política monetária. No segundo trimestre de 1963, os meios de pagamento chegavam a 179,4 bilhões de cruzeiros contra a expansão projetada de 74,1 bilhões. A dívida externa alcançava cerca de US$ 3 bilhões de dólares, sendo que só em amortizações e juros o país desembolsaria 1,8 bilhão, de 1963 a 1965. A tentativa de controlar os preços de produtos essenciais provocou reações negativas, com propositais retenções de estoques para fins especulativos.

Para azar de Carvalho Pinto, secas e geadas afetaram as safras agrícolas. E a alta do custo de vida açulou greves de sindicatos crescentemente engajados na campanha pelas reformas de base. As fortes resistências no movimento popular retraíram a renegociação da dívida externa e de novos empréstimos.

Em setembro de 1963, *The New York Times* acusou o Brasil de não ter cumprido as promessas de combater a inflação. O jornal aconselhava o governo norte-americano a rever sua ajuda financeira "enquanto o Brasil se recusar a adotar políticas anti-inflacionárias razoáveis".

Numa visita ao Triângulo Mineiro, o presidente Goulart examinou as nuvens pesadas que teimavam em estacionar sobre a economia e desabafou: "Todos falam em combater a inflação, mas sempre que o governo adota medidas de maior controle e mais enérgicas, por toda parte, surgem as pressões, os protestos, algumas vezes acompanhados da guerra surda, de intrigas, visando a conturbar a nação."[130]

Às vésperas do Natal de 1963, cansado das pressões, Carvalho Pinto pediu demissão. Um mês antes, ao retornar da reunião da Junta de Governadores do FMI, encontrara as "patrulhas" prontas para sufocá-lo com uma mesma pergunta: "Voltamos a negociar com o FMI?" Talvez desconhecessem que Carvalho Pinto se opusera às exigências do FMI para regularização da dívida externa e chegara a cogitar uma moratória unilateral.[131]

Se olhássemos um pouco adiante, veríamos que foi Carvalho Pinto quem preparou a regulamentação da lei de remessas de lucros, exigida pelas esquerdas. Como explicar a gritaria para removê-lo do Ministério da Fazenda, num momento em que a conspiração golpista ganhava ritmo e apavorava a classe média com o fantasma da "comunização" do país?

Brizola era o candidato de segmentos influentes do bloco nacional--reformista, congregados na Frente de Mobilização Popular, à vaga de Carvalho Pinto. Muros pichados no Rio de Janeiro e em Recife: "Contra a inflação, Brizola é a solução." Charge de Jaguar na *Última Hora*: dois caipiras conversam e um deles diz: "Estou com o Brizola. A Fazenda é o lugar apropriado para se fazer a reforma agrária."

Neiva Moreira explica o desejo de Brizola de assumir a Fazenda naquela quadra crucial:

— Naquele tempo, o Ministério da Fazenda exercia uma função política reitora. O Brizola achava que indo para o Ministério da Fazenda poderia mudar completamente a linha política do governo. Buscar recursos que não comprometessem a soberania nacional, fortalecer as empresas estatais que estivessem em desenvolvimento, dar oportunidade às pequenas e médias empresas, e também à grande empresa nacional que pudesse dispensar o capital estrangeiro. Eram estas as nossas preocupações: fazer as reformas e conseguir recursos para executá-las.[132]

Adesões de todos os quadrantes a Brizola. Dos sargentos, por exemplo. No almoço em homenagem ao comandante do Corpo de Fuzileiros Navais, almirante Cândido Aragão, uma semana antes de Carvalho Pinto demitir-se, o orador da festa, sargento Luiz Carlos Prazeres, afirmou que a ida de Brizola para o Ministério da Fazenda era a "bandeira de luta dos sargentos", para que interviesse em órgãos como a Carteira de Comércio Exterior (Cacex), "que estão entravando a libertação econômica do Brasil".[133]

Não só os sargentos: marinheiros e fuzileiros navais queriam Brizola no comando da política econômico-financeira. Nota publicada pelo *Diário de Notícias*: "Ontem, à tarde, cerca de cem marinheiros e fuzileiros foram ao apartamento do deputado Leonel Brizola, na avenida Epitácio

Pessoa, para uma homenagem com esta[s] palavra[s] de ordem: 'Agora, Brizola na Fazenda.'"[134]

A Frente de Mobilização Popular divulgou um manifesto pró-Brizola em 17 de dezembro de 1963, assinado por deputados e oficiais nacionalistas, dirigentes do CGT, intelectuais progressistas, dirigentes da UNE, da UBES, das Ligas e outras organizações camponesas, Ação Popular, Confederação Nacional dos Servidores Públicos e representantes dos sargentos das três forças armadas.

O manifesto proclamava a "falência da política econômico-financeira executada por ministros conservadores, representantes das minorias e grupos comprometidos com os interesses do latifúndio e a espoliação do nosso país". E pedia uma ampla mobilização popular para exigir de João Goulart uma recomposição do governo com forças progressistas. Por fim, expressava solidariedade a Brizola "em razão da campanha solerte que contra ele movem as forças da reação, face à cogitação de seu nome para a pasta da Fazenda".[135]

Na reunião em que a Frente se posicionou pró-Brizola, duas vozes foram votos vencidos: os deputados Almino Affonso e Temperani Pereira.

— Era uma proposta delirante – afirma Almino Affonso. – O Brizola reclamava para si a chefia da política econômico-financeira, exigindo – para usar expressão dele na época – todos os penduricalhos, ou seja, o BNDE, a Sumoc [Superintendência da Moeda e do Crédito], a Cacex, o Banco do Brasil, enfim, o comando real da economia. A que título o presidente João Goulart daria essa soma toda de poderes a uma pessoa? Se desse, estaria, na prática, renunciando ao próprio poder.[136]

Brizola despertava paixões e ódios. O editorial "O incêndio e o incendiário", publicado por *O Globo* em 23 de novembro de 1963, criticou energicamente uma eventual nomeação sua para o ministério: "Tal participação, evidentemente absurda, é explicada pela convicção em que se encontra o presidente João Goulart de que pelos meios normais não haverá possibilidade de deter a espiral inflacionária, devendo-se adotar, então, os meios anormais e extravagantes preconizados pelo ex-governador do Rio Grande do Sul. Vale dizer: não podendo apagar o incêndio, entregar-se-ia a tarefa ao incendiário-mor..."

Já o PCB simpatizou com a ideia de Leonel Brizola tornar-se ministro da Fazenda. No programa *Pinga Fogo*, da TV Tupi, em 3 de janeiro de 1964, perguntaram a Luiz Carlos Prestes se Brizola tinha condições para ocupar o Ministério da Fazenda e desencadear as reformas.

Resposta:

— Creio que sim. Ele tem compromissos muito sérios com o povo. No caso de assumir uma pasta no ministério do presidente Goulart, particularmente a da Fazenda, os compromissos por ele assumidos são bastante sérios para que não possa tomar medidas profundas. Acredito na sua honestidade e no que ele tem dito até agora. Brizola, em nossa opinião, representa o setor mais radical da burguesia brasileira.

Outra pergunta: "O deputado Leonel Brizola é um autêntico revolucionário? Ele seria capaz de desempenhar no Brasil o papel que Fidel Castro desempenhou em Cuba?"

— Creio que pode – começou Prestes. — As condições brasileiras são tais que um homem que tenha visão política, que não esteja preso por interesses a grupos monopolistas estrangeiros e ao latifúndio, pode ser o chefe da revolução brasileira.[137]

Tantos anos depois, Brizola relembra o encontro em que Jango lhe ofereceu não a Fazenda, mas o Ministério da Viação:

— Ainda discutimos um pouco e eu resolvi dizer-lhe: "Há uma maneira de eu ir para o ministério." Goulart levantou os olhos e ouviu a minha argumentação. "Nós", continuei, "de comum acordo, chegaríamos a uma conclusão sobre o nome que deveria ocupar o Ministério da Guerra. Uma vez nomeada essa pessoa, eu aceitaria ser indicado para o governo."

Goulart "deu uma risadinha" e disse: "Brizola, quem seria o nome para o Ministério da Guerra?"

— Respondi-lhe – rememora Brizola – que ainda não havia pensado nisso, mas seria capaz de, naquele momento, lembrar uma pessoa: o marechal Lott, um homem acima de qualquer suspeição, honrado, digno e correto. Com ele, teríamos cobertura militar para executar o programa econômico que nós iniciaríamos no país. Eu e Lott, trabalhando juntos, teríamos dado estabilidade ao país. Infelizmente, o presidente Goulart preferiu não aceitar minha sugestão.[138]

Consultor-geral da República no governo Goulart, Waldir Pires lamenta a investida das esquerdas para forçar Carvalho Pinto a sair do Ministério da Fazenda e substituí-lo por Leonel Brizola.

— A ideia de que Brizola pudesse ser ministro da Fazenda era realmente alguma coisa que não correspondia a uma situação de poder social efetivo. Isso levou a que se abrisse mão, na composição do governo, da presença de uma parcela importante da burguesia industrial nacional, de São Paulo, que era representada pelo ex-governador Carvalho Pinto. Foi um dos erros fundamentais e elementares. A posição de Carvalho Pinto, naquele instante, era de fortalecimento do capitalismo industrial nacional.[139]

Preterido Brizola, a esquerda reagiu indignada à escolha de Nei Galvão, ex-diretor do Banco do Brasil e nome politicamente inexpressivo, para o Ministério da Fazenda. Para o PCB, com a nomeação de Galvão, "o negocismo mais desacreditado apodera-se de uma das mais importantes pastas do governo".[140] Os integrantes da Frente de Mobilização Popular mais ligados a Brizola consideraram que a escolha de Goulart os colocou "em posição humilhante" e garantiram que iriam intensificar as críticas à conciliação do presidente. O deputado Almino Affonso, do "grupo compacto" do PTB, emitiu uma nota dura contra Goulart:

A BATALHA DO PLANO TRIENAL

"Eu sei que a nomeação do sr. Nei Galvão é uma escamoteação a mais. Se é definitiva, constitui um desrespeito aos interesses do povo; se é provisória, não passará de uma brincadeira de mau gosto."[141]

Repensando a disputa pelo Ministério da Fazenda, Almino Affonso tem duas certezas:

— O episódio serviu para derrubar o Carvalho Pinto, a última ponte que o governo tinha com o empresariado nacional. E foi nomeado Nei Galvão, uma figura menor, tirada da algibeira do Jango, sem nenhuma grandeza para assumir naquele instante o comando da política econômico-financeira, já em crise.[142]

Balanço de 1963: fracasso da política econômica. Inflação alta, índice de custo de vida batendo em 81% (em 1962, fora de 55%). Déficit orçamentário: 504,6 bilhões de cruzeiros (mais de um terço dos gastos totais). Taxa do Produto Interno Bruto (PIB): 1,5% (a mais baixa dos últimos anos).

O novo ministro da Fazenda, nos três meses de sua gestão, se viu sufocado na administração desse contencioso. No começo de 1964, conseguiu renegociar, com o Clube de Haia, em Paris, um reescalonamento dos pagamentos de curto prazo. A nossa dívida externa beirava os 3,8 bilhões de dólares (4,62% do PIB). Uma das questões cruciais permanecia sem solução: o bloqueio do governo norte-americano à concessão de novos empréstimos do Brasil.

Em agosto de 1988, Lincoln Gordon, ex-embaixador dos Estados Unidos, revisitou o Brasil, atrás de dados para um livro que escrevia sobre o nosso país. Entrevistado em Brasília, tentou justificar o bloqueio econômico a Jango.

Pergunta: "O que mais o preocupava no último período de Jango?"

Gordon: "Na minha posição, eu temia que as dificuldades que o país atravessava levassem a contencioso entre o Brasil e os Estados Unidos, que crescesse um sentimento antiamericano. Tivemos de interromper empréstimos de algumas centenas de milhões de dólares por ano porque as condições não eram cumpridas. Houve um grande movimento para a moratória unilateral. Isso piorava as relações com os Estados Unidos e era ruim para o Brasil."[143]

De fato, a moratória unilateral constava dos programas econômicos alternativos de duas forças atuantes da esquerda – o PCB e o brizolismo. Nas teses para o VI Congresso, publicadas a quatro dias do golpe militar, o PCB definia medidas para "a inteira libertação econômica e liquidação dos privilégios usufruídos pelo capital imperialista". A reforma do sistema cambial exigia o monopólio estatal do comércio de exportação e fiscalização rigorosa das importações; monopólio das operações de câmbio pelo Banco do Brasil, com a eliminação completa do mercado livre de divisas e a fixação de taxas cambiais exclusivamente pelo governo. E ainda a suspensão temporária do pagamento das amortizações dos empréstimos, bem como das remessas de lucros, *royalties* e juros para o exterior, "até que sejam superadas as atuais dificuldades cambiais".

Para o PCB, o combate à inflação era prioritário. Sugeria um empréstimo interno compulsório, a ser coberto pelos "beneficiários de altas rendas". O objetivo era "formar um fundo nacional anti-inflacionário, ao qual o governo recorreria sempre que fosse necessário evitar as emissões inflacionárias de papel-moeda". Previa ainda a elevação do imposto de renda a um volume global que representasse pelo menos 50% da receita tributária federal. Os bancos estrangeiros ficariam proibidos de receber depósitos nacionais.

Em 24 de fevereiro de 1964, em artigo no semanário *Panfleto*, o assessor econômico de Brizola, Cibilis da Rocha Viana, afirmou que, se quisessem conter a espiral inflacionária, o governo deveria forçar o estancamento do processo espoliativo, conter a ação de grupos monopolistas, principalmente no setor de gêneros alimentícios, rever as bases da balança comercial e do sistema cambial, executar a lei de remessa de lucros e reduzir as emissões de moeda, sem prejuízo dos investimentos públicos.

No cenário convulsionado, João Goulart tentava administrar forças antagônicas, "mantendo-as em contraste permanente, para equilibrar-se sobre elas", como escreveu depois Paulo Francis, simpático a Jango e colunista político da *Última Hora*: "Um governo de trapézio, a que o povo assistia, empaticamente talvez, mas sem dele participar."[144]

Concessões à esquerda, como o endosso às reformas de base: a disposição de rever as licenças a empresas mineradoras; a tolerância com greves políticas e com as duras críticas que Brizola lhe dirigia através da "Rede do Esclarecimento", formada pela Rádio Mayrink Veiga (emissora estatal) e o semanário *Panfleto*.

O depoimento do ministro da Justiça de Goulart, Abelardo Jurema, realça o desconforto de Jango com as cobranças do cunhado:

— Um dia, o presidente, com um exemplar do *Panfleto*, me dizia: "Pois é, seu Jurema, o Brizola, em vez de se atirar contra nossos inimigos comuns, contra a oposição e os nossos adversários pessoais, dispersa o seu tempo, as suas tintas, o seu papel e os seus adjetivos comigo. Logo comigo![145]

Concessões à direita, como promoções a general de oficiais da linha dura, preterindo coronéis tidos como fiéis ao esquema militar legalista; protelações de medidas populares e nacionalistas (a lei da remessa de lucros, por exemplo, aprovada em setembro de 1962, só foi regulamentada em janeiro de 1964).

No crítico primeiro bimestre de 1964, Goulart chegou a se animar. Em fevereiro de 1964, havia sinais de recuperação na balança comercial. O governo alemão acabara de anunciar um empréstimo a longo prazo ao Brasil de 50 milhões de dólares. Investidores japoneses negociavam um crédito de 220 milhões de dólares pela compra de minério na Companhia Vale do Rio Doce.

Ao mesmo tempo, o CGT ameaçava uma greve geral se não houvesse aumento do salário mínimo – afinal concedido, com índice de 100%. Na outra ponta do cabo de guerra, os empresários protestavam porque o reajuste superara a inflação (no patamar de 90%).

Em 23 de fevereiro de 1964, saudado nos jardins do Palácio Laranjeiras por uma pequena multidão, Goulart prometeu: "Não permitirei que, a pretexto de escassez, criada pelos que se acostumaram a enriquecer à custa da miséria, os produtos sejam majorados." Mas o próprio governo se encarregava de desdizê-lo: a Superintendência Nacional de Abastecimento (Sunab) anunciava novos aumentos de preços.

Na verdade, o presidente não conseguia acomodar, na proporção almejada, as demandas de empresários, trabalhadores e a esquerda. Na mesma edição, o *Diário de Notícias* publicava esta manchete: "Esquerdas rebelam-se contra a reforma cambial da Instrução 263." Os deputados Leonel Brizola, Almino Affonso e Sérgio Magalhães acusavam Jango de "marchar para a liberação completa do câmbio".

Fevereiro foi apenas uma miragem. As boas notícias seriam logo substituídas por apreensões. O embaixador brasileiro em Washington, Roberto Campos, desembarcou no Rio com a impressão dos norte-americanos de que a crise em que vivíamos era consequência "mais das elites dirigentes que da falta de potencial humano ou de recursos naturais".[146]

Para desespero de Nei Galvão e de Jango, problemas climáticos tinham quebrado as safras agrícolas mineira e paulista. E a inflação batia em 90%.

Um assombro.

QUEM ERAM OS DEMOCRATAS?

Uma vinheta introduz no roteiro o acirramento da luta político-ideológica.[147, 148, 149]

Segundo Maria Victória Benevides, havia uma extrema "ideologização" dos temas em debate: "As grandes questões eram polarizadas em termos de 'democracia *versus* comunismo'."[150] Os campos opostos não representavam apenas visões ideológicas distintas; do ponto de vista da direita golpista, a exacerbação das críticas forjadas contra o governo tinha como alvo demarcar hipotéticos territórios do bem e do mal, incutindo repulsa tanto à figura de Jango quanto a toda e qualquer medida que pudesse afetar interesses e conveniências das classes dominantes.

A ofensiva anticomunista se situava no quadro de desarranjo institucional do país. A crise era basicamente política e, segundo Francisco Weffort, tinha suas raízes no rompimento do "pacto populista", de compromisso entre as diferentes classes sociais, pela mobilização das massas urbanas em favor de suas reivindicações.[151]

Criado ainda no governo de Jânio Quadros, o Instituto de Pesquisas e Estudos Sociais (IPES) foi o braço ideológico de aglutinação das elites empresariais, políticas e militares, das oligarquias rurais e das multinacionais em torno de um projeto de poder que implicasse, basicamente, "a adoção de um modelo capitalista associado e fortemente industrializante, com uma economia centrada sobretudo em um alto grau de concentração de propriedade na indústria e fortemente integrada ao sistema bancário". A execução de tal projeto exigia a exclusão política das classes populares – exatamente aquelas que poderiam se beneficiar das medidas sociais do governo nacional-reformista. Depor Jango significaria não só a conquista do Estado para executar a reordenação do capitalismo brasileiro como também a liquidação do movimento de massas que se ampliava no país.[152] "O verdadeiro partido da burguesia", na definição de René Armand Dreifuss, o IPES usou e abusou do planejamento para minar as bases de apoio de Jango e deter a ascensão das classes subalternas.

Organismos como o IPES operavam como pontes da ação político-ideológica dentro da estratégia do governo dos Estados Unidos de priorizar a segurança em suas áreas de influência, através do combate ao "inimigo interno" – a esquerda associada ao comunismo – em países latino-americanos. A combinação da doutrina de contrainsurreição com a guerra cultural, midiática e propagandística visava desestabilizar governos populares e progressistas. Se focalizássemos as Américas do Sul e Central, os espectadores comprovariam que o golpismo servia aos propósitos da geopolítica norte-americana na região. Entre o início de 1961 e o fim de 1963, nada menos que sete golpes militares haviam derrubado governos constitucionais em El Salvador, Argentina, Peru, Equador, Guatemala, República Dominicana e Honduras.

No caso do Brasil, não podemos esquecer que, entre 1962 e 1964, a Embaixada e os consulados norte-americanos, sob o comando do embaixador Lincoln Gordon e a assessoria do adido militar, general Vernon Walters, cumpriam os planos estratégicos do Departamento de Estado e da Agência Central de Inteligência (CIA), atuando com incrível desembaraço nos meios políticos e militares. Os Estados Unidos financiaram, através da Aliança para o Progresso, governadores, prefeitos e parlamentares de oposição ao governo de Jango, a pretexto de apoiar programas de desenvolvimento regional.

O IPES cooptou empresários e militares; corrompeu e infiltrou adeptos nos meios sindical e estudantil; estruturou a Ação Democrática Parlamentar, bloco político de oposição às iniciativas reformistas no

QUEM ERAM OS DEMOCRATAS?

Congresso; montou um banco de informações minucioso, que estocava, em caráter secreto, dados sobre 400 mil pessoas – acervo que o general Golbery do Couto e Silva, um de seus expoentes militares, levaria consigo para dar o pontapé inicial no Serviço Nacional de Informações (SNI), após 1º de abril de 1964.

O estado-maior do IPES consolidava duas vertentes. A primeira congregava oficiais da Escola Superior de Guerra (ESG), com ramificações no Estado-Maior do Exército, entre os quais sobressaíam os generais Golbery do Couto e Silva, Humberto de Alencar Castello Branco, Ernesto Geisel, Jurandir Bizarria Mamede e Cordeiro de Farias, além do coronel João Baptista de Oliveira Figueiredo (que presidiria o último governo do ciclo ditatorial pós-1964). Eles propugnavam um Estado centralizado, forte e modernizador, baseado na doutrina da segurança nacional, com a garantia da ordem como fator fundamental do desenvolvimento econômico e social, acima do jogo político tradicional e em condições de combater a qualquer custo o comunismo. A segunda vertente organizava-se em torno de empresários (Glycon de Paiva, Gilbert Huber Jr., Harold Polland, Jorge Oscar de Mello Flores, Walther Moreira Salles, José Ermírio de Moraes, José Luís Moreira de Souza, Cândido Guinle de Paula Machado) e economistas (Octavio Gouvêa de Bulhões, Mário Henrique Simonsen, José Garrido Torres) que defendiam, em grandes empresas, consultorias e associações de classe (Confederação Nacional da Indústria, Conselho das Classes Produtoras, Confederação Rural Brasileira, Federação das Indústrias, Federação do Comércio e Associação Comercial do Estado de São Paulo, Clube dos Diretores Lojistas do Rio de Janeiro), uma ordem econômica favorável ao capital estrangeiro e à lógica financeirizante do mercado.

Três pontos essenciais para o êxito da estratégia ipesiana: a) conter o avanço de forças populares comprometidas com transformações sociais; b) contrapor às reformas de base de Jango um programa de reformas econômicas ortodoxas, com severa redução dos gastos públicos, arrocho salarial e cortes de direitos sociais e trabalhistas; e c) desenvolver um intenso plano de agitação e propaganda para apavorar a classe média, cujo eixo seria a denúncia da "comunização" do país, da "República sindicalista" e das "manobras continuístas" de Goulart.

O IPES atraiu linhas auxiliares conservadoras, como a Campanha da Mulher pela Democracia, o Grupo de Ação Patriótica (GAP), o Movimento Sindical Democrático (MSD), a União Cívica Feminina (UCF), a Federação dos Círculos Operários do Estado de São Paulo e o Instituto de Formação Social, entre outras. Graças a contribuições de mais de quatrocentas empresas, o IPES garantia financiamentos, patrocínios e doações necessários ao funcionamento da teia de ofensivas ideológicas, guerras psicológicas e doutrinação político-cultural, incluindo órgãos de imprensa, agências de publicidade, universidades privadas, centros de estudos e pesquisas, associações sindicais e religiosas etc.

Sem falar no Instituto Brasileiro de Ação Democrática (IBAD), fundado em maio de 1959 por Ivan Hasslocher a serviço da CIA. O IBAD despejou, segundo cálculos do embaixador Lincoln Gordon, algo próximo a 5 milhões de dólares para tentar eleger candidatos direitistas no pleito de 1962.[153] Essa soma provinha de contribuições tanto de empresários brasileiros quanto de empresas estrangeiras que operavam no Brasil, como Texaco, Esso, Shell, Schering-Bayer, General Electric, IBM, General Motors, Coca-Cola, Souza Cruz, Belgo-Mineira, U. S. Steel, Remington Rand, AEG e outras. O IBAD destinava parte dos recursos captados junto a essas multinacionais para o fundo financeiro do IPES.[154]

O IPES criou o Grupo de Publicações/Editorial (GPE), supervisionado pelo escritor Rubem Fonseca, para produzir artigos doutrinários, matérias e traduções de textos estrangeiros para veículos de comunicação associados ou receptivos. "Formaram esse grupo os profissionais da mídia, do mundo literário e de agências de publicidade. Entre eles, distinguiam-se [...] Wilson Figueiredo [editor do *Jornal do Brasil*] e os poetas e romancistas Augusto Frederico Schmidt, Odylo Costa Filho e Raquel de Queiroz." No total, o IPES editou quase 300 mil exemplares de livros e cerca de 2,5 milhões de folhetos. Aliciou jornalistas e formadores de opinião e estabeleceu sólidas ligações com empresários de comunicação, o que favoreceu a publicação de editoriais e reportagens que visavam desacreditar o governo Goulart e incutir sentimentos de desesperança, temor e repúdio.[155]

Os meios de comunicação, sobretudo a imprensa escrita, tornaram-se uma trincheira prioritária no combate a João Goulart e à esquerda. Com raríssimas exceções, as empresas jornalísticas atuaram como correias de transmissão da propaganda ideológica anticomunista e antijanguista, em sintonia com os intentos do conservadorismo golpista – uma teia que interligava o empresariado nacional, as multinacionais, os latifundiários, os especuladores do mercado financeiro, parlamentares de direita e extrema direita e oficiais reacionários das forças armadas, entre outros associados.

Para desvelar a convergência de interesses da imprensa empresarial com outras esferas de poder, penso ser essencial a contribuição do filósofo marxista italiano Antonio Gramsci (1891–1937), jornalista militante em periódicos socialistas nas décadas de 1910 e 1920 e fundador do *L'Unità*, jornal do Partido Comunista Italiano (PCI), em 12 de fevereiro de 1924. Gramsci qualifica a imprensa como "a parte mais dinâmica" da superestrutura ideológica, fixando-a como "a organização material voltada para manter, defender e desenvolver a 'frente' teórica ou ideológica" – ou seja, um braço ideológico-cultural do bloco hegemônico na sociedade.[156] A imprensa projeta-se, via de regra, como sustentáculo de posições políticas, econômicas, empresariais e financeiras, difundindo significados e valores que servem para consolidar consensos sociais. Assim concebida, atua como fração de partido político na representação de interesses específicos, externando opiniões nos editoriais, elegendo os temas que julga prioritários e controlando ideologicamente os enfoques no noticiário.[157] No enfrentamento de inimigos reais, pode desfechar campanhas e manobras diversionistas, com o propósito de debilitar e mesmo anular alternativas que interfiram nos fundamentos estabelecidos pelas classes hegemônicas.

Exatamente como aconteceu no Brasil antes do golpe de Estado de 1964.

Aparece na tela o jornalista Janio de Freitas, que foi redator-chefe do *Jornal do Brasil* (maio de 1959 a abril de 1961) e do *Correio da Manhã* (março a novembro de 1963). Segundo ele, no período 1960–1964, "havia uma divisão partidária muito nítida na imprensa brasileira", com os jornais alinhados a interesses políticos e econômicos, que os vinculava a partidos, grupos e corporações.

— No Rio, tínhamos o *Correio da Manhã*, identificado com o PSD, o partido dos coronéis do interior, e com um setor menos intolerante e radicalizado da alta burguesia. O *Diário Carioca* também se identificava com o PSD, e isso vinha de bem antes, na década de 1950, quando cresceu a sua relevância. O *Diário de Notícias* era o jornal dos militares e da direita, que havia surgido com uma perspectiva relativamente mais democrática, mas que migrou logo para a direita. O *Globo*, conservador e udenista também, era um vespertino importante, mas não tinha nem metade da influência que viria a ter mais tarde. A *Tribuna da Imprensa*, lacerdista. Em São Paulo, sobressaía *O Estado de S. Paulo*, muito identificado com a linha dura, de direita, da UDN. E convém ressaltar que tínhamos naquele tempo muito mais jornais em circulação – nada a ver com hoje em dia, quando restam poucos diários de expressão. No Rio, tínhamos dezessete jornais em atividade. Note bem: dezessete jornais circulando simultaneamente, o que significava, ao menos teoricamente,

QUEM ERAM OS DEMOCRATAS?

mais opções para os leitores e um mercado de trabalho relativamente maior para os jornalistas. Ainda que, claro, prevalecesse uma tendência conservadora na maioria deles. Essa partidarização vai convergir politicamente no alinhamento dos principais jornais com o processo que culminou na derrubada de João Goulart.[158]

Havia o vínculo econômico-financeiro por trás da adesão de boa parte dos jornais à oposição a Goulart; recebiam das maiores agências de publicidade gordas verbas por anúncios e patrocínios de empresas nacionais e estrangeiras, várias delas contrárias às inclinações reformistas do governo federal.

A *Última Hora* de Samuel Wainer (1910–1980) era o único jornal alinhado ao governo João Goulart, como o fora ao de Getúlio Vargas ao surgir no Rio de Janeiro em 1951 e um ano depois em São Paulo. Em 1961, formou-se a rede da Última Hora, somando às edições carioca e paulista uma edição nacional impressa no Rio e complementada com noticiários locais em Porto Alegre, Belo Horizonte, Recife, Curitiba, Campinas, Santos, Bauru, ABC (Santo André, São Bernardo do Campo e São Caetano) e Niterói. O jornal destacou-se como principal apoiador das reformas de base na imprensa tradicional, com uma cobertura sistemática das reivindicações sociais e dos atos de mobilização.

Após salientar a ampla liberdade de imprensa e de expressão que existia no país, o jornalista Raul Ryff (1911–1989), então secretário de Imprensa da Presidência da República, relembra as difíceis relações do governo com as empresas jornalísticas:

— Toda a imprensa – rádios, televisões e jornais – estava contra o Jango, a não ser a *Última Hora*. Os grupos reacionários nacionais e internacionais se mobilizaram para impedir a ação do governo em favor das reformas. O Jango recebia os donos de jornais – o Roberto Marinho, o Nascimento Brito –, conversava, explicava as coisas, mas na prática não se traduzia em nenhum apoio, por menor que fosse, aos atos governamentais.[159]

À medida que as clivagens ideológicas e a trama golpista se aguçavam, o clima nas redações passou a refletir as posições em litígio na sociedade. Segundo a jornalista Ana Arruda Callado, o meio jornalístico estava muito dividido:

— A campanha da direita contra o governo João Goulart encontrava eco entre repórteres e jornalistas, de maneira geral, embora, do outro lado, vários de nós apoiássemos as reformas de base e os avanços sociais. Havia discussões sobre o quadro político, que foram ficando cada vez mais restritas aos grupos de esquerda ou de direita. As trocas entre nós, com posições diferentes, já quase não existiram. Havia um certo enrijecimento ideológico.[160]

Notícias da época ilustram a difusão de mentiras em grande parte da imprensa, associando o governo ao comunismo e ao desprestígio dos valores morais e cristãos, bem como responsabilizando-o por riscos à propriedade privada. Por sua vez, financiados pelo empresariado e por verbas de órgãos governamentais dos Estados Unidos, como a CIA, os cinejornais, boletins informativos, panfletos e cartilhas produzidos pelo IPES formavam um manancial de doutrinação anticomunista e antijanguista. Batiam na tecla de que o inimigo estava se tornando cada vez mais ameaçador na "marcha para o comunismo", supostamente infiltrando-se no CGT, na UNE e em outras entidades da sociedade civil.

Cenas da virulência da imprensa atrelada ao golpismo.

1) O diretor do jornal *O Estado de S. Paulo*, jornalista Júlio Mesquita Filho, em discurso na Sociedade Interamericana de Imprensa (SIP), cobra uma ação firme dos Estados Unidos contra "a grave situação do Brasil, que está à beira do comunismo". Segundo Mesquita, "o governo dos Estados Unidos deve prevenir a União Soviética de que não permitirá um novo regime comunista nas Américas, mesmo que para isso seja necessário usar a bomba atômica".[161]

QUEM ERAM OS DEMOCRATAS?

2) O proprietário dos Diários Associados, Assis Chateaubriand, alerta sobre a "comunização" do país: "A Sudene e seus ativistas das esquerdas. Luiz Carlos Prestes e o Partido Comunista nas ruas, Celso Furtado de mãos dadas a Lênin... O assalto a Capuava à luz do dia pelos comunistas é uma página de vergonha e luto para as forças armadas."[162]

3) Em 13 de setembro de 1963, o *Jornal do Brasil* critica em editorial as duas políticas que, a seu juízo, coexistiam no governo Goulart: "Uma legal, sem eficiência e resultado administrativo democrático, e outra ilegal, visivelmente subversiva, montada nesse apêndice ilegal do governo, chamado Comando Geral dos Trabalhadores."

4) No editorial "Tomada de posição", em 12 de março de 1964, o *Diário de Notícias* diz que, com a alegação de que precisava honrar compromissos assumidos com as classes populares, que dão lastro político ao governo, "o presidente da República tem permitido que demagogos de toda ordem se sirvam desses compromissos para transformá-los em instrumento de agitação e de acirramento da luta de classes".

5) *O Globo* publica, em 23 de março de 1964, o editorial "Em defesa da Constituição, da lei e da ordem", no qual praticamente justifica uma ruptura institucional: "Quando os principais responsáveis pela coisa pública se associam aos mais notórios agitadores e comunistas, para pregar contra a Constituição e contra o Congresso, não é mais possível a omissão de um único brasileiro, impõem-se a luta e a reação."

O roteiro se concentra agora em uma das exceções à regra da grande imprensa tendenciosa e vinculada ao poder econômico: o semanário *Panfleto*. No editorial do número 1, de 17 de fevereiro de 1964, comprometia-se a defender as reivindicações dos movimentos sindical, estudantil e camponês e a emancipação social. Politicamente, refletia as posições do brizolismo e da Frente Parlamentar Nacionalista, tanto em defesa das reformas de base quanto nas cobranças a Jango para se afastar da conciliação com a burguesia e debelar a espoliação estrangeira no país.

Brizola assinava sempre um editorial na página 2. Os alvos políticos eram o governador Carlos Lacerda e a direita golpista.

Panfleto apresentou-se aos leitores como a "ovelha negra" do jornalismo, pois se dispunha a publicar informações verazes e não conspurcadas pelo poder econômico. A independência editorial seria assegurada por suas principais fontes de receita, as assinaturas e vendas em bancas. Não dependia de anunciantes que pudessem exercer algum tipo de pressão.

Com preço de capa acessível, a tiragem inicial do semanário foi de 70 mil exemplares e teria chegado depois a mais de 200 mil. Esse salto foi possível graças a uma bem-sucedida estratégia do trio formado por Tarso de Castro, Paulo Schilling e José Silveira: associava-se a adesão aos grupos dos onze a uma assinatura do *Panfleto*. Milhares de cartas chegaram à redação do jornal solicitando assinaturas. Os exemplares eram enviados aos assinantes graças ao apoio do coronel Dagoberto Rodrigues, diretor-geral dos Correios e Telégrafos. Integrante da Frente de Mobilização Popular (FMP) e muito ligado a Leonel Brizola, ele garantia a distribuição do jornal em todo o país.

Panfleto teve apenas sete edições, a última delas em 30 de março de 1964. Foi fechado no dia do golpe de Estado.[163]

No contexto de conflagração ideológica, a guerrilha entre esquerda e direita chegava ao clímax. A tela estremece com o verdadeiro frenesi de estocadas, de um lado e de outro.

Miguel Arraes denuncia a corrupção eleitoral do IBAD e as atividades obscuras do IPES: "É crime de alta traição deixar-se subornar sob qualquer pretexto por essas agências internacionais de pressão econômica. E suborno, no caso, é a tradução do eufemismo 'financiamento', a cuja sombra os traidores querem passar por bons-moços inteligentes."[164]

O deputado Armando Falcão diz que o Brasil deve tomar muito cuidado com o comunismo e os comunistas: "O país, no momento, oferece o quadro ideal para a vitória vermelha, pois tem os três requisitos apontados por Lênin, isto é, alguns técnicos, a inflação e um mau governo."[165]

Comício em Natal, maio de 1963: Leonel Brizola condena a Aliança para o Progresso e diz que, se o governo norte-americano quisesse mesmo ajudar o Brasil, "ajudava-nos a expulsar deste país todos esses trustes e monopólios que aqui estão sugando o nosso povo". Brizola chama o general Antônio Carlos Muricy, comandante da 7ª Divisão de Infantaria do Exército, sediada na cidade, de "golpista e gorila". Muricy recebe telegramas de desagravo de comandantes militares; Brizola é apoiado por lideranças do movimento popular.

Comício em Bonsucesso, Rio de Janeiro, 10 de março de 1964. Discursa o deputado udenista Amaral Netto: "É hora de virmos para as ruas, lutar pela pátria [...]. O governo não é comunista, mas está nas mãos de comunistas."[166]

O presidente da UNE, José Serra, diz que os estudantes são chamados de comunistas porque "obedecem a um só compromisso: o da libertação econômica, cultural e social do povo brasileiro, e são combatidos por aqueles que serão os únicos que perderão com essa libertação".[167]

Editorial de *O Globo*, em 23 de março de 1964, diz que "a nação não está mais disposta a assistir, imóvel, a guinadas para a esquerda. A nação não é esquerdista e não pode, portanto, admitir um governo esquerdista".

Ao microfone da Rádio Mayrink Veiga, Brizola afirma que jornais como *O Globo* e *O Estado de S. Paulo* são "primos-irmãos", pois falam a mesma linguagem. "Um inventa a mentira aqui no Rio de Janeiro e o outro transcreve a mentira redobrada lá."[168]

O presidente do Movimento Sindical Democrático, Antônio Pereira Magaldi, de direita, denuncia "a crescente infiltração comunista nos meios sindicais". Acusa os comunistas, "em conluio com altas autoridades da República", de explorar os anseios da classe trabalhadora.[169]

Francisco Julião revida: "O cheiro e os sinais de putrefação das velhas instituições feudais, capitalistas e burguesas do Brasil são tão fortes e tão evidentes que os representantes dessas mesmas estruturas já começam a sentir o pavor da desagregação final."[170]

O governo de Miguel Arraes seguia na mira. Em 3 de fevereiro de 1964, *O Globo* estampou a foto de um grupo de homens, em trajes semelhantes aos de cangaceiros, armados aparentemente com espingardas. Título da matéria: "Milícias armadas no aniversário do governo Arraes." Terrível escorregão. Não eram "milícias armadas", segundo esclareceu o jornal do PCB *Novos Rumos* (7 a 13 de fevereiro de 1964), e sim uma das tradições folclóricas do Nordeste – o Grupo de Bacamarteiros de Caruaru, com seus velhos bacamartes e trajes típicos. Eles tinham viajado quase 150 quilômetros para se exibirem na festa promovida pelo governo do estado.

Jango tentou intervir no tiroteio – mas com uma proposta que, se por um lado permitia supor que ele queria dar um passo à frente, talvez se afastando da tendência à acomodação em relação a seus opositores, por outro acabou atiçando controvérsias. Em 4 de outubro de 1963, ele enviou mensagem ao Congresso propondo a adoção do estado de sítio por trinta dias. Justificativa: "As minorias inconformadas, dominadas por excessiva radicalização político-ideológica, pregam a violência como solução dos problemas que afligem o povo brasileiro."

Os governadores da Guanabara, Carlos Lacerda, e de São Paulo, Ademar de Barros, acusaram Jango de querer o estado de sítio para cassá-los. Especulava-se em Brasília que a UDN solicitaria o *impeachment* do presidente. Outros espalhavam o boato de que as forças armadas tinham entrado de prontidão.

Em entrevista ao *Los Angeles Times*, Lacerda diz que o governo Goulart poderia cair antes do fim do ano, dependendo da decisão dos militares de afastá-lo de uma vez ou tutelá-lo até o fim do seu mandato. Os chefes militares – general Jair Dantas Ribeiro, almirante Sílvio Mota e brigadeiro Anísio Botelho – pedem a punição de Lacerda. Jango procura contornar politicamente e restabelecer a autoridade com o estado de sítio.

Temendo que a suspensão temporária das liberdades públicas redundasse em repressão a greves e ao movimento de massas, as esquerdas se opõem à medida, aliando-se no Congresso à maioria da UDN e do PSD. Em diferentes círculos políticos, temia-se que o verdadeiro propósito de Goulart era usar o estado de sítio como biombo para ele próprio, cada vez mais acuado pela direita, dar um golpe de Estado.

O CGT ameaçou uma greve geral. O PCB publicou uma edição extra de *Novos Rumos* contra o estado de sítio. O PCdoB lançou um manifesto afirmando que "a união e a luta dos operários, dos camponeses, dos estudantes, dos democratas e patriotas farão fracassar o plano dos inimigos do povo, derrotarão o estado de sítio".[171] Para a Polop, primeiro Jango interviria contra Ademar de Barros e Carlos Lacerda; depois, o seu objetivo seria "esmagar as forças populares".[172]

Já a esquerda católica considerou que, ao reagir ao estado de sítio, as forças populares "recusaram-se a aceitar qualquer medida excepcional que, provisoriamente, alienasse os seus direitos legítimos".[173] Almino Affonso destacou a mobilização popular contra os propósitos de Goulart: "Quer queiram, quer não, este é o fato: foram as forças populares (CGT, UNE, FPN, UBES, PUA, sargentos, cabos e soldados, oficiais nacionalistas, lideranças políticas de vanguarda, Ligas Camponesas) as que frustraram a implantação do estado de sítio."[174]

A Frente de Mobilização Popular defendeu a punição a Lacerda, mas sem o estado de sítio. Frase famosa de Brizola, que, segundo se comentava nos bastidores políticos, teria aconselhado Goulart a dar ele próprio o golpe de Estado: "Se não dermos o golpe, eles o darão por nós."[175]

Contra quem era o estado de sítio? Luiz Carlos Prestes se recorda de uma conversa telefônica com San Tiago Dantas.

— Eu disse: "O estado de sítio é contra nós, e nós vamos tomar uma posição contra. Vamos mobilizar as massas porque o estado de sítio é contra o Lacerda." Ele limitou-se a responder: "Se vocês não apoiam, só resta a Jango retirar o projeto."[176]

Ou seria contra Miguel Arraes, que acabaria afastado junto com Lacerda e Ademar?

Ao mesmo tempo, a seus interlocutores mais próximos, Arraes não escondia a desconfiança de que, se Jango optasse por um golpe continuísta, os dois alvos seriam ele próprio e Carlos Lacerda, através de intervenções federais em Pernambuco e na Guanabara. Nos bastidores, Arraes comentava que a sua inclusão no rol de medidas seria um prêmio de consolação para a direita pela punição a Lacerda, com a vantagem de enfraquecê-lo como concorrente de Jango na disputa presidencial em 1965.

O ex-chefe da Casa Civil Darcy Ribeiro contrai a fisionomia quando se recorda dos últimos contatos com Miguel Arraes, em 1964.

— O Arraes não acreditava no golpe militar; acreditava numa ação do Jango contra ele, no continuísmo do Jango. Por mais que eu dissesse a ele e a companheiros dele que não via nenhum perigo disso, e que o perigo que eu via era de nós cairmos, ele não valorizava isso.[177]

No fundo, Arraes temia um regime de exceção se o estado de sítio fosse aprovado:

— Entendíamos que se tivesse de ser adotado deveria estar restrito a certas áreas em que se conspirava contra a Constituição, como era o caso de São Paulo, em que o então governador comandava a conspiração. Assim, o estado de sítio deveria restringir-se às regiões onde as provas de conspiração fossem concretas. O estado de sítio, como foi cogitado, descaracterizaria o governo Goulart e nos conduziria a um regime ditatorial, como aconteceu posteriormente.[178]

Dois personagens do primeiro escalão do Palácio do Planalto, íntimos de Jango, asseguram que o estado de sítio não chamuscaria as esquerdas nem o governador pernambucano.

QUEM ERAM OS DEMOCRATAS?

Raul Ryff:

— Realmente havia o temor de que as medidas se voltassem contra o movimento sindical e o Arraes. Mas eu não tinha essa impressão. Convivia com o Jango a toda hora e estava certo de que ele queria ter um instrumento contra o golpe, que estava em plena marcha.[179]

Darcy Ribeiro:

— Creio que se o estado de sítio tivesse sido implantado, se o Lacerda tivesse sido afastado no Rio e o Ademar em São Paulo, o governo dependeria muito mais da esquerda, do apoio de Arraes. Fazer isso e tirar o Arraes não está fora da história. Mas era muito improvável. E você não podia, em razão disso, desistir. Nem foi por aí. O estado de sítio podia ter dado certo, porque não foi a oposição de qualquer esquerda – o Arraes, primeiro, e, mais tarde, o Brizola, que tinha a princípio concordado com a medida – que impediu. O que impediu foi que o esquema feito pelos próprios militares não foi cumprido.[180]

A recusa do sítio – opina o sindicalista Clodesmidt Riani – foi uma demonstração de que "a esquerda não compreendia ou não confiava em João Goulart, quando a direita mais avançava, sem escrúpulos".

Riani crê que, com o estado de sítio, a marcha para o golpe teria sido interrompida. Ele lembra que em plena crise Jango veio de Brasília e se reuniu, em seu apartamento de Copacabana, com os dirigentes do CGT, para expor o que pretendia fazer.

— Depois da reunião – relata Riani –, o dr. Jango disse claramente que não compreendia por que não se aprovavam as medidas de que ele necessitava para coibir o avanço da direita contra os interesses do Brasil.[181]

O estopim para o presidente decidir retirar a mensagem do estado de sítio foi uma reunião reservada com representantes da Frente de Mobilização Popular, no apartamento de um parente seu em Ipanema, no Rio de Janeiro. Dias antes, Jango ouvira do deputado Almino Affonso e do vice-presidente da UNE, Marcello Cerqueira, objeções à medida, sobretudo quanto ao risco de quebra da legalidade democrática. A Frente havia deliberado pedir a Goulart que desistisse do estado de sítio. O presidente da UNE, José Serra, regressou às pressas de evento pelo aniversário da Petrobras na Bahia, a tempo de ir ao encontro em Ipanema. Coube a ele, o mais jovem entre os presentes (21 anos), expor a Jango a posição consensual contrária ao estado de sítio, como se recorda:

— A Frente de Mobilização Popular tinha a turma ligada ao Brizola e a turma mais ligada ao Partidão, o PCB, que era o pessoal da CGT e mesmo a turma do Arraes. Não havia muita briga, não, mas certa tensão. Como eu não era nem uma, nem outra, me deram a palavra para eu pedir ao Jango. Eu fiz lá uma exposição do porquê tinha que retirar o estado de sítio. Aí ele falou: "O jovem não precisa se preocupar, porque eu já vou retirar a mensagem. Vocês podem sair daqui e ir para as rádios pedir para eu retirar, mas eu já tomei a decisão, anuncio segunda-feira à noite."

Mas o que impressionou mesmo foi uma frase enigmática de Jango:

— Olha, o estado de sítio não era contra vocês [as forças populares]. Agora eu quero dizer que não vou terminar o meu mandato.

Serra ficou arrepiado ao ouvi-la, pois prenunciava que algo iria acontecer:

— Essa reunião marcou uma diferença. Eu, depois, insisti muito na questão da defesa da legalidade. Na minha cabeça, o golpe viria e criaria uma situação muito difícil. A gente ia cair junto com o Jango. Não éramos janguistas; a gente era oposição ao Jango dentro da esquerda, por incrível que pareça. Mas iríamos cair todos juntos, porque, em última análise, o golpe iria ser contra nós. Tirar o Jango e deter movimento popular.[182]

Para Waldir Pires, a esquerda não percebeu, naquele instante, que estava em risco a "governabilidade democrática".

— A direita já proclamava o golpe, a sedição, a deposição de Jango. O governo estava absolutamente incapaz de disciplinar o respeito à vida constitucional com o governador Lacerda a propor diretamente a conspiração. De modo que a única forma através da qual o governo poderia punir a conspiração do golpe de Estado seria o estado de sítio. Mas a esquerda não admitiu, imaginando que era algo que Jango poderia fazer contra ela.

Segundo Waldir, "Jango tinha muito claro que não podia perder o apoio das bases populares, pois, se perdesse, estaria prisioneiro da direita". Ao retirar a mensagem do estado de sítio, completa o ex-consultor-geral da República, Jango "teve quase uma deposição política, pois não encontrou sustentação na sua própria base parlamentar".[183]

De fato, a leitura predominante das forças progressistas foi em outra direção: à derrota do estado de sítio corresponderia o fortalecimento das forças que exigiam as reformas de base e a contenção de qualquer inclinação continuísta por parte do presidente.

O estado de sítio fica para trás. O roteiro detém-se na luta ideológica pelas ondas curtas e médias das cadeias radiofônicas.

O êxito da "Rede da Legalidade" – cadeia de 150 emissoras que retransmitira do Palácio Piratini, sede do governo gaúcho, os discursos em favor da posse de João Goulart, em 1961 – fez do rádio o principal instrumento de comunicação de Leonel Brizola com as massas. Em seu horário cativo na Rádio Mayrink Veiga, ataca Lacerda ("Ele prega a subversão, apoiado por grupos econômicos que tentam despojar do povo os poderes legítimos"), critica a política econômica de Jango, cobra rapidez nas reformas de base e conclama os correligionários a se agruparem nos dos onze.

Em 29 de novembro de 1963, Brizola divulga a cartilha dos "grupos dos onze companheiros" ou "comandos nacionalistas". As atas de constituição dos grupos em vários pontos do país eram enviadas para a rua Mayrink Veiga, nº 15, onde funcionava a rádio. No modelo proposto por

Brizola, o movimento deveria agregar as forças populares em torno dos seguintes objetivos: "Defesa das conquistas democráticas de nosso povo, realização imediata das reformas de base (principalmente a reforma agrária) e a libertação de nossa pátria da espoliação internacional, conforme a denúncia que está na carta-testamento de Getúlio Vargas."

Por que grupos dos onze? A analogia com um time de futebol facilitaria a compreensão pelo povo dos propósitos do movimento, esclarece Brizola:

— Todos sabem que um time de futebol é composto de onze integrantes, cada um com suas funções específicas, e dentre eles um é escolhido para capitão, ou comandante da equipe; todos sabem que nesse caso deve haver uma ação coordenada entre todos e que a equipe pouco significa se cada um de seus integrantes age por si, isoladamente, sem comando, sem unidade de conjunto, sem adequada combinação entre todos.

Segundo o documento, era fundamental fazer dos grupos dos onze o centro da ação dos segmentos progressistas, pois "até agora pensamos ou agimos individualmente; no máximo, atuamos em reuniões ou movimentos eventuais, sem estrutura e distribuição de tarefas, sem unidade, sem firmeza de objetivos e responsabilidades permanentes".

Os grupos dos onze poderiam contribuir tanto para a organização popular quanto para a unidade das forças democráticas: "Através da organização de pequenas unidades, teremos como articular e reunir imensos contingentes do povo brasileiro às organizações existentes, [...] dentro do objetivo de consolidar e cimentar a unidade das forças populares e progressistas."

Décadas depois, Brizola definiu os grupos dos onze como "clubes de resistência democrática". Segundo ele, chegaram a se formar 24 mil em todo o país.[184] Mas Neiva Moreira, que integrava o comando do movimento, calculou em pelo menos 60 mil o número de grupos constituídos até 31 de março de 1964.[185]

QUEM ERAM OS DEMOCRATAS?

Segundo um influente assessor de Brizola em 1964, o planejamento dos grupos dos onze tinha três vértices:

1) Estudantes da Faculdade Nacional de Direito e da Faculdade Nacional de Filosofia, os mais politizados e geralmente identificados com Brizola, tinham a tarefa de manter contato com os grupos dos onze em determinados bairros, para levantar informações sobre o nível político de seus integrantes. Os estudantes também arregimentavam gente para pichações e colagem de cartazes.

2) Militantes mais qualificados e com maior envolvimento com o comando dos grupos dos onze deveriam levantar a vida de oficiais de alta patente em comando de unidades (hábitos, horários de deslocamentos para os quartéis etc.). A ideia era prendê-los antes de chegarem aos quartéis, em caso de tentativa de golpe pela direita.

3) Grupos da confiança do comando brizolista ajudariam os sargentos a tomarem os quartéis pela legalidade. Cada sargento comandaria três grupos dos onze.

A proposta foi bem recebida pelas organizações mais à esquerda, como a AP, Polop e facções trotskistas, além de parlamentares do "grupo compacto" do PTB e as bases brizolistas no movimento dos sargentos. Mas a direção do PCB se opôs aos grupos dos onze, considerando a ideia "esquerdista e fora da realidade".

Neiva Moreira atribui a objeção ao temor do PCB de que esses grupos se tornassem uma estrutura incontrolável, com apelo populista. "Eu me recordo de várias conversações, na época, para dizer a eles que estavam completamente enganados, que nós não queríamos excluir ninguém, que os 'grupos dos onze' estavam abertos inclusive aos partidos, a eles próprios, se quisessem colaborar."[186]

Os grupos dos onze eram uma iniciativa equivocada, na avaliação de Hércules Corrêa.

— Num país em que a burguesia tem no Estado o seu verdadeiro partido e, dentro do Estado, as forças armadas são uma questão básica, você cria um grupo paramilitar de onze pessoas. O que você quer? Você está cutucando a onça com vara curta. Essa foi uma atitude manifestamente irresponsável do Brizola. Querer criar uma força paramilitar onde há um Exército, uma Marinha e uma Aeronáutica com a tradição que têm no Brasil? Não podia dar coisa boa.[187]

As forças conservadoras logo atacaram os grupos dos onze, associando-os ao que entendiam ser a leniência de Jango diante da "subversão" comunista. Em 13 de março de 1964, o *Correio do Povo*, de Porto Alegre, transcreve nota do "Comando Geral Democrático" denunciando a "guerra revolucionária" que estaria em curso com a formação dos grupos dos onze: "No Brasil, [...] o poder legal, o Executivo federal, é omisso no revide ao desenvolvimento da guerra revolucionária, face à infiltração marxista-leninista."

Em fins de outubro de 1963, os principais grupos de comunicação do Rio de Janeiro decidem se contrapor às mensagens de base de Brizola na Rádio Mayrink Veiga e lançam a "Rede da Democracia" – uma cadeia formada pelas rádios Globo, Jornal do Brasil e Tupi. Diariamente, às 22h30, transmitiam pronunciamentos hostis ao governo federal e à esquerda. O objetivo era divulgar "a verdade sobre as manobras que os inimigos da democracia, de peito aberto ou encapuzados, intentam para golpear os princípios constitucionais, as liberdades humanas e os ditames cristãos da formação histórica do Brasil". O comunicado das três emissoras dava conta de que "a voz de líderes autênticos divulgará mensagens de fé na grandeza da pátria e na pujança do regime democrático".[188]

Nas alocuções, como se dizia na época, apareciam de viva voz os empresários Roberto Marinho (Globo), Nascimento Brito (Jornal do Brasil) e João Calmon (Tupi), explorando com ligeiras nuances o mesmo discurso anticomunista e antijanguista.

QUEM ERAM OS DEMOCRATAS?

Depois de dizer que o principal problema brasileiro era o esclarecimento da opinião pública, Marinho afirmou: "Muitos dos nossos patrícios estão sendo vítimas de uma deformação intencional e altamente perigosa, da parte de uma minoria de demagogos e de comunistas, ostensivos ou disfarçados, mas todos empenhados em envenenar as nossas relações com os países do mundo ocidental, jogar-nos à 'Cortina de Ferro' e estabelecer, dentro do próprio país, condições que o levariam inexoravelmente ao comunismo."[189]

Nascimento Brito defendeu as "liberdades democráticas", que, se mantidas, assegurariam ao país superar as dificuldades – inclusive "a inflação, que desvaloriza o dinheiro e dificulta a vida do povo". Advertiu, porém, para a ação dos "inimigos da democracia [...], totalitários que querem oprimir o povo em nome de uma falsa 'nova ordem'".[190]

Calmon, referindo-se ao poder de penetração do rádio, indagou: "Por que haveria de continuar o rádio, no plano político, a ser manejado em cadeia apenas por inimigos mortais da democracia? [...] Chegou a hora de dizer: basta! Nossa 'Rede da Democracia' aqui está para impedir que nos céus do Brasil continue o monólogo liberticida e subversivo."[191] E mais adiante: "Estávamos perdendo a batalha da propaganda, que é o episódio mais importante da Guerra Fria, mas ainda é possível recuperar o tempo perdido."

O diretor da Rádio Tupi foi o único dos três empresários a, explicitamente, atacar as reformas de base e o governo. Prometeu demonstrar que "exploradores da boa-fé do proletariado" iludiam o povo com a emenda constitucional da reforma agrária; e que "a demagógica política salarial do trabalhismo tornou o frete marítimo quase proibitivo".[192]

Roberto Marinho criticou a política econômica de Goulart, que, no seu modo de ver, estimulava os trabalhadores a lutarem por melhores salários, sem esclarecê-los dos impactos inflacionários sobre o custo de vida:

— O que lhes interessa [aos operários] não é o aumento de salários, mas a estabilidade de preços das coisas. [...] Essa é que seria uma política honesta de governo. Mas os que não se preparam para as grandes responsabilidades da vida pública não sabem administrar. Só sabem fazer demagogia [...] e afugentar os capitais estrangeiros necessários ao nosso desenvolvimento, afugentar os próprios capitais nacionais, que estão procurando outros sítios mais seguros, onde não serão perseguidos como estão sendo no Brasil.[193]

Close no cronista Stanislaw Ponte Preta, heterônimo do jornalista Sérgio Porto, que assinava uma meia página diária de humor crítico na *Última Hora*. A correspondência de leitores vinha ao lado da foto de uma das "certinhas do Lalau" – alguma modelo ou atriz. Em 22 de novembro de 1963, Nilson Cunha, de Garanhuns, Pernambuco, perguntou a Stanislaw a opinião de Tia Zulmira – sua personagem: uma tia nada convencional com uma língua afiada – sobre a "Rede da Democracia". O cronista respondeu: "Tia Zulmira acha que o Brasil será mais Brasil no dia em que transmissões em cadeia para fofocas políticas derem em cadeia propriamente dita."

A "Rede da Democracia" ficou no ar até 1º de abril de 1964. Terminou junto com a democracia.

NA BOCA DO FUZIL

A politização geral chegou aos quartéis. Setores subalternos mobilizavam-se por direitos que lhes eram vedados: acesso à universidade, votar e ser votado, mudanças nos regulamentos disciplinares, lei de promoções, estabilidade aos cinco anos de caserna, financiamento da casa própria, possibilidade de ingresso na Academia Militar das Agulhas Negras. Soldados, marinheiros, fuzileiros navais, cabos e sargentos queriam casar e constituir família, independentemente do tempo de serviço – e, para não fugir à regra, ansiavam por maior participação.

Os mais engajados não só frequentavam as associações profissionais que surgiam em todo o país, como chegavam a formar grupos de estudo, nos quais se discutiam, por exemplo, escritos de Marx e Lênin. "Líamos também Josué de Castro, Celso Furtado, Paulo Freire, Nelson Werneck Sodré", recorda-se o engenheiro Narciso Júlio Gonçalves, que em 1964 era sargento-fuzileiro naval e secretário da revista *Âncora*, publicação da Associação dos Suboficiais e Sargentos da Marinha.[194]

Para a iniciação de muitos desses militares na política, um endereço era quase obrigatório: o ISEB, que oferecia cursos gratuitos sobre grandes questões nacionais sob uma ótica progressista.

Jelcy Rodrigues Corrêa (1933–2020), à época subtenente paraquedista do Exército, passou quase três anos assistindo às conferências de Roland Corbisier, Nelson Werneck Sodré e Wanderley Guilherme dos Santos, entre outros.

— No ISEB, você se politizava, porque começava a se ver dentro da sociedade como uma molécula dela – afirma Jelcy. – Quando você buscava esse tipo de conhecimento, naturalmente acabava procurando a literatura inerente. E aí se abria toda uma visão política. Percebíamos que a luta dos sargentos não era isolada, mas de todas as classes menos aquinhoadas. Na questão social, o sargento era o operário fardado.[195]

Na crise da legalidade em 1961, a maioria dos suboficiais apoiou a posse de Jango e tomou consciência de sua força na tropa. O primeiro sintoma de radicalização ocorreu em 11 de maio de 1963. Em assembleia no Rio de Janeiro, mais de mil soldados e suboficiais ouviram Jelcy Corrêa, então com 30 anos, fazer um discurso contundente contra a política econômica submissa ao Fundo Monetário Internacional (FMI) e denunciar a possibilidade de um golpe. "Se os reacionários não permitirem as reformas de base", advertia, "usaremos para realizá-las nosso instrumento de trabalho: o fuzil".

Jelcy e outros líderes dos sargentos, punidos com transferências para unidades distantes pelo ministro da Guerra, Amaury Kruel, receberam a solidariedade do comandante do I Exército, Osvino Ferreira Alves, e também do CGT e da UNE. Em nome da Frente Parlamentar Nacionalista, os deputados Leonel Brizola, Neiva Moreira, Sérgio Magalhães e Max da Costa Santos enviaram a Jelcy – que fora transferido para Ponta Porã (MS) – um telegrama afirmando que, "sejam quais forem as perseguições movidas a patriotas e as violências e os sofrimentos que tenham de enfrentar, estará aberto o caminho de libertação de nossa pátria". Afinal, Jango interveio para pacificar os espíritos – mas oficiais generais ficaram descontentes com a transigência em relação à indisciplina.

Repensando o episódio, Jelcy Corrêa diz que faria novamente um discurso alertando a opinião pública para a conspiração golpista e defendendo as reformas, mas seria menos radical nos termos empregados.

— A gente desejava, na verdade, provocar um impacto. Chamar atenção para a conspiração contra o governo e também para a questão do aumento dos vencimentos dos militares. O golpe se avizinhava e denunciá-lo era uma necessidade. Só que o discurso foi muito radical.

Um dos mais jovens subtenentes do Exército, com todos os cursos de formação, Jelcy fora escolhido orador por ser disciplinado e jamais ter sido punido. Emocionado, ele recorda que era a primeira vez que falaria em público, embora fosse ativo militante do movimento.

— O discurso foi feito a várias mãos. Havia gente que queria colocar ideias políticas mais profundas. Que se dessem vivas a Fidel Castro, a Mao, ao Partido Comunista. Nós cortamos isso.[196]

Mas, em 12 de setembro de 1963, explodiu uma crise militar, depois que 650 sargentos, cabos e soldados de guarnições de Brasília, liderados pelo sargento da Aeronáutica Antônio Prestes de Paula, rebelaram-se contra a decisão do Supremo Tribunal Federal que considerou inelegíveis os sargentos eleitos no pleito de 1962, com base na cláusula de inelegibilidade para cargos legislativos, prevista na Constituição de 1946. O sargento Antônio Garcia Filho, eleito deputado federal pelo PTB da Guanabara com 16.510, foi um dos atingidos. Por algumas horas, surpreendendo os comandos militares, os amotinados ocuparam pontos estratégicos da capital e tomaram autoridades como reféns. Eles esperavam que o levante se estendesse a todo o país – o que acabaria não acontecendo. Tropas do Exército sufocaram o movimento. Os revoltosos foram presos e remanejados para longínquas guarnições.

Mesmo com o fracasso do motim, a alta oficialidade e os setores políticos moderados ou conservadores ficaram de cabelos em pé. Jango procurou manter-se numa distância tática da crise, deixando que os chefes militares a resolvessem, aplicando as punições regulamentares contra os envolvidos na quebra da hierarquia e da disciplina – mas deixou no ar a desconfiança de que não atuara diretamente na crise para não melindrar a baixa oficialidade que simpatizava com o governo.

A esquerda solidarizou-se com os sargentos – uma base política em potencial – e exigiu que fossem libertados e anistiados. "Os sargentos são nossos irmãos" e "Anistia para os sargentos" – eis duas das manchetes do jornal *Novos Rumos*, do PCB. Francisco Julião sustentava, na edição de *A Liga* de 29 de setembro de 1963, que "os rígidos preceitos militares estão sendo quebrados, desmoralizados pelos soldados, que, sentindo-se povo, já não aceitam a condição histórica de instrumentos do antipovo".

Nas páginas de *Brasil Urgente* (15 a 21 de setembro), a esquerda católica considerava "superficialidade" ver no levante apenas um ato de insubordinação ou uma tentativa de subverter a ordem pública: "Foi um protesto. Violento, mas fundamentalmente justo, contra a impostura que se acoberta sob o falso manto da legalidade. [...] Os sargentos foram compelidos à revolta, não por espírito de rebeldia, e sim pelo não atendimento de suas reivindicações justas e pacientemente reclamadas."

Mesmo solidária aos sargentos, a Polop apontava o "espontaneísmo" do movimento: "Fruto do processo de proletarização por que passam os suboficiais, o movimento dos sargentos se estendeu rapidamente a chocar-se contra os privilégios de casta no Exército, contra as classes dominantes, que os mantém para melhor servir-se de seu instrumento de dominação."[197]

Os parlamentares nacionalistas, o CGT e a UNE divulgam, em 23 de setembro de 1963, um comunicado manifestando "integral apoio à causa dos sargentos, que lutam pelo direito de ter seus representantes nas casas do Legislativo do país".

O sargento Edegard Nogueira Borges (1936–2005) foi preso em São Paulo na madrugada do levante em Brasília. Eleito vereador na capital paulista com 28 mil votos, não pudera assumir o mandato por ser militar. Segundo ele, o movimento dos sargentos se colocou ao lado dos grupos sociais e políticos que defendiam posições populares em oposição aos grupos mais elitistas. "Isso facilitava a incorporação de sargentos de todas as gamas no movimento: tínhamos comunistas, brizolistas, seguidores de Francisco Julião, janguistas e até trotskistas contumazes."

Edegard lembra que Leonel Brizola foi um dos políticos que mais assediaram, por sua assessoria e mesmo diretamente, os sargentos. "Sua facção dentro do movimento era bastante grande e com bons quadros."[198]

Jelcy Corrêa confirma que a penetração de Brizola era expressiva, mas aponta uma falha na relação com os sargentos:

— Muitos interlocutores do Brizola estavam eivados de uma série de vícios. Uns por oportunismo; outros porque muito ligados a partidos clandestinos; ou ainda porque eram desonestos e até agentes provocadores. Eles chegavam para o Brizola e falavam em nome do "comando dos sargentos". Só que não existia de fato esse comando; era uma coisa vazia, uma cabeça sem corpo.[199]

Um dos mais próximos assessores de Brizola nos idos de 1964, que prefere não ser identificado, calcula que, dos 40 mil sargentos em serviço, cerca de 22 mil eram brizolistas. E vai além: embora soubesse da profunda insatisfação da baixa oficialidade o próprio Brizola foi surpreendido pela eclosão do levante na capital.

Relata a mesma fonte:

— O Brizola estava em São Paulo e soube do levante através de um telefonema dado do Rio por seu assessor Paulo Schilling. Este fora avisado pelo coronel Dagoberto Rodrigues, diretor dos Correios. Os sargentos tinham cortado as comunicações de Brasília com o resto do país, mas desconheciam a existência de uma linha especial do Palácio do Planalto com os Correios, no Rio. Curioso é que o Brizola custou a entender o que Schilling lhe transmitia, em linguagem cifrada, temendo a escuta telefônica da polícia do Lacerda.

Jelcy Corrêa acha hoje que a rebelião dos sargentos foi "um erro tremendo":

— Veja bem: quando o Supremo Tribunal Federal considerou o sargento Aimoré Zoch Cavalheiro inelegível [fora eleito deputado estadual no Rio Grande do Sul], logicamente isso afetava o mandato de Antônio Garcia Filho. Tenho informações de que, numa reunião com os sargentos, presentes Prestes de Paula e outros, o Garcia disse que os companheiros podiam tramar a rebelião porque Rio, São Paulo, Bahia e Rio Grande do Sul iriam também se levantar. Ali o Garcia jogou uma cartada para salvar o seu mandato.

Esse tipo de radicalização, garante Jelcy, o grupo mais consequente do movimento não queria. "Discordávamos porque entendíamos que o caminho era pela negociação. Mas a massa estava movida pela paixão."

Para ele, um sargento deputado federal, "em vez de arrastar companheiros a uma rebelião como a de Brasília, deveria ter buscado canais de comunicação com as forças armadas para explicar às autoridades que não lutávamos por privilégios para os sargentos, mas apenas pelo amparo social que nos era negado".

— O movimento dos sargentos – conclui Jelcy – se radicalizou exatamente porque os superiores hierárquicos não entendiam as nossas reivindicações. Ora, um sargento com nove anos de serviço poderia ser posto na rua, sem direito a nada. Ninguém queria saber se tinha família ou não. Veja que havia 5 ou 6 mil sargentos no Exército precisando fazer o curso de aperfeiçoamento e eram oferecidas apenas mil vagas.[200]

Eduardo Chuahy, então capitão do Exército e observador privilegiado da crise dos sargentos, como ajudante de ordens na Casa Militar de Jango, diz que "um dos grandes erros foi a eleição de Garcia Filho".

— Aquilo fragmentou o Exército. Formaram-se várias alas dentro do movimento. Havia até gente que achava que devia ser um sargento o presidente da República!

A seu juízo, a radicalização dos sargentos decorreu também do "esquerdismo, da exploração do movimento por certos políticos":

— Houve, em consequência, uma perda da base entre os sargentos que o Jango, até então, tinha. Basta dizer que, em Brasília, quem se rebelou primeiro contra o governo foram os sargentos. Logo contra o Jango, que, como vice-presidente de Juscelino, havia apoiado os esforços do ministro da Guerra, general Henrique Lott, para conquistar direitos para os próprios sargentos.[201]

Não só os sargentos, mas também os marinheiros reivindicavam.

Em 25 de março de 1964, numa assembleia que lotou o Sindicato dos Metalúrgicos do Rio de Janeiro, 1.600 marujos exigiram a suspensão das penas disciplinares impostas a 12 diretores da Associação dos Marinheiros e Fuzileiros Navais do Brasil, fundada em 1962, que haviam se pronunciado publicamente a favor das reformas de base.

Rebelados, os marinheiros reivindicavam liberdade para todos os presos na ilha das Cobras; reconhecimento da associação de classe; melhor alimentação nos navios e nos quartéis. Presentes a direção do CGT e representantes de organizações de esquerda. Do lado de fora, tropas do Exército cercaram o prédio.

Narciso Júlio Gonçalves suspeitava das intenções do grupo que liderava a radicalização de marinheiros e fuzileiros, desconfiando de que houvesse infiltração no movimento por melhores condições de vida e trabalho na Marinha:

— Na verdade, o movimento aflorou espontaneamente, desorganizado, e houve então uma liderança – o cabo José Anselmo dos Santos – que se apoderou daquilo. O Anselmo era ruim politicamente, além de ser um elemento de difícil trato, personalista e exibicionista. Eu e outros companheiros tínhamos suspeitas de que ele podia ser um agente infiltrado ou estar ali fazendo a política da direita. Uma outra possibilidade seria uma radicalização por porra-louquice, por aventureirismo ou por despreparo político.

Na assembleia dos marinheiros, uma figura lendária atraía atenções: João Cândido (1880–1969), então com 84 anos, o líder negro da Revolta da Chibata em 1910, que lhe valeu a expulsão da Marinha. Os mais radicais exultavam com a sua solidariedade. Narciso Júlio revela que João Cândido não apoiava incondicionalmente a rebelião:

— Dias antes do golpe, nós fomos procurá-lo para avaliar os acontecimentos na Marinha. O João Cândido disse que via com bastante preocupação o fato de marinheiros e fuzileiros estarem fazendo assembleia num sindicato. Falou o seguinte: "Marinheiro deve é tomar navio, porque é nele que sabe se mexer, e não ir para um sindicato, se expor à ação do inimigo, que poderia até ter bombardeado tudo."

A advertência, pensa hoje Narciso, coincidia com os temores dos setores mais equilibrados do movimento, de que a radicalização ferisse mortalmente o princípio da hierarquia militar. "Considerávamos que aquilo poderia ter, como teve, um desfecho desfavorável, porque se estava mexendo com o cerne da sustentação do Estado, que são as forças armadas", completa.[202]

Para as esquerdas, a palavra de ordem é apoiar os marinheiros. Alguém reflete sobre o significado da rebelião para a hierarquia militar?

Favorável "ao direito de organização dos valorosos companheiros da Marinha", a UNE proclama que "somente a reação se sente ameaçada com o movimento dos marujos".

A UNE não temia a quebra da hierarquia?

— Você não tinha como não apoiar – responde Marcello Cerqueira. – Eu tinha dúvidas, mas a situação dos militares subalternos, dos marinheiros, era humilhante. A luta era moralmente justa. Ela podia não ser taticamente justa. Como é que não íamos dar solidariedade?[203]

Se quiséssemos encadear passado e presente, entraríamos com uma fala de Brizola.

— Eu nunca apoiei o movimento dos marinheiros, sobre o qual tenho muitas dúvidas. Não teria sido uma provocação?[204]

A história já provou que havia agentes infiltrados entre os marinheiros, comandados pelo cabo José Anselmo dos Santos, para engendrar a provocação e criar um clima propício ao golpe. Mas, na época, o semanário *Panfleto* apoiou o movimento. Refresquemos a memória com algumas manchetes da edição de 30 de março: "Regime feudal na Marinha vai acabar" e "Marujos venceram primeira batalha."

O envolvimento do esquema brizolista com o movimento dos marinheiros foi além das manchetes. O poeta Moacyr Félix, que, como secretário-geral do Comando dos Trabalhadores Intelectuais, participou das conturbadas reuniões que precederam a assembleia dos marujos no Sindicato dos Metalúrgicos, lembra que, na véspera de se deflagrar o movimento, houve uma reunião na casa de Brizola, no Leblon, que varou a madrugada. Discutia-se acaloradamente o apoio aos marinheiros. Entre os presentes, Miguel Arraes, Almino Affonso, Max da Costa Santos e Paulo Schilling.

O CTI, segundo Ênio Silveira, era contra a insurreição dos marinheiros, ainda que considerasse justas as causas que determinaram o movimento. "Os marujos eram tratados como párias dentro das instituições militares", assinala o editor. A proposta do CTI era que se procurasse negociar com a presidência da República uma solução para o problema, assegurando-se a não punição dos revoltosos.[205]

— Mas o clima, àquela altura – relembra Ênio –, era efervescente. Alguns chegavam a dizer que o movimento dos marinheiros era semelhante à revolta do encouraçado *Potemkin*. E havia os que, a partir daí, já viam as escadarias de Odessa, do filme do Eisenstein... Nós entendíamos que a insurreição era um agravante do estado de espírito que levava ao golpe.

Um dos apartes solidários ao CTI foi de Miguel Arraes, recorda-se Ênio Silveira:

— O Arraes, com bom senso, ponderou que tudo que servisse de pretexto ao golpe deveria ser eliminado. Mas outras pessoas pensavam diferente: Baby Bocaiúva Cunha, Max da Costa Santos, Brizola. Aliás, Brizola estava numa posição ambígua, como é de seu hábito. Ele avança e recua. É um homem que faz grandes pregações supostamente revolucionárias, mas não hesita em fazê-las em tom simpático para os organismos mais reacionários deste país.[206]

Às 6 horas da manhã, recostado num sofá, ao lado de um Almino Affonso também exausto pela noite em claro, Arraes pediu que se colocasse a questão em votação, pois sairia a seguir. Decidiu-se não apoiar a ocupação do Sindicato dos Metalúrgicos pelos marinheiros.

A câmera segue o poeta Moacyr Félix. Ele deixa a casa de Brizola e se dirige à sua para tomar banho e descansar um pouco. Não consegue: um telefonema informava que marinheiros e fuzileiros estavam reunidos na sede da Confederação Nacional dos Trabalhadores na Indústria (CNTI) com lideranças populares. Moacyr liga para Ênio Silveira, Álvaro Lins e Nelson Werneck Sodré, convocando-os a acompanhá-lo à CNTI.

— Temos que segurar esse negócio – disse o poeta.

Clima exaltado na CNTI. Apesar da decisão tomada de madrugada, o deputado Max da Costa Santos, em nome do grupo brizolista, lá estava se manifestando pelo motim. Quando Moacyr e Ênio falaram, pedindo bom senso e equilíbrio a marinheiros e fuzileiros, foram vaiados.

— Recordo-me – diz Moacyr – que não se entendeu por que éramos contra o movimento, se os marinheiros nem sequer tinham o direito de casar. Cheguei a responder que o amor era fundamental na vida, mas que um argumento daquele não podia justificar uma rebelião grave.

O apoio à insurreição novamente seria colocado em votação. Mas os dirigentes do CTI pediram que, antes, se desse a palavra aos coronéis Joaquim Ignácio Cardoso e Kardec Lemme, ambos legalistas.

— Eles disseram que os comandos militares estavam nas mãos da direita e que, se houvesse o motim dos marinheiros, quebrando a hierarquia, em 24 horas dariam o golpe. Só estavam esperando um pretexto – relata Moacyr Félix.

Kardec cutucou Joaquim Ignácio antes de pedir a palavra, dizendo:

— Temos que intervir para não passarmos à história como coniventes com essa loucura inconsequente.

Hoje, Kardec não tem dúvida de que marinheiros foram manobrados por agentes provocadores, a soldo da direita, que procurava forjar um ambiente que facilitasse o golpe.

— Não quiseram nos ouvir. Sentíamos, da noite para o dia, a perda de influência do movimento nacionalista nas forças armadas. No dia seguinte à rebelião dos marinheiros, os nossos amigos nos quartéis diziam: "Olha, lamento muito, mas não podemos manter a legalidade se os que querem a legalidade estão agindo assim, quebrando a hierarquia e a disciplina." Ou seja, aquela provocação dos marinheiros mexeu com o coração das forças armadas, que é a questão da disciplina.

Ao chegar em casa na noite do motim, Kardec Lemme recebeu um telefonema. Era Carlos Marighella, já em desacordo com a cúpula do PCB.

— Kardec, vem para o Sindicato dos Metalúrgicos. Aqui está se decidindo o destino do Brasil.

Irritado, o coronel replicou:

— Se você ainda fosse marinheiro, eu poderia perder um minuto. Mas, como você é uma pessoa informada politicamente, não vou te dar uma aula por telefone. Vou descer, tomar uma Coca-Cola e depois dormir.[207]

Moacyr Félix diz que Hércules Corrêa, do CGT, fez na reunião um discurso enfático contra o motim.

— Dirigindo-se ao deputado Max da Costa Santos – que, apesar de divergir de nós naquele momento, era homem bem-intencionado, um patriota, que sempre batalhou pelo socialismo aberto e democrático –, Hércules disse: "Homens como o senhor eu conheço bem. Assim que for desfechado o golpe, o senhor pega um avião e vai para Paris. Eu e meus operários vamos ser presos e perderemos nossos empregos."[208]

Hércules confirma sua avaliação sobre o movimento dos marinheiros:

— Ali foi a quebra da hierarquia. Foi um momento angustiante, e que encaminhou a tropa a favor do golpe.[209]

Para o grupo do CTI, faltava ainda uma voz, a do PCB. Esperava-se que o partido se opusesse à rebelião. Puro engano. O representante dos comunistas, Orestes Timbaúba, disse que o partido não tinha como se opor a Brizola, "que contava com o apoio de 60 mil sargentos e milhares de marinheiros e fuzileiros".

Retoma Moacyr:

— Na verdade, foi um erro do partido apoiar uma loucura como aquele movimento dos marinheiros. Nós, do Comando dos Trabalhadores Intelectuais, votamos contra. Não se tinha força para aquilo. O próprio Brizola devia ter uns 3 mil sargentos com ele, apenas.

Consumada a rebelião dos marujos, o dramaturgo Oduvaldo Vianna Filho, aflito, procura Moacyr Félix:

— Poeta, temos que levar artistas lá para o Sindicato dos Metalúrgicos. Só assim podemos evitar que os caras disparem os canhões contra os marinheiros.[210]

De fato, o PCB apoiara os marujos. Consultemos a manchete de *Novos Rumos*, de 27 de março de 1964: "A nação inteira ao lado dos marinheiros e fuzileiros." Segundo o jornal, contra o movimento "só se colocam os inimigos da pátria, os gorilas com ou sem farda".

O CGT, que ameaçara uma greve geral caso houvesse represálias aos marinheiros, acaba sendo o negociador do fim do movimento.

Na esquerda, há quem diga que, além do cabo Anselmo, agentes da Operação Ponto IV – programa ligado à CIA que se propunha a reequipar órgãos policiais, a partir de convênios com governos estaduais de oposição a Goulart – também haviam insuflado os marinheiros ao motim, para provocar a cisão na área militar e apressar o golpe.[211]

Voltemos a março de 1964. Tudo parecia promissor.

1) Anistia para os rebeldes, que foram levados por tropas do Exército até o Batalhão de Guardas em São Cristóvão e libertados em seguida, por ordem do novo ministro da Marinha, almirante da reserva Paulo Mário da Cunha Rodrigues.

2) O ministro exonerado, Sílvio Mota, acusara os marujos de "indisciplinados e passionais" e convocara o Exército para manter a ordem na corporação, depois que a tropa de fuzileiros enviada ao Sindicato dos Metalúrgicos aderira ao motim. Mota queria punição para todos os rebelados e exonerara o almirante Cândido Aragão do comando do Corpo de Fuzileiros Navais.

3) Na saída do batalhão, em São Cristóvão, marinheiros e fuzileiros, de braços dados e com o "v" da vitória, desfilaram pelas ruas até o Ministério da Marinha. Nos ombros, carregavam os "almirantes do povo" Cândido Aragão (reconduzido ao comando dos fuzileiros e Pedro Paulo de Araújo Suzano.

"Ali os marinheiros cometeram um erro terrível", avaliou, quase duas décadas depois, o almirante Paulo Mário, em seu último depoimento antes de falecer.[212]

Paulo Mário tinha pedido a Aragão e Suzano que fossem ao encontro dos marinheiros para dissuadi-los da ideia de ir até o ministério agradecer-lhe a ordem de soltura.

— Vendo Aragão e Suzano – rememora o almirante –, os marujos resolveram carregá-los nas costas, e isso teve má repercussão entre a oficialidade. Foi uma ingenuidade fazer aquela passeata.

Narciso Júlio Gonçalves concorda com Paulo Mário sobre o equívoco da passeata e questiona o comportamento do almirante Aragão:

— Um almirante sendo carregado em plena avenida Presidente Vargas só é possível se imaginar numa revolução vitoriosa. Ora, se o Aragão tivesse clarividência, se fizesse uma análise política séria, veria que aquilo era uma coisa espontânea, até precária. E, se fosse uma liderança mais consequente, teria se recusado a fazer aquele papel. Deve ter pesado o lado do prestígio pessoal, de querer aparecer como líder dos marinheiros. Uma posição, enfim, oportunista.[213]

Ao assumir o Ministério da Marinha – onde permaneceu apenas seis dias até a eclosão do golpe –, Paulo Mário tinha dois planos: conseguir uma fórmula de conciliação para evitar punições a todos os insubordinados, atingindo, indistintamente, almirantes, oficiais e praças; ou então expurgar os insubordinados.

Jango lhe ordenara, antes da posse, que punisse severamente os praças, com o que o novo ministro não concordava. Eis o diálogo travado entre os dois:

— Almirante – disse Goulart –, estou comprometido com o Almirantado a impor severa punição aos praças.

Ao que Paulo Mário responde:

— Eu fico embaraçado com as ordens, senhor presidente, porque teria de começar pelos almirantes.

Jango pensou um pouco e cedeu:

— Então o senhor tem carta branca para agir.

Segundo o ex-ministro da Marinha, vários almirantes e oficiais não só estavam envolvidos em atividades conspiratórias, como também "eram responsáveis pela indisciplina dos praças, porque vinham frequentemente perdendo força moral para impor disciplina aos subalternos".

— A Marinha, na época, estava dominada por uma ideologia elitista e reacionária, e qualquer tentativa de diminuir as diferenças entre as classes era vista com maus olhos. Os praças viviam com soldos baixos, passando necessidades. Não podiam casar. A disciplina era muito rígida, a comida não era das melhores. Os marujos não tinham outra diversão senão a zona de meretrício do Mangue ou os bares, nos dias de folga — afirma Paulo Mário.

Libertados os marinheiros, sucederam-se reuniões do oficialato e do almirantado. Houve solidariedade do Clube Naval e do Clube Militar contra a "desordem", a "quebra da hierarquia". Também editoriais furiosos contra a subversão e o caos, como o do *Jornal do Brasil*: "Todas as forças armadas sentem-se profundamente feridas, nos fundamentos da autoridade e da hierarquia, da disciplina e do respeito às leis militares."

Manchete do *Diário Carioca* em 29 de março de 1964: "Jango: solução da crise evitou motins e conflitos sangrentos." Goulart atribuiu os editoriais dos jornais a "uma análise apressada de quem olhou os fatos pelo prisma de suas conveniências políticas ou propósitos pessoais". E aduziu:

— Imaginem só o que eles estariam dizendo nesta hora se a crise verificada na nossa Marinha não fosse rapidamente superada ou se, por falta de serenidade e de firmeza, ela tivesse se alastrado a outros setores ou mesmo degenerado, como certamente ocorreria se não fossem as rápidas providências tomadas, em motins isolados e conflitos sangrentos que chegaram a ser esboçados.

Mas a anistia aos marinheiros rebelados não teria ignorado os princípios da hierarquia e da disciplina nas forças armadas? Jango se esquivou, dizendo que cabia agora ao novo ministro da Marinha "empenhar-se a fundo [...], com o apoio total do presidente da República, em criar o clima de unidade e de confiança entre comandantes e comandados, indispensável ao estabelecimento da verdadeira ordem e da disciplina duradoura".

A anistia aos marinheiros foi um erro político. Expus a minha convicção ao general Nelson Werneck Sodré e Milton Temer, à época primeiro-tenente da Marinha e recém-designado ajudante de ordens do ministro Paulo Mário.[214]

Suas respostas foram convergentes:

Nelson Werneck Sodré:

— Aqueles movimentos, como os de cabos e marinheiros aqui no Rio e dos sargentos em Brasília, foram precipitações da esquerdização geral que havia. Evidentemente, a reação alimentou, estimulou esses atos de desvario, de indisciplina militar, e depois os explorou e os acusou. Tanto alimentou que os jornais davam uma cobertura extraordinária aos acontecimentos. Os movimentos esquerdistas davam a impressão de que estávamos vivendo uma situação como a da Rússia de 1917 – coisa inteiramente falsa. Isso calou profundamente nas forças armadas, motivando uma posição de retraimento, até mesmo nas áreas nacionalistas, como também trouxe receios à classe média, que apoiou o golpe. E áreas operárias também o apoiaram.

Milton Temer:

— Quando anistiou, criou um clima. Para um milico, desde os bancos escolares, hierarquia e disciplina são o eixo. Estão condicionados. Funciona porque tem hierarquia e disciplina. Vem para a vida civil, é classe dominante, *status quo*. Quando você quebra isso dentro da área militar, anistiando os marinheiros... Ali foi o [*Encouraçado*] *Potemkin*. Aliás, eles estavam exibindo o *Potemkin* no Sindicato dos Metalúrgicos. Imagina aquilo para a oficialidade majoritariamente reacionária da Marinha.

NOTAS

1. Roberto Schwarz. *O pai de família e outros estudos*. São Paulo: Companhia das Letras, 2008. p. 81-82.
2. Luiz Carlos Maciel. *Anos 60*. Porto Alegre: L&PM, 1987. p. 7-8.
3. Glauber Rocha citado por Alex Viany. *Introdução ao cinema brasileiro*. Rio de Janeiro: Embrafilme/Alhambra, 1987. p. 158.
4. Ver Ruy Castro (org.) e Maria Amélia Mello (coord.). *Senhor: uma senhora revista*. São Paulo: Imprensa Oficial do Estado de São Paulo, 2012.
5. Celso Frederico. "A recepção de Lukács no Brasil". *Blog da Boitempo*. São Paulo, 24 de agosto de 2010, disponível em: www.blogdaboitempo.com.br/2010/08/24/a-recepcao--de-lukacs-no-brasil/.
6. Depoimento de Ênio Silveira ao autor, 20 de outubro de 1988.
7. Oduvaldo Vianna Filho citado por Dênis de Moraes. *Vianinha, cúmplice da paixão: uma biografia de Oduvaldo Vianna Filho*. Rio de Janeiro: Record, 2000. p. 100.
8. Fernando Sabino. "Três sequências de uma viagem a Cuba (I)". *O Globo*, Rio de Janeiro, 23 de outubro de 1988.
9. Sobre a visita de Fidel Castro ao Brasil, ver Tad Szulc. *Fidel: um retrato crítico*. São Paulo: Best Seller, 1986. p. 578-579.
10. Ignácio de Loyola Brandão. *Cuba de Fidel: viagem à ilha proibida*. São Paulo: Cultura Editora, 1978. p. 13-14.
11. Depoimento de Carlos Vereza no seminário "Repensando o CPC", realizado em 1981 na Associação Brasileira de Imprensa (ABI).
12. Carlos Lacerda citado por Maria Victória Benevides. O *governo Jânio Quadros*. São Paulo: Brasiliense, 1981. p. 65.
13. *Novos Rumos*, 8 a 14 de dezembro de 1961.
14. Depoimento de Frei Betto ao autor, 1º de setembro de 2023.
15. Luiz Carlos Maciel. *Anos 60*, op. cit. p. 27.
16. Fernando Peixoto. "Especial Teatro Oficina". *Revista Dionysos*. Ministério da Educação/Serviço Nacional de Teatro, n. 26, janeiro de 1982, p. 34.
17. Fernando Peixoto. *Teatro Oficina (1958–1982): trajetória de uma rebeldia cultural*. São Paulo, Brasiliense, 1982. p. 19.
18. O relato sobre a viagem de Jean-Paul Sartre e Simone de Beauvoir baseia-se em capítulo de meu livro *Sartre e a imprensa*. Rio de Janeiro: Mauad, 2022. p. 128-136.
19. O conceito de populismo segue aqui o entendimento de Angela de Castro Gomes: "Em primeiro lugar, o populismo é uma política de massas, vale dizer, ele é um fenômeno vinculado à proletarização dos trabalhadores na sociedade complexa moderna, sendo indicativo de que

tais trabalhadores não adquiriram consciência e sentimento de classe: não estão organizados e participando da política como classe. [...] Só a superação desta condição de massificação permitiria a libertação do populismo ou, o que seria quase o mesmo, a aquisição da verdadeira consciência de classe. [...] Em segundo lugar, o populismo está igualmente associado a uma certa conformação da classe dirigente, que perdeu sua representatividade e poder de exemplaridade, deixando de criar os valores e os estilos de vida orientadores de toda a sociedade. Em crise e sem condições de dirigir com segurança o Estado, a classe dominante precisa conquistar o apoio político das massas emergentes. Finalmente, satisfeitas estas duas condições mais amplas, é preciso um terceiro elemento para completar o ciclo: o surgimento do líder populista, do homem carregado de carisma, capaz de mobilizar as massas e empolgar o poder." Ver Angela de Castro Gomes. "O populismo e as ciências sociais no Brasil: notas sobre a trajetória de um conceito". *Tempo*. Rio de Janeiro v. 1, n. 2, 1996, p. 31-58.

20. Octavio Ianni. *O ciclo da revolução burguesa*. Petrópolis: Vozes, 1985. p. 77-78.
21. Ibidem, p. 91.
22. Leôncio Martins Rodrigues. "Sindicalismo e classe operária." In: Boris Fausto. *História geral da civilização brasileira*. São Paulo: Difel, 1981. v. 3, p. 550-551.
23. Depoimento de Clodesmidt Riani ao autor, 20 de maio de 1988.
24. Francisco Weffort. "Os sindicatos na política (Brasil, 1955–1964)." In: *Ensaios Opinião*, 2-5, p. 23.
25. Depoimento de Hércules Corrêa ao autor, 30 de abril de 1988.
26. Dante Pellacani citado por Lourenço Dantas Mota. *A História vivida (II)*. São Paulo: Estado de S. Paulo, 1981, p. 294-5.
27. Depoimento de Hércules Corrêa ao autor, 30 de abril de 1988.
28. Memorando confidencial da Agência Central de Inteligência, 16 de abril de 1963, código CIA-RDP79T00975A00690040001-1, disponível em: www.cia.gov/readingroom/document/cia-rdp79t00975a006900400001-1
29. Depoimento de Haroldo Lima ao autor, 25 de julho de 1983.
30. Frei Betto. *Fidel e a religião: conversas com Frei Betto*. São Paulo: Brasiliense, 1985. p. 293.
31. Depoimento de Herbert de Souza ao autor, 15 de agosto de 1983.
32. *Globo*, 1º de maio de 1963.
33. *Diário de Notícias*, 5 de maio de 1963.
34. *Jornal do Brasil*, 16 de maio de 1963.
35. Depoimento de Miguel Arraes ao CPDOC/FGV, Programa de História Oral, 1971.
36. Relatório Final da Comissão Estadual de Verdade e Memória Dom Helder Câmara. Governo do Estado de Pernambuco/Secretaria da Casa Civil. Recife: Governo do Estado de Pernambuco/Secretaria da Casa Civil, 2017, vol. 2, p. 155, 177 -178, disponível em: www.comissaodaverdade.pe.gov.br/index.php/relatorio-final-vol-2-web-pdf.
37. Depoimento de Miguel Arraes a Deigma Turazzi. "Não tinha nada de comunismo. Era justiça concreta". *Agência Brasil*, 3 de abril de 2004, disponível em: www.memoria.ebc.com.br/agenciabrasil/noticia/2004-04-03/miguel-arraes-nao-tinha-nada-de-comunismo--tratava-se-de-justica-concreta.
38. Depoimento de Francisco Julião ao autor, 20 de julho de 1983.
39. *Jornal do Brasil*, 8 de janeiro de 1964.

NOTAS

40. Artur José Poerner. *O poder jovem: história de participação política dos estudantes brasileiros*. Rio de Janeiro: Civilização Brasileira, 1979. p. 195-7.
41. Depoimento de Marcello Cerqueira ao autor, 13 de setembro de 1988.
42. Consultar o dossiê temático "O ISEB e o desenvolvimento nacional". *Princípios – Teoria, política e cultura*, v. 40, n. 162, julho-outubro de 2021, disponível em: www.revistaprincipios.emnuvens.com.br/principios/issue/view/5.
43. "Communist Party Training Schools and related activities in Latin America". Informe confidencial da Agência Central de Inteligência, março de 1960, código CIA-RDP78-00915R001100230001-3, disponível em: www.cia.gov/readingroom/docs/CIA-RDP78-00915R001100230001-3.pdf.
44. Osny Duarte Pereira citado por Caio Navarro de Toledo. *ISEB: fábrica de ideologia*. São Paulo: Ática, 1978. p. 189-190.
45. Depoimento de Nelson Werneck Sodré ao autor, 26 de maio de 1988. No cinquentenário de fundação do instituto, em 2005, Caio Navarro de Toledo assim analisou o seu legado: "Passados cinquenta anos, o ISEB – apesar de seus equívocos teóricos, políticos e ideológicos – deve ser lembrado como uma instituição cujos intelectuais se comprometeram com a defesa de causas reformistas e de caráter democrático. [...] Em contraposição aos cientistas sociais da USP – avessos e contrários ao engajamento político –, os isebianos sintonizavam-se com a dinâmica das lutas sociais e políticas presentes na sociedade brasileira dos anos 1950 e 1960 [...]." Ver Caio Navarro de Toledo. "50 anos de fundação do ISEB". *Jornal da Unicamp*, 8 a 13 de agosto de 2005, disponível em: www.unicamp.br/unicamp_hoje/jornalPDF/ju296pg11.pdf.
46. O relato sobre o CPC baseia-se em pontos analisados mais amplamente no meu livro *Vianinha, cúmplice da paixão: uma biografia de Oduvaldo Vianna Filho*. Rio de Janeiro: Record, 2000. p. 111-157.
47. Heloísa Teixeira. *Impressões de viagem: CPC, vanguarda e desbunde (1960–1970)*. São Paulo: Brasiliense, 1981. p. 19.
48. Depoimento de Carlos Vereza a Paulo Sérgio Marqueiro, 5 de janeiro de 1988.
49. Ferreira Gullar em entrevista a Geneton Moraes Neto. "Um poeta do barulho". *Jornal do Brasil*, Rio de Janeiro, 31 de outubro de 1987.
50. Depoimento de Liana Silveira ao autor, em 1990, para o livro *Vianinha, cúmplice da paixão: uma biografia de Oduvaldo Vianna*, op. cit. p. 119-120.
51. Arnaldo Jabor. "Debaixo da terra". *O Pasquim*, 4 de janeiro de 1972.
52. Depoimento de Ênio Silveira ao autor, 20 de outubro de 1988.
53. Depoimento de Moacyr Félix ao autor, 13 de outubro de 1988.
54. Cópia das instruções aos autores dos *Cadernos do Povo Brasileiro* foi gentilmente cedida ao autor por Ênio Silveira, em 20 de outubro de 1988.
55. Depoimento de Moacyr Félix ao autor, 13 de outubro de 1988.
56. Álvaro Vieira Pinto. *Por que os ricos não fazem greve?* Rio de Janeiro: Civilização Brasileira, 1962, v. 4, p. 117. (Coleção *Cadernos do Povo Brasileiro*).
57. Depoimento de Ênio Silveira ao autor, 20 de outubro de 1988.
58. Depoimento de Nelson Werneck Sodré ao autor, 26 de maio de 1988.
59. Depoimento de Ênio Silveira ao autor, 20 de outubro de 1988.

60. Depoimento de Moacyr Félix ao autor, 13 de outubro de 1988.
61. Depoimento de Ênio Silveira ao autor, 20 de outubro de 1988.
62. René Armand Dreifuss *1964: a conquista do Estado. Ação política, poder e golpe de classe.* Petrópolis: Vozes, 1981. p. 125.
63. Olavo Brasil de Lima Júnior. "A experiência pluripartidária (1945–1965)." In: David V. Fleischer (org.). *Os partidos políticos no Brasil*. Brasília: Editora Universidade de Brasília, 1981. p. 45.
64. Depoimento de Sérgio Magalhães ao autor, 30 de abril de 1988.
65. René Armand Dreifuss op. cit., p. 125.
66. Depoimento de Sérgio Magalhães ao autor, 30 de abril de 1988.
67. Caio Navarro de Toledo. *O governo Goulart e o golpe de 64*. São Paulo: Brasiliense, 1982. p. 70-71.
68. Armênio Guedes citado por Pedro Del Picchia. *O PCB no quadro atual da política brasileira.* Rio de Janeiro: Civilização Brasileira, 1980. p. 23.
69. Dênis de Moraes e Francisco Viana. *Prestes: lutas e autocríticas*. 3. ed. rev. e atual. Rio de Janeiro: Mauad, 1997. p. 153.
70. Moisés Vinhas. *O Partidão: a luta por um partido de massas (1922–1974)*. São Paulo: Hucitec, 1982. p. 134.
71. Depoimento de Luiz Carlos Prestes ao autor, 9 de agosto de 1983.
72. Álvaro Vieira Pinto. *Por que os ricos não fazem greve?* o op. cit.
73. Leandro Konder. *A democracia e os comunistas no Brasil*. Rio de Janeiro: Graal, 1980. p. 103.
74. Ibidem, p. 104.
75. Informe confidencial da Agência Central de Inteligência, 1º de outubro de 1963, código CIA-RDP79T0049A001200040001-2, disponível em: www.cia.gov/readingroom/document/cia-rdp79t00429a001200040001-2.
76. Lucila de Almeida Neves. *CGT no Brasil (1961–1964)*. Belo Horizonte: Vega, 1981. p. 90.
77. Depoimento ao Haroldo Lima ao autor, 25 de julho de 1983.
78. *Novos Rumos*, 22 e 23 de abril de 1960.
79. *Novos Rumos*, 3 a 9 de junho de 1960.
80. Ibidem.
81. *Novos Rumos*, 22 a 28 de julho de 1960.
82. Maurício Grabois citado por Jacob Gorender. *Combate nas trevas. A esquerda brasileira: das ilusões perdidas à luta armada*. São Paulo: Ática, 1987. p. 34.
83. Entrevista de João Amazonas a *O Pasquim*, 30 de novembro de 1979. Sobre o PCdoB, ver: *Partido Comunista do Brasil: cinquenta anos de luta*. Lisboa: Edições Maria da Fonte, 1975; Wladimir Pomar. *Pedro Pomar: uma vida em vermelho*. São Paulo: Xamã, 2004.
84. Depoimento de Theotonio dos Santos ao autor, 2 de agosto de 1983.
85. Depoimento de Moniz Bandeira ao autor, 18 de novembro de 1982.
86. Depoimento de Theotonio dos Santos ao autor, 2 de agosto de 1983.
87. Sobre a trajetória da Polop, ver: Sérgio Luiz Santos de Oliveira. *Caminhando com os próprios pés: a formação política e teórica da ORM-Polop (1956–1967)*. 2016. Tese (Doutorado em História Social) – São Paulo, Universidade de São Paulo, 2016; Joelma Alves de Oliveira. *Polop: as origens, a coesão e a cisão de uma organização marxista (1961–1967)*. 2007. Dis-

NOTAS

sertação (Mestrado em Sociologia) – Araraquara, Unesp, 2007; e Marco Aurélio Garcia. "Na história da PO um pouco da história da esquerda brasileira". *Em tempo*, São Paulo, n. 104, 17 a 30 de abril de 1980. Na página 54 de sua dissertação, Joelma Alves de Oliveira esclarece que do I Congresso da Polop "participaram Theotonio dos Santos, Vânia Bambirra e Juarez Guimarães de Brito, que vinham da Mocidade Trabalhista de Minas Gerais; Paul Singer, Piragibe de Castro, Luiz Alberto Moniz Bandeira e Eric Sachs, conhecido como Ernesto Martins, que eram da Juventude Socialista; Ruy Mauro Marini, Aluízio Leite Filho, Simon Schwartzman, que eram jovens estudantes da EBAP (Escola Brasileira de Administração Pública); Arnaldo Mourthé (estudante de engenharia em Minas Gerais); e da Liga Socialista Independente vieram Emir Sader, Eder Sader, Michael Löwy e Gabriel Cohn".

88. Depoimento de Moniz Bandeira ao autor, 18 de novembro de 1982.
89. Depoimento de Herbert de Souza ao autor, 15 de agosto de 1983. Sobre a AP, ver: Otto Filgueiras, *Revolucionários sem rosto: uma história da Ação Popular*. São Paulo: Instituto Caio Prado Júnior/Bom Combate, 2014/2015. 2 v; Haroldo Lima e Aldo Arantes. *História da Ação Popular: da JUC ao PCdoB*. São Paulo: Alfa-Ômega, 1984; Luiz Gonzaga de Souza Lima. *Evolução política dos católicos e da igreja no Brasil*. Petrópolis: Vozes, 1979; Luiz Alberto Gomes de Souza. *A JUC: os estudantes católicos e a política*. Petrópolis: Vozes, 1984. Ver ainda o Dossiê Duarte Pereira no site Marxismo 21, disponível em: www.marxismo21.org/duarte-brasil-pacheco-pereira/.
90. Depoimento de Haroldo Lima ao autor, 25 de julho de 1983.
91. Depoimento de Herbert de Souza ao autor, 15 de agosto de 1983.
92. Ibidem.
93. Depoimento de Luiz Carlos Prestes ao autor, 9 de agosto de 1983.
94. Depoimento de Herbert de Souza ao autor, 15 de agosto de 1983.
95. Ibidem.
96. Jacob Gorender. *Combate nas trevas*, op. cit., p. 35.
97. Thomas Skidmore. *Brasil: de Getúlio a Castello*. Rio de Janeiro: Paz & Terra, 1976. p. 340; Jacob Gorender, *Combate nas trevas*, op. cit., p. 39; Paulo Schilling. *Como se coloca a direita no poder*. São Paulo: Global, 1979. p. 207.
98. Entrevista de Paulo Schilling ao *CooJornal*, fevereiro de 1981.
99. Paulo Schilling. *Como se coloca a direita no poder*, op. cit., p. 24.
100. Depoimento de Neiva Moreira ao autor, 4 de fevereiro de 1984.
101. *Jornal do Brasil*, 8 de abril de 1962.
102. Depoimento de Gregório Bezerra ao autor, 21 de julho de 1983.
103. Depoimento de Francisco Julião ao autor, 20 de julho de 1983.
104. Depoimento de Francisco Julião a Aspásia Camargo, CPDOC/FGV, Programa de História Oral, 1977.
105. Clodomir Santos de Morais. *Las ligas campesinas de Brasil*. Tegucigalpa: Proccara/Ina, s/d. p. 115.
106. Depoimento de Haroldo Lima ao autor, 25 de julho de 1983.
107. Depoimento de Francisco Julião ao autor, 20 de julho de 1983.
108. Depoimento de Clodomir Santos de Morais ao autor, 20 de dezembro de 1988.
109. Depoimento de Wanderley Guilherme dos Santos ao autor, 15 de agosto de 1983.

110. Depoimento de Clodomir Santos de Morais ao autor, 20 de dezembro de 1988.
111. Depoimento de Theotonio dos Santos ao autor, 2 de agosto de 1983.
112. Depoimento de Clodomir Santos de Morais ao autor, 20 de dezembro de 1988.
113. Após ser libertado, Clodomir Santos de Morais voltou a atuar no Sindicato Agrícola de Cabo e Rio Formoso, em Pernambuco. Punido com a suspensão de direitos políticos por dez anos, pelo Ato Institucional nº 1, foi preso pelo Exército e solto em 8 de maio de 1964 por *habeas corpus*. Asilou-se na Embaixada do Chile e obteve salvo-conduto para deixar o país. No exílio, trabalhou como consultor da ONU para assuntos de reforma agrária e desenvolvimento rural em países da América Latina. Retornou ao Brasil, anistiado, em dezembro de 1979.
114. Depoimento de Francisco Julião a Aspásia Camargo, CPDOC/FGV, Programa de História Oral, 1977.
115. Depoimento de Francisco Julião ao autor, 20 de julho de 1983.
116. Depoimento de Wanderley Guilherme dos Santos ao autor, 15 de agosto de 1983.
117. Depoimento de de Clodomir Santos de Morais ao autor, 20 de dezembro de 1988.
118. Carlos Lessa. *15 anos de política econômica*. São Paulo: Brasiliense, 1983. p. 128-139.
119. Phyllis R. Parker. *1964: o papel dos Estados Unidos no golpe de estado de 31 de março*. Rio de Janeiro: Civilização Brasileira, 1977. p. 56.
120. Depoimento de Clodesmidt Riani, 20 de maio de 1988.
121. *A Liga*, 27 de março de 1963.
122. Edgard Carone. "Os comunistas e a situação política nacional (12 de julho de 1962)". In: _____. O *PCB: 1943 a 1964*. São Paulo: Difel, 1982. p. 256.
123. *A Classe Operária*, 16 a 31 de janeiro de 1963.
124. Celso Furtado citado por Carlos Castello Branco. *Introdução à revolução de 1964*. Rio de Janeiro: Artenova, 1975, p. 113. v. 2.
125. Celso Furtado. *Obra autobiográfica*. Rio de Janeiro: Paz & Terra, 1997. p. 237. tomo II. (A fantasia desfeita).
126. Depoimento de Almino Affonso ao autor, 3 de maio de 1988.
127. Depoimento de Celso Furtado ao autor, junho de 1988.
128. Darcy Ribeiro. *Confissões*. São Paulo: Companhia das Letras, 1997. p. 336-348.
129. Depoimento de Plinio de Arruda Sampaio a Fábio Eitelberg no canal da Universidade Virtual do Estado de São Paulo (Univesp) no YouTube, em 2 de abril de 2014, disponível em: www.youtube.com/watch?v=qSack1sj1F4.
130. *O Globo*, 13 de junho de 1963.
131. Darcy Ribeiro. *Aos trancos e barrancos: como o Brasil deu no que deu*. Rio de Janeiro: Guanabara, 1985. Verbete 1.690.
132. Depoimento de Neiva Moreira ao autor, 4 de fevereiro de 1984.
133. *O Estado de S. Paulo*, 15 de dezembro de 1963.
134. *Diário de Notícias*, 29 de março de 1964.
135. *Última Hora*, 17 de dezembro de 1963.
136. Depoimento de Almino Affonso ao autor, 3 de maio de 1988.
137. A íntegra da entrevista de Prestes ao programa *Pinga Fogo*, da TV Tupi, foi publicada em *Novos Rumos*, 24 a 30 de janeiro de 1964.

NOTAS

138. Entrevista de Leonel Brizola a Dênis de Moraes, Francisco Viana e Mário Augusto Jakobskind. *CooJornal*, fevereiro de 1981.
139. Depoimento de Waldir Pires ao autor, 28 de novembro de 1987.
140. *Novos Rumos*, 27 de dezembro de 1963 a 2 de janeiro de 1964.
141. *O Estado de S. Paulo*, 22 de dezembro de 1963.
142. Depoimento de Almino Affonso ao autor, 3 de maio de 1988.
143. Hélio Doyle. "Gordon: EUA quiseram intervir em 64". *O Estado de S. Paulo*, São Paulo, 7 de agosto de 1988.
144. Paulo Francis. "Tempos de Goulart". *Revista Civilização Brasileira*, Rio de Janeiro, maio, 1966, p. 83.
145. Abelardo Jurema. *Sexta-feira, 13: os últimos dias do governo Goulart*. Rio de Janeiro: Edições O Cruzeiro, 1966. p. 77-8.
146. Depoimento de Almino Affonso ao autor, 3 de maio de 1988.
147. Entrevista de Leonel Brizola a Dênis de Moraes, Francisco Viana e Mário Augusto Jakobskind. *CooJornal*, fevereiro de 1981.
148. *Novos Rumos*, 27 de dezembro de 1963 a 2 de janeiro de 1964.
149. *O Estado de S. Paulo*, 22 de dezembro de 1963.
150. Maria Victória Benevides. "A retórica do medo; uma análise do papel decisivo da propaganda conservadora na preparação do golpe de 64". *Folha de S.Paulo*, São Paulo, 1º de abril de 1984.
151. Francisco Weffort. *O populismo na política brasileira*. Rio de Janeiro: Paz & Terra, 1978. p. 76.
152. Heloísa Murgel Starling. *Os senhores das Gerais: os novos inconfidentes e o golpe militar de 1964*. Petrópolis: Vozes, 1986. p. 318-319.
153. Abelardo Jurema. *Sexta-feira, 13: os últimos dias do governo Goulart*, op. Cit
154. René Armand Dreifuss *1964: a conquista do Estado*, op. cit., p. 206-207.
155. Ibidem, p. 194. Ver ainda José Paulo Netto. *Pequena história da ditadura brasileira (1964–1985)*. São Paulo: Cortez, 2014. p. 50-51.
156. Antonio Gramsci. *Cadernos do cárcere*. Org. de Carlos Nelson Coutinho, Marco Aurélio Nogueira e Luiz Sérgio Henriques. Rio de Janeiro: Civilização Brasileira, 2000. p. 78. v. 2. (Os intelectuais. O princípio educativo. Jornalismo). Consultar também Dênis de Moraes. *Crítica da mídia e hegemonia cultural*. Rio de Janeiro: Mauad, 2016. p. 96-100.
157. Antonio Gramsci. *Cadernos do cárcere*. Org. de Carlos Nelson Coutinho, Marco Aurélio Nogueira e Luiz Sérgio Henriques. Rio de Janeiro: Civilização Brasileira, 2002. p. 349-359. v. 3. (Maquiavel. Notas sobre o Estado e a política).
158. Depoimento de Janio de Freitas ao autor, 29 de agosto de 2023.
159. Depoimento de Raul Ryff ao autor, 5 de maio de 1988.
160. Depoimento de Ana Arruda Callado ao autor, 24 de agosto de 2023.
161. *Última Hora Nordeste*, 21 de novembro de 1963.
162. *Última Hora Nordeste*, 13 de novembro de 1963.
163. Ver Jorge Ferreira. "*Panfleto* – as esquerdas e o 'jornal do homem da rua'". *Varia História*, Belo Horizonte, v. 26, nº 44, julho-dezembro de 2010, p. 619-638. O diretor responsável pelo *Panfleto* era o deputado federal Max da Costa Santos, do PTB e da Frente Parlamentar

Nacionalista. Mas muito do êxito alcançado se deve ao talento de seu editor, o jornalista Tarso de Castro (1941-1991), que cinco anos depois seria um dos fundadores de O *Pasquim*, célebre semanário de humor e política engajado na resistência cultural à ditadura. Jorge Ferreira refere-se a Tarso no *Panfleto*: "Seu trabalho não era fácil: criar um jornal popular, mas que, ao mesmo tempo, fosse porta-voz de grupos políticos de esquerda. Uma imprensa politicamente agressiva, mas sem ser enfadonha e cansativa. Tarso de Castro se inspirou em um contramodelo: os jornais oficiais do PCB, em geral imobilizados pelo sectarismo de seus redatores. O próprio subtítulo de *Panfleto* expressa os leitores que queria alcançar – uma inovação editorial para um jornal de esquerda: 'o jornal do homem da rua.'" Sobre o *Panfleto*, consultar também Tom Cardoso. *Tarso de Castro: 75 kg de músculos e fúria*. São Paulo: Editora Rua do Sabão, 2023; Elenice Szatkoski. *O jornal Panfleto e a construção do brizolismo*. 2008. Tese (Doutorado em História) – Porto Alegre, Pontifícia Universidade Católica do Rio Grande do Sul, 2008.

164. *Correio da Manhã*, 24 de agosto de 1963.
165. *Diário de Notícias*, 24 de fevereiro de 1964.
166. *A Notícia*, 11 de março de 1964.
167. *Brasil Urgente*, 1º a 7 de dezembro de 1963.
168. *Jornal do Brasil*, 4 de setembro de 1962.
169. *O Globo*, 9 de março de 1964.
170. *A Liga*, 29 de setembro de 1963.
171. *A Classe Operária*, 16 a 31 de outubro de 1963.
172. *Política Operária*, n. 7, outubro de 1963.
173. Paulo César Loureiro Bottas. *A bênção de abril: memória e engajamento católico (1963–1964)*. Petrópolis: Vozes, 1983. p. 180.
174. *A Liga*, 15 de outubro de 1963.
175. Moniz Bandeira. *O governo Goulart: as lutas sociais no Brasil (1961–1964)*. Rio de Janeiro: Civilização Brasileira, 1977. p. 131.
176. Dênis de Moraes e Francisco Viana. *Prestes: lutas e autocríticas*. 3. ed. rev. e atual. Rio de Janeiro: Mauad, 1997. p. 153.
177. Depoimento de Darcy Ribeiro ao autor, 11 de maio de 1988.
178. Cristina Tavares; Fernando Mendonça. *Conversações com Arraes*. Belo Horizonte: Vega, 1979. p. 6.
179. Depoimento de Raul Ryff ao autor, 5 de maio de 1988.
180. Depoimento de Darcy Ribeiro ao autor, 11 de maio de 1988.
181. Depoimento de Clodesmidt Riani ao autor, 20 de maio de 1988.
182. Depoimento de José Serra a Mônica Teixeira no canal da Universidade Pública do Estado de São Paulo (Univesp) no YouTube, 1º de abril de 2014, disponível em: www.youtube.com/watch?v=og3vBvCEO0E.
183. Depoimento de Waldir Pires ao autor, 28 de novembro de 1987.
184. Entrevista de Leonel Brizola a Dênis de Moraes, Francisco Viana e Mário Augusto Jakobskind. *CooJornal*, fevereiro de 1981.
185. Depoimento de Neiva Moreira ao autor, 4 de fevereiro de 1984.
186. Ibidem.

NOTAS

187. Depoimento de Hércules Corrêa ao autor, 30 de abril de 1988.
188. *O Globo*, 26 de outubro de 1963.
189. Ibidem.
190. Ibidem.
191. Ibidem.
192. Ibidem.
193. *O Globo*, 30 de outubro de 1963.
194. Depoimento de Narciso Júlio Gonçalves ao autor, 19 de dezembro de 1988.
195. Depoimento de Jelcy Rodrigues Corrêa ao autor, 12 de dezembro de 1988.
196. Ibidem.
197. *Política Operária*, nº 7, outubro de 1963.
198. Edegard Nogueira Borges em entrevista ao *CooJornal*, agosto de 1980.
199. Depoimento de Jelcy Rodrigues Corrêa ao autor, 12 de dezembro de 1988.
200. Ibidem.
201. Depoimento de Eduardo Chuahy ao autor, 9 de maio de 1988.
202. Depoimento de Narciso Júlio Gonçalves ao autor, 19 de dezembro de 1988.
203. Depoimento de Marcello Cerqueira ao autor, 13 de setembro de 1988.
204. Leonel Brizola citado por Moniz Bandeira. *Brizola e o trabalhismo*. Rio de Janeiro: Civilização Brasileira, 1979. p. 199.
205. Depoimento de Moacyr Félix ao autor, 13 de outubro de 1988.
206. Depoimento de Ênio Silveira ao autor, 20 de outubro de 1988.
207. Depoimento de Kardec Lemme ao autor, 18 de junho de 1988.
208. Depoimento de Moacyr Félix ao autor, 13 de outubro de 1988.
209. Depoimento de Hércules Corrêa ao autor, 30 de abril de 1988.
210. Depoimento de Moacyr Félix ao autor, 13 de outubro de 1988.
211. Em julho de 1960, o então governador Leonel Brizola denunciou que, em troca de fotografar as fichas do DOPS do Rio Grande do Sul, a Ponto IV propôs conceder ajuda de US$ 1 milhão de dólares ao Estado, o que não foi aceito. Ver *Novos Rumos*, 29 de julho a 4 de agosto de 1960, p. 1, 3.
212. Depoimento de Paulo Mário da Cunha Pereira a Francisco Viana. "Golpe começou na Marinha". *Repórter*, Rio de Janeiro, 6 a 9 de maio de 1981.
213. Depoimento de Narciso Júlio Gonçalves ao autor, 19 de dezembro de 1988.
214. Depoimentos de Nelson Werneck Sodré e Milton Temer ao autor, respectivamente em 26 de maio de 1988 e 28 de setembro de 2023.

PARTE 2
ILUSÕES E EUFORIAS

Quando regressamos do Brasil em 1960, Sartre e eu estávamos convencidos de que nesse país uma revolução socialista não seria possível durante muito tempo ainda. O conhecido comunista brasileiro Prestes afirmara-nos o contrário. Um conhecido trotskista me fez a mesma afirmação: ambos se apoiavam num esquema marxista abstrato, para concluir pela fatalidade da vitória do socialismo. Na verdade, tínhamos constatado que o proletariado brasileiro, privilegiado em comparação com os camponeses, estava longe de desejar a revolução; os camponeses do Nordeste encontravam-se numa situação revolucionária, mas eram totalmente impotentes. No entanto, absolutamente não contávamos com o golpe de 1964; nossos amigos brasileiros nos haviam garantido que, por uma série de razões, as forças armadas eram inteiramente inofensivas e incapazes de tomar o poder.[1]

Simone de Beauvoir

ESTÁVAMOS MAIS UNIDOS QUE NUNCA

Todos queríamos fortalecer "a unidade das forças populares", tanto para conquistar as reformas de base como para desestimular tentativas de golpe. Mesmo as facções mais à esquerda – como a Polop, o PCdoB e as Ligas Camponesas – tinham a questão da unidade na ponta da língua, alternando "forças populares" com "forças revolucionárias".

Os dirigentes sindicais reunidos no Pacto de Ação Conjunta (organização intersindical que fazia a ligação do CGT com as bases metalúrgicas) asseguravam que os trabalhadores estavam "unidos em defesa das liberdades democráticas e para a superação dos problemas que afligem o país".

A Frente de Mobilização Popular convocava os setores populares e nacionalistas a se unificar e a se organizar "numa frente única da qual não poderá deixar de participar nenhum patriota consciente de seus deveres".[2]

Francisco Julião escreveu em *A Liga*, de 12 de junho de 1963: "Todos apelam para a unidade. [...] Nós também queremos unidade. Mas unidade em torno de que forças? Das forças revolucionárias e progressistas. E unidade para quê? Para se efetivar a revolução brasileira."

O PCdoB também pregava a unidade no jornal *A Classe Operária*, de 1º a 15 de junho de 1963: "O Partido Comunista do Brasil considera que a unidade das forças democráticas é uma exigência imperiosa e inadiável. Quaisquer que sejam as divergências, é sempre possível encontrar um denominador comum, capaz de unir na ação todos os que almejam transformar em realidade as aspirações do povo."

Miguel Arraes, em entrevista à Rádio Jornal do Comércio do Recife, em 10 de dezembro de 1963, proclamava que "só a unidade de todos nós poderá combater as forças da reação que tentam instituir em nosso país um governo em que o povo não seja ouvido [...]. Essa unidade de pensamento deve se estabelecer em torno de problemas políticos, mas também de problemas administrativos, das pequenas coisas a realizar".

Na primeira semana de março de 1964, Luiz Carlos Prestes assinou artigo em *Novos Rumos* afirmando que "a unificação de todas as forças interessadas no progresso do Brasil é condição precípua para que se concretizem as reformas de base necessárias à completa emancipação nacional".

Não, não éramos os campeões da unidade na corrida para mudar o mundo. Na realidade, o discurso da unidade, em vez de se materializar em confluência entre partidos, organizações e lideranças progressistas, se traduziu em constantes divergências e rivalidades.

A despeito de ter criado organizações como a Frente de Mobilização Popular, as esquerdas não conseguiram desenvolver um polo gerador de entendimentos, com capacidade de tecer acordos e negociações. Mesmo que ocasionalmente houvesse convergências, a coalizão de interesses na direção das reformas de base não costumava prevalecer em face das diferenças e disputas nas áreas progressistas.

Em primeiro plano, o "x" do problema: a divisão cimentada por questões ideológicas de fundo, idiossincrasias ou ambições políticas. Conflitos que pareciam pairar acima da dramática realidade social. Dos 15 milhões de crianças em idade escolar, só 8 milhões se matriculavam no curso primário, dos quais apenas 600 mil terminavam o curso. A mortalidade infantil, agravada pela subnutrição e por precária situação sanitária, disparava: uma criança morria no país a cada 45 segundos.

Queríamos afugentar o subdesenvolvimento, a miséria, a fome, o imperialismo ianque, os grandes "tubarões" que sugavam o sangue do trabalhador. Mas, não raro, nosso ímpeto empacava nas cisões provocadas por mapas teóricos sem correspondência na geografia humana; pelo radicalismo fora de lugar; no excesso de confiança em nosso poderio – ou tudo isso ao mesmo tempo.

As rachaduras no bloco nacional-reformista estavam expostas.

O QUE DESUNIA A FMP?

Embora agrupasse partidos, organizações e entidades como o CGT e a UNE, que em várias ocasiões (estado de sítio, greves, formação de um ministério progressista, crise dos sargentos e dos marinheiros etc.) se manifestaram em bloco, a Frente de Mobilização Popular (FMP) teve alcance limitado.

A divisão interna foi um dos motivos que a impediram de se tornar uma instância unitária do movimento nacional-popular. A Frente não estava sujeita a uma disciplina de tipo político-partidário ou sindical, segundo Paulo Schilling: "Seu funcionamento era precário e anárquico, tratando cada setor ou organização-membro de 'tirar a sardinha para a sua brasa'."[3]

O sociólogo Herbert de Souza amortece as críticas à Frente de Mobilização Popular, a qual integrava como dirigente da AP. "A Frente", lembra ele, "foi uma tentativa de fazer um plenário do movimento popular, e talvez tenha sido uma das experiências mais interessantes do período".

Ainda de acordo com Betinho, a FMP transformou-se num "fórum de debate, de articulação, de conhecimento e de politização, e se não tem o status que merece é porque faz parte da história dos derrotados em 1964".

— As decisões da Frente acabavam sendo de consenso, depois de um longo processo de discussão. Tanto que, quando não havia condições de unidade, não decidíamos. Naquilo que podia dirigir, a Frente dirigia. Mas não esqueçamos que o movimento social não tinha nível de organização suficiente. A Frente mobilizava o que era possível mobilizar.[4]

A GUERRA PARTICULAR ENTRE PCB E JULIÃO

Para Francisco Julião, o PCB nunca teve habilidade para criar comitês no campo:

— Porque quando um comunista ia para o interior, ele primeiro declinava sua condição de comunista. Isso era o suficiente para que a massa camponesa se retraísse, apavorada, porque olhava para os pés desse comunista e via pés de cabra! Era como se fosse Satanás que estivesse chegando à sua casa.[5]

E por que os comunistas não conseguiam caminhar junto com Julião? Resposta de Luiz Carlos Prestes:

— Porque o Julião é quem quis. Com a orientação de luta armada que ele adotou, dissemos-lhe que não havia condições, naquela situação no Brasil, para guerrilha. A consciência da classe operária era baixa, o nível de organização, também. Ele pensava diferente de nós.[6]

Julião entrou na pauta da Comissão Executiva do PCB, em 16 de abril de 1962, segundo as anotações nas cadernetas de Prestes, apreendidas pela polícia em 9 de abril de 1964, em sua casa na Vila Mariana, em São Paulo (ele caiu na clandestinidade, sem que tivesse tempo para transferir seus arquivos para local seguro).[7] Não houve unanimidade.

Dinarco Reis: "[...] A atuação de Julião tem sido altamente nociva [no movimento camponês]. Tem como preocupação nos dar rasteiras, fazer manobra. Prefiro que nos entrosemos, mas não tenho ilusões."

Giocondo Dias: "Qualquer coisa que ele queira fazer teremos que ser consultados."

Carlos Marighella: "Precisamos encontrar um *modus vivendi*, devemos nos entender. Não fazer críticas ao aliado, como se fosse inimigo. Não devemos nos atacar publicamente. Chegar a um entendimento com Julião."

Mário Alves concordou com Marighella: "Precisamos compreender o Julião."

Orlando Bonfim Júnior discordou: "É ilusão pensar em *modus vivendi* com Julião."

Ramiro Luchesi: "Divisionismo é divisionismo e precisa ser combatido."

Em artigo no jornal *Terra Livre* (agosto de 1962), o líder das Ligas Camponesas sustentava que no Brasil a revolução já seria socialista, com o campesinato à frente e atraindo a classe operária à luta. A resposta veio em *Novos Rumos*, com Giocondo Dias: "É pernicioso caracterizar-se como revolução socialista a presente etapa do processo revolucionário brasileiro e igualmente pernicioso negar-se o papel de vanguarda da classe operária."

Até Fidel Castro teria se preocupado com o radicalismo de Francisco Julião, seu fiel correligionário em terras brasileiras. Na correspondência secreta entre a Embaixada norte-americana e o Departamento de Estado, em fevereiro de 1963, disponível para consulta na Biblioteca Presidencial John Kennedy, em Boston, Estados Unidos, a CIA dizia ter detectado as apreensões do líder cubano. A intenção de Cuba seria "esfriar o ímpeto" de Julião, pois teria avaliado que seu discurso esquerdista poderia contribuir para enfraquecer o governo Goulart.[8]

Aparentemente, Julião não deu ouvidos. Ei-lo em ação, novembro de 1963: "A agitação e a greve já estão deixando a burguesia sem sono e acabando com a sua paz. Então, agitemos! Então, façamos greve! [...] Proletários do Brasil, agitai-vos! E fazei greve, operários, camponeses, estudantes, marinheiros, soldados, funcionários, donas de casa. [...] O Brasil necessita de mais agitação. As greves precisam se multiplicar por 10, por 100, por 1.000."[9]

ARRAES E BRIZOLA, ALIADOS?

Miguel Arraes e Leonel Brizola ambicionavam sentar-se um dia na cadeira de João Goulart. Mas, a rigor, disputavam o mesmo espaço no campo progressista. Daí a rivalidade, não assumida publicamente por nenhum de nós.

A candidatura de Arraes cresceu no decorrer de 1963. Slogan nas ruas: "Arraes-65." Quase todo mês, ele ia ao eixo Rio–São Paulo cumprir intensas agendas. Por exemplo, em 30 de maio de 1963, foi homenageado por intelectuais com um almoço organizado por Vinicius de Moraes e Paulo Mendes Campos na Cantina Sorrento, no Leme; e depois falou a uma pequena multidão de estudantes na Pontifícia Universidade Católica (PUC), a convite do Centro Acadêmico da Escola de Sociologia e Política.

O deputado Almino Affonso foi a Recife emprestar-lhe apoio. *Última Hora Nordeste* detonou a bomba na manchete de 17 de dezembro de 1963: "Almino categórico: o governador Arraes é a candidatura natural das forças populares à presidência da República."

O jornal noticiou em 29 de dezembro de 1963 que Arraes recebera "grande número de cartões enviados por sargentos e suboficiais das forças armadas do Rio e do Nordeste", que se diziam "soldados do general civil da revolução brasileira".

A nota parecia ter endereço certo: Leonel Brizola, o guru do movimento dos sargentos, mergulhado até a alma na tarefa de convencer a opinião pública de que, apesar de cunhado, não era parente de Jango.

Que ironia. Dias antes, Brizola telegrafara a Arraes assegurando que "o esforço que vem fazendo a reação para nos intrigar e enfraquecer a coesão das forças populares não conseguirá impressionar a ninguém". E prometera ir a Recife abraçá-lo depois de paraninfar estudantes em Aracaju. Não foi.

Na edição sobre o comício da Central do Brasil, em 13 de março de 1964, *Panfleto* publicou uma foto dos dois juntos no palanque, com a legenda: "As forças populares marcaram sua unidade, no 'comício das reformas', através dos pronunciamentos de Brizola e Arraes."

Nos bastidores, porém, houve uma guerra surda entre os dois. "Para conciliar a presença do Brizola com a de Arraes no comício, foi uma luta muito grande. Os dois não se davam", depõe Hércules Corrêa.[10] Na semana que antecedeu o comício, *O Semanário* fez um apelo patético a Brizola e Arraes para que comparecessem juntos à Central do Brasil: "Deixemos de lado as nossas divergências para discutir na intimidade de nossos colóquios."[11]

PCB COMEÇA A RACHAR DE NOVO

Depois do racha que resultou na formação do PCdoB, a luta interna no PCB subia novamente à superfície. Em meados de 1963, com a política conciliatória de Jango com a burguesia (expressa, para muitos, na opção pelo Plano Trienal), setores do PCB passaram a defender "a necessidade de atacar não somente o imperialismo e a reação nacional, mas de combater igualmente as tendências conciliadoras que Goulart manteria até seu tardio discurso de 13 de março".[12]

Mário Alves, um dos membros do Comitê Central alinhados a essa formulação, escreveu na revista *Movimento*, da UNE, que a burguesia nacional não era capaz de romper com o imperialismo, "porque a ele se vincula pelos seus interesses fundamentais de classe exploradora e teme o avanço do socialismo".

Assim como Mário Alves, Carlos Marighella – que havia se distanciado de Luiz Carlos Prestes – demonstrava insatisfação com os rumos do partido. Marighella questionava a estratégia de aliança com a burguesia nacional, a acomodação em torno da coexistência pacífica e o atrelamento ao jogo político tradicional. Também não via com bons olhos a relação, tida como próxima, de Prestes com o presidente Goulart. Para ele, o partido se punha a reboque de posições reformistas, que afastavam os comunistas da linha de frente nas mobilizações dos trabalhadores por direitos sociais e esvaziavam o sentido da luta revolucionária. A seu ver, o partido deveria renunciar à moderação excessiva e intensificar a pressão pelas reformas de base – notadamente a reforma agrária.[13]

Poucos dias antes do golpe, Marighella e Mário Alves estiveram na redação do *Panfleto*. Segundo Paulo Schilling, que fazia parte da direção do semanário, os dois comunicaram que "estavam totalmente de acordo com a pregação e ação revolucionária de Brizola e que somente seguiam no partido porque tinham ainda esperanças de conseguir modificar a posição do mesmo, livrando-o do oportunismo de Prestes e da virtual tutela que Jango exercia sobre o partido".[14]

Para tentar reverter a oposição do PCB aos grupos dos onze, Marighella encontrou-se reservadamente com integrantes da cúpula brizolista no apartamento do deputado federal Fernando Santana, eleito pelo PTB porém membro do Comitê Central, no 21º andar de um edifício na rua Senador Vergueiro, Flamengo, Rio de Janeiro. Um dos presentes, Neiva Moreira relata:

— Encontrei em Marighella um homem firme, sólido, claro, prudente. Ele disse: "Compreendo tudo isso que você está me dizendo, e é correto. É incorreto o que está se fazendo aí contra o 'grupo dos onze'. Eu não sou o Partido Comunista, não tenho o domínio do Partido Comunista, mas vou defender dentro dele uma tese de compreensão a esse trabalho que vocês estão fazendo, que é um trabalho que ajuda o processo democrático no Brasil."[15]

Prestes confirma as versões de Neiva Moreira e Paulo Schilling:

— O Marighella estava muito ligado à Embaixada cubana. Já vinha tomando posições bastante contrárias a nós, a mim, particularmente. E também o Mário Alves, chefe da seção de educação, o Jover Telles e o Apolônio de Carvalho. Já estavam fazendo um trabalho de educação do partido contra a linha do próprio partido! Desconfiávamos, mas só depois dos acontecimentos de 1964 viemos a saber qual era a posição deles.[16]

O Comitê Cultural do PCB opunha-se, por outro lado, à linha mais à esquerda que Marighella e Mário Alves desejavam imprimir ao partido. Segundo Leandro Konder, o comitê "tinha uma orientação que veio a se tornar com o tempo predominantemente moderada e moderadora" ou "sem conotações maliciosas, reformista". E explica: "Reformista no sentido de não encaminhar nada que ultrapassasse as fronteiras da mobilização possível das forças colocadas à disposição da nossa luta." A maioria do Comitê Cultural divergia de correntes que falavam em romper com a política de conciliação de Jango, pois acreditava ser importante manter o apoio ao presidente, "na medida em que ele somava um conjunto de forças capazes de assegurar avanços".[17]

A FRENTE ÚNICA NÃO DECOLA

Nós que queríamos tanto a unidade das forças populares em defesa das reformas de base e da democracia não hesitamos em recusar a proposta de frente única que San Tiago Dantas formulara, com a aprovação de Jango, a menos de um mês do golpe.

O homem que a esquerda acusou de estar vendendo o país ao FMI já não era ministro da Fazenda, e sim um qualificado consultor do presidente e muito próximo das lideranças políticas do PSD e do PTB sintonizadas com o Palácio do Planalto.

San Tiago Dantas fez três diagnósticos sobre o Brasil em 1964. Primeiro: o governo precisava, mais do que nunca, de uma base de sustentação política. Segundo: era preciso reagrupar a esquerda em torno de objetivos comuns e, com isso, criar condições para que se unisse em torno do presidente e o ajudasse a viabilizar as reformas. Terceiro: forças de centro estavam distanciadas do governo. A seu juízo, isso decorria da radicalização de segmentos de esquerda, que "estão isolando as forças progressistas de centro, suas aliadas tradicionais; estão fornecendo estímulos a uma aglutinação da direita".

Ele identificava, entre as esquerdas, "um núcleo atuante, com objetivos de agitação, que não trabalha por um encaminhamento efetivo do processo eleitoral, mas se empenha na quebra da Constituição e na implantação de um regime de fato". Era a esquerda "negativa". Percebia também que as demais forças progressistas, "somando desde o grosso do trabalhismo até o PC", estavam desunidas "por falta de coordenação pessoal e de formulação de objetivos de luta".[18]

Para aglutinar essas "correntes construtivas de esquerda, ou esquerda positiva", San Tiago Dantas propunha a formação de uma "frente ampla" ou "frente única". A frente seria ampla a ponto de obrigar o PSD, o PTB, Miguel Arraes, "os comandos sindicais não contagiados pelo anarquismo", o PCB e, se possível, Leonel Brizola. A unidade entre tais forças se daria em torno da "execução de um programa democrático, aceitável tanto pelas esquerdas como pelo PSD, PTB e outros partidos". Objetivos estratégicos: preservação do processo eleitoral constitucional, repúdio ao golpe e à subversão, condenação de medidas como estado de sítio e fechamento do Congresso, luta contra o imperialismo, defesa do direito de greve, legalização para o PCB, manutenção e dinamização da política externa independente, sindicalização rural, luta pelas reformas de base, "procurando os pontos de conciliação capazes de vencer a rigidez da Constituição". A frente também contribuiria, na visão de San Tiago, para consolidar o processo sucessório em 1965, "criando-se o embasamento necessário para uma candidatura progressista adotada pelo PSD e pelo PTB".

Um programa que buscava a unidade possível em torno de objetivos comuns. Mas que encobria, segundo interpretações de dois analistas, outras intenções. Para o jornalista Carlos Chagas, San Tiago Dantas pretendia, com a frente, reduzir a influência dos sindicalistas junto ao governo. Mas o CGT teria percebido a manobra e se afastado das articulações.[19] Já Darcy Ribeiro acredita que a articulação de San Tiago "era de um candidato à presidência da República que queria aparecer no quadro". E acrescenta: "Mas se sabia que a atuação dele quanto à dívida externa e ao pagamento das encampações do Brizola dificilmente seria absorvida pelas forças populares. Rico e grande advogado das multinacionais, decidiu voltar para ser candidato à presidência da República."[20]

Não vingou a proposta de unidade. Cada agrupamento político teve sua cota de responsabilidade no fracasso. O brizolismo considerou "insuficiente" o programa da frente, por não acentuar a necessidade da luta

A FRENTE ÚNICA NÃO DECOLA

anti-imperialista e contra a espoliação dos trabalhadores. Parte expressiva do PSD torceu o nariz para a legalização do PCB, temia as reformas e se opôs à participação de organismos como o CGT, o PUA e a UNE na frente. As esquerdas – à exceção do PCB – vetaram a participação do PSD (que poderia ter ampliado a base parlamentar de Goulart) e gritaram ao notar que, na proposta, não constava menção explícita à reforma agrária. Sagaz, San Tiago Dantas sabia que a reforma agrária defendida por tendências esquerdistas poderia afastar o PSD, tradicionalmente ligado a proprietários rurais.

Em contraposição às teses de San Tiago Dantas, lançava-se a ideia da "frente popular" ou "frente única das esquerdas", com apoio de entidades como o CGT e a UNE. Os líderes esquerdistas queriam um programa mínimo, "colocando na ordem do dia as reivindicações fundamentais do povo brasileiro", conforme o deputado Sérgio Magalhães.

Em 23 de março de 1964, divulgou-se esse programa. Além de endossar a mensagem presidencial que tratava das reformas de base, a "frente popular" queria a legalidade para o PCB, o monopólio de câmbio e de exportação do café, nacionalização dos bancos estrangeiros, controle federal dos empréstimos externos aos estados, extensão do voto aos analfabetos e a todos os militares, limite de investimentos para o capital estrangeiro no país, nacionalização das empresas de publicidade e propaganda, anistia para os processados ou presos por motivos políticos e sindicais, e reajustes periódicos de salários e vencimentos, entre outras medidas.

A "frente popular" escondia, de resto, um artifício tático. Malograda a frente de San Tiago Dantas – raciocinavam os dirigentes mais à esquerda –, só restaria a Jango aproximar-se do movimento popular, em busca de respaldo político. Nessa ótica, a adesão do PSD, prevista na fórmula de San Tiago, passaria ao segundo plano.

Nem uma coisa, nem outra. As duas frentes naufragaram junto com Goulart.

TODOS ALERTÁVAMOS PARA O GOLPE

O golpe está no ar. Eis a frase repetida pelas esquerdas a partir de meados de 1963, quando a campanha ideológica movida pela direita contra o governo Goulart se intensificou.

Porém, um ano antes, tinha ficado claro que a extrema direita seria capaz de recorrer a atos terroristas na ofensiva contra a esquerda, antes mesmo da deposição de João Goulart e sem relação com a conspiração golpista conduzida pelo IPES e seus sócios. Na noite de 16 de julho de 1962, dez terroristas do Movimento Anticomunista (MAC) arremessaram bombas de gás lacrimogêneo no Hotel Quitandinha, em Petrópolis, onde se realizava o XXV Congresso da UNE, provocando pânico entre os estudantes. Não satisfeitos, passaram num Aero Willys amarelo atirando contra estudantes nos jardins, ferindo quatro deles. Não era a primeira vez que o MAC promovia atentados. Seus sicários haviam metralhado a sede da UNE, em 1960, e explodido bombas em frente ao Escritório Comercial da União Soviética no Rio de Janeiro, meses após o restabelecimento das relações diplomáticas entre Brasil e URSS no governo Jânio Quadros, em 1961.[21]

Foi exato Elio Gaspari ao afirmar que "o terrorismo político entrou na política brasileira na década de 1960 pelas mãos da direita".[22]

Talvez os terroristas tenham se decidido a atacar o Quitandinha inconformados com a representatividade do congresso – 1.200 delegados estudantis de todo o país. Ou com a aclamação ao discurso de abertura de Leonel Brizola, no qual defendeu as reformas de base e enfatizou que a democracia só evoluiria no Brasil se fossem retirados do Congresso

Nacional [nas eleições de 7 de outubro de 1962] "os elementos comprometidos com poderosos grupos econômicos". Ou será que os celerados não suportaram ver, na primeira fila da plateia, altos oficiais nacionalistas, como o comandante da 3ª Zona Aérea, brigadeiro Francisco Teixeira, e o comandante dos Fuzileiros Navais, almirante Cândido Aragão?

No quadro geral da crise política, a radicalização galopante tornou-se item intransponível em qualquer análise de conjuntura realista. Os militares de direita, o IPES, a ESG, a UDN, Carlos Lacerda, Ademar de Barros, Magalhães Pinto... Sabíamos identificar perfeitamente os núcleos que conspiravam contra o governo de Jango. E alertávamos para a gestação do ovo da serpente do golpe.

Em 15 outubro de 1963, o deputado Almino Affonso esboçou um cenário explosivo: "As crises, cada vez mais graves a se repartirem em espaço de tempo cada vez menor, forçarão uma de duas: ou a saída golpista, ou a revolução social."[23]

Uma semana depois, a Frente de Mobilização Popular reclamou medidas enérgicas do governo contra "as manobras golpistas dos setores reacionários".

Em 3 de dezembro de 1963, A UNE enviou telegramas aos DCEs de todo o país chamando a atenção das lideranças estudantis para uma "tentativa de golpe pelos setores minoritários representantes dos interesses estrangeiros".

— Nós fazíamos o que chamávamos de "agit e prop" [agitação e propaganda]. O negócio era denunciar. Achávamos que, com a denúncia do golpe perante a opinião pública, a coisa se resolveria – relembra o ex-vice-presidente da UNE Marcello Cerqueira.[24]

A CIA previa tempestades para João Goulart. No memorando secreto enviado a Washington em 18 de outubro de 1963 e disponibilizado à consulta pública em 19 de dezembro de 2016, com o assunto "Chances de sobrevivência do presidente Goulart", avaliava-se que "a situação política e econômica no Brasil se deteriorou significativamente", por culpa de Jango, dada "a sua incapacidade de compreender o problema econômico do Brasil e sua relutância em tomar as difíceis e necessárias decisões políticas para enfrentá-lo". De acordo com os espiões da CIA, "fala-se de uma conspiração golpista, não apenas entre militares direitistas da reserva, mas também entre lideranças políticas civis". Concluíam que, diante do clima de "incerteza e medo generalizados sobre o futuro, os próximos seis ou doze meses serão provavelmente o período crítico".[25] O golpe veio em cinco meses.

A inquietação se estendeu à cúpula do Centro Popular de Cultura. O grupo que participara da segunda caravana da UNE-Volante regressou ao Rio com relatos assustadores. Em Natal, explodira uma bomba em frente ao hotel em que a equipe estava hospedada. Em Vitória, o espetáculo fora interrompido por uma bomba de fabricação caseira deixada nas galerias. Pânico em Fortaleza: alguém jogara no palco um vidro com ácido, quase acertando o ator Procópio Mariano. E, em Maceió, durante uma apresentação do teatro de rua, cortaram a iluminação pública.

Qualquer dúvida porventura remanescente sobre a ferocidade da extrema direita se dissipou com a selvageria em Belo Horizonte, no dia 25 de fevereiro de 1963. Milicianos, vários deles armados, praticamente impediram uma palestra de Leonel Brizola no auditório da Secretaria de Saúde. A Polícia Militar foi chamada às pressas, mas a pancadaria resultou em mais de cem feridos. Neiva Moreira, que acompanhava Brizola ao lado dos deputados Almino Affonso e Paulo de Tarso, define o episódio como "um ensaio do golpe":

— Foi uma coisa terrível. Ocuparam o auditório à uma da tarde e não nos deixaram fazer o comício. Só às 21h30 eu e outros companheiros conseguimos chegar lá, anestesiados pelo Magalhães Pinto, que telefonava pedindo calma, calma, calma, para impedir que fizéssemos o comício. Até que decidimos fazer. Fomos lá de qualquer maneira, mas foi uma brutal pancadaria, até a cavalaria atuou.[26]

Em novembro de 1963, ao propor a organização dos grupos dos onze para a resistência democrática, Brizola advertiu que um desfecho se aproximava. "O antipovo, a minoria privilegiada e dominante em crescente reação apertará o cerco contra o povo, procurando manter o controle da situação em suas mãos."

A narrativa se projeta no futuro. Em março de 1978, ainda no exílio em Lisboa, Miguel Arraes falou ao semanário *O Pasquim* sobre a crise de 1964. Esperava o golpe?

— Sim, e talvez fosse um dos poucos a pensar nisso. A situação era extremamente difícil e um acontecimento qualquer viria pôr fim à situação que se criava no país. Porque o governo federal havia perdido o controle da situação muito antes. De certa forma, tinha havido uma derrota política na fase que precedeu o golpe, dada a grande mobilização de meios de informação lançada contra o governo do presidente João Goulart e a defecção de numerosos governadores, que antes apoiavam e que pouco a pouco iam retirando esse apoio.

De acordo com Arraes, politicamente as forças do governo se enfraqueciam, "sem que houvesse uma resposta consequente por parte daqueles que o apoiavam em todos os lugares". A seu ver, "sem uma revisão de posições e sem a unificação real de todas as nossas forças no país inteiro, a situação era, ao contrário do que muitos pensavam, politicamente negativa para nós e favorável a uma intervenção da direita, como declarei aliás na ocasião".[27]

Não era assim que pensava Arraes em 22 de dezembro de 1963. Discursando aos prefeitos do baixo sertão pernambucano, em Arcoverde, não escapou do triunfalismo que contagiava a esquerda: "A oposição é impotente para conter a crescente união entre o governo e o povo."[28]

Mas o agravamento da crise foi percebido pelo governador de Pernambuco. Em 21 de janeiro de 1964, ao desembarcar no Aeroporto dos Guararapes, depois de contatos políticos no sul do país, pediu apoio popular a Goulart na luta pelas reformas. Denunciou uma "terrível maquinação, preparada contra o Brasil pela aliança latifundiária-imperialista", o que o levou a conclamar o enfrentamento das manobras golpistas e destruí-las "de acordo com os interesses do povo".[29]

Antes do comício da Central do Brasil, Arraes gelou com a ameaça de *lockout* por parte de empresários e proprietários rurais de Pernambuco, que viviam às turras com seu governo, classificado de "comunizante" por conta das medidas sociais que tomava. Olhem a data: primeira semana de março de 1964. O cerco se fechava. A Embaixada norte-americana procurava cumprir a sua parte: só em Pernambuco havia um cônsul e dezesseis vice-cônsules, além dos representantes de organismos sediados no estado.[30]

Na segunda-feira, 23 de março de 1964, o brigadeiro Francisco Teixeira, comandante da 3ª Zona Aérea, sediada no Rio de Janeiro, recebeu em seu gabinete a visita do general Chrysantho de Miranda Figueiredo, que estava à frente da Infantaria Divisionária no Paraná, sediada em Ponta Grossa. Ambos oficiais legalistas. Sigilosamente, embora nas hostes de esquerda não fosse tanto segredo assim, Teixeira era membro do Comitê Militar do PCB. Depois de conversarem a sós, os dois comandantes militares reuniram-se com João Goulart.

— O presidente nos chamou para uma troca de impressões sobre a situação política em geral e militar, em particular. Não dissimulei minhas preocupações, pois sabia da existência de vastas áreas de conspiração, mas concordei em que a situação melhorava. Goulart, igualmente, me pareceu tranquilo, considerando também que a situação melhorara bastante após o comício pelas reformas de base, no dia 13 de março, na Central do Brasil – relata Teixeira.[31]

Antes de regressar a Brasília, após comparecer ao comício, Marco Antonio Tavares Coelho (1926–2015), deputado federal eleito em 1962 pelo Partido Social Trabalhista (PST) e dirigente comunista, recebeu do Secretariado Nacional do PCB, por proposta de Luiz Carlos Prestes, a incumbência de dialogar com Jango sobre o preocupante quadro político e militar, alertando-o para a conduta sinuosa do general Amaury Kruel no comando do II Exército, em São Paulo. Dois ou três dias depois, na Granja do Torto, em Brasília, Goulart se reuniu com Marco Antonio, que relembra:

— Transmiti-lhe a apreensão dos dirigentes do PCB, inclusive a respeito do general Kruel, e ele procurou me tranquilizar. Contou-me que, dias antes, recebera um telefonema da esposa de Kruel para agradecer a nomeação de seu filho para agente do Lloyd Brasileiro em Nova Orleans. Compreendi que Goulart depositava total confiança no seu dispositivo militar. Várias vezes elogiou sem reservas o movimento dos sargentos. Infelizmente, eu não dispunha então de melhores informações para mostrar-lhe como se encontrava totalmente equivocado.[32]

Neiva Moreira relata uma reunião onde estavam generais, almirantes, brigadeiros, o general Osvino Ferreira Alves e o recém-nomeado mas ainda não empossado comandante do II Exército, general Ladário Teles. Neiva fez uma exposição dizendo que a Frente Parlamentar Nacionalista, da qual era secretário-geral, recebera informações de que mais de cem comandos militares estavam nas mãos da direita e que havia uma conspiração se alastrando pelo país.

— A situação no Ministério da Guerra é extremamente preocupante – disse Neiva.

Um general, que ele prefere não identificar pelo nome, levantou-se e respondeu:

— O senhor está completamente mal informado sobre o assunto. Essa informação é de um leigo. A situação é absolutamente diferente. Nunca um presidente teve um esquema militar tão poderoso. E digo mais: o Jango está com a bola branca.

Ladário Teles, que ainda não o conhecia, chamou Neiva Moreira num canto e afirmou que era procedente a sua preocupação a respeito das forças armadas. O general revelou que, tendo sido nomeado havia vários dias, não lhe davam autorização nem recursos para assumir o III Exército.

— Há uma situação conspiratória e visível – sentenciou Ladário.

Por mais que intimamente pudesse ter algum receio, Jango seguia dizendo que o apoio popular ao governo havia crescido, e que contava com os comandos legalistas das forças armadas e o apoio da maioria dos trabalhadores organizados pelo CGT.

Mas, a bem da verdade, Jango não era a única liderança progressista que manifesta crença no espírito legalista das forças armadas.

Corte para o comício em Niterói promovido pelo Sindicato dos Operários Navais, em 1º de fevereiro de 1964. Discursa Leonel Brizola: "As forças armadas estão empenhadas na manutenção da ordem neste país. [...] Devemos confiar no papel que vêm desempenhando, até agora, no sentido de preservar a legalidade e a fiel observância ao poder constituído pelo povo."[33]

Apesar de também confiar no esquema militar do general Assis Brasil, o PCB chamou a atenção, na última edição de *Novos Rumos* (27 de março de 1964), para o risco de "grupos reacionários tentarem interromper o processo democrático e conter o avanço das forças democráticas e progressistas através da implantação de um governo direitista, abertamente antinacional e antipopular".

Em 28 de março de 1964, o jornal *Brasil Urgente* via os contornos do golpe com absoluta perplexidade: "Por que todos estão pregando o golpe e fazendo subversão? Por que estão conspirando contra o povo? Por que decretam a morte das instituições democráticas? Por que a radicalização se tornou tão violenta? Por que a reação decidiu 'resolver' o assunto nos próximos dias?"

A ESQUERDA E O GOLPE DE 1964

Em 30 de março de 1964, o CGT divulgou um manifesto afirmando que "forças reacionárias, inconformadas com o avanço democrático de nosso povo e com os recentes decretos patrióticos do presidente da República, articulam-se pública e notoriamente visando à deposição do presidente da República para anular essas conquistas".

Previmos o golpe, ele veio mesmo. E nós?

NÓS TRIUNFARÍAMOS

Denunciávamos o golpe, mas, como éramos mais fortes política e militarmente, bastaria usar a palavra de ordem da supremacia das forças populares que os adversários tremeriam. Tínhamos a faca e o queijo nas mãos.

Voltemos à noite de 3 de janeiro de 1964, quando Luiz Carlos Prestes, completando 66 anos naquele dia, foi entrevistado no programa *Pinga Fogo*. A possibilidade de um golpe era algo que parecia não perturbá-lo:

— Estou convencido de que qualquer tentativa de golpe reacionário, hoje, no Brasil, será a guerra civil. [...] Estamos convencidos de que a guerra civil, se os reacionários nos levarem a ela, levará à vitória do povo, à vitória das forças patrióticas e democráticas, acelerará o processo revolucionário. Preferimos, porém, a vitória do povo através do caminho pacífico.

A conspiração existia, mas não venceria – eis a lógica de grande parte da esquerda, que cobrava de Jango definições por um "governo nacionalista e popular", que afastasse os ministros do PSD e do PTB "fisiológico" e os substituísse por políticos pró-reformas.

A crença na superioridade das forças populares foi o tom dominante dos discursos no grande comício da Central do Brasil, em frente ao Palácio Duque de Caxias, sede do Ministério da Guerra, na sexta-feira, 13 de março de 1964. Jango e lideranças progressistas falaram a uma multidão estimada entre 150 mil e 200 mil pessoas. Era imperioso dar uma demonstração de unidade em favor das reformas de base e outras medidas que contribuíssem para a democratização da vida social.

No seu discurso, Brizola pregou o fim da política de conciliação com a burguesia; atacou o Congresso "controlado por uma maioria de latifundiários, reacionários, privilegiados e de ibadianos"; e enfatizou que a única saída para superar o processo de espoliação do país seria a convocação de uma Assembleia Constituinte, "com a eleição de um Congresso popular, de que participem os trabalhadores, os camponeses, os sargentos e oficiais nacionalistas, homens públicos autênticos, e do qual sejam eliminadas as velhas raposas da política tradicional".

Arraes também foi enfático: "Enganam-se os que pensam poder enganar o povo. Hoje o povo exige, na praça pública, definições e atos concretos. [...] O povo exige a liquidação dos privilégios, em benefício da maioria da nação. Só assim poderemos marchar para a liquidação dos monopólios."

A fala do presidente da UNE, José Serra, seguiu o mesmo diapasão: "Se não expulsamos ainda os imperialistas, verificamos que a consciência popular é, mais do que nunca, anti-imperialista."

Jango fez uma contundente defesa das causas populares e democráticas. Repeliu os que consideravam o comício "um ato atentatório ao regime": "A democracia que eles desejam impingir-nos é a democracia antipovo, do antissindicato, da antirreforma, ou seja, aquela que mais bem atende aos interesses dos grupos a que eles servem ou representam." Propôs uma revisão constitucional que consolidasse as reformas de base, abrindo caminho para um desenvolvimento mais igualitário, sem privilégios para as minorias e os monopólios nacionais e internacionais. Anunciou dois decretos: o que desapropriava terras às margens de rodovias federais, ferrovias e açudes do país, para fins de reforma agrária; e o que encampou seis refinarias privadas, que seriam incorporadas à Petrobras após as desapropriações. E, mais uma vez, externou confiança no compromisso legalista das forças armadas: "Nenhuma força será capaz de impedir que o governo continue a assegurar absoluta liberdade ao povo brasileiro. E, para isso, podemos declarar, com orgulho, que contamos com a compreensão e o patriotismo das bravas e gloriosas forças armadas da nação."[34]

A repercussão do comício foi enorme, em todas as direções. O conservadorismo apavorou-se. *O Globo* criticou a encampação das refinarias e estampou a manchete: "Parlamentares veem demagogia nos discursos do comício da Central" (16 mar. 1964). Porta-voz do lacerdismo, a *Tribuna da Imprensa* (14 mar. 1964) disparou contra a fala de Jango: "O sr. João Goulart antecipou o quadro de revolução civil, ao creditar àqueles que se opõem às reformas um possível derramamento de sangue no país."

Como previsíveis, as reações foram exatamente opostas na esquerda: só aplausos. Com exceção de Francisco Julião, que se opunha à limitada reforma agrária assinada por Jango e nem sequer fora convidado para o comício.

Luiz Carlos Prestes elogiou o discurso de Goulart:

— Naquele dia, o presidente João Goulart, com os atos que assinou e com as palavras que enunciou, disse ao povo brasileiro que queria assumir a liderança do processo democrático em desenvolvimento em nosso país. [...] Nós, comunistas, pensamos que todos os patriotas, neste momento, não podem deixar de ter uma posição firme de apoio aos atos do presidente Goulart.[35]

No editorial "Intensificar as ações de massas para garantir a vitória do povo", publicado por *Novos Rumos* em 23 de março de 1964, o PCB sustentou que o comício marcara uma nova fase nas lutas populares: "As forças que foram à praça pública naquele dia são invencíveis, desde que se mantenham unidas e atuantes, desde que prossigam no caminho das ações de massa."

O general nacionalista Osvino Ferreira Alves, em mensagem aos trabalhadores da Petrobras, por ele presidida desde janeiro de 1964, avaliou o comício como "o começo de um processo histórico que levará a gente brasileira a uma participação mais efetiva e à marcha vitoriosa para a nossa completa emancipação nacional".[36]

A efetivação das reformas de base, a partir do comício, era apenas uma questão de tempo. Tudo parecia depender da vontade de Jango – imaginavam muitos na esquerda. Como o deputado Neiva Moreira no *Panfleto* de 23 de março: "Como está, o risco da contrarrevolução é imenso, mas esse perigo desaparecerá rapidamente se o presidente, com a visão do apoio nacional a um programa novo e dinâmico, marchar para o governo popular e nacionalista e para um programa claro e coerente que comece no 10º andar do Ministério da Fazenda [...]."

Mas na reta final a balança pendeu para o golpismo.

Além da radicalização dos dois lados – as esquerdas pressionando Jango a romper com a política de conciliação e avançar com as reformas; a direita cada vez mais agressiva em direção à ruptura institucional –, o cenário econômico ao cabo dos dois primeiros meses de 1964 permanecia aflitivo. A inflação seguia no patamar de dois dígitos, e o governo norte-americano dificultava ao máximo a renegociação da dívida externa, com sérias implicações no endividamento interno e nas reservas cambiais.

Segundo Maria Victória Benevides, a virulência da propaganda anticomunista e da campanha difamatória contra Jango "foi decisiva para convencer as classes médias a saírem às ruas e exigirem a queda do governo". Esse "terrorismo semântico" foi concebido, articulado e promovido pela "direita parlamentar que, nos conhecidos moldes fascistas, manipulava a mentira para explorar ao máximo a insegurança das classes médias, com uma verdadeira retórica do medo e do ódio". A seu juízo, "por trás das campanhas moralistas e aterrorizadas estavam, além dos militares, as verdadeiras 'classes dominantes' (o grande capital, o latifúndio, a tecnoburocracia) que, com rara eficiência, cultivavam o medo e o ressentimento do homem comum".[37]

O temor ao comunismo incutido por tais campanhas penetrou como um raio em parcela considerável da classe média, especialmente quando associado à instauração de uma "República sindicalista". Tanto o governo quanto as forças que o apoiavam não conseguiam – ou não se empenhavam o suficiente – reverter essa ideia-força golpista, que remetia ao fantasma da "proletarização da sociedade".

Um falso galã surge no nosso filme e arranca suspiros das beatas. Patrick Peyton, irlandês naturalizado norte-americano, pároco de Hollywood, em Los Angeles, era conhecido como "o padre das estrelas" por gostar, como qualquer narcisista, de posar para fotos ao lado de celebridades do cinema. A cada pregação, valia-se de arroubos retóricos e coreografias bem ensaiadas no palco. Peyton era um agente a soldo do Departamento de Estado e da CIA, que financiavam as suas "Cruzadas do Rosário em Família" em países da América Latina, cumprindo o papel de "apóstolo do imperialismo americano na Guerra Fria", na definição de Theotonio dos Santos. Quase diariamente, às 19h, com cobertura de emissoras de rádio e televisão e repercussão na imprensa, Peyton rezava os "terços em família", com exortações messiânicas e infiltradas de mensagens anticomunistas. "Uns cinco ou dez minutos antes de chegar no terço, ele dava pauladas no Jango, intrigando-o nos meios católicos e criando o medo do comunismo", recorda Plinio de Arruda Sampaio.[38]

Raul Ryff reconhece sua ingenuidade em relação à "santa" missão de Peyton:

— Eu, na Secretaria de Imprensa, abri muitas facilidades ao padre Peyton, inclusive dando a ele de presente fitas de televisão para gravar aquela campanha dele.[39]

Com a catequese do padre Peyton e o decidido apoio da Campanha da Mulher pela Democracia (Camde), do governo paulista, da União Cívica Feminina, da Sociedade Rural Brasileira e do empresariado guiado pelo IPES, organizou-se em São Paulo a primeira das "Marchas da Família com Deus pela Liberdade". A data, 19 de março de 1964, foi escolhida por ser dia de São José, padroeiro da família.

Nas imagens exibidas pelos telejornais, uma multidão estimada em 400 mil pessoas tomou o centro de São Paulo. Milhares de senhoras bem-vestidas; delegações de todo o estado, transportadas em 2.500 ônibus; freiras contritas rezando seus terços. No coração, o pavor da "comunização" do país. O inimigo, afinal, era um "monstro" de vários tentáculos: ateu, corrupto, bolchevista, cubano, demagogo.

A marcha foi uma inquestionável resposta ao comício da Central do Brasil. Sinal de que a classe média fizera a sua escolha. As faixas não deixavam dúvidas: "Constituição intocável", "Um, dois, três, Brizola no xadrez", "Reformas com Constituição. Senão, não", "Renúncia ou *impeachment*". As manchetes dos jornais, por outro lado, englobavam a todos, como a de *O Globo* em 25 de março de 1964: "A Marcha da Família empolga todos os setores da população."

E não esqueçamos o apoio, reconhecido na documentação oficial, do governo dos Estados Unidos à conspiração golpista. Na tarde de 31 de março de 1964, o vice-diretor de Operações Navais, contra-almirante John Chew, ordenou ao comandante em chefe da Esquadra do Atlântico o deslocamento de uma força-tarefa para a área oceânica próxima a Santos, no litoral paulista. A esquadra incluía o porta-aviões Forrestal, seis contratorpedeiros com 110 toneladas de munição, um porta-helicópteros e quatro petroleiros com 553 mil barris de combustível. Mas, como se sabe, não foi preciso prosseguir com a chamada "Operação Brother Sam", dado o triunfo do golpe. Na eventualidade de legalistas controlarem um porto e pistas de pouso aptas a receber aviões-tanques, "os Estados Unidos estavam dispostos a garantir o suprimento de combustível e até mesmo armas", escreve Elio Gaspari, acrescentando: "Não há registro documentado que previsse um desembarque de tropa, e o Forrestal jamais chegou a entrar em águas brasileiras."[40]

O adversário estava na lona na semana do golpe? Ainda não. Consultemos o *Jornal do Brasil* de 22 de março de 1964: "Esquerdas prometem um milhão nas ruas em resposta à marcha." A previsão se referia às comemorações do dia 1º de maio, em São Paulo. Para porta-vozes de organizações de esquerda, o que se viu na ruas com a "Marcha com Deus" foi "a fina flor do reacionarismo". E prometiam o troco: "Fizeram o desfile da gravata e da meia de seda; agora vamos fazer a parada do macacão."

NÓS TRIUNFARÍAMOS

Para alimentar o sonho de um milhão de trabalhadores aclamando Jango, a ideia era formar pequenos comandos em cada fábrica. "A esses comandos caberá a missão de organizar a lista de presença dos seus companheiros, de modo a garantir, antecipadamente, um comparecimento superior a um milhão de pessoas." Já tinham escolhido o local da concentração: a praça Roosevelt, que tem três vezes a capacidade da praça da Sé, ocupada pela "Marcha com Deus".

A confiança na mobilização popular não se restringia ao grandioso 1º de maio. Francisco Julião lembra-se da "grande marcha das Ligas Camponesas para o sertão", que terminaria no dia 7 de setembro em Juazeiro, Ceará, terra do padre Cícero Romão Batista.

— Era preciso ganhar o sertão. Então, concebi a ideia de uma marcha para Juazeiro. Convoquei um grande escultor, o Abelardo da Hora, e disse-lhe que gostaria que fizesse uma estátua do padre Cícero, no tamanho natural e em argila. O sertanejo é muito religioso, fanático pelo padre Cícero. No dia 7 de setembro se realiza a grande romaria no Juazeiro, onde se reúnem 40 mil ou 50 mil camponeses de todo o Nordeste, para venerar o padre Cícero. Se eu queria ganhar o sertanejo, a estátua fazia parte desse processo. Íamos tirar uma fotografia do padre Cícero recebendo a estátua e depois escreveríamos embaixo: "Ligas Camponesas do Nordeste, romaria ao Juazeiro do padre Cícero."

O passo seguinte, conta ele, seria mandar distribuir dezenas de milhares desses prospectos, do Ceará até a Bahia. "Eu já sabia até de onde partiam os caminhões levando os romeiros para Juazeiro." Julião chegou a pedir ao jornalista e escritor Antonio Callado que "comandasse o programa", porque queria que o evento fosse filmado para o mundo inteiro. "Mas veio o golpe e acabou com tudo", ele lamenta.[41]

Cinco dias depois da sublevação dos marinheiros, com o governo sob intenso bombardeio da imprensa e das forças conservadoras, Jango cometeu o erro fatal. Em 30 de março de 1964, decidiu comparecer à festa pelos quarenta anos da Associação dos Sargentos e Suboficiais da Polícia Militar da Guanabara, no Automóvel Clube do Brasil, em frente ao Passeio Público, no Rio de Janeiro. Na plateia com 2 mil sargentos, além dos anfitriões, estavam presentes o cabo José Anselmo dos Santos e os apoiadores de sempre: CGT, PUA, Frente Parlamentar Nacionalista, UNE, brizolistas, comunistas, AP, Polop etc.

Jango desconsiderou opiniões contrárias à sua ida ao Automóvel Clube; em pleno caldeirão da crise política e institucional, sua presença poderia ser alardeada pelo golpismo como endosso a um ato de desobediência aos regulamentos militares. Entre os que o aconselharam a se esquivar do convite, estavam o líder do governo na Câmara, Tancredo Neves, o ministro da Justiça, Abelardo Jurema, seu amigo e deputado federal Doutel de Andrade e o secretário de Imprensa, Raul Ryff. "Deus faça que eu esteja enganado, mas temo que essa decisão do presidente provoque o inevitável, a motivação final para o golpe", teria dito Tancredo ao saber da presença de Jango no evento.

Raul Ryff recorda-se dos momentos tensos no Palácio Laranjeiras até Goulart decidir prestigiar a festa:

— Fui contra a ida do presidente. Estavam presentes o Tancredo Neves, o general Argemiro Assis Brasil e eu. O general achava que o Jango não poderia deixar de ir à reunião, porque era um compromisso, estava programado. Seria uma coisa chocante ele não comparecer. O Tancredo foi frontalmente contra, argumentando em nome da hierarquia, uma questão sensível para as classes armadas. Mas prevaleceu a opinião do general, que deveria conhecer bem a opinião de sua tropa, de sua gente, de sua hierarquia. Aquelas manifestações de marinheiros e sargentos não ajudaram o governo em nada.[42]

Apesar do clima favorável a Jango no Automóvel Clube, não saíam das mentes de muitos ali as últimas linhas da coluna de Carlos Castello Branco no *Jornal do Brasil*, dois dias antes: "Uma edição recente do livro de John Reed, *Os dez dias que abalaram o mundo*, vem sendo lida em

Brasília por toda a esquerda. A rebelião dos marinheiros no Rio foi em consequência saudada aqui como se fosse uma ação dos marujos do Cronstadt em apoio à linha do soviete de Petrogrado."[43]

Acompanhado pela primeira-dama Maria Thereza e pelos ministros Abelardo Jurema, Wilson Fadul, Amaury Silva, Expedito Machado e Assis Brasil, Jango chegou pouco antes das 22h ao Automóvel Clube, sendo recebido à entrada por numerosos simpatizantes que gritavam: "Jango! Jango!" Ele sorriu e acenou com simpatia. Aguardavam-no os ministros da Marinha e da Aeronáutica e o comandante dos Fuzileiros Navais. Tenso e com olheiras, Jango retirou do bolso do paletó o texto do que seria o seu último discurso como presidente da República. Mas o deixou de lado para falar de improviso, denunciando "o clima de intrigas e envenenamento" provocado por grupos poderosos.

Na parte explosiva, Jango referiu-se à questão da disciplina nas forças armadas: "Enganam-se redondamente aqueles que imaginam que as forças da reação serão capazes de destruir o mandato que é do povo brasileiro. Ainda agora, procura-se, em nome da disciplina militar, criar uma crise para dividir as gloriosas forças armadas do país. Quem fala em disciplina? Quem está alardeando disciplina nesta hora? Quem está procurando intrigar o presidente da República em nome da disciplina? São aqueles mesmos que, em 1961, em nome de uma falsa disciplina, em nome de pretensa ordem e de pretensa legalidade que defendiam, prenderam dezenas de oficiais e sargentos brasileiros."[44]

Assim como no comício da Central do Brasil, em 13 de março de 1964 (sobre o qual voltaremos a falar adiante), nem parecia o Jango conciliador tão criticado pelas esquerdas.

A sua fala embutia três recados: 1) a reação não impediria a marcha de seu governo na direção dos interesses populares; 2) o Congresso continuaria aberto; e 3) as reformas de bases "humanas e cristãs" seriam executadas, apesar da ação de "grupos de pressão que hoje controlam facções políticas, agências de publicidade e órgãos de cúpula das classes empresariais".

A fala do presidente no Automóvel Clube alimentou as acusações da direita de que seu governo atropelava os princípios basilares das instituições militares – a hierarquia e a disciplina.

Quase dois meses após o golpe militar, em 26 de maio de 1964, já punido pela Junta Militar com a transferência para a reserva e a suspensão dos direitos políticos por dez anos, o general Assis Brasil apresentou outra versão sobre a ida de Jango ao Automóvel Clube, em depoimento no inquérito policial militar presidido pelo marechal Taurino de Resende. Segundo Assis Brasil, depois de hesitar em comparecer e pedir-lhe que verificasse a que se destinava a reunião dos suboficiais da PM, Jango decidira aceitar o convite da associação. Depôs o general: "Disse eu ao presidente: 'Se o senhor quer aceitar a homenagem, é preciso que haja muito cuidado.' Agora, ele queria aceitar a todo pano e, afinal, a homenagem saiu. Quando vi, o negócio estava marcado e 'vamos, vamos, vamos...', e o negócio saiu."[45]

Luiz Carlos Prestes responsabiliza o ex-chefe da Casa Civil Darcy Ribeiro pela presença de Jango na fatídica reunião do dia 30:

— Aquela reunião foi decisiva para o golpe. Qual é o oficial do Exército que vai ficar tranquilo sabendo que o presidente da República se dirige, naquela linguagem, aos sargentos? Os sargentos se sentem diretamente ligados ao presidente e desobedecem aos oficiais. O maior responsável por aquela reunião foi Darcy Ribeiro, que tinha posições esquerdistas aceitas por Jango.[46]

Darcy Ribeiro rejeita a acusação:

— Eu mandei um avião, de Brasília para o Rio, com a sugestão básica para o discurso do presidente, na reunião com os sargentos. O que eu pedi ao presidente era que, naquele momento, reafirmasse a hierarquia como condição de funcionamento das forças armadas. E que os provocadores estavam no caminho contrário. Talvez emocionado, o presidente não falou o que sugeri. [...] Nesse caso, o senador Prestes não tem razão.

Eu, que estava ao lado do Jango, com informações sobre as provocações, tentava uma atitude que não o enfrentamento. Quem tinha essa atitude eram os pequenos grupos de esquerda, um pouco o Brizola e o Neiva Moreira. Eles, sim, tinham uma atitude de achar que a mobilização dos sargentos podia levar a alguma coisa.[47]

Narciso Júlio Gonçalves também atribui a um erro de avaliação de lideranças de esquerda o episódio do Automóvel Clube:

— A esquerda, de certa forma, incentivou, insuflou aquela mobilização. Tinha-se a ilusão de que, reunindo 2 mil praças e sargentos, pudesse garantir o governo. Era a ideia de que a política de pressão de massa deveria ser utilizada também nas forças armadas. Só que não havia uma organização na retaguarda que garantisse a eficácia daquilo.

Narciso recrutou uns duzentos fuzileiros para a manifestação de apoio a Jango, convencido de que era uma atitude consequente. Hoje, acha que foi um grave erro: "À semelhança dos marinheiros, estávamos dando mais um pretexto para que se achasse que o Brasil caminhava para uma República de sargentos, sindicalista."[48]

No dia seguinte, 31 de março de 1964, com a manchete "Nem golpes contra o governo, nem golpe contra o povo", *Última Hora* de Samuel Wainer noticiava que João Goulart fora "aplaudido por milhares de sargentos" no Automóvel Clube, onde denunciara "a conspiração do dinheiro miúdo que a reação derrama em todo o país, numa campanha de ataques ao chefe do governo, para impedir as reformas humanas e cristã que a maioria reclama". E nas linhas finais da chamada de primeira página, ressaltava ter o presidente tranquilizado as forças progressistas, pois não haveria golpe.

Alguns chefes militares legalistas enchiam o peito para garantir que o governo controlava a situação – exatamente quando a conspiração já penetrava nos quartéis e seduzia a oficialidade.

O editor Ênio Silveira recorda-se de que, almoçando com o comandante dos Fuzileiros Navais, almirante Cândido Aragão, lhe manifestara a preocupação com um possível golpe de Estado. "Em menos de meia hora eu tomo a cidade, arraso o Palácio Guanabara", teria respondido Aragão. Não satisfeito, Ênio voltou a indagar: que providências serão tomadas, se o golpe chegar às ruas, para que sindicatos armados ofereçam resistência?

Aragão o tranquilizou:

— Você fique pensando nos seus livros e nas suas ideias. Quando chegar a hora de dar tiros, deixa comigo. Essa é minha profissão.

A realidade foi muito diferente, lamenta Ênio Silveira:

— Na hora do golpe, o Aragão correu pelas ruas, como um doido. Um homem que com bravatas falhou completamente. Nós fomos traídos na nossa ingenuidade e na nossa confiança.[49]

Não apenas o almirante Aragão afirmava ter poder para afastar a ameaça de uma ruptura institucional. O governo depositava máxima confiança no esquema militar legalista.

As sequências reconstroem o rito de passagem para a derrocada de Goulart.

1) Eduardo Chuahy critica o desempenho do general Assis Brasil na Casa Militar:

— O serviço de informações do governo não era ruim. O responsável era o coronel Labarthe, uma figura extraordinária, sabia de tudo. Eu recebia e lia relatórios, mostrando o desenvolvimento do golpe. Às vezes, eu os entregava ao Assis Brasil e ele bloqueava, dizendo: "Querem assustar o presidente." Até hoje, preciso entender o Assis Brasil. Não que fosse um traidor, mas era um homem desqualificado para a função.[50]

2) Churrasco em Brasília. Presentes João Goulart e membros da Casa Militar. Em cima de uma mesa, mapas de posições militares. Assis Brasil garante ao presidente estarem sob vigilância todos os focos possíveis de

agitação. O dispositivo militar estava preparado para dar cobertura ao presidente no prosseguimento da sua política de reformas.

3) Talvez embalado por informes grandiloquentes como os de Assis Brasil, Jango não hesitou, no seu discurso no comício da Central, em acenar com a sustentação militar para as reformas: "Nenhuma força será capaz de impedir que o governo continue assegurando absoluta liberdade ao povo brasileiro; nenhuma força impedirá que o povo se manifeste livre e democraticamente. E para isso podemos dizer, com orgulho, que contamos com o patriotismo das bravas e gloriosas forças armadas desta nação."

4) No dia 13 de fevereiro de 1964, em cadeia de rádio e televisão, o chefe da Casa Civil, Darcy Ribeiro, assegura a lealdade militar: "As forças armadas estão unidas para levar avante as reformas de base, num processo que já está em curso e que nada poderá interromper. [...] O poder econômico pode levantar quantos IBADs quiser, que nada demoverá o presidente João Goulart de seu propósito de realizar as reformas."

5) A câmera filma de longe o almoço de Goulart com o arcebispo do Rio de Janeiro, dom Helder Câmara, e o presidente da CNBB, dom Carlos Carmelo de Vasconcelos Mota. Apreensivos com os rumos do processo político, os dois religiosos tinham lhe solicitado uma audiência. No almoço, Jango se dizia certo de contar com os generais. Diante da ponderação de dom Helder de que poderia estar equivocado, o presidente afirmou:

— Mas certamente conto com o apoio dos sargentos e do CGT.[51]

6) Dias depois do comício da Central do Brasil, o general Assis Brasil e funcionários da presidência da República encontraram-se com o comandante da 3ª Zona Aérea, brigadeiro Francisco Teixeira, para tratar da manifestação que sargentos iriam promover no Automóvel Clube do Brasil, no Rio, em favor das reformas de base e em apoio a Goulart. Para Assis Brasil, era uma homenagem de alta significação. Teixeira foi contra a ida de Jango ao evento, pois, a seu ver, poderia agravar a crise política, com a quebra da hierarquia militar. Ficou sozinho, pois os de-

mais presentes eram favoráveis. "Houve mesmo quem observasse que, se Goulart não aceitasse a homenagem, ela seria canalizada para outro político, como Miguel Arraes, por exemplo, cujo nome chegou a ser citado", diz o brigadeiro.

No mesmo dia, o comandante do I Exército, general Armando de Morais Âncora, telefonou a Teixeira para saber se ele estava envolvido na coordenação do ato dos sargentos. O brigadeiro negou categoricamente. Âncora disse: "O Exército não participa de comícios."

Preocupado com a confusão reinante, Francisco Teixeira levou esses fatos ao conhecimento do presidente.

— Goulart pareceu insensível ao meu relato. Confiava na solidez de seu dispositivo militar, no apoio sindical e em outras manifestações de apoio que convergiam para o Palácio do Planalto. Tanto assim que, no início da Semana Santa, quando o presidente tomou um avião na 3ª Zona Aérea, rumo a São Borja, onde passaria os dias santificados, ouvi dele a seguinte e enfática declaração: "Esmagaremos qualquer tentativa de golpe."[52]

7) Último contato de Jango com Luiz Carlos Prestes. Este garante ter sido informado pelo presidente de que "vinte generais estavam ao lado do governo":

— Nós perguntávamos se havia força suficiente no Exército para impedir o golpe, e o Jango dizia que tinha. Falou dos vinte generais, que queriam até falar comigo. Quando eu saí da casa dele, o [Giocondo] Dias e eu conversamos, e eu me lembro de ter dito: "Isso aí só pode ser uma provocação." Porque nós conhecíamos os generais brasileiros e sabíamos das posições anticomunistas da maioria deles.[53]

Em 27 de março de 1964, Prestes compareceu à Associação Brasileira de Imprensa para proferir uma palestra em comemoração aos 42 anos de fundação do PCB. A imagem na tela é a de um Prestes confiante. Ele teria dito, segundo Jacob Gorender, que, se o golpe ocorresse, "os golpistas teriam suas cabeças cortadas".[54]

Prestes nega ter dito a frase. E contra-ataca:

— O almirante Aragão dizia que se devia atacar o Palácio Guanabara. Não fez nada. [...] É o que Marx diz no *18 Brumário*: pequeno-burguês conspira, conspira, não toma uma medida de organização, fracassa tudo, todo mundo é responsável, menos ele.[55]

Mas uma militante presente no auditório da ABI o contradita. Então secretária de organização do Comitê Universitário do PCB, a historiadora Marly Viana dá o seu testemunho:

— Prestes bateu com o punho na mesa e disse: "O imperialismo está derrotado neste país. Se ele levantar a cabeça, nós o esmagaremos." Eu estava lá e assisti. Tinha um boliviano do meu lado que comentou: "Ai, que inveja de vocês!" O que Prestes nos disse era que não havia chance de a direita dar o golpe; se tentasse, seria esmagada. No fundo, era a crença total no esquema militar do Jango.[56]

Na noite de 31 de março de 1964, o secretário-geral do PCB telefonou para o comandante da 3ª Zona Aérea, brigadeiro Francisco Teixeira, homem-chave no dispositivo militar do governo. Queria saber se tinha condições de bombardear o Palácio Guanabara. "Meus tenentes já estão todos do outro lado", teria respondido Teixeira.

Prestes guarda o diálogo com o brigadeiro no baú das ilusões sobre o "esquema militar" que não esperaria a hora para fazer acontecer.

— Imagine que nós achávamos que tínhamos frações organizadas na Aeronáutica...[57]

Na derradeira edição de *O Semanário*, em 31 de março de 1964, o jornalista Joel Silveira ainda alimentava ilusões quanto ao poderio do governo Goulart, depois da repercussão do comício da Central do Brasil. Ele indagava qual seria a reação da direita: "Ateará o neofascismo fogo às vestes? Tomará formicida? Jogar-se-á do Corcovado? Enforcar-se-á numa das figueiras do Sumaré?"

* * *

E se por acaso relutássemos em crer que as forças de esquerda se encontravam divididas ou confiantes numa revolução improvável? E se continuássemos queimando munição na batalha com o imperialismo, em vez de nos concentrarmos no enfrentamento do arsenal do IPES, da UDN, dos militares não legalistas e do embaixador Gordon? E se nos enganássemos perdendo fôlego numa sangria verbal que nos empurrava para longe de um projeto unificado de transformações sociais?

E se nos enganássemos ao subestimar a ofensiva golpista, a tal ponto que nos víssemos impotentes diante da derrubada do governo constitucional? E se nos equivocássemos imaginando que podíamos perder a classe média porque teríamos as massas ao nosso lado?

Mas como os estudantes da UNE podiam se enganar se Luiz Carlos Prestes em pessoa, no dia 30 de março de 1964, os tranquilizava? Segundo Marcello Cerqueira, Prestes costumava dizer que os trabalhadores, aliados ao dispositivo militar do presidente, garantiriam a democracia:

— Era uma coação moral. O Prestes é um mau político, mas é um mártir, um herói. É uma estátua. [Sorri.] Ora, você menino e ele falando, imagina... No dia 30 de março à noite, ele foi à UNE e disse: "Não tenham medo. Eles que ponham a cabeça de fora." Foi lá e disse isso, porra! [Dá um soco na mesa, irritado.] Até hoje me lembro da expressão dele, confiante.

Se nos enganássemos, pelo menos não cairíamos sozinhos.[58]

Porque até o embaixador da URSS no Brasil, Andrei Fomin – segundo informe secreto enviado pela Embaixada norte-americana ao Departamento de Estado, em 25 de setembro de 1963 –, supunha que "os direitistas não constituíam perigo" para Goulart.[59]

O diplomata soviético, tempos depois, foi transferido para o Paquistão Oriental, atual Bangladesh.

FALHOU A PREVISÃO DO BABALORIXÁ

Em pleno comício na Central, um corpo estranho no palanque: José Ribeiro de Souza, presidente da União Nacional dos Cultos Afro-Brasileiros e do Superior Conselho Sacerdotal de Umbanda. Segundo relato do *Panfleto*, o líder umbandista "previu muito sucesso para as reformas de base, analisadas sob o aspecto espiritualista, e disse que Brizola, cujo orixá é Xangô, vai para cabeça na política nacional".[60]

Éramos fortes entre sargentos e marinheiros; o ministro da Guerra, general Jair Dantas Ribeiro, prometia "máxima energia" contra os insubordinados Olímpio Mourão Filho e Carlos Luís Guedes a caminho do Rio.

E quem, senão João Goulart, divulgou na noite daquele mesmo 31 de março uma nota oficial sustentando que, como das tentativas anteriores, o golpe de Estado estava "condenado a igual malogro"? No parágrafo final, chegou a dizer que "a nação pode permanecer tranquila", porque o governo asseguraria a unidade nacional, a ordem constitucional e os princípios democráticos e cristãos em que se se inspira". Tal como acreditou o tempo todo até ser deposto, garantiu contar "com a fidelidade das forças armadas".

No dia 1º de abril de 1964, quando João Goulart já tinha partido de Brasília para Porto Alegre, última escala antes do exílio, os grupos dos onze não apareceram. Brizola justifica:

— Resistência, naquele momento, teria que haver de forma organizada, partindo do governo federal. Quanto à resistência civil, creio que não havia a menor condição de ser feita. A sociedade civil estava desarmada. Só tinham armas os setores civis que apoiavam o golpe.[61]

E os milhares de camponeses que Francisco Julião dizia poder mobilizar no Nordeste? Os mais combativos foram presos, processados, condenados ou obrigados a fugir da repressão e viver anos e anos na clandestinidade usando nomes falsos – como Elizabeth Teixeira, viúva de João Pedro Teixeira, líder da Liga Camponesa de Sapê, assassinado em 1962.[62] Em Vitória de Santo Antão, Pernambuco, militantes das Ligas ocuparam pontos estratégicos (a prefeitura, a delegacia, o quartel da polícia, os correios, a estação de rádio, a central telefônica, os postos de gasolina, a estação ferroviária) e ficaram aguardando que chegassem as armas prometidas pelas lideranças mais radicais. Esperaram em vão. No dia 3 de abril, alguns deles deixaram às pressas a cidade antes que tropas do Exército e agentes do DOPS a retomassem, apoiados por latifundiários da região. Suas casas foram vasculhadas atrás de armas e houve muitas prisões.[63]

Julião argumenta que ninguém se preparou para a resistência armada. "Resistência implicaria uma logística, preparação prévia e treinamento com armas sofisticadas. [...] E, no Nordeste de então, as armas que existiam eram foices, enxadas e espingardas pica-pau, para matar passarinho. Não havia um camponês com fuzil ou metralhadora."[64]

O CGT decretou greve geral. Para muitos, um erro, apesar da intenção de resistir ao golpe. Embora parcial, a paralisação de trens suburbanos, ônibus e barcas impediu trabalhadores de engrossarem os protestos no centro da cidade, logo dispersados pela PM.

Enquanto isso, tropas do Exército, supostamente legalistas, não saíam dos quartéis. Durante assembleia dos marítimos, Clodesmidt Riani recebeu um telefonema de ninguém menos do que o presidente da República, pedindo que os líderes sindicais evitassem as greves. João Goulart alegou que logo seriam contornados os problemas com os chefes militares em Minas Gerais e São Paulo. Riani, amigo de Jango, dessa vez não transigiu:

— Presidente, o senhor vai me desculpar, mas o que pode manter um governo agora é só o povo na rua, e nós vamos decretar a greve e está decidido.[65]

FALHOU A PREVISÃO DO BABALORIXÁ

Na hora do golpe, diz Riani, quem esteve na luta foi somente a classe operária, que decretou a greve geral. "Não houve sucesso em vista da repressão militar violenta, prendendo os líderes sindicais em todo o país. Mesmo assim, tentamos a reação, principalmente na Guanabara, onde lutamos até o presidente da República sair do país."[66]

Em 1º de abril de 1964, os ferroviários da Leopoldina atravessaram um trem na avenida Francisco Bicalho, em frente à estação Barão de Mauá, fechando o acesso à avenida Presidente Vargas. "Ocuparam a estação, até que o presidente saiu do país", recorda o sindicalista. "A classe trabalhadora ficou sozinha até o último momento", recorda Clodesmidt Riani.[67] De fato, também ficaram sós os metalúrgicos de Volta Redonda (RJ), que tentaram uma greve na Companhia Siderúrgica Nacional (CSN) em protesto ao golpe, formando piquetes nas entradas para dissuadir o acesso de trabalhadores que chegavam para o novo turno. A manifestação foi dispersada por tropas do 1º Batalhão de Infantaria Blindada e da Academia Militar das Agulhas Negras. Os líderes do movimento foram presos e processados.

Na Bahia, ativistas da AP foram para o interior com a intenção de interditar a estrada para o Rio. "Nossa ideia", recorda-se Haroldo Lima, "era separar o norte do sul e marcar a resistência pela democracia, pelo respeito à legalidade, algo semelhante ao que ocorrera no sul em 1961."

— Eram ideias um tanto amadoras e juvenis. Deslocamos muita gente para o interior, ao encontro dos camponeses. O desafio que estava posto para nós era abrir a frente baiana. Imaginávamos que haveria duas bandeiras de resistências: Brizola no sul e Arraes no Nordeste. Mais tarde, quando não vimos o Arraes reagir e nos chegou a notícia de que Brizola tinha caído e Jango deixara o país, o nosso estado de espírito arriou. Não chegamos a pegar em armas, mas estávamos prestes a fazê-lo.[68]

O PCB acabara de publicar o suplemento especial de *Novos Rumos* com as teses para o VI Congresso. No item 17, lia-se: "O movimento de massas avança e amplia-se, adquire nível mais elevado de organização e combatividade, abrindo-se diante do nosso povo perspectivas de luta vigorosas e de maiores vitórias." Na certeza absoluta de que o dispositivo militar de Jango era coeso e imbatível, o partido não tomou as medidas de segurança e proteção exigidas pelo cenário conflitivo dos primeiros meses de 1964.

Na semana que antecedeu o golpe, as dúvidas se dissiparam: a confrontação estabelecida entre os projetos dos blocos nacional-reformista e conservador era irreversível. Na contramão das certezas após o grandioso comício da Central, duas figuras expressivas do bloco nacional-popular – Leonel Brizola e Carlos Marighella – perceberam que já caminhávamos no fio da navalha.

No domingo, 22 de março de 1964, em sua coluna na *Última Hora*, Flávio Tavares revelou a avaliação premonitória de Brizola naquela curva da agonia: "O deputado Leonel Brizola [...] mostra-se apreensivo com o rumo da situação política e, alertando sobre o aprofundamento do divisor de águas e da radicalização de posições, conclui que 'a reação direitista está organizada como uma orquestra', apenas esperando que o agravamento natural da crise econômico-financeira gerada pela inflação lhe torne possível o desencadeamento de um golpe: 'Parecem formigas de asa, ao redor do formigueiro, prontas para alçar voo.'"

Não por acaso, nos seus últimos editoriais no semanário *Panfleto*, Brizola fez uma espécie de recuo tático, concentrando-se mais na escalada golpista.

No editorial de 23 de março de 1964, ao se referir ao comício da Central como um divisor de águas, Brizola denunciou que, desde então, se desenrolava no país "a mobilização de todos os recursos de que dispõem as minorias privilegiadas para a manutenção de seus privilégios através do esmagamento das forças populares e da destruição do governo que, num dado momento, soube ser sensível ao clamor das multidões". E concluiu: "O que estamos assistindo é a clara preparação golpista daqueles que, além de defender seus velhos privilégios, estão ansiosos por tomar o poder."

No editorial de 30 de março de 1964, voltou a alertar: "Entraram em colapso as liberdades democráticas. O golpe está em preparo – em preparo despudorado e sem rebuços. [...] A violência está nas ruas, já nos ronda a porta." Mas atribuiu cota de responsabilidade a Jango pela crise, pois "essa situação se gerou na política de conciliação com que o próprio governo central animou o espírito golpista, duas vezes fragorosamente derrotado pelo povo – na crise de 1961 e no plebiscito". Ele exigiu que o governo federal agisse para defender os direitos constitucionais e barrar o golpe.[69]

Por sua vez, Marighella acentuou a necessidade de os comunistas se mobilizarem em função do agravamento do quadro político-institucional, que poderia desembocar no golpe. Daí a tentativa, já mencionada, de fazer uma ponte com os grupos dos onze de Brizola, com vistas à mobilização popular em defesa da legalidade democrática e do mandato de João Goulart. Segundo sua companheira, Clara Charf, também militante do PCB, Marighella demonstrava a preocupação de que as crises políticas se repetissem até se dar o desfecho.

— Mas essa não era a opinião da maioria da direção do partido. Tanto é verdade que a crise foi se agravando e a direção não se preparou absolutamente em nada, nem tinha uma casa para se esconder. O golpe estava sendo preparado ostensivamente na área militar e na área civil. Nos meios de comunicação era uma coisa terrível. Basta você ver a imprensa daquela época. E o PC confiava em que o povo estava cada vez mais forte, que o golpe não viria. Essas ideias todas foram produzindo uma confiança muito grande nos quadros da direção. A análise estava errada – constata Clara.[70]

Os fuzileiros navais do almirante Cândido Aragão, que uma semana antes tinham aderido ao motim dos marinheiros, ficaram longe do Palácio Guanabara governado por Carlos Lacerda.

A fala do almirante Aragão é extraída de um de seus raros pronunciamentos desde que voltou do exílio, em dezembro de 1979.

— Eu não prendi o governador Lacerda porque não tinha ordens nesse sentido, embora fosse a favor da invasão do Palácio Guanabara. O Comando dos Fuzileiros Navais era um instrumento de força militar a serviço do presidente Goulart. E, às 2 horas da madrugada do dia 1º de abril, fui convocado para uma reunião no gabinete do general Morais Âncora, que respondia pelo Ministério da Guerra. Lá recebi ordens para não atentar contra a integridade física do governador Carlos Lacerda.

Quando saiu da reunião, Aragão diz ter comentado com outros dois militares: "Estamos sendo traídos." O almirante atribui a não resistência às lideranças políticas:

— Fui senhor absoluto do Rio durante quase dois dias. Esperei pelas lideranças políticas, mas ninguém apareceu. Por isso, não resisti.[71]

O sargento-fuzileiro naval Narciso Júlio Gonçalves deixou a sede da Associação dos Sargentos, transformada em QG de defesa da legalidade, e dirigiu-se ao comando da corporação, em busca de orientação para a resistência. "Havia um acordo tácito entre a oficialidade progressista e os sargentos para que a reação ao golpe fosse comandada pelos oficiais, por uma questão de respeito à hierarquia", relembra ele.

Narciso foi recebido pelo comandante do Quartel Central dos Fuzileiros, almirante Washington Frazão Braga, um oficial legalista.

— Almirante, nós estamos esperando que a tropa tome uma posição.

— Estou aguardando ordens do almirante Aragão – teria respondido Washington.

Mais nervoso ainda, o sargento foi ao Ministério da Marinha atrás de Aragão, mas não o encontrou. Só viu um quepe em cima da mesa.

— Na realidade – reavalia Narciso –, ficamos sem comando. Se oficiais como Washington e Aragão tomassem uma posição nacionalista, de resistência, iríamos tentar sustentá-la. Na hora H, para nossa frustração, nenhum oficial assumiu esse comando.[72]

FALHOU A PREVISÃO DO BABALORIXÁ

Na Marinha, o almirante Paulo Mário da Cunha Rodrigues chegou a ordenar a ocupação de três destróieres, que seriam enviados ao Rio Grande do Sul para uma suposta resistência. "Os praças queriam partir", diria Paulo Mário dezessete anos depois, "mas parte dos oficiais reagiu."

Chamado ao gabinete do chefe da Casa Militar, general Assis Brasil, o ministro da Marinha recebeu instrução para não reagir ao golpe. "Assis Brasil estava tenso e só faltou se ajoelhar a meus pés", relembraria Paulo Mário. Ele achava que as forças legalistas tinham condições militares para enfrentar os golpistas. Desconsolado com a ordem para a rendição, não lhe restou outra saída senão aceitar a lancha que lhe deram para voltar para casa, em Niterói.[73]

Os aviões da Base Aérea de Santa Cruz – controlada por oficiais legalistas – não bombardearam as colunas de Mourão Filho e Carlos Luís Guedes na divisa de Minas com o Rio.

O brigadeiro Rui Moreira Lima (1919–2013), à época coronel, comandava em Santa Cruz 3.700 praças, cabos e suboficiais, além de 180 oficiais e 400 civis. Sua explicação para a falta de resistência:

— Não resistimos ao golpe porque éramos disciplinados. Existiam uma cadeia de comando e uma hierarquia. E não tínhamos no comando um Lott [marechal Henrique Duffles Teixeira Lott], um líder militar. Quando a situação começou a se deteriorar, de 30 para 31 de março, chovia muito. E se falava que a coluna do Mourão estava vindo.

Moreira Lima decolou num jato da FAB para verificar o avanço das tropas de Mourão e Guedes. O copiloto era o comandante do 1º Grupo de Caça, que vivia um drama: era a favor do golpe mas amigo do coronel. O voo foi tenso, dramático.

— Fomos identificar a coluna do Mourão porque, se nós recebêssemos ordens para pará-la, sabíamos como fazer. Eu fiz isso na Itália, parando a coluna de alemães. Pois bem: depois de Paraíba do Sul, desci e identifiquei a coluna. Quando viram o avião, foi um espalha-brasas. Se eu tivesse dado um tiro, ainda hoje haveria gente correndo.[74]

O comandante da 3ª Zona Aérea, brigadeiro Francisco Teixeira, explica por que não ordenou a Moreira Lima atacar, com uma esquadrilha de caça em voos rasantes, as tropas sublevadas em Areal:

— Por várias razões. Em primeiro lugar, eu não poderia decidir sozinho uma questão de tal gravidade. [...] Para tanto, eu deveria ter uma anuência prévia, o que não obtive. Conferenciei, a propósito, com o general Morais Âncora, comandante do I Exército, que, na prática, sofria os mesmos problemas de indefinição. O general [Genaro] Bontempo, chefe de gabinete do ministro Jair Dantas Ribeiro, é quem respondia pela chefia do Exército – respondia apenas, e isso era pouco naquela hora. Mesmo assim, em certo momento, tive a impressão de que íamos entrar em combate, mas essa expectativa logo se desfez. O presidente Goulart, homem generoso, não queria derramamento de sangue. Por essa razão, inicialmente vacilou e, depois, tomou sozinho a deliberação de sair do Rio de Janeiro, deslocando-se para Brasília, de onde partiu, sem aviso a ninguém, para o Rio Grande do Sul. Basta dizer que, quando me disseram que ele ia embarcar para Brasília, na minha zona aérea, procurei contatá-lo. Por último, a desagregação parecia geral. Ninguém, por exemplo, conseguia contato com o chefe da Casa Militar, principal articulador do dispositivo das forças armadas. E eu, sozinho, sem ordem superior, não poderia determinar nenhuma ação mais drástica.[75]

Ainda na Aeronáutica, os indícios do golpe tinham sido percebidos em novembro de 1963 pelo tenente-coronel Paulo Malta, comandante do 1º Grupo de Transporte de Tropa da Base Aérea dos Afonsos, em Marechal Hermes, Rio de Janeiro. Logo depois que o presidente Goulart enviou mensagem ao Congresso propondo o reajuste dos vencimentos dos militares, Malta desmontou o plano de oficiais que queriam tomar aviões e rumar para Brasília. Da ação, participariam paraquedistas do

Exército, que saltariam próximo ao Congresso Nacional e marchariam para pressionar os parlamentares a votar a mensagem. O comandante ordenou a sargentos de sua confiança que retirassem dos aviões os rotores dos magnetos — peça indispensável ao funcionamento dos motores. E mandou prender os dois majores que lideravam a conspiração.

— Arrependo-me de não ter deixado que a "gorilada" embarcasse nos aviões — diz o coronel Paulo Malta. — Devíamos ter esperado que eles saltassem em Brasília para prendê-los, criando um impacto que os desmoralizaria.[76]

Às 9 horas da manhã de 1º de abril de 1964, o brigadeiro Francisco Teixeira foi procurado em seu gabinete por um grupo de partidários do governo, liderados pelo coronel Dagoberto Rodrigues, diretor do Departamento de Correios e Telégrafos, e pelo deputado federal Neiva Moreira, secretário-geral da Frente Parlamentar Nacionalista. Pediram-lhe adesão ao Comitê de Salvação Nacional, que coordenaria o deslocamento para Santa Catarina e Rio Grande do Sul dos núcleos de resistência militar ao golpe. Quando voltaram à tarde para prosseguir nos entendimentos, tropas do I Exército já cercavam o prédio da 3ª Zona Aérea, ao lado do Aeroporto Santos Dumont. Francisco Teixeira aconselhou-os a sair dali e foi encontrar-se com o ministro da Aeronáutica, brigadeiro Anísio Botelho, que lhe afirmou não haver mais nada a fazer, a não ser aguardar o seu substituto no posto.[77]

O governador Miguel Arraes regressou a Pernambuco após um périplo que incluiu a ida ao comício da Central do Brasil; um comício em Juiz de Fora (MG), no qual não chegou a discursar, pois duzentos civis armados ocuparam as ruas próximas para impedir a manifestação; um *tête-à-tête* em Belo Horizonte com Magalhães Pinto, este envolvido com a conspiração golpista; e uma conversa em Brasília com Jango.

Arraes avaliou que, mesmo com a mobilização estudantil em defesa da legalidade, a situação em Recife era irreversível: o povo estava desarmado, não havia resistência organizada, poderia haver um banho de sangue. O Palácio do Campo das Princesas amanheceu cercado por tropas do Exército fortemente armadas. Arraes recusou-se a negociar concessões com emissários dos golpistas, como a de colocar a Polícia Militar sob o comando do IV Exército. Na tarde de 1º de abril de 1964, o coronel João Dutra Castilho, comandante do 14º Regimento de Infantaria, foi ao palácio notificá-lo que estava deposto por ordem do comandante do IV Exército, general Justino Alves Bastos. "Daqui só saio preso", respondeu Arraes, lembrando que ali era sua residência oficial. O coronel evitou o confronto e retirou-se. O economista Celso Furtado, então superintendente da Sudene, testemunhou o desfecho: "Eram 16h quando se anunciou a vinda de um oficial. [...] Eu acompanhava pela janela a cena de pantomima militar em torno do palácio, e quando me voltei vi que estava na sala um capitão do Exército, acompanhado de um tenente que empunhava uma metralhadora e de um praça que trazia um fuzil de baioneta calada. Arraes estava no banheiro. Quando saiu, recebeu ordem de prisão."[78]

No dia 31 de março de 1964, sobressaltado com as notícias de que as tropas golpistas se deslocavam de Minas Gerais para o Rio de Janeiro, Oduvaldo Vianna Filho tinha bem cedo um *ponto* marcado na praça Nobel, no Grajaú, com Marcello Cerqueira, vice-presidente da UNE e, como ele, membro do PCB. Marcello vinha da casa do deputado Tenório Cavalcanti, em Duque de Caxias, Baixada Fluminense, para onde fora em companhia de José Serra, presidente da UNE, por insistência do deputado Demisthoclides Batista. Temia-se que os dois dirigentes estudantis fossem presos. Por segurança, Marcello e Serra separaram-se: o primeiro foi para o Grajaú e o segundo voltou de ônibus para a zona

FALHOU A PREVISÃO DO BABALORIXÁ

sul, onde ficaria perambulando até que se reencontrassem mais tarde, em Ipanema. Ambos consideravam o golpe inevitável, mas, como boa parte da esquerda, não se prepararam para o pior.

O jovem médico Jacob Kligerman, filiado ao PCB, prontificou-se a esconder José Serra e Marcello Cerqueira na *garçonnière* que mantinha na Lapa. Sob chuva fina, Vianinha e Marcello entraram no velho Volvo de Kligerman. "Foi uma viagem muito triste aquela", recordou Marcello no depoimento que me concedeu. "Eu me lembrava daquela música da Maísa, 'Meu mundo caiu'. Era assim que nos sentíamos. Não que o golpe tivesse nos surpreendido, mas só quando vem o desenlace termina o sofrimento."

Na subida da ladeira da rua Barão de Petrópolis, no Rio Comprido, o motor do Volvo começou a falhar. Vianinha e Marcello entreolharam-se, apreensivos. Kligerman optara por aquele trajeto para evitar o centro da cidade, ocupado pelas tropas golpistas.

— Jacob, não deixa o carro morrer, que depois ele não pega mais — implorou Marcello.

Kligerman pisou firme no acelerador, de olho na paisagem: soldados do Exército já patrulhavam a Barão de Petrópolis. Se o carro enguiçasse, estariam condenados ao pior dos mundos. Mas a sorte ajudou. Depois de alguns engasgos, o Volvo seguiu viagem.

Apanharam José Serra no local combinado em Ipanema e foram para a Lapa. Vianinha se separou deles no meio do trajeto, a caminho da UNE. Após uma semana trancados na *garçonnière* de Kligerman, Serra e Marcello conseguiram asilar-se na Embaixada da Bolívia, no Flamengo, por intervenções do ex-presidente Juscelino Kubitschek junto ao presidente boliviano Víctor Paz Estenssoro. Serra ficou três meses na Embaixada, até que, em 30 de junho de 1964, obteve o salvo-conduto para exilar-se em La Paz.

As próximas cenas ganham o ritmo vertiginoso de um *thriller* político.

Ao chegar à Praia do Flamengo, Vianinha deparou-se com um cenário de guerra: estudantes e militantes do CPC erguendo improvisadas barricadas, com móveis, cadeiras e outros objetos. A intenção era resistir. De um telefone público, ele convocou artistas e intelectuais para a noite de vigília. Alguém ouvira no rádio que João Goulart viajara a Porto Alegre para se juntar a Leonel Brizola.

Esbaforido, Carlos Vereza aconselhou os companheiros a desistirem de ir à Cinelândia participar de um ato pela legalidade democrática. Ele acabara de presenciar uma cena chocante: oficiais do Exército atiravam, das janelas do Clube Militar, contra uma passeata a favor de Jango na avenida Rio Branco.

O relato foi interrompido por tiros para o ar disparados, do outro lado da calçada, por um homem que gritava:

— Seus comunistas filhos da puta!

Vianinha e Vereza não se intimidaram e foram desarmá-lo. Vereza deu-lhe uma pernada, tirou-lhe o revólver e colocou a arma na cintura, enquanto o provocador saía correndo.

— O que você está fazendo com esse revólver, me dá isso aqui! – ordenou Vianinha.

— É melhor a gente resistir, o golpe vem mesmo.

— Não dá pra enfrentar, deixa de loucura, rapaz – insistiu Vianinha.

— Tá bom, eu não vou dar tiro em ninguém, mas também não vou te dar o revólver.

E guardou a arma, até porque não sabia atirar.

As emissoras de rádio confirmavam a queda de Goulart. O sul não se rebelara e esparsos focos de resistência estavam sendo sufocados.

A vigília na UNE transcorreu em clima de grande nervosismo. A tomada é com lente grande-angular, para dimensionar a ocupação do prédio. Quase duzentas pessoas lá se aglomeravam, inclusive trinta fuzileiros navais

FALHOU A PREVISÃO DO BABALORIXÁ

enviados para protegê-las. Um grupo subiu ao segundo andar carregando tijolos e material para a fabricação de explosivos, os coquetéis molotov. Efeito do desespero, talvez.

Carros com bandeirinhas do Brasil buzinavam sem parar na Praia do Flamengo, festejando o golpe. Outros gritavam slogans anticomunistas e atiravam pedras na fachada da UNE. No começo da madrugada, veio uma contraordem e os fuzileiros navais regressaram ao quartel. Todos se entreolhavam, atônitos, enquanto os soldados deixavam o velho prédio. Às 3h30, o prédio voltou a ser metralhado e a luz foi cortada.

Em meio ao pânico, Vianinha correu à porta de acesso à escada para o primeiro andar e impediu que os mais afoitos saíssem e fossem alvejados, mandando que se deitassem no chão. Os tiros cessaram logo depois. A maioria esperou o quanto pôde por algum sinal qualquer de resistência, e na escuridão da madrugada foi saindo rapidamente à calçada da Praia do Flamengo, sob vaias, insultos e ameaças.

O dia 1º de abril amanheceu com hordas lacerdistas impedindo a entrada na UNE. Os últimos militantes do CPC que permaneciam na vigília se convenceram de que era inútil ficar lá dentro. Vianinha, Vereza, Francisco Milani, João das Neves e outros fugiram pelos fundos, e com a ajuda de uma escada pularam o muro que dava para um terreno da rua do Catete. Das janelas de prédios vizinhos, moradores gritavam impropérios:

— Fora, seus filhos da puta! Morte à canalha comunista!

Não demorou e milicianos invadiram o prédio, iniciando-se o quebra-quebra. Os atos de vandalismo prosseguiram do lado de fora, com os golpistas jogando tochas acesas, estopas com gasolina e coquetéis molotov.

Vianinha, Vereza, Milani e João das Neves tomaram um táxi na rua do Catete e pediram ao motorista que desse a volta pelo Aterro do Flamengo. E, chorando, viram o espetáculo mais deprimente de suas vidas: a UNE pegando fogo. Junto com ela, transformava-se em cinzas o recém-construído teatro do CPC.[79]

A poucos quilômetros, o poeta Moacyr Félix rasgava um a um os documentos e manifestos do Comando dos Trabalhadores Intelectuais. Olhou pela janela da sala quando ouviu na rua um bando de pessoas gritando: "Um, dois, três, Jango no xadrez!" A câmera acompanha o poeta até sentar-se novamente na poltrona, ainda em silêncio. Estamos agora no mesmo apartamento de outrora. Moacyr não oculta estar emocionado.

— O que mais me doía é que tudo aquilo que estava nos papéis era muito bonito, feito com a melhor das intenções. Nosso movimento era limpo, honrado, não fazia mal a ninguém.[80]

Em questão de horas, dirigentes e militantes do PCB tiveram que se virar sozinhos para tentar escapar das balas, dos cassetetes e da cadeia.

— Nós, a esquerda e as forças democráticas, não tínhamos nada organizado para a hipótese de não dar certo. Nada. Foi um total improviso. O partido não estava preparado para a hipótese da clandestinidade – diz José Salles, então dirigente do Comitê Estadual do PCB no Rio de Janeiro. — No dia 31 de março, eu tive a consciência de perceber que a coisa tinha desabado. Caí na clandestinidade. Eu tinha, como tenho até hoje, amizades com pessoas sem atividade política. E foi um desses amigos que me acolheu; queria me ajudar, me proteger.[81]

O secretário-geral Luiz Carlos Prestes passou por apuros. Encontrou fechada a casa onde poderia se esconder em caso de emergência. A dona tinha saído. Ele conta ter passado a noite na casa de um amigo, mas há a versão de que esperou o sol raiar dentro de um Fusca.[82]

Prestes admite que foi surpreendido com o golpe:

— Não nos preparamos para enfrentar o golpe, pelo menos para mobilizar as massas. Eu penso que seis meses antes a chamada burguesia nacionalista já tinha passado para o outro lado. Se tivéssemos agido como um Partido Comunista e acompanhado a situação no seu dia a dia, teríamos nos preparado.

FALHOU A PREVISÃO DO BABALORIXÁ

E completa:

— Na noite de 31 de março, percebi que a classe operária estava isolada. E ia ser derrotada da forma mais desmoralizante possível: sem luta. Mais tarde, já na época da luta armada, eu concluí que a derrota fora da forma mais desmoralizante possível: sem luta. E percebi que quem assumisse a responsabilidade de levar a classe operária à luta armada cometeria um crime. Os generais queriam fazer no Brasil o mesmo que foi feito na Indonésia, no ano seguinte: um banho de sangue. Não estávamos preparados para o enfrentamento armado, o que era uma consequência da nossa própria orientação política. Determinar a resistência seria o massacre. Por isso, no dia 1º de abril, a instrução que eu dei, a responsabilidade que eu assumi, foi de recuar em todas as frentes, salvando o que fosse possível salvar.[83]

Carlos Marighella chegou a insistir junto à cúpula do PCB quanto à necessidade de um esquema de segurança e proteção para os dirigentes, mas não quiseram ouvi-lo, até porque as discordâncias internas tinham se avolumado. Marighella, que já não integrava o secretariado nacional do partido, mas continuava membro do Comitê Central, resolveu traçar preventivamente um plano para se livrar de uma caçada policial.

Punido pelo Ato Institucional nº 1 com a perda dos direitos políticos por dez anos, Marighella caiu na clandestinidade, juntamente com Clara Charf, minutos antes de seu apartamento de quarto e sala alugado no sétimo andar de um edifício na rua Corrêa Dutra, perto do Palácio do Catete, ser invadido por agentes do DOPS. Ali, Carlos e Clara tinham morado legalmente, com toda a liberdade, durante os governos de Juscelino Kubitschek e João Goulart. Nos 22 anos em que viveram juntos, foi o único período em que puderam circular livremente, com endereço e telefone conhecidos.

No dia do golpe, ele voltou ao apartamento a tempo de pedir a Clara que juntasse algumas roupas e colocasse numa sacola, enquanto ele apanhava documentos. Desceram apressadamente pela escada, enquanto a polícia subia pelo elevador. Carlos e Clara se esconderam na casa de uma família operária no subúrbio do Méier, contatada previamente. Os agentes do DOPS, armados de metralhadoras, invadiram o apartamento no Catete e o reviraram de cabeça para baixo.

Marighella ainda tentou organizar uma resistência na Cinelândia com militantes de esquerda, estudantes e outras pessoas que se reuniram ali para protestar. Mas foi em vão. A área foi ocupada rapidamente pela PM e a repressão não demorou.[84]

Nas perigosas condições da clandestinidade, e sem contato com a direção do PCB, Marighella convocou alguns camaradas de sua estrita confiança para ajudá-lo a imprimir, artesanalmente, o primeiro número do jornal *Resistência*. Mas, em 9 de maio de 1964, agentes do DOPS receberam uma pista e a seguiram. Percebendo o cerco, Marighella tentou confundi-los entrando no Cine Eskye, na Tijuca, zona norte do Rio, que exibia o filme *Rififi no safári*. As luzes do salão se acenderam e ele resistiu à voz de prisão gritando: "Abaixo a ditadura militar fascista! Viva a democracia! Viva o Partido Comunista!" Mesmo baleado no peito, enfrentou os sicários da ditadura e só a muito custo foi detido. Passou dois meses na cadeia, incomunicável, sendo exaustivamente interrogado até a concessão do *habeas corpus* impetrado pelo advogado Sobral Pinto. Porém, teve que voltar à clandestinidade, em virtude da decretação de sua prisão preventiva pela Justiça Militar de São Paulo.[85]

Entre perplexidades, desorientações e primeiras discussões internas, o PCB só voltaria a reunir o seu Comitê Central na clandestinidade em 15 de maio de 1965 – um ano, um mês e quinze dias depois do golpe.[86]

A imagem, antes totalmente visível na tela, vai escurecendo, até ficar completamente invisível.

NOTAS

1. Simone de Beauvoir. *Balanço final*. Rio de Janeiro: Nova Fronteira, 1982. p. 452-453.
2. *Novos Rumos*, 26 a 30 de abril de 1963.
3. Paulo Schilling. *Como se coloca a direita no poder*. São Paulo: Global, 1979. p. 58.
4. Depoimento de Herbert de Souza ao autor, 15 de agosto de 1983.
5. Depoimento de Francisco Julião ao autor, 20 de julho de 1983.
6. Luiz Carlos Prestes citado por Jacob Gorender, *Combate nas trevas. A esquerda brasileira: das ilusões perdidas à luta armada*. São Paulo: Ática, 1987. p. 64.
7. As informações sobre as cadernetas constam da sentença prolatada no processo das cadernetas de Luiz Carlos Prestes. *Revista dos Tribunais*, Rio de Janeiro, 9 de outubro de 1967. Ver: Dênis de Moraes e Francisco Viana. *Prestes: lutas e autocríticas*. 3. ed. rev. e atual. Rio de Janeiro: Mauad, 1997. p. 221-222.
8. *Veja*, 21 de outubro de 1981.
9. *A Liga*, 13 de novembro de 1963.
10. Depoimento de Hércules Corrêa, 30 de abril de 1988.
11. *Semanário*, 12 a 18 de março de 1964.
12. Marco Aurélio Garcia. "PC realiza o V Congresso. Surge a nova esquerda". *Em Tempo*, São Paulo, 30 de agosto a 8 de setembro de 1979.
13. Dênis de Moraes. "Marighella e seu outro – Carlos". *A Terra é Redonda*, 15 de janeiro de 2022, disponível em: www.aterraeredonda.com.br/marighella-e-seu-outro-carlos/.
14. Paulo Schilling. *Como se coloca a direita no poder*, op. cit., p. 195.
15. Depoimento de Neiva Moreira ao autor, 4 de fevereiro de 1984.
16. Depoimento de Luiz Carlos Prestes ao autor, 9 de agosto de 1983.
17. Leandro Konder. "Recordação do Vianinha". *Presença*, Rio de Janeiro, julho de 1984, p. 120-121.
18. San Tiago Dantas. *Nota para o dr. Leopoldo Brandão*. Mimeo. 26 de novembro de 1963. Arquivo San Tiago Dantas/Arquivo Nacional.
19. Carlos Chagas. "San Tiago fracassa ao tentar uma mediação". *O Estado de S. Paulo*, 3 de abril de 1984.
20. Depoimento de Darcy Ribeiro ao autor, 11 de maio de 1988.
21. *Última Hora*, 17 e 23 de julho de 1962.
22. Elio Gaspari. *A ditadura envergonhada*. Rio de Janeiro: Intrínseca, 2014. p. 251. (As ilusões armadas).
23. *A Liga*, 15 de outubro de 1963.
24. Depoimento de Marcello Cerqueira ao autor, 13 de setembro de 1988.
25. Memorando secreto código CIA-RDP79R00904A001000020022-7, 18 de outubro de 1963, disponível em: www.cia.gov/readingroom/.

26. Depoimento de Neiva Moreira ao autor, 4 de fevereiro de 1984.
27. Entrevista de Miguel Arraes a *O Pasquim*, 10 de março de 1978.
28. *Última Hora Nordeste*, 23 de dezembro de 1963.
29. *Última Hora Nordeste*, 22 de janeiro de 1964.
30. Miguel Arraes em entrevista a *O Pasquim*, 10 de março de 1978.
31. Depoimento de Francisco Teixeira ao *Jornal do País*, edição de 11 a 22 de abril de 1984.
32. Marco Antonio Tavares Coelho. *Herança de um sonho: as memórias de um comunista*. Rio de Janeiro: Record, 2000. p. 265-266.
33. *Última Hora*, 1º de fevereiro de 1964.
34. A íntegra do discurso de João Goulart no comício da Central do Brasil está disponível em: www.memoria.ebc.com.br/cidadania/2014/03/discurso-de-jango-na-central-do-brasil--em-1964.
35. *Novos Rumos*, 20 a 26 de março de 1964.
36. *O Semanário*, 19 de março a 1º de abril de 1964.
37. Maria Victória Benevides. "A retórica do medo; uma análise do papel decisivo da propaganda conservadora na preparação do golpe de 64". *Folha de S.Paulo*, São Paulo, 1º de abril de 1984. p. 6.
38. Depoimento de Plinio de Arruda Sampaio a Fábio Eitelberg no canal da Universidade Virtual do Estado de São Paulo (Univesp) no YouTube, em 2 de abril de 2014, disponível em: www.youtube.com/watch?v=qSack1sj1F4.
39. Depoimento de Raul Ryff ao autor, 5 de maio de 1988.
40. Elio Gaspari. *A ditadura envergonhada*, op. cit., p. 101-103.
41. Depoimento de Francisco Julião ao autor, 20 de julho de 1983.
42. Depoimento de Raul Ryff ao autor, 5 de maio de 1988.
43. Carlos Castello Branco. *Introdução à revolução de 1964*. Rio de Janeiro: Artenova, 1975. v. 2, p. 215.
44. A íntegra do discurso de João Goulart no Automóvel Clube está disponível em: www.memoria.ebc.com.br/sites/_portalebc2014/files/atoms/files/discurso_jango.pdf.
45. *O Globo*, 2 de julho de 1964.
46. Dênis de Moraes e Francisco Viana. *Prestes: lutas e autocríticas*, op. cit., p. 173.
47. Depoimento de Darcy Ribeiro ao autor, 11 de maio de 1988.
48. Depoimento de Narciso Júlio Gonçalves ao autor, 19 de dezembro de 1988.
49. Depoimento de Ênio Silveira ao autor, 20 de outubro de 1988.
50. Depoimento de Eduardo Chuahy ao autor, 9 de maio de 1988.
51. Marcos de Castro. *Dom Helder, o bispo da esperança*. Rio de Janeiro: Graal, 1978. p. 57-58.
52. Depoimento de Francisco Teixeira ao *Jornal do País*, edição de 11 a 22 de abril de 1984.
53. Depoimento de Luiz Carlos Prestes ao autor, 9 de agosto de 1983.
54. Jacob Gorender. "64: o fracasso das esquerdas". *Movimento*, São Paulo, 23 a 29 março de 1981.
55. Depoimento de Luiz Carlos Prestes ao autor, 9 de agosto de 1983.
56. Depoimento de Marly Vianna ao autor, 22 de setembro de 2023.
57. Depoimento de Luiz Carlos Prestes ao autor, 9 de agosto de 1983.
58. Depoimento de Marcello Cerqueira ao autor, 13 de setembro de 1988.

NOTAS

59. *Veja*, 21 de outubro de 1981.
60. *Panfleto*, 16 de março de 1964.
61. Depoimento de Leonel Brizola a Dênis de Moraes, Francisco Viana e Mário Augusto Jacobskind, *CooJornal*, fevereiro de 1981.
62. Sobre as trajetórias de João Pedro e Elizabeth Teixeira, ver o magnífico filme *Cabra marcado para morrer*, de Eduardo Coutinho (1984).
63. Relatório Final da Comissão Estadual da Memória e Verdade Dom Helder Câmara, de Pernambuco, Recife, 2017, v. 1, p. 120, disponível em: www.comissaodaverdade.pe.gov.br/index.php/relatorio-final-vol-1-web-pdf.
64. Depoimento de Francisco Julião ao autor, 20 de julho de 1983.
65. Ver Jorge Ferreira. *João Goulart: uma biografia*. Rio de Janeiro: Civilização Brasileira, 2011. p. 478.
66. Depoimento de Clodesmidt Riani ao autor, 20 de maio de 1988.
67. Ibidem.
68. Depoimento de Haroldo Lima ao autor, 25 de julho de 1983.
69. Jorge Ferreira. "Brizola em *Panfleto*: as ideias de Leonel Brizola nos últimos dias do governo de João Goulart". *Projeto História*, São Paulo, n. 36, junho de 2008, p. 103-122, disponível em: www.revistas.pucsp.br/revph/article/view/2339/1428.
70. Depoimento de Clara Charf a Maria Rita Kehl e Paulo de Tarso Venceslau. *Revista Teoria e Debate*, n. 8, 4º trimestre de 1989.
71. *CooJornal*, fevereiro de 1981.
72. Depoimento de Narciso Júlio Gonçalves ao autor, 19 de dezembro de 1988.
73. Depoimento de Paulo Mário da Cunha Pereira a Francisco Viana. "Golpe começou na Marinha". *Repórter*, Rio de Janeiro, 6 a 9 de maio de 1981.
74. Depoimento de Rui Moreira Lima ao autor, 20 de maio de 1988.
75. Depoimento de Francisco Teixeira ao *Jornal do País*, edição de 11 a 22 de abril de 1984.
76. Depoimento de Paulo Malta ao autor, 21 de dezembro de 1988.
77. Depoimento de Francisco Teixeira ao *Jornal do País*, edição de 11 a 22 de abril de 1984.
78. Celso Furtado. "A fantasia desfeita". In: _____. *Obra autobiográfica*. São Paulo: Paz & Terra, 1997. Tomo II, p. 293-299. Ver o depoimento de Miguel Arraes a Deigma Turazzi. "Não tinha nada de comunismo. Era justiça concreta". *Agência Brasil*, 3 de abril de 2004, disponível em: www.memoria.ebc.com.br/agenciabrasil/noticia/2004-04-03/miguel-arraes--nao-tinha-nada-de-comunismo-tratava-se-de-justica-concreta.
79. O relato sobre o último dia do CPC na sede da UNE baseia-se em meu livro *Vianinha, cúmplice da paixão: uma biografia de Oduvaldo Vianna Filho*. 2. ed. rev. e ampl. Rio de Janeiro: Record, 2000. p. 159-170.
80. Depoimento de Moacyr Félix ao autor, 13 de outubro de 1988.
81. Depoimento de José Salles ao autor, 11 de outubro de 2023.
82. Marco Aurélio Garcia. "PC não contava com o golpe de 64". *Em Tempo*, São Paulo, 21 de fevereiro a 5 de março 1980.
83. Dênis de Moraes e Francisco Viana. *Prestes: lutas e autocríticas*, op. cit., p. 217.
84. Depoimento de Clara Charf a Maria Rita Kehl e Paulo de Tarso Venceslau, *Revista Teoria e Debate*, n. 8, 4º trimestre de 1989.

85. Dênis de Moraes. "Marighella e seu outro – Carlos". *A Terra é Redonda*, 15 de janeiro de 2022, disponível em: www.aterraeredonda.com.br/marighella-e-seu-outro-carlos/. Ver Carlos Marighella. *Por que resisti à prisão*. São Paulo: Brasiliense/ Salvador: EDUFBA/ Odolum, 1995.
86. Ver Apolônio de Carvalho. *Vale a pena sonhar.* Rio de Janeiro: Rocco, 1997. p. 195.

PARTE 3

NO TÚNEL DO TEMPO ESCURO

DIAS DE ÓDIO E FÚRIA

Na onda repressiva que varreu o país, foram fechadas as associações de marinheiros e sargentos e as sedes do CGT e dos sindicatos mais combativos de vários estados, com prisões de sindicalistas e apreensões de documentos. No Rio de Janeiro, o I Exército assumiu o controle da Petrobras, dos principais acessos à cidade e pontos estratégicos. Restaram cinzas do prédio da UNE na Praia do Flamengo. Em frente ao Cine Odeon, na Cinelândia, soldados atearam fogo a enormes pilhas de livros "subversivos". A PM de Carlos Lacerda e grupos paramilitares invadiram e depredaram as redações da *Última Hora, Panfleto, Novos Rumos* e *O Semanário*. Deixaram de circular os jornais *A Liga, Política Operária* e *Brasil Urgente*. Em 9 de abril de 1964, tropas do Exército chegaram em quatorze ônibus para tomar o campus da Universidade de Brasília. O reitor Anísio Teixeira, o vice-reitor Almir de Castro, diretores e conselheiros foram afastados. Da lista de doze professores que deveriam ser presos e interrogados, nove foram demitidos na primeira leva.

Em São Paulo, o número 52 da *Revista Brasiliense*, pronto para ser impresso, foi proibido e os originais, confiscados. Na manhã de 24 de abril de 1964, o DOPS fechou a gráfica Urupês, acusando-a de imprimir "livros subversivos e de tendências esquerdistas" para a Editora Brasiliense. À tarde, o historiador Caio Prado Júnior e seu filho Caio Graco, diretores da Brasiliense e da Urupês, foram presos e interrogados, permanecendo detidos até 30 de setembro na cadeia do DOPS. Algumas vezes, intimados, voltaram a depor no inquérito.[1] Caio entregou aos policiais o catálogo geral das obras da Brasiliense e a *Folha de S.Paulo* (25 abr. 1964) adiantou o juízo: "Muitas delas, especialmente as que abordam temas brasileiros e socioeconômicos, sob ângulos esquerdistas e doutrinários, deverão ser apreendidas."

No dia seguinte ao golpe, depois de passar a noite refugiado na casa de uma tia, Wanderley Guilherme dos Santos, juntamente com Carlos Estevam Martins, resolveu ir à editora Civilização Brasileira, onde só encontraram o garçom do bar e a secretária-geral Maria Fernandes.

— Fomos lá para tentar retirar os arquivos com a documentação, que poderiam desaparecer. Encontramos um cenário de terra arrasada. As paredes estavam com marcas de tiros, metralhadas pela polícia. Os arquivos haviam sido apreendidos. Tudo revirado. Fomos embora certos de que já vivíamos o pior – disse-me Wanderley Guilherme em 2018. quando voltamos a conversar sobre 1964.

Líderes sindicais e estudantis, jornalistas, professores, intelectuais, arquitetos, juristas, funcionários públicos, militares nacionalistas e quem mais fosse julgado "suspeito" ou "culpado" tiveram suas casas ilegalmente vasculhadas pelo Exército e pelo DOPS. Vários foram presos ou intimados a depor. As primeiras sessões de tortura aconteceram nas dependências do DOPS e em quartéis. O navio *Princesa Leopoldina*, ancorado na baía de Guanabara, foi improvisado como presídio, recebendo cerca de quatrocentos presos políticos, a maioria militares. Em Niterói (RJ), sob a alegação de delegacias e presídios superlotados, o DOPS, a Polícia Militar e o Exército transformaram o estádio Caio Martins em campo de detenção. Para lá foram levados líderes sindicais, operários dos estaleiros navais, bancários, advogados, intelectuais, professores, estudantes, funcionários públicos, políticos e cidadãos comuns. Embora existam relatos de mais de mil presos no estádio-presídio, com base nos arquivos da Polícia Política a Comissão da Verdade de Niterói comprovou o confinamento de, no mínimo, 339 pessoas.[2]

DIAS DE ÓDIO E FÚRIA

Dos 409 deputados federais eleitos em 1962, 67 tiveram seus mandatos cassados pelo Ato Institucional nº 1, assim como dois senadores. O jornalista Flávio Tavares, à época colunista político da *Última Hora*, relembra "os dias terríveis de deterioração moral dos políticos":

— Na Câmara dos Deputados, quando começaram as cassações de mandatos, as pessoas mudaram de posição. Deputados suplentes, que tinham ficado em Brasília, esperavam as cassações dos seus colegas na porta do plenário da Câmara. Quando eram convocados pela mesa a assumir os mandatos, eles entravam sorridentes no plenário, eram abraçados e se abraçavam aos que haviam cassado os seus companheiros.[3]

Durante a vigência do AI-1 até outubro de 1965, quase quatrocentas pessoas tiveram os direitos políticos suspensos por dez anos, entre as quais João Goulart, Leonel Brizola, Miguel Arraes, Luiz Carlos Prestes, Francisco Julião, Celso Furtado, Darcy Ribeiro, Waldir Pires, Raul Ryff, Clodesmidt Riani, Hércules Correa, Almino Affonso, Neiva Moreira, Sérgio Magalhães, Plinio de Arruda Sampaio e Jânio Quadros. Ao todo, 3.535 brasileiros foram punidos com base no AI-1. Com a perda do mandato de deputado e dos direitos políticos, Brizola tornou-se um dos recordistas em indiciamentos em inquéritos e condenações à revelia (encontrava-se exilado no Uruguai).

De acordo com a Comissão Nacional da Verdade, concluída em 10 de dezembro de 2014, as punições impostas pela ditadura atingiram ao menos 6.300 integrantes das forças armadas, sendo a ampla maioria de baixa patente (cabos, sargentos e subtenentes). Entre os oficiais expulsos, demitidos ou reformados compulsoriamente, 354 eram do Exército, 150 da Aeronáutica e 115 da Marinha. Muitos desses militares foram presos, torturados e processados, quando não condenados pela Justiça Militar.

Nas primeiras semanas após o golpe, pelo menos 150 pessoas conseguiram asilar-se em embaixadas estrangeiras, inclusive deputados cassados, líderes estudantis e sindicais, intelectuais, jornalistas, advogados, oficiais e suboficiais das forças armadas e funcionários de vários escalões do governo deposto. As representações diplomáticas mais procuradas foram as do Uruguai, México e Bolívia, seguidas de Paraguai, Peru, Chile, Argentina, El Salvador, Equador e Panamá. Aproximadamente vinte pessoas asilaram-se na Embaixada da Iugoslávia em Brasília, que nem sequer havia sido inaugurada. Os primeiros perseguidos que lá chegaram – a maioria, deputados federais cassados – foram recebidos pelo casal de caseiros.

O Comando Geral dos Trabalhadores foi proibido de funcionar. Segundo a Comissão Nacional da Verdade, houve intervenção em sete das dez confederações existentes, entre as quais as que formavam a "espinha dorsal" do CGT: Confederação Nacional dos Trabalhadores na Indústria (CNTI), Confederação dos Trabalhadores na Agricultura (Contag), Confederação Nacional dos Trabalhadores em Empresas de Crédito (Conte) e Confederação Nacional dos Trabalhadores em Transportes Marítimos, Fluviais e Terrestres. "Como justificativa para as intervenções, o Ministério do Trabalho alegava a acefalia da entidade (em muitos casos, os sindicalistas escondiam-se para não ser presos ou tinham seus mandatos cassados, sendo impedidos de continuar à frente dos sindicatos) e a proteção do patrimônio físico da sede sindical." A partir de levantamento no Diário Oficial da União, entre março e abril de 1964, a Comissão Nacional da Verdade apurou que, somente em 1964, 409 sindicatos e 43 federações sofreram intervenção do Ministério do Trabalho. Desse total, cerca de 70% dos sindicatos tinham 5 mil filiados ou mais, ou seja, os mais poderosos. Segundo Celso Frederico, entre 1964 e 1965, 63 dirigentes sindicais tiveram seus direitos políticos suspensos, além de prisões e fugas forçadas.[4]

Em 9 de novembro de 1964, com a promulgação da Lei nº 4.464, conhecida como Lei Suplicy de Lacerda (sobrenome do ministro da Educação), a UNE foi declarada extinta.

Desolado, Nelson Werneck Sodré constata o vandalismo contra o ISEB:

— O ISEB fora, a 1º de abril, invadido e depredado por uma malta de desordeiros, organizada pelos órgãos policiais da Guanabara, recrutada no lúmpen da cidade. Nada ficou inteiro no edifício onde funcionara a instituição: as cadeiras e mesas foram quebradas, os quadros, arrancados da parede, e destruídos vidros e molduras, as poltronas foram eventradas, as gavetas, atiradas ao chão, os papéis, espalhados pelo jardim, a biblioteca teve os seus livros rasgados, e as estantes, derrubadas. Ali se encontravam, no momento, apenas três funcionários, o zelador, o copeiro e o faxineiro; passaram dois meses nos cárceres do DOPS guanabarino, como se fossem facínoras.[5]

A Faculdade Nacional de Filosofia, fechada em 1º de abril e reaberta quinze dias depois com as turmas esvaziadas (muitos estudantes temiam ser presos), acabou fracionada pelo conselho universitário em institutos, escolas e faculdades que compõem hoje a estrutura da Universidade Federal do Rio de Janeiro (UFRJ). Os departamentos de Ciências Humanas, os mais politizados antes do golpe, foram divididos em cinco novas unidades.[6] Os diretórios acadêmicos foram fechados e vários professores demitidos. A decisão de expulsar dezenove alunos, nas listas dos proscritos de 23 de abril e 2 de julho de 1964, partiu do conselho universitário, em sessão secreta, a partir de dossiê acusatório do diretor da faculdade, Eremildo Luiz Vianna, encaminhado e aprovado pela congregação. Entre os expulsos, Rachel Teixeira, Victória Grabois, Elio Gaspari e João Guilherme Vargas Neto.[7]

A Rádio Nacional converteu-se nas últimas horas do governo Goulart em cadeia pela legalidade, com transmissões ao vivo de pronunciamentos em defesa da democracia, como o do presidente da UNE, José Serra: "Que nós partamos nesse instante para uma ofensiva e não fiquemos na defensiva porque a defensiva será a vitória de fato dessas forças reacionárias que hoje investem contra o povo brasileiro." Mas, na manhã de 1º de abril de 1964, mais de cem soldados armados cercaram a sede na praça Mauá, no Rio de Janeiro, e o Exército assumiu o controle. A primeira lista de demissões saiu em 23 de julho de 1964, mas as investigações prosseguiram e, ao todo, foram 67 funcionários afastados e 81 demitidos, entre os quais o dramaturgo e novelista Oduvaldo Vianna, os atores Hemílcio Fróes, Mário Lago, Vanda Lacerda e Gracindo Jr., os cantores Jorge Goulart e Nora Ney, o humorista e compositor Jararaca e o sambista e pintor Heitor dos Prazeres.[8]

Segundo o relatório da Comissão Estadual de Verdade e Memória Dom Helder Câmara, de Pernambuco, divulgado em 2017, as Ligas Camponesas "desapareceram como forma de luta, foram simplesmente eliminadas", consideradas "subversivas" e "contrárias aos interesses nacionais". E acrescenta: "A polícia e a Justiça, em grande parte, foram utilizadas para espalhar o medo e o terror nos meios sindicais trabalhistas. Tanto os sindicatos como as Ligas foram perseguidos, suas lideranças presas e substituídas por trabalhadores menos reivindicativos, informantes e dependentes dos novos senhores. Os sindicatos de trabalhadores rurais de orientação comunista sofreram intervenções [...]."[9]

Nós que amávamos tanto as reformas de base fomos punidos, coagidos, presos e enquadrados nos sinistros Inquéritos Policiais Militares, conduzidos após o golpe pelas Comissões de Investigações Sumárias integradas por oficiais das forças armadas (a maior parte pelo Exército). No capítulo "Os crimes da ditadura" de seu livro *Por que resisti à prisão* (1965), Carlos Marighella definiu em meia frase o seu juízo sobre os encarregados dos inquéritos: "Oficiais militares incultos e de formação fascista."[10]

Somente no Rio de Janeiro houve 765 IPMs, conforme relatório confidencial do extinto Serviço Nacional de Informações. (O SNI foi criado pela ditadura através da Lei nº 4.341, de 13 junho de 1964, sendo o seu primeiro chefe e idealizador o general Golbery do Couto e Silva.) Nem a Liga de Proteção aos Cegos do Brasil e a cantina do Instituto Nacional do Pinho escaparam da sanha punitiva.[11]

O IPM nº 709, sobre as atividades do Partido Comunista Brasileiro, foi a fórmula mais funcional – e arbitrária – para arrolar ou indiciar todo mundo – comunistas ou não. Nele figuravam liberais, trabalhistas, janguistas, brizolistas, marxistas da linha soviética, marxistas da linha chinesa, trotskistas, luxemburguistas, social-democratas, católicos de esquerda, democratas cristãos. Quase mil pessoas foram indiciadas.

Em maio de 1966, no prefácio dos quatro tomos sobre o IPM nº 709, num total de 1.738 páginas, o coronel Ferdinando de Carvalho, responsável pelo inquérito instaurado em 22 de setembro de 1964, explicitou o mais virulento anticomunismo da linha dura da caserna: "Deve-se mostrar que, ao abrigo de enganosas aparências, o comunismo nada mais é do que um aríete poderoso das pretensões do domínio mundial por um grupo de nações imperialistas."[12]

A documentação obtida por Rodrigo Czajka em suas pesquisas sobre processos que envolvem, direta ou indiretamente, intelectuais e artistas de esquerda no pré e pós-1964 soma cerca de 50 mil páginas. Só o IPM nº 709 reúne 157 volumes, com 26 mil páginas. O IPM do ISEB, com quatro volumes, teve aproximadamente 7 mil páginas. O IPM da coleção História Nova, dirigida por Nelson Werneck Sodré, resultou em dois volumes, com cerca de quatrocentas páginas. E ainda há outros IPMs, como os da editora Civilização Brasileira, da imprensa comunista e da reorganização do PCB na Guanabara.[13]

Pelo informe secreto 010/06-ARJ, constante do Fundo do Serviço Nacional de Informações e disponibilizado para consulta pública pelo Centro de Referência Memórias Reveladas, do Arquivo Nacional, é possível saber que o IPM do Comando Geral dos Trabalhadores (CGT) acumulou 64 volumes. O IPM do Centro Acadêmico Cândido de Oliveira (Caco), da

Faculdade Nacional de Direito, gerou outros cinco. O IPM instaurado na Faculdade Nacional de Filosofia resultou em três volumes.[14]

O IPM Rural, levado a efeito pelo IV Exército, investigou as Ligas Camponesas e os sindicatos de trabalhadores rurais. O relatório final, com 126 páginas, resultou no indiciamento à Justiça Militar de 102 pessoas.[15]

Herói da Força Expedicionária Brasileira na Segunda Guerra Mundial, condecorado por bravura pelos governos norte-americano e francês, Rui Moreira Lima foi reformado compulsoriamente como coronel-aviador em 1964 e, graças à ação que moveu após a Constituição de 1988, enquadrado como major-brigadeiro. Respondeu a três IPMs e foi preso duas vezes, sendo que na última só conseguiu ser solto por *habeas corpus*.

Durante a detenção no navio *Princesa Leopoldina*, Moreira Lima protagonizou um episódio hilariante – ainda que estivesse privado da liberdade. Os soldados que o revistaram foram tão incompetentes que o deixaram entrar no navio com um rádio de pilha. Como o então coronel e seus colegas no camarote-prisão se mostravam em dia com a situação do país, outros presos quiseram saber como eles obtinham as informações. Por segurança, resolveu despistar, dizendo que ouvia as transmissões de rádio através de um cano que subia pela parede de seu camarote até o andar de cima, onde se localizava o cassino dos oficiais. O "jornal falado" do coronel ficou conhecido como *Canopress*.[16]

O coronel Kardec Lemme, também veterano da FEB, foi punido três vezes pela Junta Militar em 1964 – transferência para a reserva em 11 de abril; suspensão de direitos políticos por dez anos e demissão, três dias depois. Indiciado em três IPMs, acabou absolvido por unanimidade pelo Superior Tribunal Militar, por falta de provas. Mas amargou nove prisões, embora nunca tenha ficado nas masmorras menos de um mês e mais de um mês e meio. Apesar das dificuldades para reconstruir a vida, não se intimidou e continuou atuando politicamente, tendo sido um dos fundadores da associação de militares punidos pela ditadura que lutou pela anistia e por suas reintegrações às forças armadas nas patentes justas.

DIAS DE ÓDIO E FÚRIA

Procurado pelo Exército, o líder sindical Clodesmidt Riani apresentou-se voluntariamente à 4ª Região Militar, em Juiz de Fora, em 5 de abril de 1964, onde se recusou a assinar um documento afirmando que João Goulart e Leonel Brizola eram comunistas. Foi espancado no quartel. Iniciava-se o seu calvário. Pai de dez filhos, foi condenado a dezessete anos de prisão. Após sucessivas apelações, teve a pena reduzida para um ano e dois meses. Só que já era 1968 e ele havia cumprido quatro anos e dois meses – ou seja, três a mais do que determinara o Superior Tribunal Militar. Posto em liberdade, Riani mal teve tempo de refazer a vida. Em 1969, foi condenado em outro processo a um ano e seis meses de prisão, desta vez no presídio da ilha Grande, no Rio. Em 5 de março de 1971, foi posto em liberdade e retornou ao trabalho na Companhia Mineira de Eletricidade. "Eram acusações forjadas, pois nunca cometi um ato ilícito", comenta Riani.[17]

O editor Ênio Silveira, que em 15 de abril de 1964 teve seus direitos políticos suspensos por dez anos, foi preso sete vezes e enquadrado em quatro IPMs. "O terrorismo psicológico comigo chegou a tal ponto que me prenderam certa vez no dia do meu aniversário e me mantiveram na cadeia 29 dias sem me fazer uma pergunta sequer", relembra.[18] Quatro meses depois, o seu apartamento em Laranjeiras foi vasculhado por militares. No material apreendido, três fitas contendo gravações de sinfonias de Brahms. Ênio Silveira teve o seu patrimônio destruído pelas pressões da ditadura sobre a Civilização Brasileira, que dirigia deste 1951. Além das proibições de livros pela censura, a editora foi impedida de operar com bancos federais e estaduais, e sofreu atentados a bomba que destruíram a sede da livraria e o depósito com os estoques. Intelectuais, amigos e companheiros de militância política compareceram ao velório de Ênio em 12 de janeiro de 1996. O poeta Moacyr Félix lembrou que quando editou, ainda em 1964, o seu livro *Canto para as transformações do homem*, Ênio colocou em frente à Livraria Civilização Brasileira uma faixa com a frase: "A poesia é a arma do povo contra a tirania." Foi preso.[19] Hoje, Ênio Silveira é nome de rua na Barra da Tijuca, no Rio de Janeiro.

A ESQUERDA E O GOLPE DE 1964

Em 14 de abril de 1964, com base no Ato Institucional nº 1, a Junta Militar suspendeu por dez anos os direitos políticos de Nelson Werneck Sodré. Ele respondeu a vários inquéritos policiais militares (ISEB, História Nova, do PCB, do MEC). Em 26 de maio de 1964, foi preso na fazenda de sua tia em Fernandópolis, interior de São Paulo, e levado para o quartel da 2ª Divisão de Infantaria do Exército, no Ibirapuera. De lá foi transferido, inicialmente, para o Forte de Copacabana e, depois, para a Fortaleza de Santa Cruz, em Niterói (RJ), onde permaneceu detido por 54 dias. Seus livros editados até 1964 foram apreendidos. Proibido de lecionar e publicar artigos na imprensa, resistiu escrevendo outros títulos de sua vasta obra. Os diretores, professores e assessores do ISEB foram demitidos e processados.

O dramaturgo Dias Gomes, ex-diretor artístico da Rádio Nacional, foi punido pelo AI-1 com a suspensão de direitos políticos por dez anos, enquanto a sua aclamada peça *O pagador de promessas*, traduzida em mais de uma dezena de idiomas, estreava em Washington e *A invasão* era encenada em Montevidéu, no Uruguai. Anos depois, ele recordou que Oduvaldo Vianna Filho, seu companheiro no Comitê Cultural do PCB, teve uma tremenda sorte, porque nunca pegou um processo. "Não sei se é uma falha na biografia dele e na minha também, mas o fato é que nós dois nunca tivemos a glória de uma prisão. Fiz o possível, mas nunca consegui ser preso", ironiza Dias Gomes.[20]

A caça às bruxas não deixou de fora jornalistas progressistas e de esquerda, punidos com a suspensão de direitos políticos, prisões, demissões, indiciamentos em IPMs e eventuais condenações. E o que dizer das listas de proscritos combinadas entre empresas jornalísticas e próceres do regime militar, para impedir que alguns desses profissionais continuassem trabalhando em jornais de maior circulação? Eles representavam o risco da independência, dos princípios éticos do jornalismo, do espírito crítico, da insubmissão, do compromisso com as causas democráticas.

O filme inclui tomadas sobre dois casos emblemáticos.

Edmar Morel (1912-1989), consagrado pelo livro *A revolta da chibata* (1959), sobre a sublevação na Marinha em 1910, teve os direitos políticos suspensos por dez anos pelo AI-1, em 14 de abril de 1964, e logo depois foi demitido do cargo de redator da Rede Ferroviária Federal. Não se intimidou e, em 1965, publicou pela Civilização Brasileira o corajoso livro *O golpe começou em Washington*, no qual não apenas denunciou o envolvimento norte-americano na deposição de João Goulart como também, nas 23 páginas do capítulo "Sete dias do alto-comando", retratou os irrespiráveis primeiros dias, semanas, meses de castração das liberdades. Na apresentação, o jornalista Joel Silveira (1918-2007) aludiu ao veto imposto a Morel por empresas jornalística: "O Ato Institucional que tirou a Edmar Morel seus direitos políticos procurou mutilar, senão encerrar, a brilhante e brava carreira de um dos mais conhecidos repórteres brasileiros, daqueles que deram à moderna reportagem, no Brasil, as suas características melhores – como a agilidade, o culto à verdade, a pesquisa honesta, a preocupação pela informação exata e minuciosa [...]"

O nome de Janio de Freitas, ex-redator-chefe do *Jornal do Brasil* e do *Correio da Manhã*, encabeçava a lista de dez jornalistas que não deveriam ser contratados ou mantidos nas redações, apresentada pelo ministro da Justiça, Juracy Magalhães, em reunião com donos de jornais.

— Depois, quando Juracy começou a insistir nas dispensas dos comunistas, Roberto Marinho lhe disse: "Ministro, cuide dos seus comunistas que dos meus cuido eu." Juracy entupiu com essa resposta, mas manteve vigente a relação dos nomes inaceitáveis nas redações. Esses vetos, inclusive a mim, permaneceram até 1967, quando fui dirigir a *Última Hora*. Foi difícil, mas resisti – recorda Janio de Freitas.[21]

Entre 1964 e 1966, jornalistas da imprensa comunista tiveram seus direitos políticos suspensos pelo AI-1, além de outras punições arbitrárias. Entre eles, Armênio Guedes, Elson Costa, Fragmon Carlos Borges, Hiran de Lima Pereira, Jacob Gorender, Jayme Amorim de Miranda,

A ESQUERDA E O GOLPE DE 1964

Joaquim Câmara Ferreira, Mário Alves, Maurício Grabois, Orlando Bonfim Júnior, Pedro Pomar e Ramiro Luchesi. A maioria passou a viver na clandestinidade; outros foram presos, como Astrojildo Pereira (1890–1965), fundador do PCB em 1922. Ele só foi solto após 83 dias de encarceramento graças à insistência do seu advogado, Raul Lins e Silva, junto à Justiça Militar, para a obtenção de um *habeas corpus*, como também a uma campanha promovida pelo *Correio da Manhã* em seu favor. Na edição de 27 de dezembro de 1964, o jornal denunciou que, arbitrariamente, o major Kleber Bonecker mantinha Astrojildo, de 74 anos e com problemas cardíacos, numa cela de dois metros quadrados no Hospital da Polícia Militar, alegando que o escritor respondia a vários IPMs e não poderia ser posto em liberdade. Em 5 de janeiro de 1965, com alvará de soltura expedido pelo Superior Tribunal Militar, finalmente Astrojildo deixou o hospital-cárcere. Aos jornalistas que o aguardavam à saída, o intelectual que, ainda hoje, é considerado o maior estudioso da obra de Machado de Assis, declarou: "Não nego: sou marxista há mais de 40 anos e me submeto a todas as consequências políticas decorrentes de minha concepção filosófica. Mas não me sinto culpado de nenhum delito. A opinião, além de ser livre e protegida, não é punível."

Redator e articulista do *Correio da Manhã* em 1964, Carlos Heitor Cony (1926–2018) notabilizou-se por artigos contra o golpe, incluindo as primeiras denúncias de casos de tortura. Vinte e cinco anos depois, ele descreveu aqueles tempos sombrios: "Um dos espetáculos mais degradantes a que assisti em minha vida profissional foi logo após o golpe militar de 1964. Saíram as listas de cassações. Demissões, expurgos e prisões marcaram aqueles dias de abominação. Pode parecer absurdo, mas alguns jornais e alguns jornalistas aproveitaram a maré e passaram a cobrar das autoridades de então a cabeça de muita gente, sobretudo de intelectuais. 'Falta fulano!', 'E sicrano, por que ainda não foi preso?' Não eram frases soltas no texto. Eram títulos de matérias e, algumas vezes, manchetes de páginas internas. A tanto chegou a infâmia humana."[22]

"OS POBRES, DE FOME; OS RICOS, DE RAIVA"

Sob a égide da ditadura, uma coleção de retrocessos sociais sucedeu-se em escala geométrica. Nosso filme exige o máximo de síntese; por isso menciono apenas alguns.

O Programa Nacional de Alfabetização foi extinto em 14 de abril de 1964, seus mentores perseguidos e mil monitores, em fase de treinamento, dispensados. O educador Paulo Freire foi preso três vezes no Recife e submetido a intimidações nos interrogatórios do IPM do Programa Nacional de Alfabetização, chefiado pelo tenente-coronel Hélio Ibiapina Lima. Ao todo, cumpriu 72 dias de cadeia no quartel do 7º Regimento de Obuses, em Olinda. Quando libertado, com a ajuda de amigos asilou-se na Embaixada da Bolívia, até obter salvo-conduto para deixar o país. Ficou um mês em La Paz e seguiu para o Chile, onde foi convidado a assumir a direção do Centro Latino-Americano e Caribenho de Demografia (Celade), em Santiago. Em 18 de outubro de 1964, dias depois de Freire ter partido para o exílio, o IV Exército divulgou o relatório do IPM, no qual o educador de reputação internacional era enquadrado como "um criptocomunista encapuçado sob a forma de alfabetizador".[23]

O reajuste de 100% do salário mínimo decretado por Jango em 24 de fevereiro de 1964 foi suspenso pelos ministros da Fazenda e do Planejamento nomeados por Castello Branco, Octávio Gouvêa de Bulhões e Roberto Campos. Para garantir o achatamento salarial, a ditadura baixou medidas que visavam enfraquecer o sindicalismo brasileiro, entre elas a transferência para o governo do poder de fixar o índice de reajustes anuais dos salários dos trabalhadores.²⁴

Concebido por Roberto Campos para facilitar as demissões de trabalhadores e financiar a construção de imóveis por empreiteiras privadas, o Fundo de Garantia do Tempo de Serviço (FGTS), em vigor desde 1º de janeiro de 1967, tornou letras mortas dois artigos fundamentais da Consolidação das Leis do Trabalho (CLT): o que protegia o funcionário com carteira assinada com indenização de um mês de salário por ano trabalhado, em caso de demissão imotivada; e o que assegurava estabilidade no emprego ao trabalhador do setor privado que completasse dez anos na mesma empresa.

O custo das medidas ortodoxas para cortar gastos públicos, conter a inflação e escancarar a economia brasileira ao capital estrangeiro foi enorme: recessão, arrocho salarial, cortes de investimentos sociais, supressão de direitos trabalhistas, aumento de impostos, empresas endividadas com a oferta reduzida de crédito e a contenção do consumo. A política econômica reordenou o sistema capitalista no Brasil, liquidando com o projeto nacional-desenvolvimentista, estigmatizado como "populismo econômico", e favorecendo as corporações multinacionais, com garantias aos investimentos estrangeiros, anulação da lei de remessa de lucros e a revisão das encampações de empresas de serviços públicos.

Um dos chefes civis do golpismo, Carlos Lacerda acabou vítima do regime discricionário que ajudou a implantar, sendo punido com a suspensão dos direitos políticos por dez anos, com base no Ato Institucional nº 5, em 30 de dezembro de 1968. Ele estava em entendimentos com os ex-presidentes Juscelino Kubitschek (cassado em 8 de junho de 1964) e João Goulart para a formação de uma Frente Ampla pela redemocratização. Decepcionado com o programa dos tsares econômicos da ditadura, Lacerda cunhou a frase que equivaleu ao epitáfio antecipado das medidas de arrocho impostas: "A política de Campos e Bulhões mata igualmente os pobres e os ricos. Os pobres, de fome; os ricos, de raiva."

NOTAS

1. Ver Luiz Bernardo Pericás. *Caio Prado Júnior: uma biografia política*. São Paulo: Boitempo, 2016. p. 200-201.
2. Depoimento de Flávio Tavares no filme documentário *Hércules 56* (2006), dirigido por Silvio Da-Rin, disponível em: www.youtube.com/watch?v=LDrdl3Oca9s&t=404s.
3. Relatório da Comissão da Verdade de Niterói, outubro de 2015, disponível em: www.documentosrevelados.com.br/wp-content/uploads/2015/12/cvn-ii-relatorio-parcial-versao-preliminar-niteroi.pdf.
4. Relatório do Grupo de Trabalho Ditadura e Repressão aos Trabalhadores, às Trabalhadoras e ao Movimento Sindical, da Comissão Nacional da Verdade, p. 35, disponível em: www.cnv.memoriasreveladas.gov.br/16-grupos-de-trabalho/271-ditadura-e-repressao-aos-trabalhadores-e-ao-movimento-sindical.html.
5. Nelson Werneck Sodré. *A verdade sobre o ISEB*. Rio de Janeiro: Avenir, 1978. p. 65-66.
6. Ibidem.
7. Encaminhamento 010/06-ARJ, Serviço Nacional de Informações/Agência do Rio de Janeiro, 29 de setembro de 1983. 24 folhas. Fundo SNI/ Arquivo Nacional, código: BR DFANBSB V8.TXT, IVT.MPP.10. Ver Luiz Antônio Cunha. "O fracionamento da Faculdade de Filosofia da UFRJ: entre o real e o presumido". *Revista Contemporânea de Educação*, n. 29, janeiro-abril de 2019, disponível em: www.revistas.ufrj.br/index.php/rce/article/view/20561.
8. Consultar Leandro Melito. "1º de abril: a resistência ao golpe de 64 na Rádio Nacional". *Portal EBC*, 31 de março de 2016, disponível em: www.memoria.ebc.com.br/cidadania/2016/03/1deg-de-abril-resistencia-ao-golpe-de-64-na-radio-nacional.
9. Relatório Final da Comissão Estadual de Verdade e Memória Dom Helder Câmara. Governo do Estado de Pernambuco/Secretaria da Casa Civil. Recife: Governo do Estado de Pernambuco/Secretaria da Casa Civil, 2017, vol. 2, p. 173, disponível em: www.comissaodaverdade.pe.gov.br/index.php/relatorio-final-vol-2-web-pdf.
10. Carlos Marighella. *Por que resisti à prisão*, op. cit., p. 88.
11. Encaminhamento 010/06-ARJ, Serviço Nacional de Informações/Agência do Rio de Janeiro, 29 de setembro de 1983. 24 folhas. Fundo SNI/Arquivo Nacional, código: BR DFANBSB V8.TXT, IVT.MPP.10.
12. Ferdinando de Carvalho. *IPM 709: o comunismo no Brasil*. Rio de Janeiro: Biblioteca do Exército Editora, 1967. v. 2, p. 223.
13. Rodrigo Czajka. *Praticando delitos, formando opinião: intelectuais, comunismo e repressão no Brasil (1958–1968)*. 2009. Tese (Doutorado em Sociologia) – Campinas, Unicamp,

2009. p. 28. Em de 23 de novembro de 2023, Rodrigo Czajka, gentilmente, atualizou as informações sobre os IPMs.
14. Encaminhamento 010/06-ARJ, Serviço Nacional de Informações/Agência do Rio de Janeiro, 29 de setembro de 1983. 24 folhas. Fundo SNI/Arquivo Nacional, código: BR DFANBSB V8.TXT, IVT.MPP.10.
15. Relatório Final da Comissão Estadual da Memória e Verdade Dom Helder Câmara. Governo do Estado de Pernambuco/Secretaria da Casa Civil. Recife: Governo do Estado de Pernambuco/Secretaria da Casa Civil, 2017, v. 2, p. 175-176, disponível em: www.comissaodaverdade.pe.gov.br/index.php/relatorio-final-vol-2-web-pdf.
16. Depoimento de Rui Moreira Lima ao autor, 20 de maio de 1988.
17. Depoimento de Clodesmidt Riani ao autor, 20 de maio de 1988.
18. Depoimento de Ênio Silveira ao autor, 20 de outubro de 1988.
19. Moacyr Félix citado por Aziz Filho. "Editor fez resistência ao governo militar". *Folha de S. Paulo*, 13 de janeiro de 1996.
20. Depoimento de Dias Gomes a Paulo Sérgio Marqueiro, 20 de maio de 1988.
21. Depoimento de Janio de Freitas ao autor, 29 de agosto de 2023.
22. Carlos Heitor Cony. "Tempos amargos". *Folha de S.Paulo*, 17 de abril de 1999.
23. Ver Sérgio Haddad. "A prisão de Paulo Freire, 'subversor dos menos favorecidos', na ditadura". *El País Brasil*, 22 de outubro de 2019, disponível em: www.brasil.elpais.com/brasil/2019/10/22/cultura/1571754417_189523.html.
24. Celso Frederico. *A esquerda e o movimento operário – 1964–1984*. São Paulo: Novos Rumos, 1987. p. 17.

PARTE 4

REPENSANDO A DERROTA (DEPOIMENTOS)

Vamos nos reencontrar, nesta parte do roteiro, com protagonistas e coadjuvantes de relevo na arena política até o golpe, vale dizer, nos partidos, no sindicalismo, no movimento estudantil, no meio católico de esquerda, nas mobilizações agrárias, nas hostes militares, na imprensa e no próprio governo, a dois passos de João Goulart.

Eles reexaminam os acontecimentos cruciais, o processo político conturbado, a crise econômica persistente, as disputas entre lideranças, organizações, grupos e movimentos do campo progressista e de esquerda, os avanços, as hesitações, a marcha da conspiração, os conflitos de interesses, as pressões incontroláveis, as reivindicações sociais na ordem do dia, a luta pelas reformas de base, a espiral inflacionária, a crença imperturbável no "esquema militar" de sustentação do governo, a paralisia diante da marcha golpista, o impulso a determinadas ações sem a devida análise da balança de forças – enfim, tudo o que aconteceu, com enorme intensidade, ao longo da maré reformista ou revolucionária, que acabou liquidada pela brutalidade golpista, sem resistência organizada, mas talvez possível.

O antropólogo Darcy Ribeiro percebe o retorno da história como resposta ao corte abrupto na rica experiência democrática dos anos JK e Jango. "Nós não defendíamos nenhuma tese exótica, nossa ou particular", enfatiza o chefe da Casa Civil de Jango. "Suponho que aquelas teses que sustentávamos possam vencer amanhã. Hoje, como em 1964, é preciso alargar o quadro brasileiro para dar ao nosso povo padrões civilizados pelo menos iguais aos da Austrália." [1]

A ESQUERDA E O GOLPE DE 1964

Em sua última entrevista sobre o passado interrompido, o ex-governador Miguel Arraes declarou, em 3 de abril de 2004, que o desastre social durante a ditadura militar veio demonstrar que, antes do golpe, havia sensibilidade política para assegurar e ampliar os direitos dos trabalhadores e, assim, progressivamente, reduzir as desigualdades e os desníveis no país. Ele cita o "Acordo no campo", por ele promovido quando governador de Pernambuco, que resultou no pagamento de salário mínimo mensal aos trabalhadores nos canaviais da Zona da Mata. Segundo Arraes, o acordo entre os sindicatos e os usineiros estava na direção social correta e não tinha nada de mais, ao contrário do propalado pela direita e pela imprensa golpistas, para as quais constituía uma ameaça de socialização no meio rural: "Queríamos romper, pelo menos, com aquilo que era socialmente insuportável. Os trabalhadores da cana ganhavam um terço do salário mínimo. Não dava para concordar com uma coisa daquelas. Tinham que ganhar pelo menos um salário mínimo, que era o que eles mereciam. Isso não tem nada de comunismo, de socialismo. Tratava-se de justiça concreta." [2]

Tais pontuações introduzem o que nos aguarda nas próximas páginas: um conjunto diversificado de reflexões, críticas e autocríticas, sobre as razões da derrota em 1964 – do ponto de vista essencial das forças progressistas e de esquerda. O que se pretende é enquadrar as experiências do passado com lentes que permitam um confronto mais nítido entre os ideários, a práxis política, os problemas, as tensões, os erros cometidos, os papéis desempenhados, as responsabilidades na derrota e as conquistas sociais perdidas com o golpe militar.

Assim, os depoimentos a seguir oferecem a rica possibilidade de cotejar relatos e reavaliações, de verificar se tudo aquilo correspondia ou não às exigências da hora, se as opções de luta retardavam ou não os horizontes antevistos, se havia ou não condições objetivas para percorrer, sem admitir recuos ou dúvidas, as ladeiras íngremes da realidade.

Notas

1. Depoimento de Darcy Ribeiro ao autor, 11 de maio de 1988.
2. Depoimento de Miguel Arraes a Deigma Turazzi, "Não tinha nada de comunismo. Era justiça concreta", Agência Brasil, 3 de abril de 2004, disponível em: www.memoria.ebc.com.br/agenciabrasil/noticia/2004-04-03/miguel-arraes-nao-tinha-nada-de-comunismo-tratava-se-de-justica-concreta.

ALMINO AFFONSO (1929–)
"QUERÍAMOS AVANÇAR MAIS DO QUE PODÍAMOS"*

Como ministro do Trabalho de João Goulart, Almino Affonso impulsionou a sindicalização no país e pagou com o seu afastamento do cargo o preço de ter combatido a política econômica ao feitio do Fundo Monetário Internacional (FMI). O golpe militar o forçou a um exílio de doze anos na Iugoslávia, no Uruguai, no Chile (onde viveu oito anos, durante os governos Eduardo Frei e Salvador Allende), no Peru e na Argentina. Mas de nada se arrepende o impetuoso deputado dos anos 1960, um político hábil e experiente. Ele continua empenhado nas causas sociais, mas adverte que é preciso sempre estar atento para evitar impasses institucionais que impliquem risco de retrocesso político-institucional.

O retrocesso de 1964 poderia ter sido enfrentado pelas forças legalistas?

— Jango me confessou no exílio que a sua reação teria sido outra se tivesse condições de prever o que aconteceria com a sua deposição. Nós todos ficamos com essa convicção. Teríamos atuado de outra forma, pegaríamos em armas, faríamos tudo para resistir. Não entregaríamos o Brasil sem luta – diz Almino.

Houve algum momento em que o senhor percebeu que vinha a derrocada em 1964?

Eu acho que a derrota em 1964, do ângulo dos interesses populares, se deu exatamente pela falta de organização popular. Nós éramos, e

---

* Entrevista concedida ao autor em 3 de maio de 1988.

continuamos sendo, um país com uma enorme inorganicidade. Mesmo o setor de vanguarda, que poderia ser o sindical, tinha uma representatividade operária pequena. Os sindicatos com maior expressão – que deviam ser os petroleiros, os ferroviários, os marítimos, os estivadores – chegavam à casa dos 80%, 90% da categoria. Depois, isso caía bruscamente para os metalúrgicos, que àquela época deviam andar pelos 14%, 15%, quando muito. E depois era um achatamento inferior a 10% da categoria profissional. Logo, até o setor organizado da população era pobremente organizado.

Do ponto de vista político, os partidos eram pobres. O partido que tinha vínculos maiores com as classes populares era o PTB. Os partidos comunistas viviam numa semiclandestinidade, sem uma expressão partidária à luz do dia. Era o PTB, portanto, que cumpria o papel de maior expressão junto às lutas sociais.

Era difícil para o PTB dar ao governo uma base de sustentação?

Sem dúvida, porque ele próprio era uma contradição. Tinha um pequeno contingente que girava em torno do chamado "grupo compacto", formado por parlamentares que traduziam as minorias progressistas em cada um dos estados. Depois, tudo o mais era o comportamento tradicional, às vezes até de caráter oligárquico.

Os demais partidos não tinham sequer essas condições mínimas do PTB. O Partido Socialista, por exemplo, era um grêmio, com enorme respeitabilidade, tendo à frente a figura admirável do professor João Mangabeira. Mas como expressão partidária era algo realmente muito pouco expressivo. A UDN e o PSD variavam de tons, mas eram partidos liberais. Um mais à direita, outro menos à direita, mas ambos partidos liberais.

ALMINO AFFONSO (1929-)

E ainda havia as contradições do PTB com os movimentos sociais.

Pois, desde logo, se o partido ele próprio tinha contradições internas, era natural que, face às lutas concretas da sociedade, o seu comportamento também fosse contraditório. Aqueles que tinham uma visão política mais avançada e um comprometimento com o povo mais nítido davam um respaldo às lutas de caráter social. Mas aqueles que tinham uma posição mais à direita é óbvio que se chocavam e consideravam, por exemplo, a greve como um atentado à ordem, tanto quanto setores mais reacionários dentro do Parlamento.

A sucessão de greves naquele período, embora tenha trazido melhorias para os trabalhadores, não foi um fator de enfraquecimento do governo e de agravamento da crise econômica e inflacionária?

Sem dúvida que foi, mas é uma contradição que eu gostaria de mostrar que é quase inevitável. Se você imaginar que, com a chegada de João Goulart ao governo, havia toda uma mensagem no que diz respeito às questões sociais que vinha sendo trabalhada nos últimos anos, com raízes que se fincavam no período do getulismo, tudo isso vem à tona com enorme impulso. O governo Goulart não podia ser repressor porque estava comprometido com as lutas sociais.

Apesar das contradições da personalidade de João Goulart, ele próprio um fazendeiro, um latifundiário, a verdade é que ele foi a figura que mais defendia – e eu não conheço um presidente da República que tenha feito tanto – a reforma agrária no país. Naquele momento, você tem a ascensão reivindicatória popular, a todos os níveis – no meio dos trabalhadores urbanos ou rurais, estes reivindicando não apenas salários, mas também acesso à terra.

É o momento de uma grande agitação política no meio estudantil, com reivindicações democráticas e democratizadoras da universidade.

É o momento em que, no plano das forças armadas, se dá uma ebulição democratizadora, com sargentos reivindicando o direito de acesso à universidade e ao processo eleitoral, para votar e ser votados. Ou no âmbito da Marinha, soldados, cabos e fuzileiros navais reclamando a supressão de regulamentos antigos, que previam penalidades vexatórias. Continuavam impedidos de casar, por exemplo. Enfim, era a sociedade numa ebulição extraordinária, que eu resumiria dizendo: era um processo de ascensão popular.

E o presidente no meio.

O presidente no meio. Setores progressistas do PTB pressionando nessa linha; a reforma agrária se constituindo rapidamente tema central do debate político. A questão do capital estrangeiro assumindo também um papel fundamental. Tudo isso com o Estado sem recursos suficientes para dar respostas a tantas questões. Ao mesmo tempo, os setores mais conservadores, assustados por essa emergência popular, decidem recorrer ao único meio de pôr ordem na casa – o golpe de Estado.

Quem foi mais mal compreendido: Jango pelas esquerdas ou as esquerdas por Jango?

Ambos. Foi um jogo que só hoje, talvez, com o passar do tempo e a maturidade de cada um de nós, se possa fazer um balanço de culpas recíprocas. Porque o presidente João Goulart, talvez de maneira instintiva e da posição privilegiada em que estava, percebia essas contradições e provavelmente buscava contê-las, de sorte a não ser levado ao impasse.

Mas, ao mesmo tempo, os setores conservadores da sociedade não viam em Jango uma figura confiável, por um conjunto de histórias que remontavam ao período dele como [ministro] do Trabalho, tido e havido

ALMINO AFFONSO (1929-)

como homem que "namorava" as esquerdas. Isso tornava a sua figura discutível para os setores conservadores e empresariais, que não lhe davam o respaldo de que ele precisava.

Deslocado dos setores dominantes da sociedade, a única forma que tinha de legitimar o seu governo era realmente ampliar suas raízes junto aos setores populares. Mas, ao fazer isso, ele estimulava ainda mais a emergência, que não podia responder com medidas concretas. Criava, portanto, a um só tempo, um clima de agitação que era alarmante para os setores conservadores e um clima de frustração para o povo, que não via respostas às questões colocadas na ordem do dia. Você vê, era um quadro muito difícil.

A disputa sucessória que se esboçava no começo de 1964, entre Brizola e Arraes (a quem o senhor apoiava), contribuiu para o agravamento da crise no seio do movimento popular e progressista?

Sem dúvida. Brizola, naquele momento, segundo a legislação vigente, não podia ser candidato à presidência por ser cunhado de Jango. A inviabilidade da candidatura de Brizola aguçou muito, porque tornou o espaço próximo dele limitado. Ao mesmo tempo, os setores mais radicalizados, não vendo esses espaços satisfeitos ao longo do governo Goulart, jogavam toda a esperança na expectativa de que o Brizola no governo, chefiando a política econômico-financeira, lograria isso. Considero que esse foi um dos momentos mais agudos da crise propriamente política no âmbito do governo.

O senhor também estava assustado com a retórica agressiva de Brizola?

Não. Eu analisava mais estas duas coisas: primeiro, achava que na prática o presidente João Goulart não daria o Ministério da Fazenda ao Brizola;

segundo, se desse, os setores conservadores não aguardariam um instante para tentar o golpe de Estado. Seria inaceitável, do ângulo deles, o comando absoluto do Brizola na área econômico-financeira.

Penso que isso não envolvia apenas problemas internos, mas também as relações com o capital estrangeiro. Achava que nós não estávamos preparados para essa hipótese. Brizola assume hoje, vem o golpe de Estado, e o que nós temos para impedir que isso ocorra? Então, sem citar nomes, lembro-me de que alguns diziam: "Que a cobra mostre a cabeça, pois nós a esmagaremos." Era insensato.

Que dimensão histórica se pode dar a Brizola naquele processo, ele que é tão amado e tão odiado ao mesmo tempo?

Ele é uma figura com contradições próprias. É um homem de grandeza e, de repente, é um homem que...

... que avança o sinal?

Que avançou o sinal, sem nenhuma dúvida. A proposta, por exemplo, que ele tinha, da organização dos grupos dos onze, feita semanalmente através do programa na Rádio Mayrink Veiga, convocando-os para que se articulassem como, no fundo, milícias populares. Aquilo era um açulamento que levava, de maneira fatal, os setores conservadores a se alarmar e a, por sua vez, armar-se. O contraditório foi se tornando impossível de ser superado. O episódio do Ministério da Fazenda foi outro. Eu poderia acrescentar outros.

Não estou desejando com isso converter o Brizola num bode expiatório, até porque não tenho qualquer resistência de natureza pessoal a ele. Eu poderia perfeitamente jogar luzes sobre os aspectos positivos que ele cumpriu, em termos de defesa da ordem democrática na crise da legalidade, quando houve a renúncia do Jânio e a tentativa de golpe de Estado para impedir a posse do presidente João Goulart. Foi um desempenho admirável como liderança. Mas, nesses outros episódios sobre os quais estamos aqui falando, ele teve um papel negativo.

As esquerdas em geral também avançaram o sinal, apoiando movimentos como os dos sargentos e dos marinheiros?

Não tenho nenhuma dificuldade em responder que sim. O movimento dos sargentos, por exemplo, limitado a Brasília, prendendo as principais autoridades do país, sem a mais remota condição de assumir o poder – que sentido tinha? Que finalidade real? Dizia-se que o levante de Brasília fora articulado na expectativa de levantes em outros estados da Federação. Se era isso, e se a meta era tomar o poder, não tenho condições de analisar e, portanto, de medir o lado coerente. Mas limitado a Brasília... Desde logo me pareceu um gesto tresloucado, que não levou a nada.

Pelo contrário: foram inevitáveis a partir daí sanções a sargentos, que haviam cumprido um papel inestimável na crise da legalidade, golpeando setores direitistas do Exército, impedindo que oficiais saíssem da Base Aérea de Porto Alegre para bombardear o Palácio do Governo, fazendo o mesmo na Base Aérea de Belém. Os sargentos, que haviam cumprido um papel extraordinário na defesa de democracia, custo a entender, não tiveram bom senso para medir o gesto adotado em Brasília. O exemplo dos marinheiros foi similar. Depois, percebeu-se que fora enormemente estimulado pela liderança do cabo Anselmo, que anos depois se comprovou ser um agente infiltrado, portanto um clássico provocador.

Diria que as esquerdas, nesse processo, menosprezaram o poder de fogo dos setores de direita que se organizaram para a conspiração?

Acho que houve uma coisa que é clássica: a falta de estudo da correlação de forças. Não se analisou devidamente que, naquele instante, se podia avançar sem precisar expor-nos a retrocessos. É meio sem sentido analisar retrospectivamente e dizer: poderíamos ter evitado. Apesar dessa ponderação, ouso dizer: podíamos ter evitado o golpe. Bastava que tivéssemos tido os avanços na medida do possível, sem pretender levantar palavras de ordem ou provocar ações acima do que as próprias pernas permitiam.

Esta é a grande lição que devemos ter: na ação política, a medida das forças deve ser permanente. Deve-se avançar. Não é em nome da prudência que se deve ficar estático. Mas não há de ser em nome da aspiração histórica que você vai além do que pode num determinado momento. A falta de percepção disso pode levar a retrocessos.

CELSO FURTADO (1920-2004)
"GOULART ERA FRACO, PREOCUPADO EM SOBREVIVER"*

Fiel à sua formação profissional, Celso Furtado foi econômico ao responder, por escrito, às perguntas que lhe formulei sobre a crise pré-1964. Gastou exatas 42 linhas datilografadas em espaço dois.

Em outubro de 1962, durante a conferência do Conselho Interamericano Econômico e Social, no México, o senhor afirmava: "Reconhecemos que o nosso motor não está funcionando bem, que há desperdício de energias, mas estamos decididos a consertá-lo sem parar o veículo." Por que não foi possível consertar o veículo até 31 de março de 1964?

Não cabe resposta. 31 de março de 1964 é irredutível à problemática econômica preexistente.

O senhor continua acreditando que o Plano Trienal, se executado naquela época, poderia ter dado estabilidade econômica ao governo Goulart?

Não. A desestabilização do governo Goulart decorreu também de fatores não econômicos.

---

* Entrevista concedida ao autor em junho de 1988.

A ESQUERDA E O GOLPE DE 1964

O plano foi mal compreendido pelas esquerdas ou elas não se deram ao trabalho de analisá-lo antes de bombardeá-lo?

As duas coisas. [No filme *Jango*, de Sílvio Tendler, Celso Furtado fala sobre a incompreensão para com a estratégia do Plano Trienal: "Eu dizia: se tomarmos controle da situação, vamos desenvolver para crescer, então é possível introduzir as reformas que são a essência mesma da política do governo. Por isso o Plano Trienal terminava indicando as reformas de estrutura que eram necessárias. Mas elas vinham em decorrência de um maior controle sobre a economia e, portanto, da formação já de um consenso que desse solidez ao governo." E finaliza: "O que aconteceu foi que os distintos grupos que apoiavam o governo não se entenderam sobre isso, pelo menos, sobre essa estratégia. E havia poderosos grupos que consideraram que era mais importante lançar imediatamente a bandeira das reformas. E foi nisso que não se formou um consenso. E o presidente João Goulart ficou um pouco entre os dois grupos.]

Havia desentrosamento entre a área econômica do governo e a sua base de sustentação política?

A área de sustentação política do governo Goulart era heterogênea. De acordo com a situação e/ou o objetivo em vista o presidente se apoiava em determinado grupo.

Numa entrevista a Lourenço Dantas Mota, o senhor disse que "nunca houve um pensamento de esquerda coerente e estruturado no Brasil". Na conjuntura 1961–1964, qual foi o papel dos partidos e grupos de esquerda? Dificultaram a ação de Jango?

Não me parece que Jango seguisse diretrizes claras e coerentes, o que se explica pela heterogeneidade das forças que o apoiavam. O seu foi um governo fraco, preocupado em defender-se e sobreviver. [No depoimento a Dantas Mota, as baterias de Celso Furtado voltam-se contra a esquerda pré-1964: "A influência da esquerda se exerceu dentro de um certo intelectualismo"; "Se se entregasse a Sudene ao PC, o que ele iria fazer? Empreguismo"; "O PC levantou, é claro, o problema da reforma agrária. Mas foi por meio de pessoas como Josué de Castro e outros intelectuais, que nunca souberam bem o que é reforma agrária, porque nunca viram uma de perto, que transformaram isso em discurso".]

Por que o movimento progressista e popular não conseguiu dar a Jango o respaldo político de que ele necessitava para executar as reformas de base? Esta, a seu ver, é a razão por que o presidente hesitava tanto em suas ações?

Porque era fraco e dirigido por líderes inexperientes, imaturos e mesmo ingênuos. Ademais, as reformas de base foram mal definidas e usadas como bandeiras de mobilização de massas, sem viabilidade em face da estrutura do poder vigente no país. Sua execução pressupunha mudança prévia na estrutura de poder.

Quais os erros políticos do lado progressista que mais contribuíram para o clima propício ao golpe?

O golpe não decorreu de erros do governo e sim de um processo que se vinha gestando de há muito, cuja análise não cabe fazer aqui.

As reivindicações salariais sucessivas e as greves, que impacto tiveram na crise econômica a partir de 1963?

Impacto direto reduzido. Não foram causas e sim efeitos de uma situação econômica que se agravava.

As lideranças sindicais não compreendiam a gravidade da situação por despreparo ou por enfoques políticos equivocados?

Alguns compreendiam, outros não. Quase todos subestimavam a força da direita.

Se as esquerdas tivessem aceitado a tese da frente única, formulada por San Tiago Dantas, poderiam ter dado a Jango a base política capaz de deter a conspiração?

Teríamos ganhado algum tempo, mas o processo de desestabilização provavelmente teria continuado.

Se o senhor pudesse voltar no tempo, o que faria que não fez naquele conturbado processo político?

Minha área de atuação era limitada, pois eu não dirigia nenhum grupo político. Estava fora do meu alcance mudar o rumo de um processo que tinha suas raízes numa luta pelo controle do Estado entre grupos dominantes (latifundiários, empresários, multinacionais, estamentos militares superiores). As chamadas forças populares desempenhavam um papel secundário nesse processo.

DARCY RIBEIRO (1922-1997)
"QUERIAM SAIR DO CAOS PARA O SOCIALISMO"*

Fartura (alimentação digna para todos), escolarização (toda criança terá que ter, pelo menos, primário completo) e pleno emprego. Darcy Ribeiro cobra para si coerência com essas ideias desde o tempo em que era chefe da Casa Civil do presidente João Goulart – então, um antropólogo de 41 anos que já acumulava na bagagem os cargos de reitor da Universidade de Brasília, por ele concebida, e ministro da Educação.

— As questões que nós levantávamos em 1964 permanecem atuais, à espera de solução. Se tivéssemos realizado as reformas do Jango, não estaríamos na situação em que nos encontramos hoje.

Darcy não poupa sequer aliados de outrora. Chama de "esquerdistas louquinhos" os grupos que queriam apressar o socialismo no país, sem se dar conta da crise institucional. Define como "sindicaleiros" os líderes sindicais que cortejavam Jango. E acha incrível que um homem com a experiência política de Luiz Carlos Prestes não visse, no horizonte golpista de fevereiro de 1964, nada além do temor de que Goulart rasgasse a Constituição. "Jango só foi entendido realmente pela direita, que se unificou para derrubá-lo", desabafa.

---

* Entrevista concedida ao autor em 11 de maio de 1988.

A ESQUERDA E O GOLPE DE 1964

O senhor costuma dizer que há coisas que não foram feitas em 1964 e que deveriam ter sido feitas. Quais, por exemplo?

[Longa pausa] É difícil dar um exemplo assim. Seriam múltiplos exemplos. O presidente João Goulart decidiu tomar uma atitude de tentar conquistar, por meios persuasórios, as transformações capitais. Conseguiu, o que parecia impossível, que o Congresso Nacional votasse a lei de remessa de lucros. Foi essa lei que provocou a intervenção norte-americana. Ou seja: creio que as reformas que nós estávamos fazendo teriam sido executadas se não fosse a intervenção norte-americana.

De fato, não foram forças nativas, locais, que desestabilizaram e derrubaram o governo. Foi um complô internacional, conduzido aqui dentro com enorme eficácia. Um complô cujos personagens ainda estão aí – o general Vernon Walters de vez em quando vem aí. O partido norte-americano que tem aqui dentro é muito ativo e poderoso.

É claro que aquela situação podia ter sido enfrentada – desde que com outro golpe. Quando o Mourão saiu a campo, eu telefonei várias vezes ao presidente, dizendo o seguinte: "O brigadeiro Teixeira, aí no Rio, tem aviões e já está com metralhadoras colocadas neles. E se ele lamber a tropa do Mourão com rajadas de metralhadoras, a tropa volta para o quartel." Para o presidente, era muito difícil dar uma ordem de fogo. Para ele, seria uma coisa impossível participar ativamente de alguma coisa que fosse uma guerra fratricida no Brasil. Ele preferiu cair a dar essa ordem.

O movimento popular e progressista da época subestimou a conspiração?

Não só subestimou como nem viu a conspiração. Em política, há certos momentos em que as coisas não são visíveis. O horizonte de percepção é alguma coisa estranha. De um momento para o outro, na história, uma ideia amadurece em várias cabeças, e as pessoas passam a ver uma coisa que antes não viam. Há, portanto, movimentos de não percepção. Numa conversa com o senador Prestes aqui no Rio, no apartamento de Sinval Palmeira, na avenida Atlântica, em fevereiro de 1964, eu lhe disse que estava preocupado com o fato de que estava surgindo um golpe militar, com uma articulação visível no Nordeste e em várias regiões do país, e que nós temíamos que isso fosse executado em 1º de maio. Afinal, foi precipitado um mês antes.

É curioso que Prestes não percebia. Ele imaginou que eu estava dizendo que era o presidente que iria fazer alguma coisa. Eu lhe respondi que não se tratava disso, o presidente não faria nada. O Prestes disse [imita uma fala em tom solene]: "Eu quero que o senhor diga ao presidente que, para nós, comunistas, o fundamental é a legalidade. Ele não pode atentar contra a Constituição. Ele tem que defender a legalidade." Por mais que eu dissesse que era preciso que todas as forças progressistas se preparassem para o fato de que nós iríamos enfrentar a tentativa de golpe, essa informação não passava.

A maior parte das pessoas com quem eu falava disso não compreendia. E eu dizia que as informações que me chegavam do Conselho de Segurança Nacional e do Serviço Secreto de vários órgãos deixavam evidente que estava em marcha um movimento para derrubar o governo. Mas não havia sensibilidade para isso. Havia ideia do contrário, de que Jango estava fazendo algo. Você lembra que o Bilac Pinto inventou a história da guerra revolucionária. Ele vivia nos acusando, e todo mundo achava que o Jango ia rasgar a Constituição. Quem iria rasgar eram eles – e rasgaram. Nós não conseguíamos convencer ninguém disso.

Era difícil a articulação com o movimento progressista em torno das reformas?

A dificuldade era a seguinte: o Jango pensava em fazer a reforma com uma profundidade que não tinha ocorrido antes na história brasileira.

A ESQUERDA E O GOLPE DE 1964

O governo tinha alcançado uma solução extraordinária para o capital estrangeiro e estava caminhando para criar 10 milhões de pequenas propriedades. Tudo isso estava muito avançado, mas havia o pessoal esquerdista. Por exemplo: a posição do Brizola, então, era esquerdista. Era mais difícil enfrentar o Brizola no radicalismo dele do que convencê-lo de que, se fizéssemos aquilo, estaríamos libertando o Brasil.

Muito depois, em junho de 1964, Salvador Allende nos visitou no Uruguai. Era senador no Chile. Eu me lembro de que cheguei a um encontro dele com o Jango com um jornal aqui do Rio – se não me engano, o *Correio da Manhã* – e mostrei uma declaração do embaixador americano, dizendo que o golpe no Brasil – que ele chamava de "revolução" – era mais importante do que a crise do muro de Berlim e do que a crise de Cuba em 1962. O Jango comentou: "Ele é um imbecil." O Allende disse ao Jango: "Não, talvez ele tenha razão. Depois de sua queda, é que eu caí em mim. Com o seu governo lá, nós podíamos libertar a América Latina. Sem o seu governo é muito mais difícil."

A minha convicção, hoje, é que, se o Brasil tivesse feito a tal reforma agrária dos 10 milhões de pequenas propriedades e com o controle do capital estrangeiro, nós teríamos dado um passo importante para libertar o país. A grande parte das esquerdas se radicalizou querendo mais. Eu dizia: esta é a esquerda do rei bom. Ela acha que o Jango é o rei bom, que pode dar mais, mais e mais. Eu dizia: temos que cumprir o que está aí. Só o cumprimento da lei de remessa de lucros era de uma importância enorme, abria para o Brasil outro caminho.

Quem foi mais incompreendido: Jango pela esquerda ou a esquerda por Jango?

O Jango só foi entendido realmente pela direita. A direita verificou que ele era um perigo e se unificou toda para derrubá-lo e levar o país a essa situação. O Jango abriu uma alternativa para o que se chamava de Revolução Brasileira, uma renovação do Brasil. Prosseguiu no mesmo caminho do Getúlio, com uma ação do Estado para reordenar a sociedade. Ele propôs um projeto para o Brasil, que estabelecia o crescimento de indústrias estatais e o controle do capital estrangeiro. Retomava o projeto nacional de desenvolvimento de Getúlio Vargas.

Qual era a teoria das esquerdas contra isso? Era a teoria catastrofista, segundo a qual se você cria o caos, o caos é tão grande que do caos você sai para a utopia. Eles queriam sair do caos para o socialismo. Nunca isso ocorreu no mundo. O caos só leva a mais caos. A minha ideia é de que aquele caminho do Jango era o caminho da Revolução Brasileira, e continua sendo. As mesmas questões estão postas aí.

Com o caminho que propúnhamos para o país, acabaríamos com a inflação, incorporaríamos mais gente ao sistema produtivo e o Brasil poderia alcançar pequenas utopias. Essas pequenas utopias são aqueles requisitos para que o país se desenvolva, como o pleno emprego; garantir fartura, que todo mundo coma todo dia; e escolarização. Como ministro da Educação, eu cheguei a aplicar 12% do orçamento em educação, que eles depois reduziram a 4,7%.

É claro que qualquer esquerdista estava pronto a dizer que nós éramos uns reformistas e que eles tinham um projeto de revolução. Eu mesmo cheguei a acreditar, num certo momento, que talvez o milagre de Cuba pudesse se repetir. O milagre de Cuba é uma leitura errada da história, segundo a qual doze pessoas que fossem para as montanhas fazer guerrilha encontrariam um túnel para chegar ao poder. Em nenhum lugar se conseguiu isso. Milhares de pessoas se lançaram a isso e não conseguiram nada. Hoje, a esquerda está sendo chamada à evidência de que nós estamos condenados à democracia, a lutar eleitoralmente, a ganhar a população para transformações dentro da ordem vigente.

A ESQUERDA E O GOLPE DE 1964

Por que as esquerdas se dividiram tanto para dar sustentação ao governo Goulart?

É da natureza da esquerda ser contestatária e se dividir. A direita tem interesses mais concretos para defender: reter o que tem, manter a ordem e a disciplina. É mais fácil você obter unidade para isso. Quando você propõe um projeto alternativo, aparecem logo esses louquinhos da esquerda desvairada, que supõem que o melhor é derrubar tudo e levar ao caos.

Naquele momento, nós tínhamos o governo de Jango, que não havia ganhado a eleição. Foi uma circunstância da história, com a renúncia de Jânio Quadros, que o fez chegar à presidência, onde ele iria cumprir os destinos traçados pelo PTB, de orientação reformista, que algumas esquerdas loucas chamam de populista. O que é populista? Para eles, uma forma de odiar certa conduta por reformas. Mas, de fato, o que eles chamam de populista é um tipo de governo, como os de Getúlio e Jango, que tentou soluções dentro do quadro da história para o Brasil. Soluções fora da história são desvarios.

O esquema militar não funcionava?

O dispositivo militar seria bom para fazer o que Jango pretendia: tentar a coisa persuasória, mas não ousar. A direita entrou com a disposição de fazer uma guerra civil, de fazer um Vietnã no Brasil. Ora, os Estados Unidos mandavam uma frota que iria desembarcar em Vitória e invadir o país em quatrocentos, quinhentos quilômetros, até Belo Horizonte, para levar mantimentos, armas e combustível. Os norte-americanos aceitaram o Vietnã aqui, tal era a gravidade que atribuíam a uma política brasileira de controle do capital estrangeiro. A direita aceitou a guerra civil; se o governo tivesse aceitado também, a coisa seria diferente. Agora, é evidente que o esquema de Jango fracassou.

DARCY RIBEIRO (1922-1997)

Havia dificuldade de mobilizar o meio sindical para dar sustentação ao governo?

A característica do meio sindical era o oportunismo. A maior parte dos líderes sindicais de esquerda era muito sacana, disposta a fazer greve sobre greve nas empresas estatais, mas sem nenhuma atuação nas empresas privadas. Um episódio típico foi um conflito que tivemos com alguns líderes do CGT, que queriam levantar uma greve – e depois reformularam – paralisando as ferrovias. Reivindicam para os ferroviários paridade de salário com o pessoal da Petrobras. Era uma loucura total. Na Petrobras, os salários não representavam nem 1% dos custos e nas ferrovias são o custo principal. A equiparação era uma coisa demagógica.

Havia muita esquerda demagógica, sindicaleira, a fazer greve assim. Eu apertei o pessoal de São Paulo contra a Marcha da Família do Ademar de Barros. Dante Pellacani e outros diziam que não era vantagem, porque o Ademar tinha fechado as ruas tais e tais. Eu disse então: "Façam uma marcha pelas reformas." E eles nunca fizeram. Mas sempre estavam reclamando e reduzindo o valor e a importância da luta da direita, que ascendia cada vez mais.

Waldir Pires acha que um dos erros fundamentais foi o fato de que a esquerda não tinha um projeto estratégico para as transformações sociais. Isso se choca com suas teses?

Choca-se muito. Seria o caso de perguntar ao Waldir: quando neste país um projeto alternativo foi apresentado, com possibilidade de ser executado? Quando? Nunca. O projeto mais alto que o Brasil teve foi o nosso. Lamentavelmente, esse projeto não estava amarrado por uma organização adequada das forças populares. Criar uma grande mobilização nacional teria sido a condição ideal. Mas as condições em que trabalhávamos envolviam dificuldades. Por exemplo: por mais que Jango insistisse, reiterasse em cada discurso que as reformas seriam capitalistas, que o capital estaria mais defendido, toda a imprensa comprada pela direita dizia o contrário. Dizia que o projeto de reforma agrária era comunista. A opinião pública e a classe média estavam sendo manipuladas.

E havia dificuldades ainda na máquina política. O PTB tinha enormes deficiências. Um partido que teve o poder jogado em suas mãos. Tentou estar à altura do poder, fazer não o que a direita sempre fez com o poder. Tentou retomar o seu caminho histórico – o caminho das reformas de Getúlio. Quando você tenta alterar a história, há certa possibilidade de você cair. A única forma de não cair é não tentar nunca. As exigências que o [general Amaury] Kruel fez a Jango no último telefonema provam que o presidente seria aceitável por eles, desde que não fosse o homem das reformas. Que seu projeto não fosse tão profundo.

Se o senhor pudesse entrar no túnel do tempo, o que não faria na crise de 1964?

A primeira coisa é que eu não tinha a noção clara de que estava jogando com a hegemonia americana no mundo. Eu não fazia ideia de que a América do Norte fosse tão importante. Para mim, nós estávamos tratando de uma questão nacional, interna, indispensável para o povo brasileiro progredir. Não tinha muita noção – que o Brizola tem muito claramente agora – de que devemos ter aliados externos. Nesse momento, por exemplo, estamos muito articulados com a Internacional Socialista, que sabe que nós não somos comunistas, que não vamos fazer uma Rússia aqui dentro, que não vamos entregar o país a nenhuma potência. É uma luta do povo brasileiro para realizar sua própria integridade.

Pois bem: temos hoje conexões internacionais. Naquela época, não tínhamos. Eu só vi o golpe em marcha até o ponto em que o Jango me disse, por informação dada pelo San Tiago Dantas, de que havia uma frota americana se aproximando da baía de Guanabara, que entraria aqui se o Lacerda fosse atacado. O sinal para entrar era esse. E eu disse: "É mentira, não tem frota." Não tinha aqui, mas tinha em Vitória! [Longa pausa] Eu não imaginava que aquilo que estávamos fazendo fosse tão importante. E de fato era. No momento em que o Brasil se tornar autônomo, realizar suas potencialidades, com um projeto próprio, a América Latina toda se libertará da dominação norte-americana.

EDUARDO CHUAHY (1934–2021)
"A ESQUERDA NÃO LARGAVA SEUS MITOS"*

A empregada coloca um chá com torradas em cima da mesa. O chá esfriaria, as torradas ficariam esquecidas. Eduardo Chuahy passaria 45 minutos no papel do capitão do Exército que servia na estratégica Casa Militar do presidente João Goulart. Nos 45 minutos de tensão, não contém o inconformismo com os rumos do processo que culminou com o golpe. Refaz a trajetória do movimento nacionalista, dentro e fora das forças armadas, tenta cruzar os desempenhos das lideranças – mas recolhe erros e mais erros.

Chuahy olha-me fixamente, talvez esperando um sinal de cumplicidade com a frustração pela derrota das forças progressistas. "O que existia por aí era um esquerdismo mal assimilado", deixa escapar, enquanto olha as torradas como quem perdeu todo o apetite.

Do seu posto de observação na Casa Militar, que avaliação fazia do peso do movimento nacionalista e de esquerda nas forças armadas?

O movimento nacionalista estava enfraquecido. Primeiro porque não havia mais as lideranças de antes do movimento pela legalidade em 1961. Cito, por exemplo, o general Nelson Werneck Sodré. Ele era coronel do Exército e, em 1961, ficou a favor do Jango e foi transferido para Belém. Terminada a tentativa de golpe, era natural que se anulasse a transferência dele. Não se anulou, e ele pediu passagem para a reserva. O Jango anulou

---

* Entrevista concedida ao autor em 9 de maio de 1988.

a transferência dele para a reserva, mas o manteve em Belém. E o Nelson, então, pediu, pela segunda vez, transferência, e acabou na reserva.

Na primeira promoção de generais, durante o governo Goulart, havia três coronéis: José Horácio Coelho Garcia, que tinha feito o inquérito [das toras de] pinho contra o Jango, inimigo feroz, ultradireitista; José Carlos de Moura e Cunha, que fora chefe do Serviço Secreto do general Estillac Leal; e o coronel Tácito, excelente figura, vice-presidente do Clube Militar na gestão Estillac Leal. Quem fosse preterido iria para a reserva. Foi promovido o inimigo-mor de Jango, José Horácio Coelho Garcia.

Os próprios ministros militares do Jango – dado que ele não tinha um ministro forte como o [Henrique Teixeira] Lott, a quem não quis nomear, porque achava que o Juscelino indicara o Lott e não tivera força para tirá-lo – eram mais de tendência conservadora do que progressista. Seja o Nélson de Melo, seja o Segadas Viana, seja o Amaury Kruel – que finalmente traiu o próprio Jango no II Exército –, seja o Jair Dantas Ribeiro, que também era um homem conservador. Só na última promoção de generais – veja bem, na última – é que Jango promoveu alguns oficiais progressistas. É o caso do general Chrysantho Figueiredo, por exemplo.

[Corte para um relatório do então adido de Defesa dos Estados Unidos, Vernon Walters, ao Pentágono, em agosto de 1963, com uma avaliação diferente da de Chuahy: "Os oficiais ultranacionalistas que apoiam o presidente Goulart são promovidos e obtêm o comando das tropas e os melhores lugares. Os oficiais francamente pró-democratas e pró-Estados Unidos geralmente não são promovidos."]

Quanto à Casa Militar, era muito frágil. O desconhecimento do general Assis Brasil sobre o Exército era muito grande. Ele tinha servido a vida inteira no Rio Grande do Sul. Não conhecia a chamada "corte" – o Exército na sua globalidade. Tinha talvez uma visão provinciana do Exército. O próprio Jango, quando o nomeara, não o conhecia. O general Assis Brasil tinha sido nomeado adido militar em Buenos Aires. A ele não interessava ser chefe da Casa Militar. Então, houve uma sucessão de erros dentro das forças armadas.

Mas o movimento nacionalista tinha lideranças nas forças armadas capazes de corrigir esse rumo?

Quem lidera no Exército geralmente são os coronéis e os generais. Se esse pessoal tivesse acesso ao generalato, você formaria as lideranças. Como Estillac Leal, que foi um grande líder, como Lott, que foi para nós um grande líder nacionalista. Acho que o presidente aí foi muito conciliador, principalmente em termos de Exército. Na Aeronáutica, as coisas correram melhor. Havia o brigadeiro Teixeira, o brigadeiro [Anísio] Botelho, que foi um bom ministro. Na Marinha, infelizmente, as coisas não correram tão bem assim. Apesar do almirante [Pedro Paulo de Araújo] Suzano ser um bom militar, havia o problema do Corpo de Fuzileiros Navais, cuja figura-mor era o almirante Aragão, que não era bem-visto na Marinha como profissional.

Se o militar quer ser progressista nas forças armadas, ele tem que se afirmar também profissionalmente. Um indivíduo de direita nas forças armadas pode não se afirmar profissionalmente e ser promovido. O indivíduo progressista tem que ser bom militar, bom aluno na Escola Militar e fazer tudo exemplarmente. Aí ele se destaca.

Houve outro fator que ajudou a desestabilizar o presidente João Goulart. Os sargentos, depois de 1935, perderam estabilidade e outros direitos. Não podiam se casar antes de terem tantos anos de serviço. Casavam clandestinamente, constituíam família clandestinamente. Um sargento com 27 anos de serviço podia ser posto na rua. O general Lott, no governo Juscelino, foi conseguindo as conquistas: estabilidade aos dez anos de serviço, direito de se casar com cinco anos de serviço. No movimento de 1961, a espinha dorsal, além dos oficiais que se rebelaram pela legalidade, fora a unanimidade dos sargentos e subtenentes em favor da posse do presidente Goulart.

Depois de 1961, começou a exploração do movimento dos sargentos. O *Jornal do Brasil* dava cobertura a um tal de Comando Geral dos Sargentos (CGS), que não tinha expressão alguma. Qualquer entrevista deles o *Jornal do Brasil* colocava na primeira página, para criar um clima dentro da oficialidade, que começou a temer aquilo. Era um fenômeno real: os sargentos estavam procurando mais a universidade que os oficiais. Você tinha, numa determinada unidade, vários sargentos fazendo universidade e os oficiais, não. Isso criava até um conflito cultural.

Com a entrada de muitos sargentos na política, houve, para os oficiais – e isso desbastou as hostes que apoiavam Jango –, uma quebra muito grande da hierarquia. O Exército tem 5% de progressistas, 5% de direita e a massa reflete a sociedade civil, particularmente a classe média. A formação do oficial do Exército é boa, patriota, nacionalista.

Podemos concluir que as mobilizações nas forças armadas – movimentos dos sargentos, dos marinheiros – foram desastradas?

A minha opinião sobre o movimento dos marinheiros, que eu expressei na Casa Militar, era que devíamos jogar o Exército contra os marinheiros, prender todo mundo e, ao mesmo tempo, fechar o Clube Naval, onde estavam reunidos os oficiais golpistas. Os dois movimentos, naquele momento, estavam brigando contra o presidente. Seria, assim, restaurado o princípio da autoridade. Mas aí veio o pessoal político, que achava isso e aquilo...

Vamos falar a verdade: havia gente de esquerda que sonhava com mudanças sociais com as forças armadas na frente. Marinheiros, sargentos... Isso é característico do Brasil. Basta lembrar que, em 1935, o Comitê Central do PCB era só de militares. Há uma tendência, tanto da direita quanto da esquerda, de achar que no Brasil tudo se resolve com as forças armadas.

A direita acha que as forças armadas têm a incumbência de travar o país. E a esquerda acha que as forças armadas vão fazer as reformas. Trata-se de um erro de avaliação. A esquerda devia pregar a neutralidade das forças armadas, que têm que cumprir a Constituição e manter o regime. Quem tem que modificar são as forças sociais. E não querer que a vanguarda da luta sejam [d]as forças armadas.

Não se agiu contra a quebra da hierarquia porque o governo já era prisioneiro diante da ação da direita ou porque o governo se imobilizou diante do caldeirão político?

Faltava ao Jango um ministro da Guerra forte. Não é que o indivíduo mude a história, mas ele ajuda. Se o ministro da Guerra fosse o Lott ou o Osvino Ferreira Alves – o Lott pela personalidade forte; o Osvino pela habilidade política –, essas coisas não teriam se sucedido. O momento que mais fragmentou nossa base foi quando Juscelino acreditou que Jango iria tentar o golpe. Devia ter no governo alguém leviano para dizer isso.

Como sempre acontece na esquerda, que não conhece o país, ela achava que o Juscelino já era um homem superado. O Lacerda se lançara candidato em Curitiba, pela direita. O Juscelino se lançava com um programa de reforma agrária, porque sentia que era um passo à frente. Parece que não havia muita receptividade ao Juscelino. Com medo de que não houvesse eleições em 1965, ele embarcou no golpe.

O movimento popular também se apresentava dividido. Havia dificuldades de entrosamento com o movimento nacionalista das forças armadas?

Havia. O pessoal cobrava tudo do Jango. O Jango queria fazer as reformas devagar. Achava que tinha que bater por partes. Jango era uma figura conciliadora. Não era uma figura forte, embora fosse nacionalista.

O Samuel Wainer era um picaretão. Quando ele entrava no Palácio, o Juarez Mota, ajudante de ordens do Jango, dizia: "Lá vem o ladrão." Era a pior figura. Enquanto o Raul Ryff, em Paris, exilado, cozinhava para o filho, o Tito, que ficara tuberculoso, o Samuel Wainer alugava dois apartamentos – um para ele e outro para a Danuza – e tinha os filhos estudando na Suíça. Nunca fez nada por ninguém em 1964, só para ele.

Não era possível conter a escalada de reivindicações a Goulart?

Erramos abrindo um leque de reivindicações muito amplo. Errou-se ao tirar Carvalho Pinto do Ministério da Fazenda. Foi um esquerdismo, que colocou São Paulo contra nós. Além do mais, Carvalho Pinto tinha atitudes progressistas, ao contrário do que falavam. A lei de remessa de lucros, ele teve muito peso nisso. Um excelente ministro, um homem que podia conter os problemas.

É uma loucura, o poder aliena as pessoas. Você via que estava errado, falava, mas achavam que não. Eu avisei ao coronel Kardec Lemme e ao general Nelson Werneck Sodré, no fim de 1963, que a situação estava ruim, que nada funcionava na Casa Militar, que nós estávamos mal em termos de forças armadas. Aí disseram ao Assis Brasil e ele respondeu: "Chuahy enlouqueceu." Eu avisei: nós vamos nos ferrar. Isso em novembro de 1963.

Eu alertava que não tínhamos ministro do Exército, que a chefia da Casa Militar era péssima, que o inimigo estava se estruturando em todo o Exército, que nós não tínhamos ação alguma, estávamos fracos. A esquerda vive de mitos. O Assis era um mito. Quando chegou, era considerado um gênio. Com trinta dias de trabalho, eu o esculhambei junto a outros oficiais. E todo mundo achou que eu tinha enlouquecido.

FRANCISCO JULIÃO (1915-1999)
"APOSTAMOS DEMAIS NO PODER DO VOTO"*

Ele próprio, ajudado pela mulher, põe a mesa para o jantar.

— Já comeu chuleta?

Diz que não é um prato qualquer; aprendeu a preparar no México, exilado.

Francisco Julião não estava em casa quando cheguei para procurá-lo. Voltei mais tarde e ele convidou-me a acompanhá-lo à sede do PDT pernambucano.

À chegada, um homem humilde tenta beijar-lhe a mão, mas Julião não permite.

— O que é isso, homem? Vamos lá dentro – diz, no tom atencioso que o caracteriza.

Atende o pobre homem, promete ajudá-lo no que puder.

A chuleta é colocada em tábuas de madeira. Nas quatro horas seguintes a memória das Ligas Camponesas se desarquiva à minha frente.

Ali estava o agitador social que atraía pastores protestantes para o meio rural ("Eles faziam suas orações e pregações do Velho Testamento, e eu aproveitava e falava da reforma agrária aos camponeses").

O agitador que era capaz de bolar planos como a romaria de camponeses a Juazeiro, levando uma estátua em argila do padre Cícero Romão Batista. Ou então a marcha de mulheres camponesas a Recife, em resposta à passeata que senhoras da classe média pernambucana tinham

---

* Entrevista concedida ao autor em 20 de julho de 1983.

feito, em meados de março de 1964, a pretexto de denunciar a "comunização" do país.

O golpe foi mais rápido e impediu a romaria e a marcha.

Mas nem o golpe conseguiria reduzir o sentimento místico que ronda a vida de Julião. Dias depois da deposição do presidente João Goulart, o deputado Julião cai na clandestinidade. Converte-se no camponês Antônio Ferreira da Silva, "dono de uma Bíblia, um cachorro subdesenvolvido, mas bom caçador, chamado Tenente, e um rádio transístor que lhe permitia saber o que se passava no oco do mundo".

Quais eram as divergências doutrinárias que você tinha com o PCB?

Eu não concordava com a linha do partido, porque via muito oportunismo. O partido tinha posições muito estreitas, de um sectarismo feroz. Às vezes, eles assimilavam a realidade de outros países, onde a revolução havia triunfado, em vez de se ater ao que estava acontecendo aqui. Os trabalhadores não tinham um grau de consciência política capaz de assimilar aquilo. Eu achava que essa linha às vezes adquiria uma conotação muito sectária, e outras vezes o partido tomava posições muito liberais. Era mais fácil manter com o partido uma aliança eventual.

E o relacionamento das Ligas Camponesas com Miguel Arraes?

Arraes foi um homem que sofreu muito a influência do Partido Comunista. O Palácio era mais frequentado pelo PC do que pelas Ligas. [...] Nós tratávamos de buscar um denominador comum com o governo de Arraes. Eu tinha discrepâncias com ele, mas não eram de tal ordem que chegássemos a um desentendimento.

FRANCISCO JULIÃO (1915-1999)

Como assim?

O movimento camponês foi adquirindo muito vigor no campo. Arraes não tinha interesse em que esse movimento desenvolvesse uma grande atividade, porque ele precisava acomodar certas situações com os grandes senhores de terra. Tinha sido apoiado por alguns desses senhores. Então, toda vez que surgia um conflito, e que eu buscava naturalmente dar um passo adiante, Arraes tratava de frear. [...] Houve casos de invasão de engenhos. O Arraes, nesse momento, buscava a Liga para um entendimento. Debatíamos e houve ocasiões em que fui com ele ao campo solucionar problemas, porque achava que tinha havido precipitação da parte de alguns companheiros. Aí já entrava o dedo de outras organizações, empenhadas em ganhar a liderança, em tirar uma boa fatia, aproveitando essa grande mobilização de massa.

O nosso trabalho era um processo dialético, de dar consciência ao camponês, de garantir os seus direitos. Considero isso um trabalho revolucionário. Os problemas dos camponeses, até então, eram solucionados na delegacia de polícia, que tinha como lei o soldado, o fuzil. Permanecer na terra um, dois anos, assistido por um advogado que lutava por ele na Justiça, isso parecia para o camponês uma verdadeira revolução.

E por mais que se diga que a nossa preocupação era de ordem puramente reformista, eu achava que a reforma agrária, nesse caso, implicava uma preparação para a revolução social mais profunda. Há dois tipos de reformista: o que faz a reforma para deter um processo revolucionário, e o que utiliza a reforma precisamente para acelerar esse processo. Eu estava nessa segunda categoria, porque sou marxista.

E a sua ligação com Cuba?

[...] Com duas ou três viagens que fiz a Cuba, cheguei a ter um relacionamento estreito com Fidel Castro. Tempos depois, Castro verifica, através da inteligência que ele naturalmente tinha junto aos Estados Unidos, que se preparava uma invasão contra Cuba. E o que ele quis fazer? Quis deslanchar na América Latina um processo revolucionário, para ver se distraía essa preocupação dos Estados Unidos de invadir e aniquilar o processo revolucionário cubano. Entre os países em que ele considerou que poderia haver uma revolução, ou que poderia haver guerrilha, estava o Brasil.

Mas eu lhe fiz ver que o Brasil era uma democracia, onde não havia prisioneiros políticos; havia liberdade. Tanto que fundávamos Ligas Camponesas, sindicatos, partidos políticos. Mas o Castro estava verdadeiramente obcecado. Ele queria transplantar a realidade cubana para libertar a América Latina – creio que nisso cometeu um grave erro. Porque em vez de fazer com que a América Latina avançasse com um passo mais lento, porém mais seguro, de certo modo isso contribuiu para dar às oligarquias do continente, com a ajuda dos Estados Unidos, instrumentos mais afiados para reprimir os movimentos de libertação desses países.

O fato é que eu sou culpado, considerado o homem que implantou essas guerrilhas no Brasil. Em verdade, me opus. Eu não quis. Dizia a Castro que eu era um homem de massas.

As pessoas encarregadas de implantar o movimento guerrilheiro eram muitas delas ligadas às Ligas, e por isso associavam as guerrilhas a mim. Tive de assumir calado, para não criar problemas no relacionamento entre Brasil e Cuba. Assumi calado a responsabilidade por algo que absolutamente não havia desejado que se fizesse no Brasil. Mas se fez. Num dado momento, recebi denúncias de que os focos haviam sido detectados e imediatamente tratei de buscar o encarregado de conduzir esse movimento e avisar: "Olha, vocês estão furados, tratem de abandonar esse dispositivo, porque não tem mais sentido." [...] Essa aventura teve curta duração e foi um fracasso total. Falta de habilidade.

FRANCISCO JULIÃO (1915-1999)

Como se desenvolveu a ideia das guerrilhas? Você soube antes, foi consultado?

Eu não só soube como tive conhecimento pleno do que realmente havia. Agora, não sabia onde estavam os dispositivos – só sabia que estavam espalhados aí pelo Brasil. Mas tinha uma atitude muito crítica e considerava que o movimento não ia vingar. Os maiores teóricos da luta guerrilheira sempre dizem que a guerrilha só pode funcionar num país quando há duas condições: primeiro, que haja uma base social; segundo, que exista uma ditadura de tal forma cruel que não seja possível organizar as massas para uma luta de outro tipo. [...] No Brasil não ocorria isso, havia plena liberdade. Eu me opus porque achava que devíamos continuar criando consciência, através da mobilização de massas.

Como analisa a divisão da esquerda naquele início dos anos 1960?

A pulverização dos movimentos de esquerda é um fenômeno bastante frequente em toda a América Latina. É uma característica dos movimentos que não têm absolutamente uma base nas massas. São movimentos que nascem de uma concepção de grupo. Os grupos entendem que devem naturalmente levar suas concepções às massas, quando, em verdade, o que devem fazer é o processo inverso: procurar conhecer primeiro a realidade das massas, dos trabalhadores, do povo, e com base nessa realidade fazer crescer o movimento.

Esse tem sido o grande erro das esquerdas no nosso continente. Fazem seu projeto revolucionário e depois o implantam como um corpo estranho no seio de uma determinada massa. Fracassam porque sempre a tendência é haver um rechaço. A massa não foi preparada, trabalhada, conscientizada, e esse corpo ali não entra. E então surge outro grupo com essa mesma pretensão. E assim se multiplicam de forma indefinida.

A ESQUERDA E O GOLPE DE 1964

O resultado é que quando chega o momento do ajuste de contas com as forças reacionárias e as oligarquias – sempre bem-orientadas, com uma grande tradição de unidade e organização –, esses movimentos de esquerda se desfazem como espuma. Não encontram o caminho, nem sequer para a unidade entre eles. Já começaram divididos, e o ódio entre eles é tão poderoso, é mais forte até mesmo do que contra o inimigo comum que pretendem combater.

Por que você foi uma das poucas vozes no lado progressista que se opunham à troca do parlamentarismo pelo presidencialismo, no plebiscito de janeiro de 1963?

Considerava o parlamentarismo a solução ideal. E se o regime tivesse continuado parlamentarista, é possível que se houvesse evitado o golpe militar. Aliás, continuo parlamentarista até hoje, por convicção.

Por que teria evitado o golpe?

Porque o Jango enfeixou muito o poder. Neste país, o presidente enfeixa uma soma de poder enorme. Centraliza demais. Acho que o presidente tem um poder infinito, ditatorial. O Parlamento é facilmente influenciável por um presidente hábil e forte. O parlamentarismo leva, num país de democracia débil, esta grande vantagem: quando vem a crise, cai o Parlamento, mas o governo continua. A figura do presidente é preservada, e o sistema não sofre um golpe tão profundo. Quando cai o gabinete, reorganiza-se outro, e não se dá o golpe, como ocorre nos sistemas presidencialistas puros. [...]

FRANCISCO JULIÃO (1915-1999)

Qual a avaliação que você faz do governo Goulart?

As minhas relações com o Goulart foram boas, até o momento em que ele desencadeou as reformas de base. Eu pregava uma reforma agrária mais profunda, enquanto o Goulart propunha uma reforma agrária que eu chamava de beira de rodagem, de beira de estrada. Achava que ele devia realmente tocar na essência do latifúndio, não simplesmente distribuir parcelas de terra ao longo das estradas. Quando havia uma tensão social, a preocupação do Goulart era tirar os camponeses da região e entregar-lhes terras ao longo das estradas.

Isso não era, absolutamente, a verdadeira reforma agrária. Ele devia tocar no latifúndio. Era preciso limitar a quantidade de terras, estabelecer um imposto progressivo sobre as terras que não se cultivavam. E também modificar, se não me equivoco, o artigo 146 da Constituição, que estabelecia que as desapropriações seriam pagas em títulos da dívida pública, resgatáveis em vinte anos, com uma taxa de juros muito moderada, de 6%. Mas não fazer a reforma agrária nos termos que o Jango propôs. Eu me rebelei por causa disso. E passei a fazer críticas, através dos editoriais do semanário *A Liga*.

Por que nunca se consolidou a aliança operário-camponesa?

Pelo seguinte: tive oportunidade de convidar lideranças obreiras da cidade para ir ao campo, e ninguém ia. Então, resolvi inverter as coisas e trazer o camponês para a cidade. Queria que a cidade soubesse que existia o camponês, não como figura folclórica ou como objeto de um poema. O camponês, isso sim, na sua situação real.

Então, o CGT não cumpriu o seu papel?

Não cumpriu, absolutamente. Pelo menos aqui na nossa região, e não me consta que tenha sido diferente em outras regiões do Brasil. Eu convidava os líderes operários, os presidentes de sindicatos, dizendo: "Vamos ao campo ajudar a organização dos camponeses. Vamos fazer uma aliança com os camponeses." O indivíduo coçava a cabeça, dizia que no domingo tinha compromisso, que precisava passear com a família, jogar futebol...

Você percebeu que o processo político se agravava e que a divisão da esquerda poderia influir?

Depois da campanha da legalidade, quando eu estive no Rio Grande do Sul com o Brizola, já tinha noção da gravidade. Era uma intuição, mas não tinha elementos para detectar um golpe. Nesse momento, adverti o Brizola: "Acho que a situação do Brasil não é boa, e nós vamos marchar para uma situação muito grave, porque há inflação, muita divisão das esquerdas." Disse-lhe que ele devia começar a pensar sério nisso e a se preparar para enfrentar o que pudesse vir.

Cheguei até a fazer uma linha, desde São Luís do Maranhão até o Rio Grande do Sul, sempre onde houvesse gente. E sugeri que ele começasse a preparar dispositivos, adquirindo fazendas, comprando terras, colocando ali um agrônomo, um advogado, um médico. E que nós tratássemos de obter uma base popular, sobretudo no campo, para enfrentar qualquer golpe que pudesse surgir.

E o que Brizola respondeu?

Ele disse que não havia risco de golpe das forças reacionárias neste país, porque o Exército estava dividido. Ao se despedir de mim, disse: "Eu tenho meus generais, meus coronéis, dentro das forças armadas. Você volte lá para o seu Nordeste, se houver qualquer movimento dessa natureza não lhe faltarão as armas para poder defender aquela região, com seus camponeses." [...] Mais tarde, o próprio Brizola, percebendo que o movimento golpista adquiria certa ressonância – porque as ações desencadeadas pela direita estavam evidentes –, fez advertências sobre o golpe.

Você nunca pensou em organizar militarmente os camponeses?

Nunca. Imagina que nunca pensei. Primeiro, porque considerava que enquanto não houvesse uma organização dos camponeses em todo o país nós não podíamos pensar na possibilidade de um enfrentamento com o sistema. Depois, sempre acreditei na pressão das massas organizadas. Sempre considerei que uma massa organizada, preparada, é uma força de resistência.

A perspectiva da sucessão presidencial em 1965 dividiu ainda mais a esquerda?

Contribuiu muito, porque havia um enfrentamento. Já havia dois candidatos lançados, que eram Juscelino e Lacerda. Brizola, por sua vez, tinha as suas pretensões. Tanto que surgiu aquela campanha "Cunhado não é parente". Ademais legítimas; afinal de contas, ele tinha sido o homem que deu posse a Goulart. Ninguém tinha melhores credenciais que ele para pleitear a sucessão do cunhado.

Mas acho que isso contribuiu ainda mais para dividir as esquerdas. Cada um se preocupando apenas com a eleição, sem perceber que havia uma conspiração em marcha. Muita gente não percebeu. O próprio Arraes eu quero crer que foi agarrado de surpresa aqui. Ele nunca me disse, durante esses meses de convivência, que tinha elementos sobre a conspiração. Apenas poucas semanas antes do golpe, ele informava ao Jango que o comportamento do general Justino Alves Bastos, comandante do IV Exército, era estranho. Mas o Jango tranquilizava: "Olha, o Justino Alves é meu compadre." Em verdade, a informação que temos é que o Justino trazia instruções do Jango para controlar o Arraes.

Ninguém estava preparado para a resistência. Todo mundo estava voltado para a eleição. Todo mundo pôs na cabeça que era possível chegar a uma transformação radical da sociedade brasileira sem um tiro. Achava-se que o voto teria muito mais força que o fuzil. [...] Os partidos políticos, que não tinham uma grande estrutura mas líderes carismáticos, como Lacerda, Jânio, Brizola, Prestes, estavam na expectativa de uma grande batalha pela presidência da República. Todo mundo estava pensando em formar coligações para ganhar a maior fatia e chegar a Brasília. Enquanto isso, a direita conspirava, porque sabia que perderia as eleições para um candidato mais avançado.

FREI BETTO (1944–)
"A ESQUERDA FALHOU NO TRABALHO DE BASE"*

Desde os 13 anos, Frei Betto já era de esquerda, por influência dos frades dominicanos da Ação Católica, vários deles formados na França do pós-guerra, sob o estímulo da aliança entre comunistas e cristãos na Resistência Francesa e da participação singular dos padres operários. Os principais ensinamentos vinham dos escritos de Jacques Maritain e do padre Louis-Joseph Lebret, fundador do movimento Economia e Humanismo.

Aos 15 anos, Betto ingressou na Juventude Estudantil Católica (JEC), em Belo Horizonte, que tinha forte conotação de esquerda e da qual se tornaria dirigente nacional, por sua capacidade de articulação e pelo compromisso com alternativas mais igualitárias para o país. "O movimento estudantil abriu-me os olhos e a consciência para o socialismo, para a necessidade de justiça social", ele pontua.

Já a experiência no Secretariado Nacional da Ação Católica lhe permitiu entender a correlação de forças favorável aos bispos conservadores – o que não impedia a cúpula de reconhecer a necessidade de levar a Igreja às áreas populares.

Betto percebeu também certas debilidades políticas do governo João Goulart frente a uma direita muito forte. Após o golpe de 1964, foi preso e torturado no quartel dos fuzileiros navais na ilha das Cobras, tendo que cumprir depois um mês de prisão domiciliar. Esse período agitado contribuiu para Frei Betto formar uma de suas convicções definitivas: "Sem trabalho de base consistente, não se muda a cabeça do povo."

---

* Entrevista concedida ao autor em 1º de setembro de 2023.

A ESQUERDA E O GOLPE DE 1964

No período 1960–1964, havia um sentimento de participação na vida do país. Poderia falar mais a respeito? Me parece necessário resgatar aquelas experiências, para que não fique registrado no imaginário social apenas o golpe.

É muito importante esse resgate. Tive o privilégio, no início de 1962, de sair de Belo e me mudar para o Rio de Janeiro a fim de integrar a direção nacional da JEC. Em 1964, passei a fazer parte do Secretariado Nacional da Ação Católica, que congregava o A-E-I-O-U, isto é, JAC [Juventude Agrária Católica], JEC, JIC [Juventude Independente Católica], JOC [Juventude Operária Católica] e JUC [Juventude Universitária Católica]. Durante esses três anos, percorri duas vezes as principais cidades e capitais do país, articulando o movimento da Ação Católica.

Nós atuávamos junto aos movimentos populares, nas cidades e nas periferias, e o contato com uma realidade social profundamente injusta mudou as nossas cabeças, no sentido de assumirmos outra ótica ideológica, comprometida com a ideia de transformação, de inclusão, de partilha e de participação.

O que vem imediatamente à minha lembrança é o adjetivo "novo". A bossa era nova, o cinema era novo, a literatura era nova, a capital do Brasil era nova. Tudo era novo. Era possível acreditar na ideia de construção de um país mais justo e fraterno. Só faltavam as reformas de base do governo João Goulart. Os meus dois anos no Rio Janeiro foram caracterizados por essa efervescência, pela esperança de que o Brasil haveria de mudar. O Brasil não seria um país socialista, longe disso, e sim mais democrático, menos desigual. O sonho da reforma agrária era forte, sobretudo pela ação das Ligas Camponesas. Tudo isso me marcou muito. Infelizmente, todo esse sentimento do novo foi abortado pelo golpe de 1964.

FREI BETTO (1944-)

Em suas viagens como dirigente da JEC, você percebia entre os jovens o sentimento de esperança na construção de outro país, com outros valores?

Muito fortemente. Quando participo de debates em escolas, surge sempre a pergunta: "A sua geração tinha problemas com drogas?" Eu respondo que não, porque éramos viciados numa única droga: a utopia. Estou convencido disto: quanto mais utopias, menos drogas; quanto mais drogas, menos utopias. O que não dá é viver sem um sonho muito forte, sem uma viagem de esperança, de perspectivas. Quando não se tem uma utopia política, cristã, social, a gente tende a buscar a viagem na química.

Você já acreditava na conexão entre os cristãos de esquerda e um processo revolucionário no Brasil?

Acreditava muito. A Igreja católica, renovada pelo Concílio Vaticano II, atraía militantes imbuídos de fé e idealismo, particularmente através da Ação Católica. Queríamos criar uma nova sociedade, fundada na ética e na justiça social. Nós, cristãos de esquerda, descobrimos que era possível assumir o marxismo sem ameaça à fé. Hoje, do ponto de vista acadêmico, nós sabemos que Marx em nenhum momento admitiu, daí as discussões dele com Bakunin, que o marxismo tivesse como exigência o ateísmo. Ele se opôs a Bakunin quando este queria colocar na I Internacional a exigência de declaração ateísta. Essa frasezinha pescada aí pelos antirreligiosos – "a religião é o ópio do povo" –, contextualizada, não é como foi interpretada pela tradição de esquerda – e já escrevi a respeito em vários textos.

Naquela época, para nós foi uma libertação descobrir que o cristianismo não era uma ideologia nem o marxismo era uma religião. Não havia essa incompatibilidade. Os bispos conservadores é que encaravam o marxismo como outra religião. E os comunistas tradicionais encaravam o cristianismo como outra ideologia. Para nós foi uma libertação poder fazer esse link entre cristianismo e marxismo, sem que isso afetasse a nossa fé. Para nós, o marxismo é um método de análise da realidade, que tem os seus limites e, portanto, não afeta a nossa fé.

A questão do ateísmo é uma decorrência de tendências do marxismo que não foram apoiadas por Engels e Marx – principalmente por Engels, que teve uma formação religiosa muito acentuada. Marx fez todo o ginásio em um colégio jesuíta na Alemanha, e durante esse período de sua formação ele pensava em seguir Bruno Bauer, um teólogo por quem tinha muita admiração. Marx era filho de um judeu que foi obrigado, por razões políticas, a se converter ao protestantismo, e inclusive levou Marx para ser batizado, numa concessão ao governo da Prússia, que era luterano. Mas a mãe de Marx, judia e convicta no judaísmo, não aceitou ser batizada.

Eram minoria os setores da Igreja alinhados com as forças progressistas e o governo de Jango?

Eram minoria. Eu tive o privilégio, como dirigente da Ação Católica, de participar, em abril de 1964, da reunião da CNBB [Conferência Nacional dos Bispos do Brasil] no Convento do Cenáculo, na rua Pereira da Silva, em Laranjeiras, no Rio de Janeiro. Foi, aliás, uma coisa curiosa, porque era leigo, mas estava revestido de uma representatividade que me autorizava a estar ali presente. Nunca mais na minha vida participei de uma reunião da CNBB. Muitos cardeais, como dom Jaime de Barros Câmara no Rio e dom Vicente Scherer em Porto Alegre, eram conservadores e tinham muita força e influência. Assisti a uma grande discussão entre dom Helder Câmara, que era o líder dos progressistas, e os demais bispos, que agradeciam à Nossa Senhora Aparecida o golpe militar, que eles chamavam de "revolução", por ter evitado que o Brasil caísse em mãos dos comunistas. O presidente da CNBB era o cardeal-arcebispo de

FREI BETTO (1944-)

São Paulo, dom Carlos Carmelo de Vasconcelos Motta, um mineiro de Caetés em cima do muro; não era de esquerda, nem de direita. Isso foi muito refletido nessa discussão, porque ele quis cessar o debate, bateu na mesa e, em vez de dizer "Eu como presidente da CNBB...", falou "Eu como presidente do PSD mineiro...". Imagina, o PSD de Juscelino Kubistchek! Todo mundo caiu na risada, porque ele era muito juscelinista. Aliás, Juscelino tinha muita influência no episcopado brasileiro. Enfim, a maioria ali era conservadora, e a CNBB oficialmente apoiou o golpe, sob o argumento de que livrara o Brasil da ameaça comunista. Isso perdurou até o AI-5. Foi no AI-5 que a CNBB mudou de posição, defendendo a redemocratização e os direitos humanos.

A atuação de jovens politizados na direção da JEC e da Ação Católica era dificultada pelo fato de a cúpula da Igreja ser conservadora?

Isso não acontecia. Primeiro, porque a CNBB e os bispos, embora fossem majoritariamente conservadores e tivessem um pé atrás, se orgulhavam do fato de que, através da JEC, da JUC e de outros segmentos da Ação Católica, a Igreja chegava às bases. Era motivo de orgulho para eles verificar que a Igreja conseguia evangelizar. Segundo, porque nós tínhamos o grande apoio de dom Helder Câmara, bispo responsável pela Ação Católica. Depois, quando ele foi deslocado para Recife, assumiu dom Cândido Padim. Curioso que dom Cândido foi nomeado como interventor, para fazer com que a Ação Católica entrasse nos eixos e se afastasse da tendência de esquerda. O primeiro encontro do qual participou foi o da JUC, em Salvador. Ele ficou impactado com a disciplina impecável e também ao constatar que havia gente que sabia muita teologia, estudantes universitários que tinham lido grandes teólogos como Yves Congar e Karl Rahner. "Eu me converti ali", declarou dom Cândido Padim. Quando veio o golpe e a ditadura se convenceu de que a Igreja católica fazia jogo duplo – de um lado, os bispos elogiando o golpe; de outro, a Ação Católica criticando e desafiado –, começou a repressão, indistintamente, contra a Igreja.

Vocês da JEC e da Ação Católica chegaram a ter contatos com Paulo Freire antes de 1964?

Muitos. Paulo Freire era muito ligado à Ação Católica no Recife. O primeiro movimento que aplicou o método Paulo Freire em âmbito nacional foi o MEB [Movimento de Educação de Base]. Os dirigentes máximos do MEB, Luiz Eduardo Wanderley e Osmar Fávero, moravam comigo no apartamento de Laranjeiras. Eu vim a conhecer Paulo Freire, após o golpe, quando ele estava asilado na Embaixada da Bolívia no Rio, que ainda não havia se transferido para Brasília. Depois só vim a reencontrá-lo quando ele voltou do exílio. Mas Paulo Freire já era uma referência para nós. Se você analisa o método da Ação Católica – ver, julgar e agir – e o método indutivo do Paulo Freire, conclui que é uma coisa espelhando a outra. Não tenho a menor dúvida de que Paulo Freire bebeu muito dessa metodologia da Ação Católica. E ele se assumia como católico.

Um dos fatores que o queimaram junto às hostes comunistas foi o primeiro livro dele, *Educação como prática da liberdade*. Ele foi dura e injustamente acusado de ser hegeliano, cristão. Ele só absorve realmente o marxismo na *Pedagogia do oprimido*. O Partidão pegou o primeiro livro e acabou com ele. Tanto que, quando cheguei em Cuba em 1981, Paulo Freire era um nome proibido. A União Soviética o havia queimado como idealista hegeliano. Cuba tinha rejeição a Paulo Freire. Custei a convencer o Fidel [Castro] da importância dele, e consegui.

Nós realizamos três encontros latino-americanos de educação popular em Cuba nos anos 1980. É interessante a sequência desses encontros. No primeiro, os cubanos prepararam a casa, mas não participaram dos três dias do encontro. No segundo, os cubanos prepararam a casa e assistiram. No terceiro, os cubanos participaram e fundaram uma ONG de educação popular chamada Centro Martin Luther King, que existe até hoje. Há quase quarenta anos está atuando lá, com muita eficiência e apoio do governo, e aplicando o mais puro método Paulo Freire. Aliás, Paulo Freire esteve lá para receber, e foi o primeiro brasileiro, o título de *doutor honoris causa* da Universidade de Havana. Passou a ter muita ligação com Cuba.

Em fins de 1963, a campanha para desestabilizar o governo praticamente atuava sem freios. E, antes do desfecho em 1964, o padre Patrick Peyton fazia pregações abertamente hostis ao governo Goulart diante de multidões.

Sempre foi um artifício muito inteligente da direita lidar com o substrato religioso da população. A esquerda cometeu o grave erro, e hoje grande parte da esquerda assume isso, de descartar o fenômeno religioso, de ter preconceito, de rejeitá-lo. Enquanto a direita não; ela sempre soube manipular o fenômeno religioso, vide aí o Bolsonaro. Porque o substrato intelectual de qualquer pessoa do povo na América Latina, talvez com a exceção apenas do Uruguai, é religioso. Se você perguntar a uma faxineira, a um garçom, a um motorista de táxi o que ele pensa da vida e da morte, certamente eles darão uma resposta tecida em categorias religiosas. Foi um fator que pesou muito: os golpistas souberam manipular muito o sentimento religioso com aquelas marchas promovidas pela CIA através do padre Peyton.

Como está comprovado na documentação disponível, o clima propício ao golpe foi alimentado e financiado pela CIA. O padre Patrick Peyton era um agente a serviço da CIA. A sua pregação inflamada contra a ameaça comunista no Brasil geralmente precedia as grandes mobilizações, principalmente no Rio e em São Paulo. Ele convocava as pessoas a rezarem, com rosários nas mãos, os famosos "Terços da família". Conseguiu ali, com a adesão política e ideológica da direita e todas as suas ramificações, indispor as multidões contra o governo e as forças progressistas. Em suma, eles também se apropriaram do fenômeno religioso para forjar as condições para o golpe. Aliás, a direita sempre se apropriou da imagem de Nossa Senhora Aparecida para manipular a consciência popular. Se você analisar as aparições de Nossa Senhora no século XX, são todas anticomunistas.

Não era possível deter a conspiração golpista?

Por um lado, havia uma dificuldade de intervir no processo, porque a direita era muito forte. Por outro lado, tínhamos a ilusão de que governo João Goulart resistiria, de que era suficientemente forte para evitar uma desestabilização. Eu estava convencido de que o governo era imbatível. Muitos de nós acreditávamos na narrativa do Partidão de que o esquema militar do Jango haveria de sustentá-lo. Dizia-se que o Jango detinha o controle das forças armadas, que os ministros militares e generais do alto-comando de sua confiança jamais haveriam de traí-lo se envolvendo com a conspiração. O comício de 13 de março de 1964 nos impressionou muito. Deu uma sensação de que era um governo que não seria derrubado. Para mim, o comício foi o selo de que a resistência estava armada, que a CGT e as Ligas Camponesas eram muito fortes, que a Supra [Superintendência da Reforma Agrária] iria fazer a reforma agrária, que o Partido Comunista Brasileiro tinha um grande poder de mobilização e poderia resistir a qualquer tentativa de golpe. Tudo isso estava na minha cabeça. Nós haveríamos de vencer, não haveria um golpe, e Jango permaneceria no governo para efetivar as reformas de base – talvez nem tanto com a profundidade que nós gostaríamos –, que as coisas em que acreditávamos iriam persistir. Infelizmente, o esquema militar do Jango foi um mito que a própria esquerda alimentou. Foi para mim uma grande surpresa o golpe, ainda mais um golpe sem um tiro, sem resistência. A realidade, dolorosa, foi que a esquerda e o governo não estavam suficientemente organizados, não tinham desenvolvido um trabalho de mobilização popular consistente.

A divisão das esquerdas antes de 1964 costuma ser apontada como um fator de enfraquecimento do governo. Como reinterpreta hoje?

Tem um ditado que diz que a esquerda só se une na cadeia. Mas, nos quatro anos em que fiquei preso, nem na cadeia a esquerda se unia. Havia muitas facções e tendências. Já anteriormente tinha acontecido a ruptura entre os comunistas do PCB e do PCdoB, numa crise que se iniciou no V Congresso do PCB em 1960, com as divergências quanto à estratégia de transição pacífica para o socialismo e coexistência entre as potências imperialistas, e se consumou dois anos depois, no quadro do conflito ideológico entre a União Soviética e a China. E ainda havia os segmentos trotskistas, a Ação Popular, que tinha origem na Ação Católica e cujo grande líder era o Betinho [Herbert de Souza]. Eu vi a AP nascer em Belo Horizonte, era amigo de Betinho, do padre Henrique Vaz, de Vinícius Caldeira Brant e José Alberto da Fonseca, os fundadores da AP. Acompanhei muito de perto, mas nunca ingressei na AP, porque os bispos pediam aos dirigentes da Ação Católica que não se filiassem à Ação Popular, para não partidarizar o nosso trabalho na AC. Mas, para a repressão, AC e AP eram a mesma coisa.

Eu fui preso pela primeira vez no Rio, no dia de 6 de junho de 1964. Quando o Cenimar [Centro de Informações da Marinha] invadiu o nosso apartamento no bairro de Laranjeiras, ele não estava prendendo a Ação Católica e sim militantes da Ação Popular. Aquele apartamento servia de alojamento a todos os dirigentes da AP que iam ao Rio de Janeiro participar de reuniões da UNE e outros compromissos. Daí eu ter convivido de maneira muito estreita com o pessoal da AP.

Fiquei quinze dias preso, primeiro no Comando Naval, na praça Mauá, onde fui torturado – não com a brutal violência que aconteceria em 1969, mas levei socos na cara e empurrões –, interrogado e depois transferido para o Quartel dos Fuzileiros Navais, na ilha das Cobras. Depois, eu e outros companheiros fomos levados de volta ao apartamento de Laranjeiras, em que morávamos por conta da CNBB, para cumprir prisão domiciliar por um mês. Fomos afinal liberados, sem que houvesse processo formal, por interferência de dom Jaime de Barros Câmara, porque éramos dirigentes da Ação Católica e mantidos no Rio pela CNBB.

Creio que a grande responsabilidade na esquerda foi do Partidão. Muita gente acreditava que o Partidão teria um esquema de mobilização capaz de impedir o golpe. E nada aconteceu na hora do golpe. Esse esquema não existia, não funcionou. Eu me lembro que na prisão, onde a esquerda toda fazia autocrítica, era imputado ao Partidão o fato de ele blefar quanto à capacidade que teria de mobilizar sobretudo o segmento sindical. E isso não ocorreu na hora H.

Na sua perspectiva, a ação das esquerdas na época era mais discursiva do que propriamente entranhada nos setores sociais?

Exatamente. A esquerda da época fazia muito proselitismo, era muito mais articulada do ponto de vista discursivo e ideológico. Mas falhava no trabalho de organização popular, aparentava uma penetração social que, depois iríamos comprovar, não tinha alcançado ainda. Basta ver que não houve reação ao golpe, como esperávamos que fosse acontecer. Há outras razões a considerar.

É bom lembrar que Astrojildo Pereira, fundador do PCB, era um intelectual, e Prestes, um militar. Em 1980, quando o PT foi fundado, houve uma indignação na esquerda tradicional brasileira, porque os proletários tiveram a ousadia de se arvorar em vanguarda do proletariado. Até então, essa vanguarda era formada por pessoas de extração acadêmica, de classe média, e não por gente que vinha da base social brasileira. O Partidão tinha um número grande de militantes, mas com algumas falhas graves. Uma delas, conversando muito na mesma cela da prisão com Diógenes de Arruda Câmara, que durante anos foi praticamente o segundo homem depois de Prestes na direção do partido, ele admitiu. Por exemplo: exigir de um militante de base que se inscrevia no partido preencher uma ficha na qual ele se declarava ateu. Como, num país tão religioso e num continente em que o substrato cultural do povo é religioso, exigir de alguém que se declare ateu? Isso tudo fazia com que fosse uma esquerda que não tinha uma ramificação muito forte nos setores populares. Tinha muitos quadros, mas faltava a massa, para usar um termo da época. Na hora da mobilização, você não tinha povo na rua.

A autocrítica das forças progressistas de esquerda sobre o desfecho de 1964 deveria começar por qual ponto?

Deveria começar pelo mesmo ponto que eu, hoje, conversando com o pessoal do PT e do governo Lula, enfatizo: a falta de trabalho de base. Ou seja, a direita fez uma deseducação política do povo 24 horas por dia, e nós não fizemos um trabalho de educação política. Nós nos afastamos da base. O Lula só chegou a ser presidente por causa daquele trabalho de base que foi feito nos anos 1970, 1980 e 1990. Mas depois, progressivamente – por razões que seriam muitas para analisar aqui, mas eu as conheço bem –, a esquerda e os progressistas foram se afastando da base popular, deixaram de fazer trabalho de base. Está provado, historicamente, que política social não muda a cabeça do povo. Cito dois exemplos. O primeiro é a União Soviética, com setenta anos de políticas sociais excelentes (educação, saúde, tecnologia), e tudo aquilo caiu sem um tiro. O segundo exemplo: o PT teve quatro mandatos consecutivos à frente das prefeituras de Maricá, no estado do Rio de Janeiro, e de Ipatinga, em Minas Gerais – e Bolsonaro ganhou a eleição de 2022 nas duas cidades, no primeiro e no segundo turno. Está provado que política social não muda; o que muda é ideologia, trabalho político, o que muda é Paulo Freire. Sem Paulo Freire não tem jeito. Trabalho de base: foi isso que faltou em 1964 e falta hoje também.

O papel histórico de Leonel Brizola, sessenta anos depois do golpe, merece reavaliação?

Tenho admiração por Brizola. Ele não era um comunista, e sim um progressista, um homem que queria melhorar o país, como o Jango, que estava a mil anos longe do comunismo. Os dois tinham uma posição sincera. Faziam parte daquele segmento do getulismo que queria realmente assegurar à classe trabalhadora melhores condições de vida, em termos de acesso aos bens necessários e fundamentais. Além disso, Brizola era legalista, ou seja, defendia a Constituição e o sistema democrático. Democracia burguesa, que nós de esquerda criticávamos muito, mas ele e o Jango eram totalmente fiéis à Constituição e, portanto, tiveram a ousadia – o Brizola mais do que o Jango – de se arriscar em defesa da ordem democrática.

GREGÓRIO BEZERRA (1900-1983)
"O PCB SUBESTIMOU A CLASSE OPERÁRIA"*

Os aviões sobrevoavam a todo instante aquela modesta casa em Jardim São Paulo, bairro operário próximo ao Aeroporto dos Guararapes, em Recife. O táxi me deixa próximo, numa pracinha de terra batida.

A varanda está vazia. Bato palmas. Gregório Bezerra aparece: alto, forte, um rosto talhado como escultura de madeira, os cabelos brancos. Estamos sentados agora na varanda, sol fraco, e ele me olha firme nos olhos. E assim permanece o tempo todo, por quase duas horas.

Ao meio-dia, levou-me até o portão, acenou com a mão, despedindo-se. Sumiu rápido para almoçar.

Confesso que esperava encontrar um nordestino até rude. E conheci um homem alto, forte e doce. Um militante comunista capaz de resumir a linha do PCB, a partir de 1958, como só um poeta ousaria fazer:

— Era uma linha adocicada, como água de flor de laranja.

Impossível acreditar que, forte e doce, Gregório tenha sido, no dia do golpe militar, preso e arrastado pelas ruas de Recife por um bando de celerados.

Francisco Julião diz que o Partido Comunista sempre quis controlá-lo, fazer concorrência a ele. Concorda?

Não, o partido nunca fez concorrência a Julião. O nosso objetivo fundamental era não somente dar apoio a Julião em suas lutas, como também

---

* Entrevista concedida ao autor em 21 de julho de 1983.

fazer dele o líder nacional do movimento camponês. [...] O partido nunca chegou a cooptá-lo. Até certo ponto, considerávamos o Julião um homem do partido. Ilusão nossa, porque ele estava muito longe do partido. Não tinha disciplina para ser membro do partido. Nem a ideologia.

Depois que foi a Cuba, Julião passa a achar que o camponês organizado em Ligas Camponesas já era o suficiente para fazer a revolução agrária, anti-imperialista. Ele achava que a classe operária estava acomodada e que o Partido Comunista estava a reboque da burguesia. Em grande parte, ele tinha razão nisso.

Tinha?

O partido não estava ocupando realmente a sua posição revolucionária. Estava a reboque da burguesia, conciliando com ela. Nós discordávamos de Julião. Naquele período, interessava muito uma revolução agrária aqui no Brasil, para reforçar a posição de Cuba, mas não havia condições para um movimento revolucionário. Nem a classe operária estava preparada para isso. E aí entra uma certa culpa do partido. O certo é que as Ligas Camponesas que existiam em Pernambuco e em todo o país não chegavam para um movimento revolucionário. Julião achava que havia condições e passou a discordar de nós, publicamente.

Essa divergência com Julião não dividiu o movimento camponês?

Quando eu falo assim do Julião é porque gosto dele. Ele foi um aliado fabuloso, prestou um magnífico serviço ao movimento camponês. O nosso objetivo, o meu particularmente, era unir, organizar e conscientizar politicamente as massas camponesas em torno das reivindicações mais sentidas, principalmente a reforma agrária. A partir de 1960, começamos a divergir mais seriamente, e eu me afastei. Fui trabalhar no campo, organizando sindicatos rurais. O sindicato era uma movimentação de massas mais consequente do que qualquer outra organização. Isso é dito por Karl Marx. A teoria não é minha, não.

A partir de 1960 – digo isso com absoluta tranquilidade –, as Ligas Camponesas passaram a viver mais do prestígio do Julião do que de sua própria autoridade. Os que dirigiam as Ligas já não respeitavam Julião. Havia atritos, e isso contribuiu muito para a divisão das Ligas, que se transformaram num saco de gatos. Apareciam jovens estudantes e intelectuais que falavam bem, faziam belíssimas explanações. Mas uma coisa é você falar bem; outra é dirigir uma massa quando conhece, na carne, os seus problemas, a sua vida, os seus hábitos. Esse aventureirismo de pessoas estranhas, que se apoderaram das Ligas, atrapalhou muito o movimento.

Por que nunca foi possível um programa comum agrário, de esquerda?

Isso a União dos Lavradores e Trabalhadores Agrícolas do Brasil [Ultab], criada pelo partido depois de 1954, conseguiu. A Ultab fez um belíssimo trabalho. Isso Julião não diz, e devia dizer. Mesmo as Ligas Camponesas de Julião, com toda a sua imensidão de delegados ao Congresso Nacional Camponês, tiveram que aprovar as propostas da Ultab, porque eram as mais justas, as mais coerentes e consequentes.

A luta do partido, através da Ultab, era para apaziguar os atritos entre as organizações de esquerda, que só passaram a trabalhar no campo de 1960 para cá. Eram fracas e desunidas. O partido tirava desses atritos os elementos mais coerentes com a reforma agrária. Nós outros não lutávamos, porque sabíamos que tínhamos a hegemonia. Quisessem eles ou não, a hegemonia era nossa. A maioria dos sindicatos rurais era nossa, assim como as federações rurais e a própria Ultab. Até a realização do congresso, o Partido Comunista foi a grande locomotiva que puxou atrás de si toda a movimentação camponesa. O resto é conversa fiada.

Como vocês souberam do movimento de guerrilhas que dirigentes das Ligas chegaram a organizar?

Isso foi em 1961, 1962. Não deu resultado algum. Para lá foram companheiros do partido. Muitos deles vieram me perguntar se poderiam ir, e eu disse: "Vão, rapazes, nós precisamos brigar. O poder não vai ser tomado com saliva. Vão aprender, não tem problema."

Só que não havia treinamento.

Houve esse treinamento, mas se esfacelou tudo. Falta de disciplina, de orientação. O que havia mesmo era guerrilheiro lutando contra guerrilheiro.

Divisão interna?

Divisão interna, dentro das próprias colunas de guerrilha. Não deu certo. Não havia organização, nem um princípio básico. Era uma aventura.

O PCB era contra?

Sabíamos que as guerrilhas não iam sair, tínhamos nítida convicção. Porque guerrilha, companheiro, é uma luta muito séria.

O senhor acha que a perspectiva das eleições presidenciais em 1965 acabou dividindo a esquerda, entre Arraes e Brizola?

Dividiu, contribuiu para enfraquecer as forças populares. Brizola tinha vontade de ser eleito presidente. Arraes também.

GREGÓRIO BEZERRA (1900-1983)

Como avaliava o movimento de Brizola?

Eu via Brizola num movimento mais explosivo, cuja atuação ainda não estava amadurecida para a época. E via Arraes mais moderado, na sua ambição de ser presidente. Isso enfraquecia muito a posição de Jango.

E os grupos dos onze?

Como te disse, via o Brizola, como gaúcho que ele é, muito explosivo, a meu ver muito estreito. Isso contribuiu também para enfraquecer o presidente Goulart. Nós não éramos janguistas, mas tínhamos que aproveitar João Goulart no poder, com toda aquela compreensão humanística dele, querendo melhorar a situação da massa camponesa. Talvez a esquerda tenha contribuído para aguçar mais a situação contra João Goulart.

Goulart tinha uma posição nitidamente nacionalista, e o imperialismo não via aquilo com bons olhos, tanto assim que fez sérias restrições. E o Brizola em cima, em cima, instigando cada vez mais. Como cunhado de João Goulart, divergia totalmente dele, com seu linguajar explosivo. E o fato é que contribuiu indiretamente para a precipitação do golpe militar de 1964.

Portanto, havia uma incompreensão quanto ao papel de Goulart.

Ora, Jango tinha suas ambições também, segundo dizem – é uma tese que eu não endosso –, de uma República sindicalista. Tenho minhas dúvidas. O que Jango fez, e nós desejávamos que ele fizesse mesmo, foi dar liberdade para os trabalhadores se organizarem, principalmente no campo.

O Jango era pela reforma agrária e facilitou muito o movimento camponês. Se nós não fizemos mais, a culpa foi nossa, não dele, porque ele contribuiu para despertar o movimento camponês, dando liberdade, criando a Superintendência para a Reforma Agrária [Supra]. Em 1964, assinou o decreto-lei de desapropriação das grandes propriedades nas mãos das estradas de ferro e de rodagem, dos açudes, de mais de quinhentos hectares, e iniciou a distribuição dessas terras aos trabalhadores agrícolas.

Qual a avaliação que vocês faziam sobre tais medidas?

Fizemos a seguinte avaliação: que era um avanço no movimento para a reforma agrária, mas ainda não era a reforma agrária. Era um passo avançado. Ele estava disposto a fazer a reforma agrária.

Acha que com o tempo ele aprofundaria?

Aprofundaria. E não ia passar muito tempo, se não viesse o golpe. E ele veio também em consequência disso, porque a burguesia rural ainda é uma força política extraordinária neste país. Eu não tenho dúvidas de que 50% do golpe de 1964 foi em consequência da pressão da burguesia rural contra o avanço do movimento camponês.

Quando o senhor percebeu que o processo político se agravava?

Desde 1961. À medida que as massas camponesas foram conquistando algumas reivindicações mais sentidas (salário mínimo, direito à sindicalização, direito de greve, reforma agrária), isso abalou os alicerces da burguesia rural e também a burguesia urbana.

Eu lhe digo com toda sinceridade, sem nenhuma autossuficiência: preparei psicologicamente o camponês para a luta. Porque sabia que, mais cedo ou mais tarde, viria a revanche. Então, eu dizia para o camponês: "Devemos nos preparar porque, cedo ou tarde, o patronato vai se vingar de vocês, de todas essas conquistas que estamos conseguindo." [...] E dizia que eles não tivessem dúvida de que havia uma conspiração contra João Goulart e Arraes.

E vou lhe dizer com muita franqueza: quando se deu o golpe, eu estava na zona canavieira reunido com 186 delegados de engenho que eram membros do partido e tinham se organizado em grupos para defender o governo de Arraes em Pernambuco e o governo Goulart. Mas faltavam armas, faltavam armas. Eu já tinha pedido essas armas ao governo de Arraes. Isso eu não perdoo nunca em Arraes.

Em 1962, falei com o Aluízio Falcão, secretário particular do Arraes, que eles, como governo, deviam saber mais do que eu que a burguesia rural e urbana preparava um golpe contra Arraes. E que os camponeses estavam dispostos a defender Arraes, a derramar sua última gota de sangue. Mas estavam desarmados e precisavam arrumar armas. Nós não tínhamos dinheiro para comprar armas. E se tivéssemos, onde íamos buscar armas para comprar? [...]

Arraes, então, vacilou?

Nesse ponto, vacilou. Tanto que não fez nada. Arraes, depois, passa a se queixar do partido. Todo mundo pode se queixar do partido, menos Arraes. Isso eu disse a ele. Estou dizendo a você porque disse isso a ele, em Argel [na Argélia, onde Arraes se exilou], quando criticou o partido.

Dizendo o quê?

Ele dizia que o partido não tomara posição, que vacilara. O Arraes sentia que o partido estava apoiando Jango, e no fundo estava. E Arraes queria o apoio somente para ele, queria ir à presidência da República. Ele não dizia, mas estava na cara. E a luta dele ante Brizola era por isso, e ainda hoje continua lutando, porque Arraes não se conforma com o prestígio de Brizola. Não sou contra Arraes; sou amigo dele, mas a verdade tem que ser dita.

A posição do PCB, de apoio ao governo, não o levou a não organizar a resistência? O partido não teria ficado preso a uma posição legalista?

O apoio integral ao governo levou o partido a uma posição conciliadora. Uma posição a reboque. Se qualquer outro partido tivesse essa posição, até se justificaria. Mas num partido que se vangloria de ser a vanguarda política da classe operária, isso não se justifica. A cúpula do Partido Comunista achava que o dispositivo militar do Jango era suficiente para impedir o golpe. A cúpula superestimou o dispositivo e subestimou profundamente o próprio partido e a classe operária. Isto é, não se preparou para a luta. E, como não estava preparado, não preparou a classe operária. Posição de reboquismo.

Os gorilas militares deviam saber disso tão bem quanto eu sabia. Talvez até melhor. O fato é que deram o golpe, e o partido não fez nada. Daí nosso grande desastre. A reação aproveitou-se da divisão das esquerdas. Elas estavam desunidas, a começar pela cúpula: Arraes, Jango, Brizola...

Qual linha o PCB deveria ter adotado?

Eu discordava da linha política, mas, como militante disciplinado que fui, acatava as decisões. Nunca acreditei na revolução pacífica. A burguesia, habituada que está ao poder, de longa data, não vai entregar seus privilégios de mão beijada. Só os entregará na marra, através de uma luta dura, sangrenta, violenta. Fora disso, não entregará. Naquela formulação de revolução pacífica eu não conseguia – como não consigo – acreditar.

GREGÓRIO BEZERRA (1900-1983)

Devíamos ter assumido uma posição revolucionária. Uma posição marxista-leninista. Esse era o meu pensamento. Aquela história de linha pacífica tiraria, como tirou, muitos elementos do espírito revolucionário. Ao invés de avançarmos, retrocedíamos. A tomada do poder só poderia ser feita através da luta armada. A luta pacífica e parlamentar não resolve. É um passo, um caminho para se mobilizar e acumular forças. Achava errada a linha, mas me submetia ao centralismo democrático. Obediência da minoria à maioria. Sempre apliquei aquilo que a maioria resolvia, mesmo contra a minha vontade.

HERBERT DE SOUZA (BETINHO)
(1935-1997)
"NOSSAS TEORIAS ESTAVAM ATRASADAS QUINZE ANOS"*

Peripécias da vida de Herbert de Souza, o Betinho, o irmão do célebre cartunista Henfil.

Aos 18 anos, ingressa na Juventude Estudantil Católica (JEC), com vontade de descobrir o mundo, recuperar o tempo perdido. "Eu vivia uma semana são, três semanas doente", depõe Betinho. Hemofílico, ele vinha de uma tuberculose, nos primeiros anos do ginásio.

Aos 27 anos, depois de militar no movimento estudantil, ajuda a organizar a Ação Popular (AP), que herdaria da JEC e da Juventude Universitária Católica (JUC) os melhores quadros políticos da esquerda católica e revolucionária.

Aos 29 anos, Betinho, principal dirigente da AP, vê o prédio da União Nacional dos Estudantes (UNE) pegando fogo. E começa a fugir da repressão. Passa quase três dias escondido num hospital psiquiátrico, muda-se para casa de amigos e, enfim, decide ir para o Uruguai, onde já se encontravam outros tantos exilados.

Aos 31 anos, retorna clandestino ao país e continua militando na AP. Localizado num hospital em que fora operado de uma úlcera supurada, recebe voz de prisão na antevéspera do Natal de 1966. Em vez de se apresentar à polícia política dois dias depois, conforme o combinado, asila-se no Consulado do México. Mas não viaja àquele país: mergulha

---

* Entrevista concedida ao autor em 15 de agosto de 1983.

em rigorosa clandestinidade. Reencontra a organização "todinha com o olhinho apertado" – o maoismo passava a ditar as regras. O sectarismo impera e aquele pequeno-burguês mineiro tem que passar por um "processo de proletarização". Trabalha como operário no ABC paulista e, quando a repressão se intensifica e as quedas na organização se sucedem, escapa para o Chile do presidente Salvador Allende, em 1971.

Aos 38 anos, Betinho, horrorizado, testemunha o Palacio de La Moneda arder em chamas. Com a deposição de Allende em 11 de setembro de 1973, outro golpe militar brutal atravessa sua vida. Refugia-se na Embaixada do Panamá, em Santiago, onde já estavam espremidas mais de duzentas pessoas. Com salvo-conduto de refugiado parte para o Panamá, onde não fica muito tempo. O exílio prossegue no Canadá.

Aos 44 anos, anistiado, o sociólogo Herbert José de Souza retorna ao Brasil em 1979 e se liga aos movimentos sociais, fundando o respeitado Instituto Brasileiro de Análises Sociais e Econômicas (Ibase).

Os últimos anos da vida de Betinho foram de intensa atividade em defesa dos direitos da cidadania. Contaminado pelo vírus HIV numa transfusão de sangue (mesmo destino que teriam seus dois irmãos hemofílicos, Henfil e o músico Francisco Mário), desenvolveu campanhas nacionais de prevenção à aids e conseguiu que a Constituição de 1988 estatizasse os hemocentros, acabando com o comércio de sangue no país. Foi depois o líder da admirável Ação da Cidadania contra a Fome e a Miséria. "A política é uma luta", resumia Betinho.

Qual o segredo da AP para ter penetrado tão profundamente no movimento estudantil, entre 1960 e 1964?

Acho que houve várias coisas; uma delas foi a linguagem. Houve uma linguagem nova que a gente expressava. Outra coisa: nós fizemos trabalho de base, tínhamos gente em todos os diretórios e faculdades. O PC tinha uma atuação muito de cúpula. Nesse sentido, ele tendia muito a ser articulador e, portanto, a fazer manobras, composições. Nós, na nossa santa pureza, íamos direto para as bases, ganhávamos as bases.

Tanto que, nos últimos congressos da UNE, quando a AP saía para fazer uma reunião, saía junto metade do congresso. O plenário ficava vazio. Outro ponto: falávamos abertamente na Ação Popular, éramos uma organização que podia fazer propaganda de si mesma. Nunca pensamos a AP do ponto de vista jurídico e institucional. A gente não se colocava como partido, mas como movimento ou organização. O PC não aparecia, era ilegal.

Ajudava o fato de vocês terem vindo da Igreja?

O que ajudava é que começamos com um cacife: o pessoal da JUC naturalmente tendia para a AP. Como a Igreja é nacional, então a JUC tinha gente de praticamente todos os estados. Havia, por assim dizer, uma certa infraestrutura de relações e conhecimentos que facilitava muito.

Como eram as relações com Jango?

Olha, a AP se relacionava politicamente, em nível nacional, através da Frente de Mobilização Popular. Portanto, os problemas que a Frente teve com o Jango, a AP também teve. E erros que a Frente cometeu, a AP também cometeu.

E quais foram?

Um erro foi não avaliar, não tomar consciência da gravidade da crise política que se estava vivendo e não ter percebido a correlação de forças.

A ESQUERDA E O GOLPE DE 1964

A partir de quando esse erro se acentuou?

No ano de 1963 é que o erro foi cometido com consequências graves. O movimento popular da época se julgava muito forte e não tinha percebido toda a extensão do movimento da direita, nem sua dimensão no plano nacional. Víamos o movimento popular em avanço e a direita em crise. É verdade que o movimento popular estava em avanço, mas a direita não estava em crise. Desenvolvia articulações e estava na ofensiva, nos planos político e militar, inclusive com os meios de comunicação na mão. Portanto, foi um erro de cálculo nosso. Cometemos um erro de análise política sério.

Isso nos levou a quê? A ter uma atitude sectária em relação ao Jango. Porque nós dizíamos: o Jango não quer avançar, o Jango vacila – como deve ter vacilado mesmo. Acredito que, se ele tivesse outro temperamento e outra visão política, possivelmente o golpe pudesse até ser evitado.

Mas essa era uma das dimensões do problema. O fato é que não soubemos fazer uma leitura do Jango fundamentalmente como aliado. Muitas vezes, na prática, nós colocávamos o Jango como um obstáculo ao desenvolvimento do processo político. Queríamos avançar, ir muito além do que a realidade tornava possível. Apesar disso, a AP participou do Ministério da Educação. O Paulo de Tarso era extremamente ligado à AP, assim como foram Plinio de Arruda Sampaio e Almino Affonso. Participamos da assessoria do MEC, da campanha de alfabetização.

Não era uma contradição a posição revolucionária da AP e o colaboracionismo com o MEC?

Naquela época como agora, as organizações políticas e os políticos estavam cheios de contradição. Seria como se daqui a vinte anos você estivesse entrevistando o Lula e mostrasse uma foto dele com o Joaquinzão e dissesse assim: "Poxa, mas aquele negócio contra o pelego não entrava em contradição com o trato com o Joaquinzão?" Ele vai dizer: "Não, eram os problemas daquele momento." Quando a gente ia trabalhar no Ministério da Educação, pensava: é um espaço para realizar um trabalho importante. Por exemplo: através do Plano de Alfabetização de Adultos, você ia colocar um milhão de novos eleitores em cena – é um fato revolucionário. Então, se justificava. Além do mais, não estávamos comprometidos com a política econômica. O Ministério da Educação era um espaço muito mais aberto.

Jango estava empenhado nas reformas? A tendência era aprofundar as reformas, o que o levaria a se comprometer mais com o movimento popular e menos com a burguesia?

Olhando retrospectivamente o período de Jango, vejo-o muito parecido com o período de transição que estamos vivendo. Se não tivesse havido o golpe militar de 1964, as reformas de base teriam levado o país a uma reformulação de sua estrutura econômica e política. Quem percebeu isso foi a burguesia. Tanto percebeu que fez um golpe preventivo. Ela percebeu que, por trás das reformas, estava um futuro revolucionário. Então atacou as reformas, abortou-as para impedir avanços democráticos importantes. Cada tema básico das nossas estruturas econômica, social e política era tocado através das reformas.

Por exemplo: a questão da reforma agrária continua a ser básica e fundamental. O que se propunha na reforma agrária no tempo do Jango? Que as terras devolutas, à beira das rodovias, seriam desapropriadas. Era o começo. Se tivesse estabelecido aquele começo, ninguém pararia o processo reformista. Era preciso impedir para estancar. O problema da moradia, a questão dos aluguéis, da casa própria, dos financiamentos da Caixa Econômica Federal, tudo isso estava colocado na discussão da reforma urbana. A reforma bancária e a luta com o capital financeiro são questões cruciais hoje. O problema das nacionalizações, da lei de remessa de lucros... Era toda uma postura nacionalista que queria encontrar formas de fortalecer a empresa nacional e impedir a penetração do capital estrangeiro em nossa economia. Tudo isso estava lá. A política externa independente, sem falar na questão da democracia enquanto espaço para organização, expressão e manifestação das pessoas. Isso era o que a burguesia via como ameaça do caos.

Que papel desempenhou o Brizola naquele processo?

As pessoas que o puderam acompanhar, perceber a prática política do Brizola naquela época, são capazes de entender por que ele ganhou agora [refere-se à eleição para governador do estado do Rio de Janeiro, em 1982]. É que Brizola sempre foi um fenômeno político. Nunca foi um político comum e corrente.

Quem estava no Palácio Piratini, em 1961, como eu e o presidente da UNE, Aldo Arantes, percebeu que estávamos diante de uma liderança extremamente forte, decidida e com uma capacidade de mobilização de massa inquestionável. Uma capacidade de falar para as massas maior que a de qualquer outro político da época. Se bem que havia um que competia com ele – Carlos Lacerda. Lacerda, quando falava pelo rádio, realmente criava impactos. Ele movia as pessoas. A distância não pode fazer com que subestimemos o fenômeno lacerdista. Mas na esquerda quem tinha essas condições era o Brizola. Toda sexta-feira, ele falava pela Rádio Mayrink Veiga, quatro, cinco, seis horas, e o povão escutava.

O que Brizola queria?

Acho que Brizola expressava, naquela época, o lado mais avançado, mais radical, das bandeiras populares. Todas as reformas em direção à conquista do poder.

HERBERT DE SOUZA (BETINHO) (1935-1997)

A AP ficaria com ele ou com Arraes?

A AP namorava os dois. Acreditava que o impedimento do Brizola, pelo fato de ele ser cunhado de Jango, era um elemento muito importante. Teria que haver uma reforma da Constituição. Ora, uma reforma da Constituição com aquele Congresso era mais ou menos impossível, principalmente a favor do Brizola. Haveria necessariamente uma aliança PSD-UDN contra o PTB. A AP namorou e chegou a conversar com Arraes, em termos de se pensar a presidência.

Uma divisão inevitável?

Sim, era uma divisão mais ou menos inevitável. Os dois eram realmente diferentes, não só nas personalidades, como também nos esquemas políticos. No barco no qual afundamos, estava Brizola. Os erros que cometemos, o Brizola também cometeu. O principal deles foi de não termos avaliado corretamente a correlação de forças. Se tivéssemos avaliado, a Frente de Mobilização Popular teria sido menos radical em suas alianças, poderia ter-se preparado melhor para a defesa da ordem, da estrutura democrática que estava sendo ameaçada. Convivíamos com milhares de cobras cascavéis sem pensar em matá-las. Pensávamos já no país que construiríamos ou no poder que conquistaríamos.

Nunca houve uma reunião em que se discutisse a possibilidade do golpe?

Houve, mas a discussão do golpe era algo muito abstrato. É muito difícil você acreditar realmente que um golpe pode acontecer. Isso aconteceu no Brasil, como aconteceria depois no Chile. Você só acredita no golpe depois que ele acontece. A informação sobre o golpe havia. Ele estava nas ruas, mas a esquerda brasileira não agia concretamente, inclusive mantinha as suas divisões, os seus problemas. Não conseguia se entender sobre os problemas básicos.

Disputa de hegemonia?

Havia uma mistura de tudo. Disputa de lideranças, velhas concepções de poder e também velhas análises políticas que não correspondiam à realidade. As nossas teorias, já em 1964, estavam atrasadas pelo menos uns quinze anos em relação ao que se passava no Brasil. As nossas armas eram velhas e as classes dominantes tinham outros instrumentos. O período getulista havia passado. O período JK inaugurara uma nova era na história brasileira. O nacionalismo tinha de ser totalmente reformulado. Não era mais "O petróleo é nosso"; tinha que ser "A indústria automobilística é nossa". E, no entanto, nós achávamos que as indústrias, que já eram empresas transnacionais, eram aliadas de um processo de desenvolvimento nacional...

A Frente de Mobilização Popular, à qual você se referiu, falhou na tentativa de unificar as esquerdas?

Foi uma tentativa de fazer um plenário do movimento popular, com participação das esquerdas. Talvez tenha sido uma das experiências mais interessantes daquele período. E funcionava. Foi uma experiência aberta, um fórum de debates, de articulação, de politização. A Frente não tem o status que merece porque ela faz parte da história dos derrotados. Se fosse parte da história dos vitoriosos, haveria hoje mais de dez teses de doutorado sobre ela.

HERBERT DE SOUZA (BETINHO) (1935-1997)

Mas ela não teria ficado longe do papel de condutora do movimento de massas?

Ela dirigia o possível. Mas o que que tinha para dirigir? O movimento social? Não tinha nível de organização suficiente. Por exemplo: você tinha dentro da Frente o CGT. Mas o CGT não dirigia efetivamente o movimento sindical brasileiro. Naquilo que podia unir, a Frente uniu. Acontece que ela foi derrotada, politicamente. Quando você tem um time que é derrotado, ele pode até deixar de existir por causa da derrota. Se não tivesse sido derrotado, teria se desenvolvido. A Frente era a expressão do nível de organização do movimento popular da época, que era deficiente.

Por que vocês perderam?

Essa é uma pergunta realmente complicada de responder. Foi a mesma pergunta que eu me coloquei no Chile, no Uruguai. Sempre me vêm a pergunta e uma espécie de ideia sobre esse problema. Primeiro, o seguinte: política é uma luta. E a luta, ela não tem uma trajetória predeterminada. Existe o elemento da indeterminação que só a ação decide. Nesse sentido, o papel dos indivíduos, das lideranças e dos acontecimentos pode ser crucial.

Houve falta de direção política articulada com a resistência militar. Se as tropas do Mourão tivessem sido atacadas, elas se entregariam. Se esse movimento tivesse sido abortado lá, o [general Amaury] Kruel continuaria em cima do muro, o II Exército não se definiria, a Vila Militar não desceria e provavelmente o golpe teria outro resultado. E isso iria provocar imediatamente uma ampla mobilização popular, porque aí a esquerda acorda para as coisas que estavam acontecendo ...[...] Como foi em 1961, porque era o mesmo golpe. O golpe de 1964 é o golpe de 1961.

HÉRCULES CORRÊA (1930-2008)
"AS PROPOSTAS NÃO CASAVAM COM O BRASIL"*

Os olhos cheios d'água, a voz trêmula, Hércules Corrêa, dirigente do Comando Geral dos Trabalhadores (CGT) em 1964, relembra a sensação de derrota que lhe veio no fim do comício de 13 de março. Se fôssemos dirigir a cena, Hércules estaria de costas, no palanque que começava a ser desmontado, olhando a Central do Brasil vazia. A câmera afasta-se lentamente e mostra faixas e cartazes esquecidos no chão. Todos já foram embora.

Mas não tinha sido uma grande festa, Hércules?

— Ali, sozinho, contemplando tudo vazio, vi que estávamos derrotados. Todos que estiveram no palanque falaram linguagens diferentes, irremediavelmente divididos.

Foi a primeira premonição.

A segunda e última seria quatro dias depois, quando Hércules ouviria, na sede do Partido Republicano, em companhia do deputado estadual João Massena Melo (eleito pelo Partido Social Trabalhista, embora dirigente do PCB), o ex-presidente Juscelino Kubitschek apontar a saída para evitar o golpe: os partidos deveriam firmar um pacto para colocar a campanha pela sucessão presidencial na rua. JK pediu a Hércules que procurasse Jango e apresentasse uma proposta de acordo político: ele, Juscelino, para presidente e Miguel Arraes para vice.

— Conversei com o Jango a respeito e ele respondeu: "Isso é rasteira do Juscelino. O PTB terá candidato próprio" – conta Hércules.

---

* Entrevista concedida ao autor em 30 de abril de 1988.

A ESQUERDA E O GOLPE DE 1964

Ele ainda tem gravada na memória a advertência final de JK: "Se não fizermos isso, vem o golpe e todos teremos que pegar um avião e ir para o exterior."

— Uns imediatamente; outros, anos depois. Em geral, todos fomos para o exterior.

Uma das coisas que mais se lê na literatura sobre 1964 é que o movimento sindical era muito agregado ao aparelho de Estado e, por isso, não mobilizava as massas tanto para defender as reformas como para resistir ao golpe. O que pensa disso?

[...] De fato, o movimento sindical se apresentava extremamente envolvido com o governo. E se envolveu de tal forma com o trato das questões políticas que acabou ganhando, no caso do Comando Geral dos Trabalhadores, aspectos de partido político. Um partido político extremamente envolvido com o governo. Aquele movimento sindical cresceu e se desenvolveu muito próximo às questões levantadas por João Goulart e outros líderes políticos da época. Era impossível você separar o movimento de certas figuras, pela proximidade de ideias e, às vezes, das ações. [...] A visão que as pessoas fazem, a partir da leitura oficial, produzida pelos que ganharam, é de que o movimento sindical era uma potência.

E não era?

Tinha força, mas não era uma potência. Porque estava num contexto em que as propostas que defendia – e eram as propostas de partidos e lideranças políticas – não se coadunavam, não se casavam com a realidade brasileira, com o processo econômico e social do Brasil. Havia conflitos. Costumo dizer que o golpe de Estado precisa ser analisado no contexto do período 1961–1964, quando se completou um processo político, econômico e social iniciado em 1930. Em 1964, iniciou-se outro ciclo, sem que as pessoas se dessem conta. A gente só teria clareza disso depois.

O ciclo iniciado em 1930 é aquele em que a burguesia industrial ascende, quebra a hegemonia político-ideológica da oligarquia rural no poder, sem romper com essa oligarquia, se estrutura e ganha força como classe. Até que chega o momento em que, no domínio da economia, alcança a monopolização. Isso vai de 1930 até o fim do governo Juscelino, que é quem concretiza o processo.

Claro que foi necessária para isso uma aliança mais aberta com o capital estrangeiro. Para consolidar o seu projeto, a burguesia industrial passou a tratar o movimento sindical como questão social, não mais como questão de polícia, como faziam as oligarquias rurais. O Jango, como expressão dos projetos da burguesia, não podia ser diferente. Daí a proximidade entre o movimento sindical e o seu governo. Criou-se uma condição histórica para que, naquele período, o movimento sindical se envolvesse com a personalidade do Jango, com seu governo.

Quais eram as contradições que o movimento tinha com Jango?

[...] A luta que travávamos no dia a dia envolvia, de um lado, o capital já monopolizado – portanto, com uma força muito maior que no período de Vargas, procurando desenvolver mais essa monopolização – e, de outro, o movimento sindical. Nós fazíamos lutas desesperadas para não sermos tão espoliados como aquele capital queria. Ele tinha necessidade de fazer uma espoliação brutal, para poder acumular mais, monopolizar mais. O movimento sindical se deparava com aquilo. Por isso, você tinha greves, uma em cima da outra.

O aparelho de Estado se apresentava bastante dividido. Havia aqueles que defendiam a alternativa econômica plantada no governo JK e havia os que defendiam o capitalismo de Estado. Ou seja: no plano geral da política, travava-se uma batalha pelo capitalismo de Estado, mas, na realidade, o embate entre o movimento sindical e a classe em ascensão no país – a burguesia industrial, aliada ao capital estrangeiro – se dava na questão do capital monopolista.

A proposta do capitalismo de Estado não tinha cobertura na área da economia, porque faltavam grandes empresas estatais. Tínhamos algumas, em fase de crescimento. No movimento sindical, a proposta não tinha cobertura política, porque estávamos em embate com outro tipo de capitalismo que havia sido implantado.

Você tinha uma parte da sociedade brigando pelo capitalismo de Estado e outra, pela monopolização da economia, de fortalecimento da iniciativa privada, colocada pelo governo JK. Na prática, foi isso que determinou o grande choque. Quem defendia, como eu, a alternativa do capitalismo de Estado defendia uma proposta que tinha empolgação política, mas não tinha força nem na economia, nem na luta social que o movimento sindical travava.

Estávamos envolvidos com o Jango pela proposta política, mas tínhamos que fazer greves, uma atrás da outra – o que atrapalha o governo. Para defendê-lo, tínhamos que ter naquele momento menos greves e outros encaminhamentos políticos que não aqueles confrontos. Embora nas declarações todos nós o apoiássemos, na prática não tinha jeito: desgastava. Quem mais criou dificuldades para o Jango senão o movimento sindical?

Havia dificuldades de articulação do movimento popular?

Muitos esforços foram feitos. É preciso dizer: houve esforços para juntar o movimento. O que era a Frente Parlamentar Nacionalista? O que era o CGT?

Mas, dentro do movimento popular, havia contradições.

Sim, mas aí já são os diferentes entendimentos que partidos e facções políticas tinham sobre a realidade. Eram posições extremamente contraditórias. Era um negócio difícil, complicado. Hoje me pergunto: como resolver aquele conflito? Era difícil porque você não tinha a sustentação econômica e fazia política em cima de uma realidade que obrigava a ter procedimentos que dificultavam a articulação entre aquelas forças comprometidas com o projeto do capitalismo de Estado. Era um conflito de interesses muito sério.

Vocês tinham ideia da conspiração?

Tínhamos. Consulte todos os pronunciamentos do CGT no ano de 1963 que a tônica é esta: vem um golpe de Estado.

Mas imaginavam que pudesse haver um complexo sofisticado como o do IPES-ESG articulando?

Não, a gente dizia que vinha um golpe de Estado. Fizemos preparações para enfrentar o golpe.

De que tipo?

Houve todo um debate político para chamar atenção dos trabalhadores de que havia algo para derrubar o governo Goulart. Insistimos em 1963 todinho que o golpe vinha. Mas, com o passar do tempo, já não conseguíamos ganhar a massa para defender o governo, porque a situação dos trabalhadores, em termos econômicos, era aflitiva. O capital monopolizado impôs decisões que levaram a classe trabalhadora ao desespero. Na medida em que o Jango não tinha força para enfrentá-lo, foi-se enfraquecendo perante a massa. Cada greve daquela era um enfraquecimento político.

Por que o PCB não conseguiu hegemonizar o movimento progressista da época?

Porque a proposta política do PCB era falha, teoricamente errada, com erros sérios. Hoje já se sabe disto: primeiro, o PCB queria capitalismo de Estado sem monopólio nem latifúndio. Era uma doce ilusão, uma visão marxista sonhadora e romântica. Eu digo isso porque participei da elaboração da Declaração de Março de 1958, votei a favor, pratiquei. Era romantismo meu também, mas, enfim, era o que pensávamos na época. Queríamos fazer um negócio e a realidade não permitia. É igual ao Che Guevara, que queria derrotar o Exército boliviano.

Daí a pulverização que se iniciou na esquerda.

Claro, claro. Nós tínhamos, então, esse enfoque teórico errado. Não podia ser diferente: você não conseguia nunca aglutinar forças necessárias para dar uma saída àquilo. O segundo ponto importante era que a questão democrática não era a menina dos olhos do PCB naquela época. Negócio de democracia, para nós, era um negócio tático. Nós jogávamos muito na ideia do quanto pior, melhor. Achávamos que a revolução vinha por aí. O grande erro do PCB na sua linha política era não ter a questão democrática como questão nodal. Hoje, preservar a democracia política para nós é tudo. Sem isso, não se faz nada. É o oxigênio. Mas naquele período isso não era assim para nós.

HÉRCULES CORRÊA (1930-2008)

A esquerda não compreendeu a proposta de San Tiago Dantas para unificar as forças populares em torno de Jango?

Compreendeu, mas não de forma consequente. Na realidade, a proposta de San Tiago era uma preocupação básica com a questão democrática. Mas, como não éramos consequentes na questão democrática, enfrentamos o problema por outros ângulos. Acabamos apoiando a ideia pela metade. A proposta de San Tiago foi uma das atitudes mais corretas que aconteceram naquele processo. San Tiago era um homem muito lúcido a respeito da questão democrática.

Que dificuldades vocês tinham com o brizolismo?

O Brizola, naquela época como hoje, é um caudilho, um "populista de esquerda". Todo movimento caudilhesco e populista não tem compromissos com a questão democrática. O problema dele não é tocar um processo político com a manifestação organizada de milhões de brasileiros. Ele quer fazer um processo político em que todos o acompanhem, o aplaudam – mas sem organização. Você não transforma a realidade brasileira sem organização, sem compromisso com a democracia. O Brizola contribuiu muito para o golpe de Estado por isso. Ele jogava de forma não responsável em determinados momentos.

Com o comício do dia 13 de março e a mensagem presidencial ao Congresso, propondo as reformas, vocês tiveram a doce ilusão da vitória?

Não, não. Eu fui, junto com José Gomes Talarico, o organizador do comício. Eu, representando o PCB e o CGT, e o Talarico, o PTB. Confesso para você que, quando o comício se instalou, tive a sensação – que aumentou no fim do comício – de vazio, de derrota. Sabia que todos os que estavam no palanque iriam falar linguagens diferentes, estavam divididos. Eu tinha absoluta clareza disso. Foi uma luta para conciliar e levar aquelas figuras ao palanque. Reuniões infindáveis antes do comício para chegar a determinados compromissos. [...] Estávamos divididos.

Quando o comício terminou e foi todo mundo embora, fiquei para dar ordens (desmontar o palanque etc.). Olhava para tudo aquilo – faixas e cartazes pelo chão – e o vazio aumentou em mim. O sentido da derrota foi de tal ordem que me deu vontade de chorar. Parecia que eu tinha terminado uma batalha em que tinha sido dizimado. Muita gente saiu dali eufórica, mas eu tinha a exata noção da nossa divisão. Era impossível superá-la.

JANIO DE FREITAS (1931–)
"A IMPRENSA FOI A PRIMEIRA ARMA DO GOLPISMO"*

Quando assumiu a direção de redação do *Correio da Manhã*, em março de 1963, o jornalista Janio de Freitas ainda não havia completado 31 anos, mas já acumulava uma bagagem profissional respeitável. Vinha de uma experiência como redator-chefe do *Jornal do Brasil*, ao mesmo tempo exitosa (consolidou a importante reforma gráfico-editorial em fins da década de 1950) e complexa (enfrentou pressões políticas por adotar uma linha independente e comprometida com os interesses dos leitores). No *Correio da Manhã*, não seria diferente. Sob sua gestão, o jornal assumiu a liderança na imprensa do Rio de Janeiro, mas houve resistências da cúpula à orientação editorial. Só que dessa vez o cenário de crise no país havia se agravado, com a sociedade cada vez mais dividida.

— Não havia muito o que escolher: era o lado progressista ou o lado reacionário, por maiores que fossem as ressalvas – diz Janio.

As posições conflitantes se refletiam dentro do jornal, onde um grupo de simpatizantes do governador da Guanabara, Carlos Lacerda, se antagonizava com o jornalismo sem ingerências indevidas que Janio defendia, apoiado por quadros expressivos da redação. Até ameaça de morte o redator-chefe recebeu, como relata na entrevista que se segue.

— A barra era tão pesada que o José Silveira, um jornalista espetacular, que era o meu chefe de reportagem, andava dentro do *Correio da Manhã* (ninguém sabia, só eu) com um pequeno volume no bolso

---
* Entrevista concedida ao autor em 29 de agosto de 2023.

de trás de sua calça, uma pistola FN. Porque a gente esperava as piores coisas.

Ao sair após o fechamento do jornal, Janio sempre dava um jeito de ficar um pouco a distância das pessoas no mesmo elevador, ou que caminhassem juntas pelo saguão do prédio. Qual a razão?

— Se houvesse ali um tiro contra mim, vindo de algum sicário da direita, ninguém ao lado correria risco por minha causa. Você veja como eram as coisas naquela altura. José Silveira chamava aquele período de "a nossa fase heroica", e sempre lembrava de algum episódio. Ele foi muito valente, porque eu o punha a par de tudo; era preciso que alguém de minha total confiança estivesse sabendo do que se passava. Foi dureza.

Como foi a sua experiência de redator-chefe do Jornal do Brasil *e do* Correio da Manhã *no atribulado período antes do golpe de 1964?*

Extremamente difícil. O quadro era bastante complicado. No caso do *Jornal do Brasil*, o trabalho que eu vinha fazendo resultou continuadamente em êxito, de sorte que ficavam com certo cuidado de tentar me restringir, de me cercear. Eu não pratiquei nenhum tipo de restrição ao noticiário. O que viesse, se fosse correto e do interesse do leitor ter conhecimento, eu publicava sem considerar absolutamente nada mais do que isso. Não considerava questões partidárias, políticas e ideológicas. É claro que isso produziu, primeiro, um certo susto interno. Da "condessa" Marina Pereira Carneiro, herdeira do jornal e da alta sociedade, eu ouvia, ao mesmo tempo, elogios e restrições ao noticiário, digamos, à liberdade do jornal. Mas, de fora para dentro, a pressão era muito grande, vinda do setor empresarial, particularmente do setor financeiro, por exemplo, das Federações do Comércio e da Indústria do Rio de Janeiro. Havia aqui um presidente da Federação da Indústria chamado Zulfo de Freitas Mallmann que fez muita onda contra mim e o próprio jornal. Como a pressão não surtiu resultado, ele tentou, mas não conseguiu derrubar o Nascimento Brito, que era o superintendente da empresa e genro da Pereira Carneiro.

Eu me demiti quando a pressão se tornou extremamente forte. Foi sugerido e o Brito aceitou uma fórmula pela qual alguém que ele escolheu, Mario Faustino, que trabalhava na seção de editoriais, dividiria comigo o exame do material a publicar, a pretexto de verificar a oportunidade ou a necessidade de uma opinião do jornal, de confrontar as afirmações contidas na opinião com os últimos dados que o noticiário iria expor. Mas não era nada disso; era uma saída diplomática para tentar me conter. No fundo, não era nada mais nada menos do que censura. E eu disse isso ao Mario Faustino quando ele veio conversar comigo para estabelecermos um *modus operandi*. Eu disse: "Olha, Mario, você pode aceitar fazer censura, mas eu não aceito me submeter à censura. Então, nesse caso, somos não só divergentes como opostos." Aí esperei chegar o final da semana, veio o sábado e eu disse ao Brito que saía do jornal, e ele: "Mas o que é isso?" Respondi: "Não aceito. É evidente que o jornal que estou fazendo agrada à empresa por um lado e desagrada por outro. Não estou ganhando salário para desagradar a ninguém. Então, passem muito bem, eu vou embora." Conversamos ainda certo tempo, ele quis me dar um automóvel de presente do jornal, mas não aceitei. Trabalhei por salário e recebi corretamente, em valor e em prazo. E saí.

Quando você dirigia o Jornal do Brasil, *setores da direita começaram a chamá-lo de comunista, sobretudo depois que publicou, na primeira página do* JB, *uma chamada sobre a primeira vez que um dirigente soviético, Nikita Kruschev, comparecia a uma assembleia da Organização das Nações Unidas.*

Isso mesmo.

Essa campanha direitista contribuiu para você formar um juízo sobre a continuidade da experiência à frente do Jornal do Brasil?

Contribuiu muito. Assim como a foto do Fidel Castro em Nova York. Tempos depois da tomada do poder [quatro meses], Fidel foi aos Estados Unidos em abril de 1959, de onde ele havia recebido, não do governo, de cubanos e intelectuais americanos, ajuda e colaboração para manter a guerrilha ativa. Publiquei uma foto dele na primeira página. Kruschev, pura e simplesmente, tirou o sapato e bateu com ele na tribuna da ONU. Evidentemente, era uma coisa importante, tinha todo sentido jornalístico, eu não ia deixar de publicar porque me chamavam de cubano. Antes de me chamarem de soviético e de comuna, me chamavam de cubano que dirigia o jornal.

E a sua experiência no Correio da Manhã *naqueles anos agitados?*

Depois que saí do *Jornal do Brasil*, trabalhei prestando assessoria, por dois ou três anos, a José Luiz Magalhães Lins, que, ironicamente, tinha sido uma das pessoas que fizeram pressões contra mim no *JB* e contribuíram nos lances finais de minha saída do jornal. Fui indicado para essa assessoria por Otto Lara Resende, que sabia das restrições do Zé Luiz a mim. Mas o Zé Luiz aceitou, Otto ficou de falar comigo e aceitei fazer o serviço. Eu estava desempregado de jornal e tinha fundado, com Flávio Damm, José Medeiros e Yedo Mendonça, a Image, uma agência fotográfica e de assessoria jornalística. Eu desconhecia a participação do Zé Luiz nas pressões contra o *Jornal do Brasil*. E, francamente, quando dirigia o jornal, não dava importância a essas pressões, porque não me afastava de princípios jornalísticos que entendia serem os mais corretos. Eu sabia que iriam ocorrer e toquei o meu trabalho normalmente, sem dar muita atenção a isso. O Otto, sabendo que o Zé Luiz tinha sido uma parte importante na pressão contra mim, sugeriu o meu nome talvez

JANIO DE FREITAS (1931-)

para pôr o Zé Luiz numa situação de corrigir-se a meu respeito. Zé Luiz havia sido indicado por Carlos Lacerda para o conselho da Companhia Progresso da Guanabara (Copeg). Fiz uns trabalhos de assessoria para ele na Copeg, ele gostou e me convidou para prestar-lhe uma consultoria mais permanente. E depois nos tornamos muito amigos. Eu fiz isso até ser convidado por Paulo Bittencourt, através do Jorge Serpa, para dirigir o *Correio*. Ficamos dois meses, entre janeiro e fevereiro de 1963, conversando, o doutor Paulo e eu, porque eu não estava a fim de ir.

Por quê? Pelo quadro político, pela experiência no JB *ou por tudo?*

Pela experiência no *Jornal do Brasil*, pelo que eu sabia o que eram os jornais aqui no Brasil e quem eram seus proprietários. Até que, no dia que eu considerava definitivo para encerrar as conversas, o doutor Paulo, na presença do Serpa, de repente virou-se para mim e disse: "Quando era jovem, eu ouvia sempre as pessoas dizerem: 'O *Correio* hoje publicou isso e aquilo, que valentia!' E assim foi a minha vida toda." Ele vivia na França havia cinco anos e tinha voltado ao Brasil naquela ocasião. Aí me disse: "Cheguei aqui e em todo lugar que vou só ouço falar do *Jornal do Brasil*. Eu não suporto isso. Para mim, é vital o *Correio* voltar a ser o que sempre foi, na minha visão e na visão do público do Rio." Me pareceu uma coisa honesta, sincera, e veja: eu era um jovem de 30 anos... Respondi: "Está certo, vamos fazer isso, tentar levantar o jornal." Ele levantou-se da cadeira, me deu um abraço e disse: "Você não vai se arrepender." Assim fui para o *Correio*.

Por sorte, deu muito certo. Em 45 dias, eu bati o *Jornal do Brasil*. Deu-se até um incidente curioso. [Alberto] Dines fez publicar na terceira página do *Jornal do Brasil* uma matéria dizendo que o jornal tinha a maior circulação, projetando-o como o primeiro do Rio. Eu ainda não havia mudado graficamente o jornal, apenas o conteúdo – e com isso já tinha despachado o *Correio* para o alto. Escrevi um editorial desafiando o

Jornal do Brasil a abrir a circulação para uma inspeção feita pelo *Correio*. E mais: que a partir daquele momento estava aberta a circulação do *Correio da Manhã* para exame pelo *Jornal do Brasil*. Aí eles tiraram o corpo fora, mas reafirmaram a sua posição e tal. Então chamei o IVC [Instituto Verificador de Circulação], que era recente, dirigido pelo publicitário Caio Domingues, uma pessoa extraordinariamente honesta e corajosa. O IVC fez as pesquisas e atestou que o *Correio da Manhã* era o primeiro em circulação. O Brito, em viagem de férias nos Estados Unidos, interrompeu a estada lá e voltou ao Brasil, preocupado com o fato de o *Jornal do Brasil* ter passado ao segundo lugar. Ao chegar aqui, Brito, por intermédio do Zé Luiz Magalhães Pinto e de outra pessoa cujo nome não me lembro agora, me convidou para almoçar com ele, para que conversássemos sobre esse entrevero. Respondi que meu problema não era de ordem pessoal, e sim uma questão de jornal para jornal, e que era muito constrangedor ir discutir com os proprietários de um jornal para o qual trabalhei. E pedi que lhe transmitissem o seguinte: que ficasse pessoalmente tranquilo, porque eu não iria tomar nenhuma atitude em relação ao *Jornal do Brasil* – mas que era melhor o *Jornal do Brasil* não insistir nessa linha de falsificação, porque aí eu punha o *Correio* na briga mesmo. Eu teria que cumprir a minha obrigação com o *Correio*, como cumpri quando era do *Jornal do Brasil*. Ele mandou um agradecimento e ficamos assim.

No Correio da Manhã, *você voltou a ser acusado de comunista. Carlos Lacerda disse que, antes de assumir o cargo, você fez "escalas em Havana, Praga e Moscou". Depois, foi alvo da direita quando o jornal cobriu a CPI sobre o financiamento pelo IBAD de campanhas de parlamentares conservadores. Portanto, também no* Correio, *houve pressões.*

Lacerda disse que fiz cursos em Havana, Praga e Moscou depois que o [deputado] Amaral Netto propôs e a direita, a UDN e todo o grupo

JANIO DE FREITAS (1931-)

anti-Jango e antirreformas apoiaram a criação da CPI do IBAD. Amaral Netto era tão ligado ao IBAD a ponto de ser a pessoa designada pelo Ivan Hasslocher – o cara da CIA que montou e dirigiu o IBAD – para substituí-lo quando ele se mandou do Brasil. A CPI do IBAD já vinha funcionando, e o *Correio da Manhã* era o único jornal que encarou o assunto, a tal ponto que Paulo de Tarso Santos – excelente deputado do Partido Democrata Cristão de São Paulo que propôs a criação da CPI –, quando estava exilado no Uruguai em 1964, disse ao Raimundo Ferreira de Brito, magnífico redator que levei para o *Jornal do Brasil*: "Eu comecei a guerra contra o IBAD, mas quem liquidou com o IBAD foi o Janio de Freitas."

O *Correio* estava com fontes que nem o pessoal que puxava esse assunto na CPI tinha. Ivan Hasslocher tomava todas as providências de segurança. Ninguém praticamente o conhecia. Ele não atendia jornalistas, nem por telefone, de maneira nenhuma. Nós conseguimos, com a colaboração de leitor, publicar uma foto dele fazendo a barba! Ele ficou pasmo com aquela foto.

Já havia toda uma indisposição com o *Correio* por causa do IBAD. E, no caso, as acusações de comunismo, pró-revolução e não sei mais o quê partiram, fundamentalmente, do enfrentamento do IBAD, que tinha financiado mais da metade do Congresso Nacional nas campanhas eleitorais. O *Correio* foi o carro-chefe nessa questão. Num certo sentido, isso contribuiu, sim, para que eu viesse a sair do jornal. Eu me demiti também porque avaliei que seria muito difícil continuar trabalhando lá com Niomar Muniz Sodré, após a morte de Paulo Bittencourt. Aliás, não o vi mais, ele morreu na Suécia e depois seu corpo foi trazido para ser sepultado aqui. Niomar era uma louca, uma ignorante posando de crítica de arte. Eu me recusei a entrar na briga dela com a filha de Paulo Bittencourt, Sybil, pela posse da herança no *Correio da Manhã*. Eu não tinha nada a ver com a disputa e a questão estava entregue à Justiça. Mas o clima ficou pesado, e o jornal no meio da confusão.

Como redator-chefe do Correio da Manhã, *você inovou em relação ao padrão da imprensa da época, deslocando a página de editoriais do miolo para o final do Primeiro Caderno. Foi para valorizar a formação da opinião pelo leitor a partir da leitura do noticiário, para só depois introduzir a posição do jornal?*

Exatamente isso. O leitor passava por todo o noticiário nacional e internacional; depois vinha a análise que o jornal fazia daqueles fatos e, se fosse o caso, a posição definida do jornal a respeito. O leitor teria assim mais elementos para formar a sua própria opinião, fosse ela afim ou divergente com a do jornal. A minha preocupação sempre foi, e continua sendo até hoje, a de respeitar o leitor. Não me curvar a nenhuma interferência que pudesse, ou possa, afetar a credibilidade perante o leitor.

Quando você saiu do Correio, *a nova direção mudou tudo, não?*

A Niomar mandou tirar "tudo que me lembrasse" no *Correio da Manhã*. Expressão dela, que não esqueci e me foi contada no dia pelo pessoal do *Correio*, exceto o grupo lacerdista que tinha perdido o poder lá durante a minha gestão, liderado pelo Moniz Vianna. O Moniz dizia horrores de mim quando eu estava dirigindo o jornal. [...] Passados anos e anos, para meu espanto, Moniz Vianna pediu ao Ruy Castro, ao Sérgio Augusto e ao [Carlos Heitor] Cony que me convencessem a encontrá-lo, porque ele queria se redimir. Eu aceitei, não tinha problema algum. Cony fez um jantar, estavam lá eu, Ruy e Sérgio Augusto. O Moniz veio com a filha, entrou, veio direto a mim, me estendeu a mão e eu dei a minha mão a ele. Foi difícil, conversamos um pouco, mas não nós dois sozinhos, não aconteceu. Numa rodinha, trocamos ideias. Ele tinha se tornado brizolista. Concluiu que estava errado em relação a mim. Mas era tarde.

JANIO DE FREITAS (1931–)

Quando você se desligou do Correio da Manhã, *em fins de 1963, o quadro político estava se agravando, e cada vez mais a chamada grande imprensa se associava à conspiração golpista. Você percebia que o ovo da serpente do golpe estava sendo gestado?*

Sim, com toda certeza. Isso ficou muito claro, em seguida à minha saída, com a virada que a Niomar impôs ao *Correio da Manhã*. A minha decisão de sair se deu com a tentativa dela de censurar o jornal. Ela obteve de Paulo Filho, velho presidente do *Correio* e amigo de Paulo Bittencourt, a nomeação de Osvaldo Peralva e Newton Rodrigues para ficarem atentos às coisas que o jornal publicasse. Matérias e editoriais deveriam passar por eles. Eu disse ao doutor Paulo Filho: "Eu me dou bem com Peralva e Newton Rodrigues, mas nem por isso vou me sujeitar a mandar matéria para alguém ler, porque isso é censura e não sou censor." Refleti uns dias, enquanto os dois ficaram perambulando pela sala do Paulo Filho. Não receberam de mim nenhuma matéria. "Janio, você está criando problema com a Niomar", disse-me Paulo Filho, e eu respondi: "A Niomar ainda não é a dona do jornal, a Justiça ainda não decidiu quem fica com o jornal. Estou tocando a minha obrigação, o resto é disputa de herança, com a qual eu não tenho absolutamente nada a ver. Então ela faça o que quiser, me demita, me aceite, cabe a ela decidir." Decidi me antecipar e sair, porque não admiti que houvesse censura. Eu já tinha saído do *Jornal do Brasil* por causa disso.

Ana Arruda Callado me disse que, na reta final da conspiração golpista, os jornalistas estavam muito divididos na redação do Jornal do Brasil *entre os que eram a favor do golpe e os que apoiavam Jango, e que esses grupos pouco se comunicavam, além das tarefas habituais. Você tem lembranças a respeito?*

No *Correio da Manhã*, isso foi terrivelmente acentuado. Uma batalha brutal. Naquela época, com o negócio do IBAD, o coronel Gustavo

Borges, secretário de Segurança do Lacerda, teve a loucura de mandar uma carta assinada me ameaçando de morte. Quem escreveu essa carta foi um jornalista que o Dines tinha admitido no copidesque do *Jornal do Brasil*, Hélio Pólvora. Ele era secretário de imprensa do Gustavo Borges na Secretaria de Segurança e também trabalhava no *JB*.

Como você soube que Pólvora redigiu a carta com ameaças?

Foi o advogado Fernando Veloso, ligado ao Lacerda, quem me revelou. Ele sempre me tratou muito bem. Uma noite, eu e Hélio Pellegrino fomos juntos ao aniversário do Gerardo Mello Mourão. Eu me sentei perto da varanda, distanciado de pessoas que mal conhecia. Fernando Veloso veio me cumprimentar, sentou-se ao meu lado e conversamos. Me fez muitas perguntas e contou, entre outras coisas, esse episódio do Hélio Pólvora. Ele deu uma explicação para a minha rejeição pela chamada elite: "No fundo, quando as pessoas ascendem nas redações, elas se incorporam na elite. A área de convivência dessas pessoas muda, e você não. Você recusou isso. Escapou de todas as tentativas que foram feitas para trazer você para esse convívio. Você continuou sendo um cara ligado aos jornalistas, às redações, às suas fontes. Isso aí fez você ser visto como um cara perigoso, de esquerda, um cara contra a elite econômica e financeira." É uma explicação muito correta.

Você ainda estava no Correio da Manhã, *no segundo semestre de 1963, quando Jango propôs a adoção do estado de sítio no país. Como avalia a resistência das forças progressistas a tal proposta?*

Foi correta a atitude de resistência. Por trás do estado de sítio, que era uma ideia movida pelo Partido Comunista, a única coisa que poderia justificar ou explicar a intenção da medida era o fechamento do Congresso. Não havia outra finalidade possível para o estado de sítio. A agitação grevista que ocorria, e que realmente intensificava as inquietações, era feita exatamente pelos aliados comunistas do Jango. A CGT era controlada pelo PC, os sindicatos mais importantes também. Então o estado de sítio não seria uma medida contra esses movimentos aliados do Jango. O que restava? O fechamento do Congresso. Por isso eu disse não, o *Correio* vai ser contra. Tive alguns incidentes com amigos ou conhecidos meus que eram do PC, mas fincamos o pé. O Jango acabou retirando a proposta.

Seria a ideia de um golpe por parte do Jango?

Só podia ser. Entra aí uma questão que tomei como ideia básica de um livro que quase escrevi: o que era o mistério Jango? Jango foi misterioso o tempo todo. O que ele queria, na verdade? Não se tem essa resposta. Há indícios, indícios que não se confirmaram.

Muito oscilante, não?

Muito. Muito ambíguo e dúbio.

A divisão da esquerda contribuiu para que não houvesse uma ação mais articulada contra a conspiração?

Não, não. O PC tinha uma posição de supremacia, de predomínio na esquerda. O restante da esquerda não tinha organização, nem instrumentos de ação que, naqueles momento e circunstância, estavam nas mãos do PC. Pela proximidade que o Jango aceitava. Pela presença do PC nos sindicatos, que era uma força agitadora, e também em alguns setores das forças armadas sob domínio de coronéis e sargentos.

A ESQUERDA E O GOLPE DE 1964

Nem Brizola poderia se contrapor de maneira eficaz?

É um engano grave nas interpretações e narrativas do pré-1964 supor que o Brizola tivesse feito os grupos dos onze para planejar um golpe a ser dado por ele próprio ou, eventualmente, se aliasse para isso ao Jango, de quem estava publicamente afastado. Quando ele era governador do estado do Rio de Janeiro, já morando em Copacabana, nós conversamos, eu e ele, longamente, sobre 1963 e 1964. Às vezes me telefonavam dizendo que o governador queria conversar comigo. Eu passava lá de manhã, mais de uma vez almocei com ele na copa do apartamento, enquanto conversávamos. O grupo dos onze foi criado para prevenir o golpe de direita ou do Jango. Brizola estava convencido de que o Jango ia tentar o golpe, e ele era contra. Ele me disse: "Eu tinha convicção de que o presidente seria levado a dar um golpe, por causa da relação dele com o Partido Comunista. Eu achava que os comunistas o induziram a dar um golpe." Por isso, Brizola denunciou imediatamente e saiu em campo contra a intenção do estado de sítio, em 1963. Aliás, antes da ideia de o estado de sítio ser posta em circulação, o Brizola se pronunciou. Ele soube e partiu para o pau. O grupo dos onze não era para Brizola dar o seu golpe; era para o Jango não poder dar o dele e a direita não poder dar o dela. Ele queria fazer uma rede de resistência, mas, a dada altura, viu que o negócio não ia funcionar. Então reduziu o projeto dos grupos dos onze para não tornar esse pessoal bucha de canhão.

Você e Brizola tinham posições convergentes na reavaliação daquela época?

Tínhamos, sim. Ele confirmou algumas coisas que eu já pensava. Por exemplo, a respeito da dubiedade do Jango; ele incluía nessa dubiedade a aceitação de que o Jango podia partir para o golpe. A direita não estava errada, não. Jango não teve peito de decidir, mas isso estava inscrito na dubiedade dele.

O papel de Brizola no período 1963–1964 está a exigir uma revisão da forma como geralmente é apresentado na bibliografia existente como um esquerdista que queria mais do que Jango poderia dar?

O Brizola é visto erradamente desde o levante pela legalidade de 1961. Ele não era o esquerdista, o cara que queria fazer a revolução, não era essa pessoa. O que levou Brizola a ser visto dessa forma foi o nacionalismo dele. Foi o fato de ter nacionalizado a ITT no Rio Grande do Sul. Aquilo pôs todo o serviço americano aqui no Brasil a fazer propaganda contra ele. E ele sabia disso. O fato de ser um nacionalista, no sentido que a palavra tinha naquela época, foi o que passou a expô-lo a acusações de outras posições que ele não tinha. A história recente do Brasil está muito desvirtuada. A imagem pública de Brizola foi muito distorcida, ao longo do tempo, pela chamada mídia. Ele era um democrata, não foi ameaça à democracia em momento algum.

A imprensa empresarial tinha e tem uma responsabilidade enorme, porque ela construiu uma narrativa a favor do golpe e contra Jango e as forças progressistas.

Sim, porque a imprensa era parte da conspiração, pelo seu conservadorismo. Ela era e é antirreformas. Qualquer mudança que atinja a chamada estrutura socioeconômica do Brasil, a imprensa vai ser contra. Ela foi e é a primeira arma do conservadorismo e do golpismo. Durante os quinze anos seguintes de ditadura, os jornais que tinham apoiado o golpe permaneceram muito identificados politicamente com o regime militar, com linhas editoriais bastante assemelhadas e poucas nuances relevantes. Depois, quando começam a se evidenciar as dissensões, esses jornais passam a se situar como dissidentes em relação ao regime. E quando a ditadura se enfraquece e cai, eles novamente se igualam na súbita identificação com o processo de redemocratização, não obviamente por convicções democráticas, e sim para impedir que a democratização avançasse além do que era aceitável e admissível aos interesses da alta burguesia e do sistema de poder.

Qual a sua análise sobre o papel que as chefias de redação tiveram por ocasião do golpe militar?

Sou muito crítico. O comportamento das chefias de redação foi o pior possível. E não apenas os patrões e os chefes, como também vários jornalistas apoiaram o golpe e depois serviram ao regime militar dentro das redações. Lamentavelmente, o servilismo e o "patronismo" do jornalismo brasileiro são forças superiores à ideia e à responsabilidade do jornalismo. Quando as coisas se acirram, isso fica muito exposto; só não vê quem realmente está com a cabeça no mundo da lua.

O *Jornal do Brasil*, que reunia todas as condições econômicas para ter, no mínimo, uma posição de sensatez, de equilíbrio, para não falar de defesa do Estado democrático, teve uma atitude horrorosa. Foi mudando, mudando, e o noticiário acanalhando-se. Basta ver que, imediatamente após a deposição do Jango, o chefe de redação do *Jornal do Brasil* organizou um livro de saudação ao golpe, ao lado de outros jornalistas.** O *Correio da Manhã* teve aquele papel vergonhoso de publicar os famosos

---

* Janio de Freitas refere-se ao livro *Os idos de março e a queda em abril* (Rio de Janeiro: José Álvaro Editor, 1964). Os oito autores eram jornalistas do *Jornal do Brasil*: Alberto Dines, Araujo Netto, Antonio Callado, Carlos Castello Branco, Claudio Mello e Souza, Eurilo Duarte, Pedro Gomes e Wilson Figueiredo. No prefácio, Otto Lara Resende assinala: "Este livro nasceu do encontro de um editor de livros – José Álvaro – com um editor de jornal – Alberto Dines."

editoriais "Basta!" e "Fora!", a favor do golpe. Nem *O Globo*, que era muito à direita, fez isso; ao contrário, na véspera ou antevéspera do golpe, publicou um editorial dizendo ao Jango que refletisse, pois, se substituísse o ministro da Marinha, ou qualquer coisa desse tipo, ainda estaria aproveitando corretamente a oportunidade de salvar o governo. E esses editoriais do *Correio da Manhã* nem ao menos foram feitos pelos editorialistas do jornal. Chegaram ao jornal prontos.

E quem os teria escrito?

Olha, isso nunca foi dito pelo Edmundo Moniz, socialista, trotskista. Uma coisa é certa: o texto passou pelo Edmundo para adequar tamanho e linguagem. Ele fez uma espécie de copidesque ali. Quanto ao autor, alguns disseram que foi o Augusto Frederico Schmidt.

Outros disseram que foi Antonio Moniz Vianna.

Não. O Moniz não foi, não. Aquele texto não era do Moniz.

Na crise que levou ao golpe, quais foram os principais equívocos das esquerdas?

Os principais equívocos, com efeitos muito comprometedores, foram dois. Primeiro, o Assis Brasil, que, dizia-se, ia montar um esquema militar de sustentação do Jango. Ele se deixou fascinar pelas tentações de Brasília. Não montou esquema coisa nenhuma. O dispositivo militar era só uma fantasia. E o segundo equívoco foi do Prestes com aquela declaração alucinada: "Já estamos no poder, entramos pela porta dos fundos." Eu me lembro da reação que houve, deu um pânico. A direita levou um susto. Tinha gente que queria partir para o golpe naquele dia. Foi uma declaração completamente estapafúrdia. Era, de um lado, a comprovação da sujeição do Jango ao PC e, de outro, a afirmação ao país de que o governo se destinaria ao comunismo. Foi um deus nos acuda, uma fervura só. Houve muitos erros.

Quando veio o golpe, você estava trabalhando no projeto de um novo jornal com o empresário Mário Wallace Simonsen [proprietário da TV Excelsior, da Panair e de outras empresas]. Qual a pretensão que vocês tinham com esse projeto?

Era um jornal para ir para as cabeças. Eu acreditava que ia mesmo, pois estava muito bem formulado. Não tenho dúvida de que ele ia fazer uma *razzia*. Ainda hoje, o modelo do jornal seria inovador.

Um diário progressista?

Sim, com traços nacionalistas diferentes do nacionalismo tradicional, mais moderno. No lançamento editorial do jornal, haveria uma coisa da qual não se falava naquela época: a carta da ONU com a *Declaração Universal dos Direitos do Homem*. As ideias eram pretensiosas e acreditávamos que havia espaço para um jornal independente, comprometido fundamentalmente com os leitores. Eu já tinha contratado a base da equipe, não toda ela, mas uma parte.

Seria lançado quando?

Não tinha prazo, porque a gente precisava comprar o equipamento gráfico, e isso estava num processo de seleção, de cálculos. Um projeto assim tem muito pormenor e dá muito trabalho. Já tínhamos escritório, primeiro na travessa do Ouvidor, depois um andar inteiro na rua México.

JANIO DE FREITAS (1931-)

E qual seria o título?

Havia hipóteses de título, estávamos ouvindo sugestões, mas ainda não estava definido.

E o golpe abortou.

O golpe abortou e eu não quis continuar o projeto. Eu disse ao Mário que não continuaria; ele não concordou, queria que continuássemos. Eu me senti no dever de o convencer a desistir: "Não devemos continuar, porque, desta vez, esses caras não vieram para passear, dar o golpe, fazer uma intervenção rápida e ir embora. Vão ficar e será uma *razzia*. Os militares já demonstram uma carga de ódio sem precedentes. Do contrário, eles não teriam posto a quantidade que puseram de oficiais da Marinha, do Exército e da Aeronáutica num navio, como prisioneiros, na baía de Guanabara. A repressão que está sendo praticada é um sinal claro de que eles estão confiantes de que não estarão sujeitos a vinditas. Vieram para liquidar com tudo que possa representar oposição. E nós, evidentemente, não teremos condições de fazer oposição a eles. Não vamos gastar um dinheirão à toa." E aí não prosseguimos. O prédio em que nos havíamos instalado foi vendido. A aquisição das máquinas que faltavam, interrompida.

JOSÉ SALLES (1940–)
"DESCUIDAMOS DO INIMIGO: A DIREITA"*

José Salles é o único remanescente da direção do Partido Comunista Brasileiro (PCB) na época do golpe de 1964. Já filiado ao PCB e atuante no diretório acadêmico, ele trancou matrícula no quarto ano de Engenharia no Instituto Tecnológico de Aeronáutica (ITA), em 1962. Mesmo faltando pouco para se formar, decidiu cursar História e tirou o primeiro lugar no vestibular para a Faculdade Nacional de Filosofia.

Perguntei-lhe o motivo da troca.

— Foi a atração pela militância política?

Com uma ponta de emoção na voz, Salles respondeu:

— Foi. Eu tinha inquietações, percebia as desigualdades da sociedade brasileira e estava nitidamente do lado dos trabalhadores. Felizmente, eu tomei um choque. A vida no ITA era mais ou menos artificial; parecia que você estava numa universidade norte-americana, e o nível lá era alto mesmo, equivalente ao das melhores universidades norte-americanas. A Faculdade Nacional de Filosofia foi o que determinou a minha vida, foi essencial.

Dois anos depois, quando ele era dirigente do Comitê Estadual no Rio de Janeiro, e o PCB se tornava mais influente na esquerda e junto ao governo de João Goulart, veio o golpe militar, e tudo desmoronou. A apreciação de Salles, hoje:

---

* Entrevista concedida ao autor em 11 de outubro de 2023.

— Foi um período assim: entre a felicidade e o acerto, e o erro e o desastre, tudo era muito próximo.

Um dos pontos mais debatidos à época era a linha política adotada pelo PCB a partir da Declaração de Março de 1958, de aliança com a burguesia nacional para combater o latifúndio e o imperialismo. Outras correntes da esquerda estavam em desacordo, porque defendiam uma posição revolucionária, mais aguerrida. A linha do partido era correta naquele contexto histórico?

Naquele contexto histórico, em certa medida, a posição era correta. Maiores ou menores desvios sempre existem, e são prejudiciais. Mas o erro principal teria sido ignorarmos essa possibilidade de aliança, mesmo que temporária, parcial e limitada, com parcela da burguesia nacional. Era indispensável. Não chegaríamos a lugar algum se não levássemos em conta a possibilidade de alianças. A burguesia era muito forte, aí incluída a parcela minoritária que não era tão de direita e tinha algumas aspirações democráticas. O Brasil era uma sociedade muito conservadora, e você tinha um inimigo muito poderoso ideologicamente. Os argumentos do conservadorismo eram entranhados na sociedade. Então as alianças eram indispensáveis. Sem as alianças, mesmo com as melhores intenções, era malhar em ferro frio, como se diz. Não haveria nenhum avanço, e quem iria pagar o preço disso seriam os trabalhadores.

Entre 1962 e 1964, o PCB cresceu nos meios sindical e estudantil, tinha quadros relevantes na área intelectual e intervinha nas lutas sociais e populares. Corresponde à verdade essa visão?

Rigorosamente corresponde. Não é que não existissem insuficiências e tendências desse e daquele tipo, de esquerda ou de direita, que prejudi-

JOSÉ SALLES (1940-)

cassem a nossa ação. Existiam. O partido não passou de um momento de equívocos para um momento de acertar em tudo. Não foi isso. Mas, na questão decisiva das alianças, na análise essencial do quadro político brasileiro, o partido acertou. E colheu os frutos. O partido crescia muito. A base do PC era a mais importante entidade política na Faculdade Nacional de Filosofia. Quando entrei na Faculdade, tinha dezessete membros, em todos os cursos. No terceiro ano, já eram cem. A faculdade passou a ser uma escola de formação de quadros políticos de bom nível. E você também via os melhores alunos da Faculdade Nacional de Engenharia passarem para a esquerda. Isso tinha um efeito de demonstração muito forte. O Partido Comunista conquistava uma força e um prestígio muito grandes. Nós crescemos tão rapidamente que não sabíamos direito o que fazer com aqueles quadros, aquelas organizações de base poderosas. O movimento de base ainda não estava muito organizado e articulado. Na Faculdade de Filosofia, por exemplo, nós nos deparávamos com questões essenciais que nunca havíamos tratado, como a qualidade de ensino. Deixamos de ser um partido pequeno, digamos assim, de conspiração, e passamos a ser um partido efetivamente político, com tarefas difíceis e multifacetadas. Com isso, as questões tornavam-se mais complexas, e o aprendizado, mais rico.

A partir de que momento você percebeu que o quadro político estava se agravando, com as manobras da direita, da imprensa empresarial, do IBAD, do IPES para desestabilizar o governo João Goulart?

Nós vínhamos nos preocupando, meio aturdidos, meio impactados pela realidade do crescimento da direita, que não esperávamos. Nós demos um avanço muito grande e pensávamos que, daí para a frente, as coisas seriam menos difíceis – e não foram. Tínhamos bons quadros na esquerda, mas a direita cresceu mais. A burguesia percebeu que as coisas não iam bem para ela, que o seu poder estava em risco. Eles sentiram que, se não tomassem medidas enérgicas naquele momento, teriam problemas e, eventualmente, seriam derrotados. O golpe não veio por acaso, não. A burguesia sentiu a terra tremer. Tinha uma experiência política muito maior do que a nossa, e tomou as medidas, com grande eficiência, para nos derrotar.

Por que não foi possível barrar a marcha golpista, estando Goulart na presidência e o movimento popular em ascensão? Acreditava-se no esquema militar do general Assis Brasil?

Tudo isso era verdade. Acreditava-se no esquema militar do Assis Brasil, que, digamos de passagem, merecia alguma confiança. Alguma. Tudo era muito novo para as forças democráticas, mais ainda para as forças de esquerda. Nós tivemos o bom senso, que em outras épocas não tivemos, de procurar nos aliar a forças democráticas, as mais amplas. A posição política do partido foi muito benéfica. Mas, ao mesmo tempo, cresceu o perigo para a direita, e não só para a direita: setores até certo ponto democráticos da burguesia colocaram as barbas de molho porque sentiam que, daquele jeito, as coisas não se encaminhariam bem para eles.

Nós não percebemos tanto a importância daquela mudança. Considerávamos coisas corriqueiras. Não tomamos consciência, com clareza, da força que havíamos adquirido, e do medo que as forças da burguesia tinham da gente. Quem melhor percebeu isso foi a ultradireita, que se preparou para o tudo ou nada. Ela avaliou que era agora ou nunca. Ou ela se garantia de qualquer modo, com a violência e os assassinatos que fossem necessários, ou ia ter a mesa virada sobre a cabeça dela.

JOSÉ SALLES (1940-)

O governo João Goulart se equilibrava na corda bamba?

O Goulart, basicamente, era um proprietário de terras, rico. Os parceiros mais próximos dele eram assim. Não quer dizer que não fosse uma corrente da burguesia que tivesse certas intenções e preocupações democráticas. Pois era. E tinha muita habilidade. Jango era um burguês, democrata, uma peça rara, mas não era um proletário. A nossa atitude em relação a ele, como aliado, foi de ilimitada pressão. Se o Jango não tivesse um pouquinho mais de juízo, o desastre teria sido antes. As nossas intenções eram as melhores possíveis; o partido crescia exponencialmente. Mas foi muito mais do que podíamos administrar. Nós passamos de uma força pequena para ser uma força poderosa. Portanto, os erros que cometêssemos seriam poderosos também. Nós não tivemos a sensibilidade de perceber isso a tempo. Fomos apressados demais. O que conquistamos nós achávamos que já eram favas contadas; tínhamos que partir para mais e muito mais, e já.

A revolução estava na esquina.

Estava na esquina, você disse bem. A ideia era essa. Com entusiasmo e muita vontade de lutar, mas um equívoco essencial: a revolução não estava na esquina. A ideologia da direita era muito forte na sociedade brasileira, muito entranhada. Você pega um cara de esquerda, com visão democrática, um aliado nosso, o Brizola. No fundo, era um cara nitidamente da burguesia. Os objetivos dele não eram socialismo coisa nenhuma, nem era a classe operária. A gente não percebeu bem e o colocava, às vezes, como inimigo, mais do que a própria direita. O partido jogou, de modo geral, um papel formidável naquele quadro político, mas nós não tínhamos a ideia clara de que faltava passar muita água por baixo da ponte. A gente achava que a coisa ia a toque de caixa. Era a ilusão, que assumíamos com alegria, de que as coisas estavam se definindo no caminho do socialismo, e não estavam.

A ESQUERDA E O GOLPE DE 1964

Havia certo triunfalismo na esquerda, não?

Você disse tudo. Havia um grande triunfalismo. Tinha motivo para se empolgar? Tinha. Naturalmente, nós estávamos felizes pelo que havíamos conquistado. A trombeta que a gente tocava era mais alta do que a das outras forças democráticas. Nós nos empolgamos, mais do que qualquer outro, conosco mesmos.

Como reavalia o desempenho político de Luiz Carlos Prestes naquele período? Em torno dele se formaram controvérsias; frases que ele disse na ABI e no programa Pinga Fogo *revelavam que o partido tinha força e que o governo era imbatível. E as relações de Prestes com o presidente Goulart eram muito próximas.*

Olha, o nosso aliado principal era o Jango, um homem muito inteligente, de uma corrente política que vamos chamar de democrática da burguesia nacional, com uma experiência riquíssima, de décadas, de gerações. Experiência de poder, de parte do poder. Por incrível que pareça, mais experiência do que o Prestes de participar do poder. Nós tivemos vitórias e méritos importantes, mas perdemos um pouco a noção de que o enraizamento da democracia tinha que ser muito maior, de que o caminho para o socialismo no Brasil era um caminho de ampliação e de mudança de qualidade da democracia. Nós, inclusive, tínhamos a ideia de que chegaria o momento em que a gente iria dar um golpe de mão e uma rasteira e entrar no poder. Não entendíamos a complexidade e o tempo da mudança democrática.

JOSÉ SALLES (1940-)

Nem Prestes compreendeu isso na devida conta?

Nem Prestes. Eu era próximo ao Prestes por ser dirigente do Comitê Estadual do Rio, o mais importante. Pela própria função, tinha contatos com ele. Além do mais, eu era muito amigo da filha dele, a Anita, como se fosse uma irmã, dentro do movimento universitário. A partir de dado momento da vida, geralmente o velho, até por sabedoria, sempre escolhe um jovem que ele acha que vai influenciar e seguir as suas ideias, mas o jovem também vai influenciá-lo. Às vezes, o jovem toma uma posição de direção. Era o caso da relação do Prestes com a Anita. Prestes se orientava mais pela filha do que a filha por ele. Ela era uma pessoa de toda confiança dele.

Anita, minha amiga pessoal, era e é uma mulher de valor, muito capaz, extremamente trabalhadora e decidida. Mas não tinha uma noção de proporção suficiente. Ela achava que a esquerda estava indo para o poder, e que ela ia para o poder, ia mandar no país, a curto prazo. Nesse terreno, nós não ajudamos a Anita; botávamos mais fogo ainda. Todos nós exageramos a nossa força e as possibilidades.

Não teria sido excessiva a aproximação de Prestes com Jango? Não teria açulado a direita? Prestes chegou a declarar que os comunistas já estavam no poder.

Ele dizia: "Não estamos no poder, mas estamos no governo." Acho que você tem razão. A direita está no poder há 2 mil anos. Tem uma experiência política muito maior do que a da esquerda. Ela teve a sabedoria de até dar corda a certos setores das forças democráticas, e não só da esquerda. A direita agiu com maestria política. Ela deixou o entusiasmo do Prestes ir até o excesso, o exagero. Permitiu de uma forma ou de outra e depois deu uma paulada que derrubou tudo.

Prestes foi ou não incompreendido, dentro da esquerda, naquele período?

Eu convivi bastante com Prestes. Um homem de grandes qualidades, muito trabalhador, pessoalmente confiável, valente. Não ia dar uma facada em ninguém pelas costas. Prestes se iludiu com a realidade do momento, eu também, nós nos iludimos. A depender de nós do PC, a gente só queria empurrar o Jango para a esquerda. Precisava empurrar? Precisava. Mas não podia ser uma coisa desmesurada, sem avaliar o quadro real. Nossa principal preocupação deixou de ser combater a direita para combater as vacilações do Jango. Como se a direita não existisse fortemente, e existia. Como se a direita já estivesse derrotada, e não estava. Nesse sentido, nós nos descuidamos de combater o inimigo principal.

O papel histórico de Brizola, naquela quadra, precisa ser reavaliado?

Eu acho que precisa. Precisa por duas questões opostas e diferentes. Nós não entendemos todo o poder que o Brizola tinha, que não era bem ele, e sim o que qualquer cara do setor mais ou menos democrático da burguesia naquele momento tinha. E nós confundíamos isso com um poder real que tivéssemos. Por sua vez, na percepção do quadro político geral, Brizola achava que estava ficando forte – isso era bom, sempre bom, na opinião dele. Era um homem de muito valor, que não ficou rico, lutou, um aliado formidável. Mas com a incapacidade de entender a profundidade da situação política. Ele e nós todos estávamos navegando valorosamente, mas à beira do abismo. E caímos no abismo.

Se nós tivéssemos condições de segurar, iríamos para uma democracia muito avançada, das mais avançadas do mundo, ainda nos quadros de direção da burguesia. O Brasil é um país essencial no mundo moderno. A direita internacional não podia brincar com o Brasil. De alguma forma, ela agiu com uma sabedoria e uma competência extraordinárias. Como se diz, a direita deu corda ao Brizola e a nós, e tirou o tapete de uma hora para outra. Foi muito mais madura e, na hora de pegar a onça pelo rabo, as forças intermediárias ficaram com a direita.

A disputa para a eleição de 1965 entre Jango, Brizola e Arraes não foi um fator de tensão interna no campo progressista?

Sim. Estávamos às vésperas da eleição de 1965. Todos sentiam que a eleição seria um momento de decisão, de mudança ou de manutenção de poder. Até certo limite, porque a classe operária não iria para o poder. Dentro de facções e grupos da burguesia, mais ou menos democráticos, a eleição seria um momento de virada. Todo mundo estava com as barbas de molho, vendo que se aproximava um desenlace, porque as coisas não poderiam continuar como estavam durante muito tempo. Parecia até que alguns desses grupos preferiam que a direita ganhasse. Era uma briga sem princípios, até o último cartucho.

Inclusive dentro do próprio campo progressista.

Sim. Porque estavam sentindo o cheirinho do poder, embora o cheiro que eles sentiam fosse muito maior do que o real. Às vezes, procediam como se o inimigo principal fosse o concorrente na esquerda dentro das forças democráticas.

A crença inabalável no esquema militar do general Assis Brasil foi outro erro?

Com certeza. O Assis Brasil tinha esquema? Tinha. Mas era um misto de uma força democrática com um setor das classes dominante. Na hora H, de pegar o touro à unha, ela foi para a direita. As forças do Assis Brasil participaram do golpe. Achávamos que o que nos impedia de avançar não era a reação, a direita, e sim a vacilação do Jango. A nossa atividade era pressionar o Jango ilimitadamente, como se não existisse a direita. O partido lutou muito, avançou, a nossa posição política teve grandes acertos, mas, na hora de amarrar o burro, a gente se iludiu. E a direita percebeu mais do que nós que a corda estava chegando no pescoço dela. Então ela se organizou rapidamente, concedeu o que tinha que conceder às forças intermediárias, fez os acordos dela e nos derrubou. O golpe foi uma paulada muito forte na nossa cabeça. E não houve nem luta; não tivemos condições de fazer uma resistência armada.

Há quem diga que Jango não enfrentou o golpe porque estaria de olho na eleição presidencial de 1965, almejada também por Arraes, Brizola, Juscelino, Lacerda, Magalhães Pinto. Faz algum sentido a tese de que Jango poderia estar imaginando voltar à presidência, com apoio popular, se o golpe fosse brando?

Algum sentido faz. O Jango queria ganhar, e achava que iria ganhar com aquele movimento, que iria para a cabeça. E era mesmo quem tinha mais condições de ir para a cabeça. O Jango se iludiu com a própria força. Ele estava gostando do poder – o poder é encantador para todo mundo. No fundo, tinha uma vontadezinha de se iludir, de ser o rei da cocada preta. E ele seria, se aquele movimento tivesse se enraizado e vencido.

LEONEL BRIZOLA (1922-2004)
"ÉRAMOS INGÊNUOS DIANTE DA CONSPIRAÇÃO"*

O depoimento que Leonel Brizola concedeu a mim e aos jornalistas Mário Augusto Jakobskind (1943–2018) e Francisco Viana (1951–2019) durou cerca de cinco horas. Os principais trechos foram publicados pelo extinto *CooJornal*, de Porto Alegre, no número 62, fevereiro de 1981. Antes da entrevista, ele fez, num bloco de papel, um roteiro do que iria dizer – e o seguiu à risca.

No texto de abertura, assinalamos: "[Brizola] Recordou cada cena do passado com a precisão de um memorialista. Mas foi traído pela emoção: chorou duas vezes e, discretamente, passou a palma da mão sobre o rosto para enxugar as lágrimas. Na primeira vez, tinha acabado de contar como organizou a campanha pela posse de João Goulart na Presidência da República em 1961. E na segunda, ao referir-se a uma frase do general Ladário Teles, então comandante do III Exército, na última reunião que tiveram em Porto Alegre, na presença de Goulart e de oito generais: 'Quando um militar tem que defender o seu juramento, a sua honra, a sua dignidade e a sua palavra, ele até no milagre confia'. Brizola deu um soco na mesa e exclamou: 'Que homem extraordinário!'"

E ainda: "Ele [Brizola] se confessou arrependido de não ter organizado a resistência ao golpe, depois que João Goulart decidiu deixar o país. Disse que, se tivesse viajado para o Rio, pegaria em armas, mobilizaria a

---

* Entrevista concedida a Dênis de Moraes, Francisco Vianna e Mário Augusto Jakobskind em fevereiro de 1981.

opinião pública e teria evitado que 'um regime feroz e brutal humilhasse o país'."

Destaco os pontos mais afins com este livro.

Por que resistiu à ideia do parlamentarismo, solução conciliatória que asseguraria a posse de João Goulart na presidência da República, em 1961?

Por causa da fórmula do parlamentarismo, que tinha sido uma espécie de golpe branco que atingia os direitos do povo que o havia escolhido para vice-presidente. E mais: o Congresso não tinha legitimidade para votar a emenda que introduzia o parlamentarismo. Afinal, na calada da noite, foi alterada a Constituição, de uma maneira ilegítima, no meu modo de ver. Achava que tínhamos que subir com o III Exército em direção ao Rio de Janeiro e a Brasília, apoiados também por corpos provisórios que seriam armados com o que o Exército possuía. Como foi feito na Revolução de 1930.

Entendia que tínhamos um ambiente favorável no país e que podíamos chegar ao poder nessas condições. A minha proposta era esta: João Goulart assumia a presidência e fechava o Congresso, convocando no mesmo ato uma Assembleia Nacional Constituinte, para dentro de trinta ou sessenta dias. Assim, teríamos uma nova Constituição, já que a que estava em vigor havia sido violada. O presidente Goulart depois me explicou que preferiu concordar com a fórmula do parlamentarismo, por achar que era a mais segura para a sua ascensão à presidência, e que depois, então, no exercício do cargo, iria procurar o retorno à normalidade. Não lhe criei embaraços.

LEONEL BRIZOLA (1922-2004)

Sobre o regime parlamentarista e a campanha pelo plebiscito do presidencialismo:

Empossado Goulart, seu governo foi se desenvolvendo de maneira instável, porque era um parlamentarismo deformado. O parlamentarismo é um regime que só funciona quando instituído de forma correta. Permaneceu o inconformismo popular contra o tipo de regime. A única coisa que disse ao presidente foi que não abria mão do meu direito de lutar pela restauração da legalidade, porque entendia que ela havia sido violada pelo Congresso, com o patrocínio de todos aqueles que pretendiam golpear as instituições.

A partir daí, começamos a desenvolver uma campanha em favor de um plebiscito que decidisse como deveria ser o governo: seguir com aquele parlamentarismo espúrio ou voltar ao regime presidencialista. Enquanto isso, subiam e caíam gabinetes. Veio, finalmente, o gabinete presidido pelo professor Francisco Brochado da Rocha. Antes que ele viajasse para Brasília, nós conversamos longamente e concluímos que esse regime não tinha mais condições de continuar existindo, e que tudo devíamos fazer para a realização do plebiscito.

Depois de muitas discussões – houve, inclusive, inquietação militar –, ganhamos para nossas teses a adesão de muitos chefes militares que estavam encontrando dificuldades para a manutenção da ordem. E veio o plebiscito, com o povo, maciçamente, votando a favor da restauração do presidencialismo, com todos os poderes ao presidente Goulart.

Sobre a conspiração contra Jango, já no período presidencialista:

O golpismo passou a agir abertamente. A conspiração se generalizou, procurando criar um clima que tornasse o país ingovernável pelo presidente Goulart. Isso se refletiu, inclusive, em áreas que estavam unidas em torno do governo. Surgiram divergências sobre como nos conduzir naquele quadro. Havia interferências claras de forças internacionais, especialmente da Embaixada americana, subsidiando áreas de contestação ao governo. Enfim, era a montagem de todo um processo de desestabilização, atendendo a interesses internacionais, sob a coordenação de um organismo que existia no Rio de Janeiro, o IPES. Funcionava muito discretamente para se fazer passar pelo que jamais foi: um instituto de estudos econômicos e sociais. No fundo, era um centro de articulação do golpe, visando à implantação de um regime especial no Brasil.

Não podemos esquecer, evidentemente, a Escola Superior de Guerra (ESG), fundada no segundo governo de Vargas. No governo Goulart, a ESG tinha uma grande projeção, trazendo empresários de toda parte para participar de seus cursos, cultivando uma doutrina não apenas para as forças armadas, mas também em relação à presença no país do capital multinacional. Uma doutrina sobre o desenvolvimento e a segurança nacional. Ingênuos, nós não nos dávamos conta de tudo aquilo, dos interesses internacionais e das doutrinas exóticas importadas de centros do exterior.

Esse processo de desestabilização ocorria em todos os setores. Aos proprietários rurais, por exemplo, levavam a mensagem de que o comunismo ia tomar as suas terras, que o governo ia fazer a reforma agrária. Até os pequenos proprietários rurais foram se assustando cada vez mais. O governo apenas tomava pequenas medidas de colonização, desapropriando áreas por interesse social. Nunca foi uma reforma agrária. Mas se criou por parte dos proprietários rurais um ambiente de grande preocupação, de censura contra o governo. E essa área, sem dúvida, tinha muita influência dentro das forças armadas. Eu diria que é uma influência tradicional dentro das forças armadas. Nos principais órgãos de imprensa, o clima era de combatividade contra o governo, que se encontrava realmente num processo de desgaste.

LEONEL BRIZOLA (1922-2004)

Sobre as contradições do governo Goulart à política de conciliação do presidente:

Um governo, quando ascende com uma expectativa popular, tem que corresponder desde logo. O presidente João Goulart tinha seus métodos, procurava sempre conciliar, apoiando-se em setores liberais e até conservadores para fazer avançar o processo de desenvolvimento. Chegou a formular alguns projetos importantes, mas o desgaste era uma realidade, devido aos envenenamentos e às confusões que se estabeleciam.

A essa altura, sabia-se que o processo de conspiração era uma realidade dentro das forças armadas. O governo tinha o que chamava de seu dispositivo militar, e confiava muito nele. Havia chefes militares prestigiosos em exercício de comandos de tropas. A posição dominante do governo era esta: nós vamos continuar avançando com a nossa perspectiva de futuro, defendendo a legalidade constitucional e as liberdades públicas – e eles que ponham a cabeça de fora.

Existia mesmo esse dispositivo militar fiel ao governo?

Eu não tinha condições de fazer uma avaliação correta. Entendia que havia chefes militares que poderiam perfeitamente garantir a estabilidade e a segurança do governo. Era uma questão apenas de mobilizar essas forças militares legalistas.

Essencialmente, a nossa confiança estava na mobilização da opinião pública, não apenas para promover as transformações econômicas e sociais que o Brasil reclamava, mas também como uma precaução contra o golpismo que se desenvolvia abertamente. Havia, inclusive, distribuição de armas pelo país. Claro que os responsáveis por isso eram os que deveriam assumir o poder.

Nessa época, como funcionava o sistema de informações do governo?

No final do governo Goulart, eu já me encontrava ausente dos ambientes oficiais, porque havia assumido posições de discordância em relação à permanência de alguns e, mais especificamente, a determinadas decisões governamentais. Foi o caso, por exemplo, das negociações com a Amforp. Foi um processo que se iniciou quando, à frente do governo do Rio Grande do Sul, decidimos encampar a subsidiária local da Bond and Share – a filial brasileira da Amforp [American Foreign and Power, subsidiária da Electric Bond and Share]. Sabia que, diariamente, eram levadas informações ao presidente, através dos serviços oficiais e de políticos. Ouvi dizer que eram informações muito precárias e algumas até procurando indispor o presidente com áreas populares.

Sobre a situação em que se encontrava o movimento popular:

Na área popular, onde eu me encontrava, havia divergências. Uma parte estava solidária com essa posição do governo, incluindo-se aí o PTB do Rio Grande do Sul, o Partido Socialista e o chamado Comando Geral dos Trabalhadores (CGT). Nós não impugnávamos a posição do presidente Goulart; só achávamos que o golpe era uma realidade em curso, e que era necessário tomar medidas que denunciassem à opinião pública esse plano de desestabilização. Precisávamos mobilizar o povo para uma posição de defesa da legalidade. Ganhá-lo, principalmente, com um programa de governo mais consequente aos interesses populares. Essa era a divergência, mas, no fundo, estávamos unidos em torno de princípios gerais.

LEONEL BRIZOLA (1922-2004)

Sobre a atuação de Miguel Arraes e Francisco Julião no movimento popular e diante da ameaça do golpe:

O governador Miguel Arraes e o deputado Julião não atuavam inteiramente identificados. Julião tinha maiores ligações com a Frente de Mobilização Popular, que era um organismo que procurava compor aquelas estruturas que se alinhavam no trabalho de mobilizar a opinião pública.

Quanto ao governador Arraes, tinha sua própria visão da situação. Não era fácil um entendimento mais claro com ele, porque discutia com muitas áreas. Sabíamos, com certeza, que ele estava firme na defesa da democracia e disposto a agir contra o golpe. Creio que ele foi surpreendido com o golpe, embora estivesse consciente de que a situação estava se deteriorando.

Todos sentíamos que o golpe estava sendo preparado. Analisando tempos depois o que ocorreu em 1964, convenci-me de que a conspiração golpista soube esperar que duas coisas acontecessem: a saída do general Osvino Ferreira Alves do comando do I Exército e o término do meu mandato de governador. O general Osvino foi um chefe militar muito eficiente, legalista, que tinha perfeita compreensão dos problemas do país. Lutamos muito para que ele continuasse à frente do I Exército. Mas, de acordo com o regulamento do Exército, ele havia atingido o tempo máximo de carreira na ativa. Poderia também ter assumido o Ministério da Guerra, mas, enfim, era um quadro complexo e muitas forças se confrontavam dentro do próprio governo.

Sobre os grupos dos onze:

O grupo dos onze foi uma tentativa desesperada de desenvolver a organização popular para a resistência ao golpe. Embora tenha sido uma iniciativa só posta em prática poucos meses antes do golpe, atingiu um nível bem razoável de organização: havia, em todo o país, 24 mil grupos dos onze. Não tinham caráter paramilitar. Convocávamos as pessoas através do rádio. Eram o que se poderia chamar de clubes de resistência democrática, ou de comunidades de defesa da democracia. Mais tarde, o próprio regime militar verificou que não eram organismos paramilitares.

[No depoimento que deu a Moniz Bandeira, em 1978, em Nova York, para o livro *Brizola e o trabalhismo*, Leonel Brizola abordou os grupos dos onze: "Meu erro foi não chamá-los de clubes de defesa da democracia, ou algo parecido. Eles não poderiam constituir o embrião das milícias populares. Não tinham esse conteúdo. Não tinham armas como depois se comprovou. Na verdade, tentei formá-los a fim de arregimentar a sociedade civil contra o golpe de Estado, que a direita, com apoio externo, articulava, preparando-se até mesmo para desencadear a guerra civil, para lutar contra as forças armadas, através de guerrilhas, se elas sustentassem o governo."]

O general Assis Brasil teria dito ao presidente que havia um esquema militar para sufocar o golpe. É verdade?

O general Assis Brasil era o chefe da Casa Militar e, por isso, estava capacitado para dar sustentação ao governo. Eu creio que esse esquema, se existia, era o de qualquer governo democrático. Não havia um aparato militar a serviço do governo. Naturalmente, os comandos militares eram de alguma confiança do governo, mas não havia uma estrutura montada dentro das forças armadas para a resistência. A verdade é que se confiava em que esse esquema militar, normal em qualquer democracia, pudesse sustentar a legalidade.

Do Rio Grande do Sul, procurei acompanhar o quadro que se formava no país. Mas, à medida que o presidente optava por uma solução política, deixando de tomar medidas concretas, a situação ia se deteriorando cada vez mais, especialmente diante da audácia de alguns políticos e militares que conduziam a conspiração.

Antes de viajar para o sul, consta que o senhor esteve reunido com o almirante Cândido Aragão, então comandante dos Fuzileiros Navais. Foi traçado algum plano para a resistência ao golpe?

Realmente, o almirante Aragão era nosso amigo, mas com outros chefes militares também tive a honra de conversar sobre a situação do país, sobre a possibilidade de um golpe. Discutíamos como proceder, mas foram só muitas palavras. Nunca se organizou um esquema concreto para a resistência. No fundo, ninguém esperava que pudesse se desenvolver tão rapidamente a conspiração. Estou convencido de que o presidente, aos poucos, foi perdendo o controle da situação. Quando se deslocou do Rio de Janeiro para Brasília, nós entendemos que a situação estava muito difícil, senão praticamente perdida.

Houve um episódio – não me recordo se foi no dia 30 de março – muito marcante. Eu me encontrava em Porto Alegre, ao lado de meus companheiros, e muitos insistiam para que eu viajasse ao Rio, dada a gravidade da situação. Eu me encontrava com um pé no avião, já havia me despedido da minha família. Na minha casa estavam reunidos vários amigos, entre eles alguns oficiais do Exército, que escutavam o pronunciamento do presidente aos sargentos, aqui no Rio. Todo mundo concluiu que o governo estava numa situação favorável, estável, e que não havia problema algum. E me disseram que eu não precisava mais viajar para o Rio, principalmente porque iria tomar posse no comando do III Exército o general Ladário Teles. Não conhecia o general Ladário e acabei concordando em permanecer lá.

A ESQUERDA E O GOLPE DE 1964

Às vezes, penso que, se eu tivesse me deslocado para o Rio, não teria acontecido o golpe. Talvez a minha presença pudesse ter servido como um fator de reação mais efetiva contra aquele quadro de ameaças à democracia. Eventualmente, eu poderia ter levado o governo a uma reação concreta, firme e vigorosa. Evidentemente que armada, mas também de opinião pública. O outro lado já havia assumido uma atitude de agressão armada contra o governo legítimo e constitucional. Não vim [ao Rio] e lá no Rio Grande do Sul desenvolvi a ação possível de defesa da ordem democrática. A verdade é que o deslocamento de Jango para Brasília incentivou o golpismo, valeu a sua deposição.

Por que o movimento popular não reagiu?

O movimento popular, como disse, se encontrava muito dividido. Houve a ideia de se fazer uma greve geral, que afinal não aconteceu. Creio que a própria orientação do governo foi no sentido de não exacerbar os ânimos, dada a sua esperança de resolver pacificamente a crise.

O movimento popular perdeu, é óbvio, mas como uma coisa episódica. Embora João Goulart fosse um homem sensível aos reclamos populares, rigorosamente os trabalhadores brasileiros jamais estiveram no poder. Sinceramente, acho que, se o presidente pudesse imaginar a natureza do regime que se instalaria no país, seu procedimento teria sido outro. Ele agiu com muita boa-fé. Ninguém tinha ideia da ferocidade do regime que se estabeleceria após toda aquela confusão. Os interesses internacionais criaram a confusão e aplicaram uma técnica científica, testada em outros países, para envolver as forças armadas.

Forjaram a ideia de que o país estava frente à ameaça de uma guerra civil, com a derrubada do governo. A derrubada, isto sim, foi feita através de outros argumentos. Diziam: o governo está conspirando contra a democracia, quer alterar a Constituição para fazer reformas. Sim, o governo queria mudar a Constituição, mas eles insuflavam a opinião pública dizendo que nós queríamos ferir a Constituição. Derrubando o governo, induziram os chefes militares à prática daqueles atos.

Hoje, estou certo de que alguns desses chefes não tinham consciência do que estavam fazendo. E o fizeram por pura ambição ou vaidade pessoal. Rasgaram a Constituição, eles que diziam que ela era intocável. E promoveram a repressão por simples rancor, já que nunca conseguiram chegar ao poder pelo voto. Eram uns frustrados, e por isso tiveram a coragem de reprimir um povo desarmado. Não tinham a solidariedade, o apoio nas urnas de seu próprio povo. O seu elitismo e a sua intolerância foram os responsáveis por todo esse processo.

Na verdade, Jango me confessou no exílio que a sua reação teria sido outra se tivesse condições de prever o que aconteceria com a sua deposição. Nós todos ficamos com essa convicção. Teríamos atuado de outra forma, pegaríamos em armas, faríamos tudo para resistir. Não entregaríamos o Brasil sem luta. Infelizmente, a história foi outra.

LUIZ CARLOS PRESTES (1898-1990)
"JANGO FOI O MAIOR RESPONSÁVEL PELO GOLPE"*

Cobram juros altos a Luiz Carlos Prestes, o poderoso secretário-geral do PCB em 1964, por certas frases que teria dito no calor dos discursos – e que, incorporadas à história, soam como manifestações de baluartismo às vésperas do golpe militar. Para os adversários, erros de avaliação como esses teriam contribuído para imobilizar as forças populares frente à escalada golpista.

No já citado programa *Pinga Fogo*, da TV Tupi, um dos entrevistadores perguntou se era exata a frase que lhe fora atribuída, tempos antes, extraída de um pronunciamento em Recife e publicada pelo *Jornal do Brasil*: "Já somos governo, falta-nos, porém, o poder."

Prestes negou:

— Foi deturpada. Eu não disse isso, nem poderia dizê-lo.

— Poderia repetir então o que disse? – pediu o entrevistador.

— Não me recordo exatamente, mas não diria isso, porque na verdade não é esse o nosso pensamento. Estamos influindo cada vez mais no poder, isso estamos. Através da classe operária, através do movimento camponês, através do movimento sindical, em que a influência comunista é grande e tende crescer.

Seja como for, o Prestes que reencontro na manhã nublada de 9 de agosto de 1983 está convencido de que, se o PCB tivesse uma diretriz revolucionária em 1964, o destino do processo político talvez tivesse sido outro. Diz isso com a entoação grave e determinada que o caracteriza.

---

* Entrevista concedida ao autor em 9 de agosto de 1983.

Quase meio-dia, hora do almoço desse homem de hábitos espartanos. Roubei-lhe quase duas horas. Sua mulher, dona Maria Ribeiro Prestes (1930–2022), aparece à porta do quarto-escritório: é a senha para concluirmos a entrevista. Na casa de Prestes, não são só os livros e quadros que indicam a fidelidade ao marxismo-leninismo. Ao nos despedirmos, dona Maria me presenteou, afetuosamente, com um broche vermelho trazido da extinta União Soviética por um dos filhos do casal, no qual está gravada a efígie de Vladimir I. Lênin.

Foi a Declaração de Março de 1958 que originou a divisão da esquerda no começo dos anos 1960? Como avalia essa divisão?

Eu avalio da seguinte maneira: faltava um partido revolucionário. Porque o partido entrou em crise ideológica séria. Não foi só na Comissão Executiva, nem no Comitê Central; houve uma crise geral. Por exemplo: tivemos que dissolver a Juventude Comunista porque tomou posições completamente de direita. Não era possível continuar. Era um partidinho à parte. Muitas bases desapareceram. O partido ficou muito reduzido, a nossa força baixou muito. E havia dúvidas sobre a linha política do partido. Tomamos a Resolução de 1958, que se apoiava no XX Congresso [do PCUS], mas que tinha tendências direitistas bastante fortes. A questão do desenvolvimento pacífico confundia.

A via pacífica para a revolução?

Era a via pacífica, sim. Além disso, víamos o capitalismo de uma maneira errônea, completamente falsa. Estávamos lutando ainda por um poder capitalista. O V Congresso corrigiu alguns desses erros, mas só foi em 1960, dois anos depois. Tivemos que mudar o Comitê Central, afastando elementos como [João] Amazonas, [Maurício] Grabois, porque não fizeram autocrítica de suas posições anteriores. Isso enfraqueceu o partido também.

Realmente, não tínhamos uma orientação acertada. Hoje, estou absolutamente convencido de que a posição do V Congresso era errada. Nessas condições, quando não há um partido com uma linha próxima da realidade, as forças aliadas se despedaçam. Os grupos de esquerda começaram a pulular por aí. Por quê? Pela falta de um Partido Comunista com uma orientação adequada.

Por que o PCB não aceitava a tese de organizações como o PCdoB e a Polop, para a formação de uma frente de esquerda?

Não aceitávamos porque achávamos que isso era isolar o partido. Que frente de esquerda era essa? Juntar com grupos que estavam com a luta armada? Nós éramos contra a luta armada. Achávamos que não havia condições. O documento de 1958 e o V Congresso eram pelo desenvolvimento pacífico. Repito uma frase de Mao Tsé-tung que eles diziam: "A vitória da revolução está na boca do fuzil." Que é completamente errada, não se tendo fuzil para garantir a vitória da revolução. O movimento de massas requer uma preparação revolucionária mais longa.

O que marcou a atuação do partido no movimento operário?

Foi o CGT, que começou exercendo o papel de central sindical, mas que não tinha raízes nas empresas. Aí estava a sua debilidade. Apesar de débil, o CGT conseguiu aumentos salariais de até 100%. A inflação estava crescendo e o Jango se interessava em atender às reivindicações. O CGT passou a ganhar prestígio, influência, devido aos aumentos salariais. Isso assustou a burguesia e os monopólios. Os aumentos eram consideráveis, reduzindo o lucro e a mais-valia das empresas. Tanto que, com o golpe, houve uma mudança no sistema socioeconômico.

Como avalia a política do partido no movimento sindical de então?

Fez-se alguma coisa. Mas nós não tínhamos capacidade de organizar o partido nas grandes empresas. Uma prova disso é que não havia greves, a não ser nas empresas estatais, porque o Jango pagava os dias parados.

Por que essa incapacidade de realizar o trabalho nas grandes empresas?

Atribuo isso a nossa orientação equivocada, do ponto de vista estratégico. Como é que iríamos construir o partido nas grandes empresas se estávamos lutando por um governo capitalista? O operário da grande empresa não tem mais nenhuma ilusão com o capitalismo.

Por que Jango conseguiu exercer influência forte no CGT?

O Jango tinha uma habilidade muito grande e a tendência oportunista do movimento sindical era bastante forte. Iam conversar com o Jango e voltavam janguistas. Dirigentes sindicais nossos, inclusive.

Por exemplo?

Diversos deles: Tenório [Luiz Tenório de Lima], Hércules [Corrêa], o próprio [Roberto] Morena. Todos eles voltavam janguistas. Era o caminho mais fácil: coroar o Jango. Eles viviam lá no Palácio Laranjeiras. O Jango atendia-os no fundamental e ia levando.

Que reivindicações?

Eram reivindicações imediatas, econômicas, para aumentar salários, diminuir horas de trabalho. Tanto que os ferroviários, os marítimos e os portuários tiveram vantagens que, depois, foram cortadas pelo Roberto Campos [ministro do Planejamento] no governo de Castello Branco.

Mas por que o senhor critica esse trabalho dos líderes sindicais?

Porque era um trabalho de capitulação à direita. Era capitulação ao governo do Jango. Dirigiam o movimento sindical, tinham contato com o Jango e tomavam posições direitistas. O partido descambava cada vez mais para a direita.

Acha que a política sindical adotada pelo partido contribuiu para desmobilizar a classe operária?

Havia ilusões muito grandes de que havia greves, de que éramos fortes. As greves, veja bem, eram nas empresas estatais. Aquele comício de 13 de março, por exemplo: o Jango botou caminhões, ônibus à disposição, veio gente da Petrobras, ferroviários, portuários. Tudo pessoal de empresas estatais, que obteve grandes vantagens.

Nós estávamos equivocados pelo seguinte: tínhamos uma frente única com a burguesia nacional. O representante dessa burguesia, para nós, era o Jango. Diante do movimento grevista, dos aumentos salariais e da inflação, a burguesia toda foi-se passando para o outro lado. E nós, dirigentes, não acompanhávamos essa mudança de posição de nosso aliado fundamental. Tínhamos na Frente Parlamentar Nacionalista mais de cem deputados. Pouco a pouco eles foram nos abandonando.

Por quê?

Naturalmente com medo do movimento operário. Os operários estavam tendo aumentos salariais consideráveis e os interesses deles eram feridos.

Muitos eram elementos ligados a grandes empresas nacionais. Só na noite de 31 de março eu verifiquei que a classe operária estava isolada do seu aliado fundamental, que era a burguesia.

Como avaliava a ação de Brizola?

Com o Brizola havia divergências, claro. O Brizola estava lutando pelo Ministério da Fazenda, contra o Jango. Tinha uma posição abertamente contra o Jango. E tinha mobilizado os grupos dos onze, para a luta armada. A posição de Brizola nesse sentido era radical. Considerava-o exagerado. A luta armada, não havia condições para isso. Ora, o governo de Jango assegurava a democracia, a liberdade.

E os grupos dos onze?

Subestimava esse movimento, pois achava que não tinha força, nem condições para fazer o que pretendia.

Mas Brizola chegou a liderar o movimento popular.

Ele exercia influência. Os sargentos do Exército, por exemplo. Nós tínhamos um bom trabalho entre os sargentos, até 1952, quando o trabalho caiu nas mãos da polícia. Foram punidos muitos sargentos, outros processados. Posteriormente, tivemos muitas dificuldades para reorganizar o movimento. Em 1963, começamos a fazer um esforço intenso nesse sentido.

Vocês queriam com ele formar um braço militar ou era apenas uma infiltração no movimento?

Um braço militar. Organizar os sargentos que estivessem conosco, que obedecessem à direção do partido. Muitos deles tinham sido membros do partido. Estávamos lutando para recuperar essa gente, mas a maioria ia para o Brizola, para os grupos dos onze.

Em que Brizola errou?

Foi na luta contra o Jango. Acho que o governo merecia o nosso apoio.

Mas não foi excessivo esse apoio?

É possível que tenha sido excessivo, porque tínhamos posições errôneas do ponto de vista estratégico. Só tomei consciência disso quando fiz autocrítica dos erros de concepção que voltamos a cometer no VI Congresso, em 1967. [...] Nós vínhamos deste 1945 cometendo erros, por ignorância, por não vermos o Brasil como país capitalista. Se nós tivéssemos levantado a bandeira da luta pelo socialismo, por um governo que combatesse os monopólios e o imperialismo, e que já fosse revolucionário, teríamos ganho muito mais influência na classe operária.

Nem em março temeu que fosse acontecer alguma coisa?

Nós tínhamos muita confiança nas forças armadas. Tínhamos uma fração forte no Exército, mas aqueles elementos não estavam preparados para se defender, para organizar a resistência.

Jango teria iludido a esquerda com a fé no seu esquema militar?

Até hoje evitei fazer críticas ao Jango. Mas acho que o Jango é o maior responsável pelo golpe de 1964. Era um homem muito inteligente, conhecia bem todas essas manobras políticas. Ele estava diante de um dilema. Submeter-se à vontade dos generais, que foi expressa de uma maneira muito clara pelo [general Amaury] Kruel, comandante do II Exército, que exigia dissolver o CGT e atacar o partido. Nesse caso, Jango ficaria quieto como um boneco na mão dos generais.

De outro lado, para poder resistir aos generais, tinha de se apoiar em nós, no partido. Ele tinha medo disso, porque sabia que iríamos crescer. Em janeiro de 1964, por exemplo, houve a eleição para a Confederação dos Trabalhadores Agrícolas (Contag). Havia três correntes disputando: nós, o PTB e a Igreja. Ganhamos por maioria absoluta. Eram companheiros comunistas, os dirigentes da Contag. O Jango percebia que estávamos ganhando influência. E isso não convinha a ele. Preferiu sair como vítima. Se ele fosse vivo agora, havia de ter mais influência do que o Brizola. Era um aliado muito melhor, porque mais inteligente do que o Brizola.

A disputa para a sucessão de 1963 entre Brizola e Arraes contribuiu para enfraquecer as forças populares?

Contribuiu, sim. Contribuiu mais o Jango, que começou a nomear – e disso reclamei pessoalmente com ele – generais reacionários para postos-chave. O Kruel para São Paulo, o Justino [Alves Bastos] para o IV Exército.

O que Jango disse quando o senhor reclamou?

Ah, ele disse que garantia que aquele pessoal ia defender o governo dele.

Como o senhor via o Arraes?

Arraes foi o nosso melhor aliado. Embora, lá em Pernambuco, os comunistas errassem porque tratavam o Arraes já como se fosse membro do partido, quando o Arraes mostrava que não era, nem jamais seria comunista. [...] O partido em Pernambuco tinha uma espécie de cabide de empregos no governo do Arraes. Era errado, porque desmoralizava a direção do partido estar pedindo emprego. O Arraes empregava quem ele podia, tanto no governo do estado como na prefeitura do Recife.

E a ação política dele?

Era de uma burguesia avançada, não tinha objeção à aliança conosco. Ele sabia que nós tínhamos força em Pernambuco.

O que distinguia Brizola do Arraes?

O Arraes tinha uma política mais sensata. E o Brizola, a política dos grupos dos onze e da luta armada contra o Jango. [...] O Brizola não tinha nada na cabeça, naquela época. Ele só pensava em chegar ao poder, através do Ministério da Fazenda. [...] Nós combatíamos aquela orientação falsa dele, mas reconhecíamos que ele tinha um papel importante. Pretendíamos um entendimento pessoal que o levasse a modificar alguma coisa, principalmente na posição contra o Jango.

Pouco antes do golpe, ele aceitou um encontro com a representação da Comissão Executiva, formada por Mário Alves, o [Giocondo] Dias e um terceiro, não sei se era o Gregório Bezerra. Combinaram, nessa reunião, um encontro dele comigo, mais tarde, o que acabou não acontecendo.

MARCELLO CERQUEIRA (1939–)
"O PARLAMENTARISMO TERIA EVITADO O GOLPE"*

Três fotos reconduzem ao vice-presidente da UNE em março de 1964. Das três, apenas uma tem a moldura fria e distante dos arquivos. Vejo-a num fascículo: Marcello Cerqueira, ao lado do presidente da UNE, José Serra, num despacho com João Goulart. As duas outras estão conservadas pelo próprio Marcello. Ele aponta para uma foto em que aparece ao lado de Anísio Teixeira, Paulo Alberto Monteiro de Barros (Artur da Távola) e o jornalista Rogério Monteiro de Souza. Quatro amigos no exílio, em Santiago do Chile, dezembro de 1964.

Descemos a escada em caracol que nos leva ao escritório de Marcello Cerqueira, na casa de Santa Teresa, Rio de Janeiro. Sobre a mesa, a terceira foto, a que mais o comove. Marcello, 24 anos, estudante de Direito, ativista do PCB e vice-presidente da UNE, discursando. "Até hoje, discurso da mesma forma. A mão esquerda gesticulando, a direita presa ao corpo", comenta.

Desse reencontro, ficam as marcas de um tempo em que os estudantes elegiam o "gorila do ano". O último foi o general Amaury Kruel. Provocações que ele hoje acha desnecessárias. Mas que fazer quando se tem pouco mais de vinte anos?

— O Ferreira Gullar tem um poema notável ["*Traduzir-se*"], que devia ser os versos de cabeceira dos políticos. É assim: "Uma parte de mim pesa, pondera; outra parte delira."

---

* Entrevista concedida ao autor em 13 de setembro de 1988.

A ESQUERDA E O GOLPE DE 1964

Quando você começou a perceber que a esquerda seria derrotada?

Não tive a intuição de que as coisas não iam dar certo. Eu tive, durante muito tempo, muitas dúvidas. Santo Agostinho dizia que a dúvida é a pior das angústias. E por que a dúvida? Porque na militância na UNE – que era uma entidade poderosíssima na época – você estava em contato com todo mundo: com o presidente, com os sindicatos, com a rua. E você via que era uma sociedade extremamente conservadora. Era tudo conservador. Às vezes, o presidente dava uma ordem para ser atendida, uma coisa qualquer da UNE. Quando aquilo baixava para o segundo escalão, morria. Porque havia uma enorme resistência à UNE.

Então, eu percebia que tudo aquilo era um vernizinho. O dr. Anísio Teixeira dizia: "A democracia é um vernizinho. Se você passar o dedo, ele sai." Realmente eu não intuí. Estávamos embalados, éramos muito jovens e queríamos, enfim, resolver os problemas do país na época da nossa juventude. Não intuímos o que iria acontecer. No movimento dos sargentos, conversando com pessoas mais velhas às quais tínhamos acesso, como o general Nelson Werneck Sodré e os coronéis Kardec Lemme e Donato Ferreira Machado, eu vi que a coisa não estava boa para o presidente. Eles me alertavam na conversa para uma coisa gravíssima, que era a quebra da hierarquia.

O movimento popular se encontrava dividido. Por que tentou forjar uma unidade que mudasse o rumo dos acontecimentos?

Eu tenho uma frase que explica isso. Depois me disseram – acho que foi o Leandro Konder – que ela era de Clausewitz. Eu juro que nunca li os livros de Clausewitz. É a seguinte: as forças populares só se unem no descenso do movimento de massas. Quando é para avançar, prevalecem as contradições entre nós. A questão da unidade é episódica. Essa ideia de que você pode conseguir, num país com essa dimensão, com forças diferentes, com personalidades diferentes, uma unidade a longo prazo é ilusão. O que é democrático é a diferença.

Agora, o atraso cultural da esquerda e da classe operária leva a que se dividam em coisas que não são essenciais. E, nessa ruptura, entra a direita. A minha avaliação é que o golpe de 1964 não se deu exclusivamente por nossos erros. É que, no Brasil, desde a República, se alternam governos democráticos e governos autoritários. O que acontece? O Brasil é reconstitucionalizado, essas liberdades são usadas, bem ou mal, pelas forças populares, a classe dominante se vê ameaçada e cede o poder político, por meio de um golpe militar, a um líder carismático.

Havia divergências na UNE quanto a radicalizar a luta contra a conciliação de Jango?

Havia. Na medida em que você tivesse como inimigo principal a conciliação, seu inimigo principal era o presidente. Eu não ia até aí. Tinha clareza de que o inimigo principal não era a conciliação. O Partido Comunista alertava para isto: a conciliação não podia ser o centro da luta. A posição da AP era que o inimigo principal era a conciliação, embora não formulasse assim.

Ora, na questão estudantil não havia governo mais democrático do que o de Jango. O ministro [da Educação] Paulo de Tarso foi escolhido com consulta a nós. Quando o Jango nomeou o Darcy Ribeiro para o MEC, perguntou a nós. Às próprias listas tríplices para as universidades nós tínhamos acesso. Do presidente, a UNE não tinha queixas.

A UNE tinha um exercício absolutamente livre e criativo. Foi na nossa geração que o movimento estudantil criou a nova imprensa universitária, o CPC, o Teatro Popular, teve enorme influência na música jovem e no Cinema Novo. Era uma fase de intensa criatividade. E era muito difícil você querer transformar tudo. Quando isso tudo saía às ruas, havia políticas muito atrasadas. Quando você lê as peças do Vianinha, vê que o burguês era sempre mau; o operário sempre bom; o latifundiário sempre mau.

O Jango foi incompreendido pela esquerda, incluindo aí a UNE?

[Longa pausa] Eu acho até que o Jango tinha mais compreensão conosco do que a gente com ele.

Por quê?

Pelo espírito dele. O Jango era uma pessoa muito liberal. Era afável, tinha coragem pessoal, mas era um homem da conciliação. Ele quis ser o que Tancredo também quis e de alguma forma conseguiu na transição. Você vê, ele aceitou o parlamentarismo. Hoje, passados tantos anos, professor de Direito Constitucional, eu identifico que o grande erro nosso foi a aliança com a direita para terminar com o parlamentarismo. Ali é que nós falhamos, na campanha do não.

Quem agora, na Constituinte, ficou com o presidencialismo? O presidente Sarney, os generais, as multinacionais, as grandes redes de televisão. Ora, em 1963, foram essas forças que, aliadas a nós e a Jango, derrubaram o parlamentarismo. É claro que o parlamentarismo entrou na nossa história como um golpe – mas a República também. O Eça de Queiroz dizia que o Brasil dormiu Império, acordou República e ninguém soube.

MARCELLO CERQUEIRA (1939-)

As forças de esquerda, especialmente a partir de 1963, alertavam para o risco do golpe. A UNE, em dezembro daquele ano, emitiu uma nota advertindo para a ação golpista. Por que se fazia o diagnóstico e não se passava o remédio?

Achávamos que, com a denúncia perante a opinião pública, a coisa se resolveria. Faltavam uma maturidade, uma organização, um partido político consistente. A democracia, no Brasil, sempre se ressentiu de partidos com nitidez. O próprio PTB, que era progressista, tinha um pouco de tudo da direita à esquerda. Não havia, enfim, uma condução do movimento.

O Jango tinha todas as qualidades, menos aquela firmeza para, inclusive, peitar seus aliados, peitar Brizola. Por que combatíamos a política de conciliação? Porque achávamos que Jango era um rei, que dependia da vontade dele fazer as reformas – quando não dependia. Ele era apenas o presidente e havia uma correlação de forças. A imagem do presidente anima essa visão, inclusive anima o golpe. Porque se você tira o Jango e põe o Castello Branco, está o golpe feito.

Essa é a razão por que, depois de tantos anos, lutamos pelo parlamentarismo. Na época, não tivemos clareza para não embarcar no negócio do plebiscito e viver um pouco a experiência parlamentarista. É claro que me repugnava a forma como surgiu o parlamentarismo, mas foi uma experiência boa. O Jango era uma vocação de presidente parlamentar. E deveria sê-lo até a sua sucessão. O erro foi devolver os poderes a ele.

A unidade das forças progressistas não teria dado a sustentação de que Jango necessitava para realizar as reformas?

Teria. Acho que foi muita incompreensão nossa. Aquela proposta de frente do San Tiago... O San Tiago Dantas, meu professor, o homem mais inteligente que conheci, era a pessoa menos habilitada a fazê-la, porque era um aristocrata. Na boca do San Tiago, a questão da esquerda positiva e da esquerda negativa era para nos dividir. Isso produziu um efeito contrário, de rejeição à proposta. Você tem que ter uma tática e uma linguagem para essa tática. A linguagem dele era errada e não devia ter sido ele a apresentar a proposta. Tinha que ser o presidente a propor.

Mas a proposta era oportuna?

Oportuníssima. Apoiar o presidente e isolar os setores sectários num momento de crise. O que atrapalhou foi ser o San Tiago o formulador. E quem diz isso é um seu admirador, um discípulo dele. Mas a verdade é que naquele momento faltou o presidente. Se o presidente fosse um líder, ele é que deveria ter inalado a proposta de uma grande aliança. Agora, tinha que ser uma aliança dos liberais à esquerda.

Incluindo frações do PSD?

Incluindo frações significativas do PSD. Não podíamos perder a maioria de modo algum.

Isso se chocava com o entendimento do brizolismo.

Ah, sim. Depois do golpe, eu estive em Montevidéu com meu compadre Thiago de Mello e meu amigo Rogério Monteiro de Souza. Fomos visitar o Jango, que estava no apartamento de Darcy Ribeiro na Rambla Wilson. Estávamos nos despedindo do Jango, dizendo que íamos visitar o Brizola. O Darcy, naquele jeito dele, disse [imita a fala apressada de Darcy]: "Vocês vão visitar aquele filho da puta? Estamos aqui por causa daquele filho da puta!" O Jango, com aquela perna dura em cima da mesa, disse [imita a fala mansa do Jango]: "Deixa, Darcy." O Darcy Ribeiro, naquela época, atribuía a Brizola um dos fatores da derrota. [Repete, rindo:] "Não vão ver aquele filho da puta, não." O Darcy era Jango, tinha bronca do Brizola. Depois se recompuseram.

Que papel Brizola teve no desfecho de 1964?

O Brizola tinha uma dificuldade intransponível: ele era constitucionalmente inelegível. Ele tinha o que tem hoje, essa obsessão de chegar à presidência. [...] Ele se acha predestinado. Forçoso é admitir que desde aquela época ele tinha essa obstinação. Nos marcos do regime constitucional brasileiro, o fato é que não podia ser candidato à sucessão. Uma situação de exceção para ele servia.

Não sou inimigo dele, embora estejamos em lados opostos. Digo isso porque acho mesmo. A ele não convinha uma solução constitucional. A ele interessava a ruptura do quadro constitucional. Ele, aliado aos setores militares que o apoiavam, especialmente os sargentos, empolgaria o poder através de um golpe de Estado, que é muito a ideia que esses populistas têm.

O que Brizola fazia? Grupos dos onze. O que são grupos dos onze? Grupos dos onze é uma ação pré-foquista. A missão de um líder da qualidade dele é ajudar a consolidar os movimentos da sociedade: os estudantes nos diretórios acadêmicos; os trabalhadores nas suas fábricas e nos sindicatos; o povo nos partidos políticos. E não querer fazer grupos dos onze. Nas universidades nós não deixávamos. Lá não havia grupos dos onze.

[Neiva Moreira o contradiz: "Uma vez o Marcello Cerqueira me encontrou e disse: 'Olha, na universidade, vocês não farão isso.' Quando viu, fizemos 3 mil 'grupos dos onze' na universidade."]

Nem no Caco [Centro Acadêmico Cândido de Oliveira, da Faculdade Nacional de Direito, tido como reduto brizolista, em 1964]?

Os grupos dos onze nunca tiveram expressão no movimento estudantil. Agora, não posso garantir a você que não houvesse um grupo de onze malucos no Caco. Era um negócio maluco: um time de futebol se organizando em torno dele, Brizola!

Veja o que o populismo faz: confunde a opinião pública, desorganiza o povo e abastarda as relações pessoais. O populismo precisa, para crescer, que as forças da sociedade não se organizem. Por que o populismo nunca foi tão forte em São Paulo? Porque a classe operária lá é mais organizada, há uma burguesia mais organizada.

Nunca me esqueci de uma frase do Brizola, numa reunião da Frente de Mobilização Popular, relatando uma conversa com o Jango: "Ô Jango, ou tu troteias, ou sais da estrada" [balança a cabeça, desaprovando]. Era para mostrar como estava contra a política de conciliação.

Claro, atribuir o golpe a uma pessoa é uma tolice. Atribuo o golpe à falta de condições políticas para Jango operar as reformas a que se propôs. Agora, os atores, quem contribuiu, todo mundo: os estudantes, Brizola, o CGT, a própria política do presidente, que não enfrentava a questão. Marco, como o momento em que nós perdemos o controle, o equívoco da aliança com a direita para derrubar o parlamentarismo. Ali nos aliamos aos nossos inimigos políticos e de classe para restabelecer um regime que não devia ter o nosso concurso.

MARLY VIANNA (1937–)
"FALTOU COMPREENSÃO DA REALIDADE"*

Nos idos de 1964, a historiadora Marly Vianna era aluna de História na Faculdade Nacional de Filosofia, secretária de organização do Comitê Universitário do Partido Comunista Brasileiro (PCB) e uma das principais lideranças junto aos diretórios acadêmicos das universidades do Rio de Janeiro. Três dias depois da entrevista que me concedeu, recebi um e-mail dela, no qual dizia ter se lembrado de um poema "que resume bem a nossa luta dos anos 1960 e tudo que sentimos hoje". Trata-se de "Idílica estudantil", de Alex Polari de Alverga: "Nossa geração teve pouco tempo/ Começou pelo fim/ Mas foi bela a procura/ Ah, moços, como foi bela a procura!/ Mesmo com tanta ilusão perdida,/ Quebrada/ Mesmo com tanto caco de sonho/ Onde, até hoje,/ A gente se corta".**

O clima de mobilização e participação nos anos JK e Jango a motivou a ingressar no PCB e a militar no movimento estudantil?

Com certeza. Eu entrei no curso de História da Faculdade Nacional de Filosofia no começo de 1961, e naquela época vivíamos uma efervescência muito grande. Havia um grupo de alunos muito preparados na Filosofia, entre eles Wilson Barbosa, Antônio Carlos Peixoto e Pedro Celso

---

* Entrevista concedida ao autor em 22 de setembro de 2023.
** Alex Polari de Alverga. *Inventários de cicatrizes*. São Paulo: Teatro Ruth Escobar/Comitê Brasileiro de Anistia, 1978. p. 18.

Uchoa Cavalcanti, e eu fiquei encantada com eles. Ao iniciar o curso, me convidaram para ir a algumas reuniões do partido, fui e entrei. O clima de mobilização era contagiante; lembro que andava com um broche com a efígie de Lênin na gola da blusa e o do PCB na outra. O que me motivava de verdade era a questão da justiça social. Eu era professora numa escola, nunca tinha ouvido falar em Marx e Engels.

Como atuava politicamente o movimento estudantil universitário?

Nós achávamos que o país estava indo de vento em popa, a caminho do socialismo, rapidamente. Na época, eu aceitava cegamente o que o partido dizia, até porque sabia de minha ignorância em matéria de política. O PCB tinha acabado de sair do V Congresso, em junho de 1960, com aquela linha de abertura total. Mas, para nós, jovens militantes, o que pegava bem era falar mal da direção, embora aceitássemos as posições do partido.

Por que falavam mal da direção do Partido?

Por certa iconoclastia de jovens: é direção, é poder, vamos embora lascar. E era o tempo de iconoclastia do Kruschev na União Soviética. Havia um grupo da direção do partido que tinha contato conosco, entre eles Armênio Guedes e Salomão Malina. Esse grupo criticava muito o Prestes, achava-o esquerdista, um seguidor de Moscou sem pensar. E que o Giocondo Dias era o homem da abertura, que ia fazer um grande partido de massas, aquela palavra de ordem que o Armênio levantava. Hoje vejo o absurdo que era ver o Giocondo como grande estrategista, e considero que o Armênio tinha posições de direita no partido. Lembro de uma reunião de um ativo qualquer, estávamos eu e Pedro Celso, em que o Prestes nos chamou de esquerdistas e deu o exemplo de uma planta que você tem que regar, mas não pode puxá-la para ela crescer. Aquilo foi motivo de ironia durante muito tempo. Salomão Malina, nosso assistente, nos dizia: "Camaradas, fundamental é o que é base." Isso era um deboche nosso o tempo todo. Malina um dia perguntou se podia almoçar no restaurante da faculdade. Pedro Celso respondeu: "Só se entrar para a faculdade..." E Malina entrou para a faculdade e fez Ciências Sociais. Enfim, pegava bem entre nós criticar a direção.

O movimento estudantil ligado ao PCB tinha clareza quanto à estratégia de luta ou se movia mais pelas circunstâncias da hora?

Nós não tínhamos dúvida de que estávamos lutando para transformar a sociedade, no melhor sentido. Reagíamos conforme as coisas iam acontecendo. Na verdade, não tínhamos conhecimento do marxismo, talvez com a exceção do Pedro Celso; não havia uma reflexão teórica. Fui, inicialmente, secretária de finanças do Comitê Universitário do PCB, depois passei a secretária de organização. Quais eram as nossas perspectivas? No início, como o diretório acadêmico era chamado de direita, Pedro Celso teve a ideia de criar centros de estudos na faculdade (História, Ciências Sociais etc.), com a ideia de se voltar para os interesses dos estudantes da universidade. Inclusive havia uma discussão, até bizantina, se nós éramos estudantes comunistas ou comunistas estudantes. O fato é que a nossa base na Filosofia cresceu muito, dentro da concepção de trabalhar com nossas ideias, e tivemos que dividi-la por cursos. Mas nós nos ligávamos também, e fomos bem nisso, a outros movimentos e grupos fora da universidade, como o CPC da UNE, que foi espetacular; apoiávamos as atividades do CGT, estávamos sempre juntos.

E a articulação com a UNE?

Não tínhamos maior vinculação porque o Comitê Universitário, que reunia representantes da maioria das faculdades do Rio, era vinculado ao Comitê Estadual do partido, e este ao Comitê Central. A UNE era ligada ao Comitê Juvenil, subordinado ao Comitê Central e dirigido por Zuleika Alambert, do qual fazia parte Marcos Jaimovich. Mas nós é que organizávamos os congressos da UNE, porque estávamos presentes em todas as universidades. O Comitê Juvenil cuidava do Festival da Juventude e das articulações com as organizações juvenis internacionais. Nós íamos bem, ganhamos o diretório acadêmico da Filosofia em 1962, crescemos muito, a tal ponto que já não conseguíamos reunir a base da Filosofia e tivemos que dividi-la por cursos. E tínhamos muita influência não apenas na Filosofia, como também nas três faculdades de Medicina do Rio – Ciências Médicas, Medicina e Cirurgia e Nacional –, na EBAP [Escola Brasileira de Administração Pública], único local onde a Polop era mais influente, e no Caco [Centro Acadêmico Cândido de Oliveira, da Faculdade Nacional de Direito]. Na direção da UNE, nós do PCB tínhamos aliança com a AP [Ação Popular] e apoiamos as eleições de Aldo Arantes, Vinícius Caldeira Brant e José Serra. No Congresso do Quitandinha, em 1962, em que Vinícius Caldeira Brant foi eleito presidente da UNE, a hegemonia da AP era acachapante. Dois terços do pessoal que estava lá pertencia à AP. E isso porque a AP juntou o pessoal de esquerda com o movimento católico progressista, que predominava à época.

Quando se começou a notar a ofensiva da direita e o processo de desestabilização do governo?

Do ponto de vista nacional, a situação começou a mudar no início de 1963, com a mobilização da direita. Em 1962 eles já tinham se mobilizado bastante com o IPES e o IBAD, mas não percebemos isso, porque, para nós, era ir em frente. Nelson Werneck Sodré dava aulas no ISEB e, quando bolou a [coleção] História Nova, com o professor [Francisco] Falcon, ele me chamou para participar e escrever um dos volumes da coleção. Estávamos numa sala, com as cadeiras ainda por arrumar, ele me convidando e eu pensando assim: "O general está maluco. Nós estamos às vésperas da revolução e ele quer que eu pare de fazer a revolução para escrever alguma coisa!" Era uma visão, vamos dizer, sectária. Outra coisa. Em 1963, houve duas greves gerais, uma em julho, outra em outubro. Lembro que fomos para a Leopoldina [estação ferroviária] e o transporte não parou. Começavam a aparecer sinais de que as coisas estavam mudando.

Qual a percepção que vocês tinham do governo João Goulart?

Que o Jango era um conciliador. Ele era uma pessoa decente, progressista, mas vacilava muito. Queria agradar todo mundo. Se acompanhar o ano de 1963 pelos jornais, você tem, de um lado, o crescimento da direita – no Rio, o Lacerda crescia, cada vez mais colocando as manguinhas de fora – e, de outro lado, os editoriais de *Novos Rumos* contra a conciliação do Jango, que ele precisava avançar com as reformas de base e deixar de ser conciliador. Era a percepção de que nós estávamos tão fortes que podíamos pressionar o presidente, como se o governo dele pudesse ser um trampolim rumo ao socialismo.

Pressionavam por uma guinada mais à esquerda do Jango.

Isso. E ao mesmo tempo a crença no esquema militar do Jango. Talvez por isso não atinássemos com os sinais. Na Filosofia, em 1963, quase perdemos a eleição do diretório acadêmico para uma chapa de direita.

A ESQUERDA E O GOLPE DE 1964

Depois viemos a saber que atuavam infiltrados no Caco dois agentes do DOPS, Paulo César Milani e outro cujo nome não me recordo agora. A gente fala muito em autocrítica, mas quando faz autocrítica de verdade é muito doloroso. Entrei no congresso da UNE em outubro de 1963 com a seguinte posição: quem não estiver conosco, a gente não conversa. E aí, durante a reunião, a gente foi vendo a estupidez que era essa posição. Uma radicalização burra, sem base. Não nos demos conta da crise porque confiávamos no esquema militar. No congresso dos 25 anos da UNE em Quitandinha, a direita e o MAC [Movimento Anticomunista] passaram um dia por lá atirando. Em 1963, o congresso foi em Santo André [SP]. Quando nós chegamos, a cidade estava toda pichada com desenhos pornográficos e dizeres como: "A UNE vem aí." Havia ameaças de bombas durante o congresso. Pedimos proteção ao governador Ademar de Barros. E ele deu uma proteção provocativa: cercou o congresso de policiais, com duas entradas, uma para as mulheres e outra para os homens. Todos éramos revistados para entrar. As delegações cubana e chinesa se recusaram a ser revistadas e ficaram nos ônibus durante 24 horas. Afinal, concordaram em ser revistadas e entraram no congresso.

Em dezembro de 1963, pela primeira vez na história da [Faculdade de] Filosofia, onde os formandos de todos os cursos colavam grau juntos, houve um racha. Nosso candidato à personalidade homenageada era Anísio Teixeira, mas os formandos de Jornalismo escolheram Carlos Lacerda. Achávamos que era o grupo reacionário que estava por trás. No dia 30 dezembro de 1963, estávamos decididos a não deixar o Lacerda entrar na faculdade. Eu cheguei mais tarde porque estava trabalhando e vi na avenida Antônio Carlos, onde ficava o prédio da Filosofia, ao lado da Maison de France, que havia grupos diferentes andando por ali, o pessoal do partido e do CPC e agentes do DOPS. Teve uma hora em que o pessoal do DOPS foi tomar um suco de laranja no Bob's que fica ali perto. Nós aproveitamos, entramos na faculdade e trancamos o portão.

MARLY VIANNA (1937-)

Começaram a chegar as convidadas pelo curso de Jornalismo, todas elas bem-vestidas, e o portão trancado. Havia no prédio da faculdade uma varanda grande e ali o nosso pessoal ligado ao CPC começou a cantar uma música de provocação às convidadas do Jornalismo. Olha, eu nunca ouvi tanto palavrão na minha vida por parte daquelas senhoras, que nós chamávamos de "as mal-amadas do Lacerda". O Lacerda chegou, cercado pelo DOPS, e não conseguiu entrar, depois de uma espera de quase duas horas. Alguém gritou lá de cima: "A Lacerda, tudo ou nada?" E foi aquela vaia fenomenal, porque a maioria ali estava contra o Lacerda. O nosso pessoal começou a cantar: "Só com vestibular, só com vestibular, só com vestibular que o Lacerda pode entrar!" E tinha o breque: "Se passar..." Depois veio a cantiga genial: "Lacerda trouxe o Clube da Lanterna, trouxe todas as mal-amadas, trouxe toda a reação./ Comeu trinta cachos de banana, queixou-se à Embaixada americana:/ Isso é coisa de Havana, de Pequim ou de Moscou./ E o povo apoiava os estudantes,/ que gritavam a todo instante: não entrava, e não entrou." E alguém berrava: "Só com vestibular, só com vestibular!" Foi magnífico.

O que aconteceu depois? Uma tropa do Exército cercou a faculdade, pediu que fosse desocupada, retirou a turma do Lacerda das proximidades, afastou o pessoal do DOPS e fechou a faculdade, que foi reaberta no início do ano.

Indícios claros de que a radicalização se acentuava.

Sim. E de que a direita estava se fortalecendo. Eram exemplos do que se passava no país. Ao mesmo tempo havia esse radicalismo e a falta de perspectivas sobre o que estava acontecendo. De nossa parte, o movimento estudantil fez duas greves, uma pela reforma universitária e outra pelos 2/3 de participação nos conselhos das universidades. Ficamos dois meses parados. Não resolveu.

A ESQUERDA E O GOLPE DE 1964

É preciso ver que ainda havia uma sensação de euforia, de que estávamos caminhando para o socialismo. E o meu palpite, a ser comprovado, é que a direção do partido era muito seguidora da União Soviética. E o Kruschev, nessa época, dizia que estávamos a caminho do comunismo, não era mais nem do socialismo. Nem Lênin falou em construção do socialismo em 1917. E o Kruschev falava em rumo ao comunismo. Penso que Prestes acreditava piamente nisso. Muita gente contou – e até que ponto é verdade total ou não, eu não sei – que, em Moscou, Prestes teria dito: "Não estamos no governo, mas estamos no poder."

Houve algum momento, já em 1964, quando você e os companheiros do movimento estudantil temeram o golpe?

Não. Quando veio o golpe, o pessoal e a direção do partido diziam que não durava seis meses. Quem chegou a dizer que duraria dois anos foi o Givaldo Pereira de Siqueira. As pessoas não acreditavam que o golpe fosse se manter, porque achavam que a nossa força era muito grande. Antes, o que mais se ouvia nos comícios que fazíamos, a toda hora e por tudo, era reforma agrária na lei ou na marra, que rumávamos para o socialismo, talvez para o comunismo…

Onde você estava e como transcorreram as coisas no dia 1º de abril de 1964?

Na noite do dia 31 de março, o CCC [Comando de Caça aos Comunistas] e o MAC passaram pela sede da UNE atirando e feriram no pé o presidente de um diretório acadêmico. Nós resolvemos fazer uma vigília na faculdade. Fui pedir ajuda ao brigadeiro [Francisco] Teixeira, e consegui graças ao contato com seu filho e muito amigo nosso Aloísio Teixeira, que não era da faculdade mas era do partido. O brigadeiro mandou dez

MARLY VIANNA (1937-)

sargentos para ensinar o pessoal da faculdade a atirar e resistir. Continuava-se achando que o Exército enfrentaria o golpe. No dia 1º de abril, de manhã, nós saímos bem cedo numa caminhonete do Incra [Instituto Nacional de Colonização e Reforma Agrária] que estava à nossa disposição. Eu me lembro de só ter visto um carro com o adesivo "Lacerda 65". O pessoal da direita estava preparando o golpe, mas não esperava que acontecesse naquele momento. Quando chegamos na faculdade, alguém veio dizer o seguinte: o Lacerda está preparando no Palácio Guanabara um grupo grande de milicianos para atacar a faculdade, todos eles com lenço azul e branco no pescoço. Eu fui à UNE, mas o Marcos Jaimovich me mandou sair de lá porque eu não tinha nada a ver com a UNE. Depois, ele saiu de lá correndo pelos fundos quando a UNE foi incendiada.

Qual foi a diretiva que eu dei às faculdades: vamos juntar todo mundo no Caco, que fica na rua Moncorvo Filho. Se houver confronto, estaremos perto do Ministério da Guerra e protegidos. Fomos de carro, no DKV do Sérgio Ribeiro, eu, João Guilherme Vargas Neto e mais duas pessoas. Perdemos tempo na fila de um posto para encher o tanque, porque havia racionamento de gasolina. Quando estávamos nos dirigindo para o Caco, entra no rádio do carro o manifesto do Mourão Filho. Eu comentei: "A situação mudou." João Guilherme, sentado atrás de mim, me pegou pelo ombro e disse: "Não seja terrorista, não seja terrorista!"

Quando chegamos no Campo de Santana, chuviscava, fomos para o Caco e vejo que a polícia do Lacerda estava postada para invadir o Caco. Foi um dos piores momentos de minha vida. Tive a sensação de que mandei todo mundo para a boca do lobo, e eu teria que ir também. Eu fui caminhando na direção do Caco com o estudante de Medicina e musicista Ricardo Tacuchian, hoje um grande maestro, quando vimos três trogloditas da polícia do Lacerda em nossa direção mandando dispersar. Vinha muita gente atrás de nós e o pessoal começou a fugir. Mas nós éramos os primeiros a ir e os últimos a voltar. Eu estava com uma sapatilha que escorregava, e o Tacuchian segurava o meu braço com a mão esquerda e com a direita aparava os cassetetes da polícia. Voltamos para o Campo de Santana, eu em pânico, quando os tanques começaram a sair do Ministério da Guerra em direção ao Caco. Aí tive a certeza absoluta de que o esquema militar do Jango estava funcionando. O capitão Ivan Cavalcanti Proença, que era o oficial de dia, veio à frente num jipe do Exército e os tanques atrás. Eles colocaram a polícia do Lacerda para correr. Por causa do gás lacrimogêneo atirado pela polícia do Lacerda, as pessoas dentro do Caco correram para o último andar. O capitão Cavalcanti Proença garantiu a saída dos estudantes. Rachel Teixeira, sobrinha do brigadeiro Teixeira, que falava muito bem em comícios-relâmpagos, subiu num banquinho e começou a fazer um discurso, mas os soldados pediram, com educação, que ela descesse e a impediram de falar. Nós ainda dissemos para os soldados: "Estamos com vocês, estamos com vocês!" Mas eles não nos deixaram falar.

Nós pegamos o carro para ir à UNE. Quando chegamos no Aterro do Flamengo, vimos a distância jovens lacerdistas nas capotas dos carros ateando fogo ao prédio da UNE. Uma coisa terrível. E aí pronto; acabou-se o nosso carnaval.

Por que não houve resistência ao golpe?

Não houve porque ninguém estava preparado para reagir. Não passava pela cabeça de ninguém no Rio que houvesse um golpe, mesmo entre os grupos mais esquerdistas. Gregório Bezerra garantia que havia possibilidade de resistência, que no Nordeste o pessoal ligado às Ligas Camponesas estava armado e podia resistir perfeitamente. No Comitê Militar, do qual o brigadeiro Francisco Teixeira fazia parte secretamente, se soube que no dia 1º de abril ele queria dar voos rasantes em cima das tropas do general Mourão, e o Jango proibiu.

MARLY VIANNA (1937-)

Para você ter uma ideia da falta de preparo, não havia ninguém com uma casa ou um esquema de segurança. Se eu tiver que cair na clandestinidade, para onde que eu vou? Com o golpe, foi um Deus nos acuda para arranjar lugar onde colocar as pessoas, ninguém tinha para onde ir. Foi realmente um despreparo absoluto, fruto de uma crença absoluta de que o esquema militar do Jango era indestrutível, o que revelava uma falta absoluta de compreensão da realidade.

Em 1964, fui detida duas vezes, mas não cheguei a ficar presa; me soltaram no mesmo dia. A primeira, em 11 de outubro, na véspera da chegada do [Charles] De Gaulle. A segunda, em 27 de novembro, aí o major Kleber Bonecker mandou me recolher. Mas o genial delegado Jorge Marques, que nos ajudava, disse que iria me mandar para a PE [Polícia do Exército], porque naquela época o terror era o DOPS. Depois fui liberada.

Consegui manter a legalidade até março de 1965 – não no movimento estudantil, pois não pude voltar à faculdade. Eremildo Vianna [diretor da Faculdade de Filosofia] não me permitiu fazer transferência nem trancar matrícula, nada. Continuei trabalhando como professora na escola. Até que, no dia 15 de março de 1965, organizamos a primeira grande manifestação contra a ditadura, quando Castello Branco foi inaugurar o campus do Fundão. Aí eles vieram atrás de mim e caí na clandestinidade.

MILTON TEMER (1938–)
"HAVIA CONDIÇÕES MATERIAIS DE RESISTIR"*

O primeiro-tenente Milton Temer foi durante dois dias ajudante de ordens do ministro da Marinha, Paulo Mário da Cunha Rodrigues, que caiu assim que a junta militar tomou o poder em 1964. Temer fora indicado para a função por ser um oficial legalista, com posição progressista (visto como simpatizante de Leonel Brizola, eleito dois anos antes deputado federal pelo PTB da Guanabara, com quase 25% dos votos). Na verdade, era mais do que progressista. Em dezembro de 1963, seu nome havia sido encaminhado ao Partido Comunista Brasileiro (PCB) e só faltava a resposta para ingressar.

A influência veio do grupo de amigos comunistas da praça Saens Peña, na Tijuca, zona norte do Rio de Janeiro, entre eles o vice-presidente da União Nacional dos Estudantes, Marcello Cerqueira, o médico Jacob Kligerman e o cientista político Antônio Carlos Peixoto. Pouco antes do golpe, Kligerman o levou a um ato de solidariedade a Cuba nas escadarias do Palácio Tiradentes, atualmente sede da Assembleia Legislativa (à época pertencente à Câmara dos Deputados). O ato foi organizado pelos dirigentes do PCB Roberto Morena e Hércules Corrêa. "Fui clandestino, pois era oficial da ativa da Marinha. Me vi numa manifestação do Partido Comunista! Eu já estava totalmente no campo da esquerda, mas só entrei no PCB depois do golpe", relembra.

---

* Entrevista concedida ao autor em 28 de setembro de 2023.

A ESQUERDA E O GOLPE DE 1964

Preso em 2 de abril de 1964, Milton Temer foi mantido em cárcere privilegiado até 6 de maio. "'Privilegiado' porque não submetido a nenhum tipo de tortura, e em camarote de um dos dois transatlânticos do Lloyd Brasileiro, que ainda pertencia ao patrimônio público", esclarece. A ditadura o demitiu da Marinha em 25 de setembro de 1964. Mais de uma década depois, com expressiva carreira no jornalismo, tornou-se o primeiro editor-chefe da *Voz Operária*, jornal do PCB editado no exílio em Paris. Após a anistia, foi reintegrado à Marinha como capitão de mar e guerra da reserva e elegeu-se deputado estadual no Rio de Janeiro pelo PSB (1987–1991), duas vezes deputado federal e constituinte pelo PT (1995–2002). É fundador do Partido Socialismo e Liberdade (PSOL).

Como você se tornou um homem de esquerda na Marinha?

É uma história interessante. Eu era de direita no Colégio Militar e no Colégio Naval. Mas tinha uma contradição: meu pai, Gabriel Temer, era comuna, autodidata, uma figura maravilhosa. Ele era comerciante em Vila Isabel, lia todos os jornais e dedicou os últimos anos da vida a estudar mitologia grega. Quem conviveu mais com ele sempre foi minha irmã, Maria Júlia. Quando entrei na Escola Naval, ela ingressou na FnFi [Faculdade Nacional de Filosofia]. Desde menina, ela teve o caminho todo aberto no campo da esquerda. Eu não; fui para o Colégio Militar com 11 anos. Na Escola Naval, só em 1956, com a crise do canal de Suez, é que tomei conhecimento, aí bem mais maduro, do que era o conceito de imperialismo, o subdesenvolvimento, o Terceiro Mundo, o enfrentamento de classes. Comecei a virar a cabeça. Meu pai era tão inteligente que nunca me impôs nada. Numa época, eu quis pedir baixa na Marinha, e ele disse: "Não pede. Você vai me agradecer ainda." Tinha razão. Sobrevivo hoje, embora não tenha recebido nenhum atrasado, porque fui reintegrado à minha turma.

MILTON TEMER (1938-)

Em 1960, tem o episódio marcante da minha vida: a viagem de guarda-marinha. Estou no convés do navio lendo *Obras escolhidas de Marx e Engels*, da editora Vitória. Não havia o menor problema. Estávamos no fim do governo Juscelino e na passagem para o Jânio, com a sua política externa independente, Che Guevara estava vindo ao Brasil. Mas, um ano depois, a Marinha comprou e distribuiu para todos os oficiais aquele livro do [Osvaldo] Peralva, *O retrato*, que denunciava o comunismo. Bom, estou no convés do navio lendo *Obras escolhidas de Marx e Engels*, no intervalo das instruções, e passa o capelão do navio, o frei Hugo, uma figura incrível. Sabe aquele capelão que você pensa que tem família? Um cara engraçado, forte, catarinense, um alemão, que jogava futebol com a gente. Ficava muito mais com a rapaziada do que com os oficiais. Acho que era capitão de corveta. Ele passa por mim, não me contesta por estar lendo Marx e Engels: "Temer, fecha a merda desse livro e vai ler isso lá embaixo!" Ali eu já estava começando a minha formação.

Qual o papel da Revolução Cubana nessa época?

Influência total. Foi em 1959 e, desde 1956, eu já era visto como esquerda. Mas é em 1960 que começa a haver a imagem da Revolução Cubana como comunista. Inclusive, no início, o Partido Comunista fazia oposição à revolução, que chegou a ter apoio dos americanos, interessados em se desfazer do [Fulgencio] Batista. Fidel Castro era um aristocrata. Eles imaginavam: Fidel fez a rebelião contra o Batista e escreveu *A história me absolverá*, mas era filho de latifundiário, da alta fortuna de Cuba. E tinha derrubado uma ditadura. Vai dar confusão depois, quando ele começa a interferir em cima das multinacionais. Aí é que entram a União Soviética e, principalmente, Guevara. Guevara, sim, já tinha a cabeça revolucionária desde sempre. Fidel iniciou ali uma virada para o marxismo e começou a estudar, já no governo. Ele não era sequer marxista quando fez a revolução; era um libertário contra a ditadura.

A ESQUERDA E O GOLPE DE 1964

Como era o ambiente na Marinha na fase de radicalização do processo político, a partir do segundo semestre de 1963?

A Marinha foi a maior opositora; Lacerda tinha muito peso lá. A Marinha sempre foi aristocrática. Os oficiais moravam todos na zona sul do Rio. A Marinha vem da chibata, escravocrata, João Cândido era considerado um bandido. Havia um cara na Marinha que era excelente aluno, disciplinadíssimo, não tinha problema. Mas os caras não queriam que ele se formasse oficial da Armada. Arranjaram de demiti-lo por não ter cumprido a prova final de oitocentos metros no tempo mínimo. Era negro. O único negro da minha turma. Uma discriminação pesada. Na Marinha eles se orgulhavam de ser reacionários, se orgulhavam de ser lacerdistas. A Marinha era de direita. Não houve na Marinha a influência que houve no Exército. Por que, no governo Jango, o Exército era dividido? Porque grande parte da oficialidade superior tinha sido da FEB [Força Expedicionária Brasileira]. E esse pessoal da FEB se dividiu: uma parte virou americanófila, criou a Escola Superior de Guerra, como Castello Branco, Golbery [do Couto e Silva]; outra parte se tornou antifascista, como Rui Moreira Lima; e uma grande parte era de esquerda e prevalecente, porque, em 1961, com a tentativa de golpe contra a posse de Jango, muita gente de direita foi afastada – era o pessoal mais ligado ao general Odylio Denys. Em 1961, Castello Branco não teve o protagonismo, nem a imagem, nem a força que passou a ter em 1964. A Marinha não participou nem teve contato com a guerra; atuou apenas depois que afundaram navios, ou seja, não teve confronto com o nazismo. E havia gente da Marinha no integralismo. O Exército não, foi para a linha de fogo contra o nazismo, com os aliados e, em 1964, havia uma grande parcela progressista.

MILTON TEMER (1938-)

Onde você estava no período pré-golpe?

Eu estava fazendo o curso de máquinas da Marinha, que reunia quase cem oficiais, entre capitães e primeiros-tenentes. Esse período foi marcado pelo debate e pela discussão política. Eu me lembro de um debate, organizado pelo imediato, entre três tenentes: um defenderia o oficial Mãe Paula; outro defenderia o regulamento; e o terceiro defenderia o oficial Senta a Pua. Mãe Paula era o oficial boa-praça. Eu fui escolhido para defender o oficial Mãe Paula. O cara do Senta a Pua disse as barbaridades que tinha que dizer. Defendi o pessoal, dizendo que não podia cobrar, porque eu servia num navio ancorado no cais, enquanto os marinheiros iam todo dia para casa, usavam uniformes todos os dias e, para além disso, conviviam com os problemas familiares todos os dias. Eu tinha que ter com eles uma relação diferente daqueles oficiais que estavam viajando nos navios, não gastavam dinheiro, ganhavam diárias etc. Enfim, eu defendi a questão da relação social. O cara do regulamento disse: "Não quero saber. Cumpro o que me dão como ordem." E eu: "E quando chegar a hora de você dar a ordem, como você faz?" Aí o cara travou. Eu não estava isolado, não; uma parte me apoiava, havia vários simpatizantes, aliás, alguns que hoje em dia são bolsonaristas fanáticos. O renegado é pior do que o que atraiçoa.

Eu percebia que o processo estava se complicando na cabeça dos tenentes, não era o conjunto da Marinha. Não há lugar em que se discuta mais política do que na praça d'armas de oficiais. Juntou no almoço, o pau quebra, discussão o tempo inteiro. Na hora de organizar o gabinete do [almirante] Paulo Mário, nomeado ministro da Marinha pelo Jango, precisavam de um ajudante de ordens e me pegaram, porque eu tinha a imagem de legalista, brizolista, que era Jango. Fui para o gabinete, não votava, mas ouvia as coisas, conversava com as pessoas.

E via que as coisas se complicavam?

Houve um momento que parecia que ia segurar o golpe.

De que forma?

Tinha gente que queria aderir à resistência. A ofensiva golpista era só a coluna do Mourão Filho, que, todo mundo sabia nas hostes militares, não tinha porra nenhuma de poder bélico. Aquilo era só simbólico. O Castello Branco – isso depois apareceu – se emputeceu porque foi antes da hora premeditada. Quem cobriu lembra disso. Foi uma iniciativa pessoal do Mourão, maluco, vaca fardada, que ninguém levava a sério. Aliás, aquele foi o único ato do Mourão, acabou ali.

Você temia a eclosão do golpe?

Ah, evidente. Mas achava que ia ser pau a pau. Nas forças armadas, você sentia que havia uma parcela legalista. Essa parcela se abala quando há o episódio da anistia aos marinheiros.

Não era possível ter evitado ou contornado politicamente?

Era. Mas aí o [almirante] Aragão… populista. Ali, era ou dá ou desce. Ou prende, ou anistia. Pela lógica militar, não tem conversa política. Eles [os marinheiros] foram presos e anistiados.

O ambiente pró-golpe na Marinha cresceu após a anistia dos marinheiros.

É. Havia uma pressão social real, da mídia, da Igreja principalmente, da parte reacionária das forças armadas. O governo só tinha o apoio da *Última Hora*, um jornal importante, mas não de notícias e sim de colunas,

MILTON TEMER (1938-)

tanto que os comunistas todos ali foram perseguidos brutalmente pela ditadura. Carlos Nelson Coutinho me contou que seu pai, Nathan, deputado estadual da esquerda da UDN na Bahia, era amigo de Juracy Magalhães. Juracy disse para Nathan que quem desse o primeiro tiro levava. Ou seja, eles reconheciam que não tinham força, apesar de falarem na Quarta Frota americana, que Magalhães Pinto iria fazer uma rebelião em Minas. Naquela ocasião, não havia quartel importante em Minas Gerais, não havia Brasília ainda. Não havia nada importante lá. Nem no Nordeste. Os dois mais importantes eram o I Exército, no Rio de Janeiro, e o III Exército no Rio Grande do Sul, cujos comandantes, Osvino Ferreira Alves (um legalista de esquerda) e Ladário Telles, estavam com o governo. E no II Exército, em São Paulo, o [Amaury] Kruel só virou na última hora, porque era um vendido. Kruel era compadre do Jango. O golpe já instalado e o Kruel ainda estava com Jango.

Quem deu o golpe? Na Marinha, principalmente, a coluna do Mourão... A coisa desmorona porque o Jango não aceita o que Ladário Telles lhe disse, quando eles se reuniram no Rio Grande do Sul. Ladário garantiu que havia condições militares para resistir ao golpe. Mas já não tínhamos mais o Brizola governador. Inclusive Brizola rompe pessoalmente com o Jango quando ele diz: "Vai correr sangue? Então não quero." Jango não segurou.

Por que acho que isso aconteceu? Castello Branco toma posse prometendo, no seu discurso, entregar o mandato nas eleições de 1965. Na cabeça do Jango, que era um quadro político, deve ter passado: "Se sair calmamente, vou voltar pelo voto em 1965." Jango não resiste não por covardia; ele alega que não queria derramamento de sangue. Na minha cabeça, tem a jogada política. Juscelino estava no golpe não porque fosse um reacionário. Juscelino estava com medo de que Jango, depois de ganhar o plebiscito de 1963, fosse arranjar alguma coisa para não haver eleição em 1965. Todos queriam eleição em 1965, até o próprio Lacerda.

Se o golpe não passa, o Jango não ia cassar o golpista do Magalhães Pinto, com quem dava para chegar a um acordo. Já Lacerda ia se estrepar. Ia ser no máximo isso. E a direita militar que ainda restasse. A Marinha não tinha a menor importância na época, inclusive belicamente. Para você ter ideia, eu como primeiro-tenente servi dois anos num navio que não saía do cais; fazia exercício antissubmarino em que o sonar só tinha 180 graus, porque os outros 180 eram o cais. Eu fazia exercício parado ali. Condições precaríssimas.

Então você avalia que haveria condições de resistir ao golpe?

É o que eu vejo hoje. Havia condições de resistência ao golpe. Os Estados Unidos poderiam jogar para virar, mas não iria ser fácil. Os Estados Unidos estavam, como viria a se revelar depois, com problemas sérios na Coreia, com o Vietnã logo a seguir, para substituir a França na Indochina. Os Estados Unidos estavam com muitos problemas, não dava para fazer tudo. E a intervenção da Quarta Frota? Pode ser que houvesse, não é impossível. Mas havia condições internas que poderiam impedir isso. Ou seja, a união de São Paulo com Minas Gerais, no meu modo de ver, não suplantava a força do I e do III Exércitos. Outra coisa: a capital de fato ainda era no Rio de Janeiro, a vida política era aqui, os ministérios militares, o Estado-Maior das três forças, todas as unidades de elite estavam no Rio.

Diante de sua avaliação, a pergunta que me vem é: por que não se avançou o sinal diante da hesitação de Jango em resistir ao golpe?

Quem é que manda? Quem é que determina a defesa do mandato do presidente, senão o próprio presidente? Se levantasse, estava tomando o lugar do presidente. Não dava. O Ladário tinha todas as condições. Mas, se o presidente não topa, você acaba golpista pela esquerda. Era muito difícil fazer isso.

Onde as esquerdas erraram mais no processo que levou ao golpe?

Aí eu não sei te dizer, porque não vivi aquele processo anterior. Hoje, mas não na época, estou convicto do que o erro é muito anterior. Aconteceu com o Partido Comunista uma guinada semelhante à que aconteceu com o PT. A moderação, no meu modo de ver, desmobilizou a combatividade do partido.

Desde 1958?

Desde 1956, com o XX Congresso do PCUS. Depois vem a Declaração de Março de 1958, de aliança com a burguesia nacional. Quando você se alia com a burguesia nacional, faz o jogo da burguesia nacional – não raro, em alguns momentos, com a burguesia nacional à sua esquerda. O erro do PCB vem daí. Quando o Prestes diz aquilo – "se a direita puser a cabeça de fora, a gente corta" –, ele estava contando com o dispositivo militar. Que ele sabia que era forte, até porque era militar, tinha uma cabeça militar. O general Assis Brasil, chefe da Casa Militar de Jango, era um idiota, mas tinha, sim, um estrutura de poder e segurança muito forte no Exército.

O erro político não foi a frase dita pelo Prestes. A avaliação dele não estava errada naquele momento. Errada foi a política de alianças dele, acreditando que havia uma burguesia nacional pronta a defender um projeto soberano. E não havia. A burguesia não tem projeto nacional; tem armário cheio, geladeira e cozinha em três ou quatro capitais da Europa e uma em Washington. Vivem fora do Brasil. O que tinha de burguesia nacional a ditadura arrebentou – foi o caso do [Mário Wallace] Simonsen na Panair e na TV Excelsior. A ditadura liquidou o Simonsen, que se suicidou. Era o exemplo de burguesia nacional independente.

O erro foi essa política de aliança. Eu tenho acordo com isso hoje. Entende bem: minha visão é produto de convivências, de retomada, de recuperação de memória, ajustando essa memória ao conhecimento teórico que formei depois, a vida política, a convivência parlamentar, que é uma escola de relações sociais. Hoje, quando eu olho, é o seguinte: estava certo quem queria resistir.

Porque havia condições objetivas?

Materiais, na minha opinião. Materiais. Havia. É o que digo: eram só militares. Mas se os militares vão, um parcela da burguesia não ia ficar contra. A que ficou, golpista, depois não ia se mobilizar. Era definido nas classes dominantes quem estava de um lado e quem estava do outro.

Mas leve em conta que essa é a visão do radical que sou hoje. Isso tem a ver com a subjetividade da análise. Agora, estou lembrando de fatos concretos, sobre os quais pautei a minha subjetividade positiva em relação a 1964.

Você ressalta que essa é a sua visão hoje, enfatizando "do radical que sou hoje". Em 1964 também o era?

Eu era radical para 1964. Porque era da esquerda, e a defesa do governo Jango me obrigava a ser radical. Mas eu não era um comunista. Minha formação teórica é pós-1964, principalmente no período de 1966, quando comecei a estudar muito. Hoje sou um radical consciente, porque tenho certeza de que – e ainda bem que estou velho –, se essa merda de regime capitalista não for desconstruído, o mundo vai acabar. Ponto.

MILTON TEMER (1938-)

Vai acabar. Porque a riqueza vai se concentrar de tal forma e a miséria vai se espraiar de tal modo que não vai haver forma de sobreviver. A barbárie vai se instalar.

Pensando retrospectivamente, houve triunfalismo nas áreas progressistas antes do golpe?

Não era triunfalismo. Havia muita solidariedade. E uma mobilização intensa e permanente. Tudo era no Rio de Janeiro. Tínhamos o Centro Popular de Cultura, o CPC, que era qualquer coisa de genial, o CGT, o ISEB, a própria UNE, com um peso político incrível – Marcello Cerqueira [vice-presidente da UNE] se reunia com o Jango para discutir greve de bondes! O movimento estudantil era forte, com hegemonia da esquerda, da AP [Ação Popular] e do PCB. Você sentia um ambiente de efervescência, o que é diferente de triunfalismo. E não nos esqueçamos de que era porrada o tempo inteiro: a direita, o IBAD, o IPES, os jornais, as manchetes da *Última Hora* contra as de *O Globo*. Então, não era triunfalismo, era efervescência.

NEIVA MOREIRA (1917-2012)
"NÃO HOUVE COMANDO PARA A RESISTÊNCIA"*

O deputado maranhense Neiva Moreira, secretário-geral da Frente Parlamentar Nacionalista (FPN), sai apressado do prédio do Departamento de Correios e Telégrafos (DCT), autarquia federal responsável pelas comunicações, no Rio de Janeiro, onde funcionava o comitê político--militar de resistência ao golpe. Tinha se decidido mobilizar os fuzileiros navais comandados pelo almirante Cândido Aragão para cercar o Palácio Guanabara. Caso o governador Carlos Lacerda resistisse, seria dada uma solução militar ao caso. "Deem cinco minutos para acabar com a fortaleza do Lacerda", teria recomendado o líder dos grupos dos onze, Leonel Brizola, de Porto Alegre, consultado por telefone.

Era nisso que pensava Neiva Moreira ao se dirigir ao Ministério da Marinha, onde discursaria para a tropa de fuzileiros. De lá, Neiva segue para a rua Machado de Assis, no Flamengo, a menos de dois quilômetros do Palácio Guanabara. Aguardava-o o comando avançado da operação, integrado, entre outros, pelo almirante Aragão. Meia hora depois, nem sombra dos fuzileiros. Nervoso, Neiva pega um jipe e dá um giro pelas redondezas, para saber se os fuzileiros tinham passado pelo trajeto combinado.

Não, não tinham passado. Neiva acaba descobrindo que o almirante Suzano – que assumira o comando dos fuzileiros na ausência de Aragão –, em vez de cumprir o roteiro previamente traçado, dirigira-se diretamente

---

* Entrevista concedida ao autor em 4 de fevereiro de 1984.

ao Palácio Laranjeiras, onde se encontrava o presidente Goulart. Ao saber do plano contra Lacerda, Jango veta-o. "A fera [Lacerda] está cercada e antes do amanhecer ela se rende", justifica o presidente.

Neiva não desiste. Às 9 da manhã do dia 1º de abril, se comunica com o brigadeiro Francisco Teixeira, comandante da 3ª Zona Aérea, a quem expõe a disposição de dezenas de oficiais, sargentos e suboficiais de operarem a esquadra, apoiados por 4 ou 5 mil marinheiros. Teixeira marca um encontro às 2 da tarde. Neiva chega lá pontualmente. O brigadeiro recebe-o lívido: "Saia daqui que eles já tomaram os hangares e vão subir para nos prender."

Décadas depois, Neiva Moreira ajeita os óculos de grossas lentes, lembra os longos anos de exílio e desabafa:

— Nós fomos derrotados? Não, nós não fomos derrotados, porque não lutamos. E não lutamos porque não havia uma vontade de lutar. O presidente Goulart tinha a obsessão de evitar o derramamento do sangue do povo brasileiro.

Como era o relacionamento de vocês com Jango?

[...] A nossa discussão fundamental era em torno da necessidade de um governo que não fosse apenas um governo reformista. Tínhamos uma visão correta de que não podíamos fazer uma transformação revolucionária no quadro brasileiro, mas queríamos um governo que fizesse a reforma agrária, a reforma fiscal, enfim, todo esse ideário de que precisávamos. Quando o problema era institucional, as coisas se tornavam complexas.

Por exemplo, o presidente Goulart não acreditava no golpe, na conspiração. Ele achava que essa intentona era utópica. E nós estávamos sentindo, dia a dia, que se avolumava uma situação golpista no Brasil. Aí vinha o grande choque político entre a esquerda, congregada na Frente Parlamentar Nacionalista, e o governo.

Grande parte do PTB atuava na frente dessa luta; outros nos apoiavam e exerciam pressão junto ao governo para que estivesse atento àquela realidade. O problema militar: nós estávamos inteiramente convencidos de que o governo não tinha aquele tal esquema militar de que tanto falava. E setores vitais das forças armadas estavam entregues a militares sabidamente de direita, sabidamente conspirando.

Nós levávamos muitas vezes ao presidente, ao Darcy Ribeiro e a outras autoridades nossas inquietações a esse respeito. Porque nós é que estávamos na rua, nos chocávamos com a direita. [...] Procurávamos por todos os meios denunciar o golpe, convencer o que se chamava de burguesia nacional de que os interesses dela não estavam no golpe, e sim numa aliança popular.

E qual era a reação de Jango e Darcy Ribeiro quando vocês levavam esse tipo de preocupação?

[...] Na questão fundamental, que a meu ver era o problema da segurança do Estado frente à conspiração da direita, eles não tiveram uma visão justa e adequada à realidade. Eu me recordo de, por exemplo, dois episódios – há muitos – expressivos desse estado de espírito. Quando nós começamos a receber denúncias de que se estava conspirando, tivemos contato com nossos companheiros militares, nacionalistas, em geral ocupando posições importantes de comando.

Eu me recordo que integrei uma comissão de amigos, entre os quais o deputado Fernando Santana, e fomos ao Darcy, lá no Ipê, transmitir a ele informações que havíamos recebido de companheiros militares, de que mais de 150 comandos, das três Armas, estavam em mãos de pessoas que conspiravam.

O Darcy disse que aquilo era um absurdo, que o presidente estava sólido e que não tinha nenhum motivo para duvidar de pessoas, algumas das quais eram seus amigos pessoais e até seus compadres. Eu me recordo de que a nossa lista começava pelo general Kruel, que estava metido na conspiração. O Darcy achava que não. Houve um desentendimento que, no meu caso, perdurou mais de seis meses, até o golpe. Eu nunca mais procurei o Darcy, por quem tenho grande respeito, grande estima, mas nos desentendemos. Esse desentendimento cessou a 1º de abril, quando ele teve um desempenho extraordinário na luta contra o golpe.

Com o presidente Goulart, todas as vezes que se colocava esse problema, ele alegava que o general tal era amigo dele, isso e aquilo.

Como foi a evolução do relacionamento com Brizola?

[...] Intensificamos o nosso relacionamento à medida que ele se distanciava ideológica e politicamente do presidente Goulart. Havia a questão de o Jango ter aceitado o parlamentarismo, a influência dos americanos nessa coisa, do embaixador americano, do Roberto Campos, enfim, havia uma discrepância em torno de problemas ideológicos, não em torno de problemas do governo. À medida que Brizola ia se separando do PTB clássico e debilitando suas relações com o presidente Goulart, na base do trabalhismo ele ia encontrando novos polos de apoio à sua atuação política, como a Frente Parlamentar Nacionalista, as grandes massas populares, a Frente de Mobilização Popular e outras entidades a ela filiadas.

Então, veio aquela crise toda, com o presidente Goulart tentando contornar, recusando o Ministério da Fazenda ao Brizola. [...] As nossas relações [com Jango] eram extremamente tensas, resultantes deste problema: não havia no governo nenhuma percepção dos fatos que estavam ocorrendo. Nós sabíamos que estávamos na linha de frente da repressão.

O que representaram os grupos dos onze naquele momento?

Os grupos dos onze foram, digamos, uma estrutura de mobilização popular. O Brizola gosta sempre de estar implantado nas realidades. Então, o grupo dos onze era a fórmula popular e fácil de chegar a todo o Brasil, partindo da certeza de que todo mundo sabia o que era um grupo de onze companheiros – o mesmo que um time de futebol.

Não tínhamos, como ainda não temos, partidos que fossem instrumentos ideais de mobilização. Então, nós chegamos à conclusão de que ou se fazia uma organização popular, ou então não tínhamos como responder aos perigos que estavam cercando a nascente democracia brasileira. Daí passou-se aos grupos dos onze, que eram também uma resposta aos milhares e milhares de telegramas e telefonemas de pessoas que nos procuravam, a partir da pregação do Brizola e nossa, através da Rádio Mayrink Veiga. [...] Eu creio que nós devemos ter organizado cerca de 60 a 70 mil grupos dos onze – o que, naquela época, já era uma coisa impressionante. Ali, sim, estava lançada a estrutura de um grande partido nacional.

Revolucionário?

Eu diria que ficaria entre reformista e revolucionário. Porque quando se vê hoje a fisionomia das pessoas que se mobilizaram em favor dos grupos dos onze, nós facilmente podemos verificar que não tinham uma concepção revolucionária do processo brasileiro. Estavam querendo democracia, reformas, redistribuição de renda e um avanço social. Não eram, portanto, um instrumento de revolução no dia seguinte. Era revolucionário na medida em que se dava ao povo instrumentos de organização. Queríamos lançar as bases de um partido que, hoje, seria o grande partido dominante, capaz de fazer as transformações que o país ainda está requerendo.

Os grupos dos onze tinham uma estrutura paramilitar?

Eu nunca vi isso, sinceramente, honradamente. [...] Era evidente que, no dia do golpe, havia grupos dos onze que se lançaram à rua, atrás de armas. Era evidente que não estavam armados nem preparados militarmente. O grupo dos onze foi um instrumento de mobilização popular.

Como era a relação de vocês com as outras esquerdas?

O nosso movimento era muito grande e muito poderoso, muito sólido e muito implantado nas realidades do país. Isso não ocorria com esses pequenos grupos, que eram grupos intelectuais, menos a AP, que tinha um pouco mais de quadros, uma grande força no movimento estudantil e era um fator importante de mobilização. O PCdoB só depois ampliou-se, numa base rural, e tornou-se um partido mais expressivo do que naquela época. A Polop era um grupo de intelectuais ativistas. Mas a presença desses grupos não importava no quadro estratégico geral da nossa luta.

Nunca encontrei, por parte do Partido Comunista, qualquer tipo de exacerbação irresponsável, pelo contrário. Hoje, olhando para trás, verificamos que eles, muitos deles, tinham uma visão marxista da realidade brasileira. Eram contra o golpismo, o arrivismo, o carreirismo. E nós, muitas vezes, atuávamos sem essa visão. Eu costumo dizer que nós todo dia beliscávamos, dávamos uma punhalada em Marx, pensando que estávamos defendendo e aplicando as suas ideias.

Em que medida vocês, querendo mais do que o Jango oferecia, foram um fator de desestabilização do governo e favoreceram o golpe?

Eu não diria que nós fomos um fator de desestabilização. Não fomos. A desestabilização resultaria da aplicação de qualquer daquelas medidas nitidamente reformistas do governo Goulart. Porque a burguesia estava absolutamente intolerante e intransigente, e conseguiu contaminar o meio militar. Depois que eles conquistaram a classe média, foi fácil conquistar os militares, sobretudo a oficialidade, que é de classe média. Não tinham nenhum tipo de tolerância com o governo Goulart.

Hoje, se se olha para trás, verifica-se que aquelas medidas que preconizávamos teriam evitado a situação do Brasil de agora. Teriam pelo menos adiado a crise ou permitido que o país tivesse outras condições para enfrentá-la. Acho que o destino do Goulart estava selado, do ponto de vista da direita.

E do ponto de vista da esquerda?

Se ele tivesse tido uma atitude mais corajosa, mais firme, se tivesse entregado os comandos militares a pessoas ideologicamente afins com a sua política de reformas, se tivesse tido o descortino de criar uma grande frente popular de luta, ele teria outras condições políticas para resistir ao golpe.

Agora, se você perguntar se aceleramos ou não o golpe, é capaz até de termos acelerado, porque estávamos naquele momento como uma espécie de toureiro, que só tinha mesmo o pano vermelho. Não tínhamos capacidade de resistir ao golpe. Nós não estávamos organizados, mas dávamos essa impressão, de que estávamos querendo instalar uma República sindicalista, de que poderíamos dar um passo que só as revoluções profundas podem dar.

Por que vocês não resistiram ao golpe, principalmente o Brizola, já que diagnosticavam que havia uma ação golpista?

Estou absolutamente convencido de que o golpe começou com um blefe político-militar, que foi engordando e avançando à medida que ficava patente a nossa falta de capacidade de luta e a nossa falta de disposição de luta.

Não foi a divisão da esquerda e do movimento social que contribuiu para isso?

Sim, é possível que o período que antecedeu o golpe tenha dado à direita a convicção de golpear, aproveitando-se da divisão da esquerda. Geralmente, a esquerda atua para pôr a direita no poder.

E o que dividia mais a esquerda nesse período? Era o Jango ou antigas sequelas?

Sobretudo em países como o nosso, em desenvolvimento, passionalmente latino-americano, as divergências se cristalizam em personalidades, em pessoas, em figuras. No nosso caso, elas se polarizaram no Jango e no Brizola. O Jango numa política de conciliação de classes, vacilante, bem-intencionada, mas muito mais paternalista do que propriamente tendente a uma transformação social profunda. E o Brizola achando que já havia condições de dar alguns passos adiante, embora esses passos não fossem propriamente a revolução socialista.

Eu diria que essas divisões foram muito importantes para nos debilitar a todos e nos impedir de ter uma visão clara, dialética, correta, do momento que nós estávamos vivendo e da realidade que atravessávamos. Mas não foi um fator fundamental na questão da nossa derrota. E eu explico por quê. Eu lhe disse que o golpe começou como um blefe. Ora, o Exército, a tropa que existia em Juiz de Fora, se ela fosse enfrentada pela Polícia Militar do Rio de Janeiro, teria sido derrotada. Nós tivemos oportunidade de liquidar com aquilo.

NEIVA MOREIRA (1917-2012)

Por que não pensaram em fazer a resistência antes?

Porque o chamado esquema militar do presidente da República, dirigido pelo general Assis Brasil, criou uma falsa ilusão de poder. Quando a gente conversa com companheiros daquela época – como ocorreu quando estive preso aqui na Fortaleza de Santa Cruz, com o capitão [Eduardo] Chuahy, ajudante de ordens do Assis Brasil –, verifica que o tal esquema era outro blefe completo. Não havia sistema militar algum, e as coisas foram indo.

Eu me recordo, por exemplo, de que poucos dias antes do golpe o presidente Goulart nomeou o general Ladário Teles para o comando do Rio Grande do Sul. Se o Ladário tivesse chegado lá no comando antes, o resultado teria sido diferente. Não é colocar o general lá em cima da hora, sem nenhum tipo de conexão. [...]

Também havia uma falta de seriedade na condução da luta político--militar. As transmissões de rádio feitas pelo deputado Abelardo Jurema, então ministro da Justiça, eram verdadeiramente lamentáveis. Não que ele estivesse mentindo deliberadamente, mas o fato é que recebia e transmitia um tipo de informação deformada que só fazia enfraquecer a luta do país.

Um exemplo: noticiou-se que os oficiais e sargentos legalistas do XI Regimento de Infantaria de São João del-Rei, em Minas Gerais, haviam prendido vários golpistas e tomado o comando da guarnição. Foi um momento de alegria para todos nós. Mas, pelo sistema de comunicação via DCT, logo pudemos saber que a situação era exatamente oposta à que havia sido descrita.

Em outro momento, noticiou-se que o general Chrysantho Figueiredo, nomeado para o comando da Brigada do Paraná, já havia desembarcado em Paranaguá, assumido o comando do XV Batalhão de Infantaria e que engrossaria uma coluna para marchar sobre São Paulo. A informação foi imediatamente transmitida a Brizola, que nos respondeu: "Isso é uma história idiota. Não o deixaram sequer desembarcar em Curitiba. O general Chrysantho está vindo para Porto Alegre." Não houve um comando para dirigir a resistência.

NELSON WERNECK SODRÉ (1911-1999)
"A ESQUERDIZAÇÃO NOS ISOLOU"*

O general e historiador Nelson Werneck Sodré, com traços de melancolia no olhar e nos gestos, responde às perguntas que formulo com matemática rapidez. Esgrime argumentos, explora a lógica dos fatos. Será que apenas o poderio intelectual de um dos fundadores do Instituto Superior de Estudos Brasileiros teria feito dele um mago que, no auge do triunfalismo da esquerda, em 1964, temia a derrota? A poção mágica era conhecer por dentro o Exército, ao qual servira por 45 longos anos. "O general Werneck Sodré nos alertava para a questão da quebra da hierarquia", lembra Marcello Cerqueira, à época um de seus mais jovens interlocutores, como vice-presidente da UNE.

Não quiseram ouvir o mago? "Os mais esquerdistas sonhavam que estavam na Rússia de 1917", critica Werneck Sodré.

Perguntei-lhe sobre o dia do golpe. Nelson levantou-se da poltrona e deu alguns passos até a janela de seu apartamento na rua Dona Mariana, em Botafogo. Mirou em silêncio, por segundos, o entardecer. Voltando-se para mim, ainda de pé e com a expressão de quem sofre uma dor repentina, confidenciou:

— Eu ainda me lembro do telefonema que recebi de um amigo: "Nelson, o pessoal do Lacerda depredou a sede do ISEB!" Só voltei a passar por lá meses depois. Foi muito difícil.

---

* Entrevista concedida ao autor em 26 de maio de 1988.

A ESQUERDA E O GOLPE DE 1964

Na crise de 1963-1964, como se apresentava o ISEB? Ainda tinha um pensamento organizado ou, como de resto todo o movimento popular, se debatia em contradições internas e dificuldades de ação?

O ISEB não tinha mais contradições internas, já as tinha superado. A crise no ISEB, quando se separa a corrente nacionalista da corrente simplesmente desenvolvimentista, tinha ocorrido antes, com a vitória da ala nacionalista. O ISEB se tornou homogêneo depois da crise e participou de toda a luta ideológica, especialmente a partir de 1963. Agora, na realidade, essa homogeneização resultou em quê? Inserindo-se no conjunto das forças progressistas daquele momento, o ISEB também se esquerdizou. Ele pecou por excessos, se sectarizou por posições demasiado esquerdistas.

Por exemplo?

Em todas as posições dos seus indivíduos ou de sua doutrinação, sempre e sempre, porque foi empurrado para a esquerda pelas forças reacionárias. O ISEB, por suas posições nacionalistas, caiu no índex das forças reacionárias, que lhe moveram uma campanha tremenda. Só o jornal *O Globo* publicou um suplemento inteiro contra o ISEB. Evidentemente, um suplemento, com muitas páginas, custou dinheiro – alguém financiou isto. O ISEB se tornou um dos alvos prediletos da reação naquele momento. Na montagem do golpe de 1964, o ISEB foi uma das metas. Tanto que foi depredado na manhã do dia 1º de abril, por elementos ligados ao então governador da Guanabara.

O ISEB já tinha perdido, por força da radicalização política, a sua influência como fórum de discussão estratégica, de formação de quadros?

O ISEB foi-se tornando cada vez mais débil, pelo isolamento. A esquerdização leva ao isolamento. A sua capacidade científica e a sua influência política reduziram-se. O prestígio diminuiu. O ISEB, até então, tinha notoriedade; sua sigla tinha ressonância. Repare: não era a força do ISEB, mas a ofensiva do inimigo que fazia do ISEB uma coisa espantosamente poderosa, capaz de influir no governo, controlá-lo, traçar rumos para o país. Isso era uma balela propagada com muita arte e engenhosidade pelas forças que estavam se articulando para dar o golpe. Elas se compuseram meticulosamente, organizadamente, isolando as forças progressistas, reduzindo-as à impotência.

O ISEB tinha informações sobre a marcha golpista ou subestimou a conspiração?

O ISEB tinha informações, até porque um dos nossos professores, Osvaldo Gusmão, era subchefe da Casa Civil do Goulart. Nós tínhamos informações também da Casa Militar. Mas havia, em muitas áreas, a ilusão de que éramos fortes. Alguns diziam que, se a reação colocasse a cabeça para fora, seria batida. Evidentemente, era uma ilusão que dominou muitas áreas – o ISEB não ficou isento também. Refiro-me à instituição como um todo, porque eu, pessoalmente, não tinha ilusões.

O que o levava a não ter ilusões?

A falta de estrutura da esquerda e de todo o movimento progressista, inclusive do movimento nacionalista. Ele abrangia certos grupos de elite, mas se esquecia ou não tinha capacidade para arregimentar forças, estruturá-las. Havia um pensamento nacionalista, pró-reformas, que não tinha articulado nem sequer uma base política, que é sempre necessária.

A ESQUERDA E O GOLPE DE 1964

Faltou um projeto estratégico?

Não, eu creio que foi o próprio andamento do processo histórico do país. O movimento progressista era ainda imaturo. Um dos aspectos da imaturidade é julgar-se mais forte do que verdadeiramente é. Ter ilusões sobre o seu próprio poder. Pensar que o processo está mais avançado do que realmente está. Na realidade, o golpe de 1964 não foi um golpe militar. Foi um golpe político, vitorioso na área política. Isolado o governo, deu-se a operação militar de ocupação. A derrota já existia politicamente. O governo estava politicamente vencido. O traço geral foi a incapacidade de reagir. Não houve reação nos sindicatos, nos partidos, nas forças armadas, no povo.

O presidente Goulart e a natureza de seu governo foram incompreendidos pelo movimento popular?

Não, não foram incompreendidos. O governo Goulart foi muito flutuante, oscilante. O Goulart, como o próprio Vargas em sua época, era um homem de posições muito mutáveis. Às vezes, pendia para a direita, para a conciliação e para a composição. Às vezes, pendia para a esquerda. Essa oscilação o desprestigiava. Tanto que Goulart, na fase final, se aproximava de uma crise em que seria hostilizado pela própria esquerda, quando surgiu a campanha pelas reformas de base. Goulart montou essa campanha, que lhe deu grande prestígio. Vinha sendo isolado até pelas forças de esquerda, inclusive pelo movimento sindical. Ele assume uma posição definida pelas reformas de base e realmente se reaproxima dos dirigentes sindicais, dos estudantes e dos intelectuais – mais aí já era tarde.

NELSON WERNECK SODRÉ (1911-1999)

Qual foi o pecado do movimento nacionalista dentro das forças armadas?

O prestígio da ideia nacionalista dentro das forças armadas sempre foi grande. Na luta política de 1963-1964, esse prestígio se enfraqueceu devido à ofensiva da reação, principalmente através dos órgãos de comunicação. A reação tornava o nacionalismo sinônimo de comunismo. Baseada no anticomunismo, que até hoje é a ideologia da reação, e controlando os órgãos de comunicação, começou a bombardear. E realmente isolou as áreas nacionalistas que eram predominantes dentro das forças armadas.

O senhor acreditava que o esquema militar do presidente pudesse conter o golpe?

Nunca acreditei porque eu o conhecia. Mas acreditava no movimento de massas. Acreditava na repulsa do povo a qualquer golpe para instalar uma ditadura. Tanto que a ditadura não se apresenta como tal; apresenta-se como legal, colocando o presidente Goulart na posição ilegal. Ele é que estaria exorbitando, montando o golpe, com o fechamento do Congresso e a organização de uma República sindicalista. Ou seja, inverteram-se as posições: eles se apresentavam em defesa da ordem legal. O golpe é dado, há alguns atos de verdadeira violência política, como cassações de mandatos e de direitos políticos, mas permanece o Congresso funcionando, a imprensa tem liberdade de criticar.

A quebra da hierarquia foi mesmo fundamental para dividir o meio militar?

A quebra da hierarquia, que tem uma ressonância muito profunda nas classes armadas, foi um dos episódios mais característicos da desorganização geral. Ora, se fosse possível no Brasil uma etapa revolucionária como alguns sonhavam estar vivendo, a passagem das forças armadas deveria ser a última etapa. E nós jamais estivemos próximos disto. [...]

João Goulart não era um bom condutor das forças armadas?

O Goulart não teve capacidade de articulação da área militar não por falta de dotes, mas por falta de uma boa assessoria militar. No fundo do pensamento do presidente Goulart – um homem com grande habilidade política – não havia maior preocupação com a questão militar. Tinha ao redor dele algumas pessoas válidas, mas também auxiliares que o acompanhavam apenas funcionalmente, porque ele era o presidente, a fonte de poder. Mas não eram adeptos das ideias dele, de sua orientação. Na realidade, nunca conheceu bem o problema militar. Fez promoções ruins. Aliás, Juscelino já vinha fazendo promoções ruins. Mas, a meu ver, este é um aspecto acessório, porque a derrota foi no nível político. Tudo o mais foi a reboque.

PLINIO DE ARRUDA SAMPAIO (1930-2014)
"JANGO ERA UM CABRA MARCADO PARA MORRER"*

Plinio de Arruda Sampaio, advogado e promotor público, foi secretário da Casa Civil e dos Negócios Jurídicos do Estado de São Paulo (governo Carvalho Pinto) e deputado federal do Partido Democrata Cristão (PDC) por São Paulo (1963-1964). Em 10 de abril de 1964, seus direitos políticos foram suspensos por dez anos, com base no AI-1, e seu mandato cassado. Viveu exilado no Chile, onde coordenou projetos de reforma agrária para a Organização para Agricultura e Alimentação das Nações Unidas (FAO), e nos Estados Unidos, onde trabalhou no Programa FAO-Banco Interamericano de Desenvolvimento (BID) e obteve o mestrado em Economia Agrícola na Universidade Cornell. No retorno ao Brasil, em 1976, tornou-se professor da Fundação Getulio Vargas (FGV), fundou o Centro de Estudos de Cultura Contemporânea (Cedec) e participou das campanhas pró-anistia e pela redemocratização, filiado ao Movimento Democrático Brasileiro (MDB). Em 1980, foi um dos fundadores do Partido dos Trabalhadores (PT), pelo qual se elegeu deputado federal e constituinte por São Paulo (1987-1991). Presidiu a Associação Brasileira de Reforma Agrária (ABRA) (1985-1990). Candidatou-se a presidente da República em 2010 pelo Partido Socialismo e Liberdade (PSOL), tendo recebido 886.816 votos.

---

* Depoimento de Plinio de Arruda Sampaio a Fábio Eitelberg no canal da Universidade Virtual do Estado de São Paulo (Univesp) no YouTube, em 2 de abril de 2014. Disponível em: <www.youtube.com/watch?v=qSack1sj1F4>. Agradeço à Univesp e ao professor Plinio de Arruda Sampaio Júnior pelas permissões dadas para a divulgação nesta obra.

A ESQUERDA E O GOLPE DE 1964

O senhor foi relator do projeto de reforma agrária que tramitou no Congresso Nacional e foi recusado no meio de 1964. Gostaria que contasse como a relatoria desse projeto chegou às suas mãos.

Quando eu fui secretário do Carvalho Pinto [então governador de São Paulo], coordenei o plano de ação do governo. Quando estava preparando o plano, o José Bonifácio Coutinho Nogueira, então secretário de Agricultura, fez um projeto de reforma agrária, muito bem-feito, e o Carvalho Pinto aprovou e introduzimos no plano. A base dele era o imposto territorial rural. Tinha uma alíquota normal. Se a propriedade fosse bem administrada, diminuía. Se a propriedade fosse mal administrada, aumentava. E aumentava progressivamente conforme o grau de má administração, a tal ponto que se tornava impossível a pessoa manter a propriedade, ela precisava vender para poder pagar o imposto. E com essas terras que nós iríamos fazer a reforma agrária. Carvalho Pinto aprovou.

No dia seguinte à aprovação desse projeto, os fazendeiros se reuniram com deputados em Brasília – foi uma caravana enorme para lá –, e os deputados tiraram o imposto territorial rural, que era do estado de São Paulo, e passaram para os municípios, e aí acabou o projeto da reforma agrária. Carvalho Pinto ficou aborrecido. E disse: "Nós temos uma fazenda enorme que o Estado recebeu porque o cidadão não pagou os impostos e ela foi tomada. Vamos fazer aí um projetinho de reforma agrária." Eu preparei o projetinho. Foi um sucesso enorme.

Quantas famílias foram beneficiadas com esse projeto?

Umas cem. Foi pouco, mas já deu uma ideia. Essa fazenda estava muito perto do Ceasa, então tinham condições de levar frutas e flores, e com um sucesso enorme. Isso está documentado numa pesquisa muito bem-feita da Faculdade de Geografia aqui da USP. Uma vez, alguém disse que foi um fracasso, porque não havia mais ninguém lá. Respondi: não existe a servidão da gleba, ninguém é obrigado a morar lá. Meu avô era fazendeiro e mudou para São Paulo. O que aconteceu foi o seguinte: o pessoal ganhou dinheiro, comprou casa em Vinhedo e se mudou para lá. A pesquisadora entrevistou esse pessoal.

Por causa disso, eu conhecia essa questão. Cheguei ao Congresso como uma espécie de interlocutor, de porta-voz do Carvalho Pinto – e era mesmo. Então cheguei com um certo nome atrás. Quando chegou a hora da reforma agrária, o pessoal do PTB, do Brizola, a turma de esquerda, disse: "Põe esse rapaz como relator." Foi a razão pela qual fui nomeado.

Qual era a natureza desse projeto? Era diferente de projetos anteriormente apresentados sobre a reforma agrária?

Na verdade, não era um projeto de reforma agrária; era um projeto de emenda constitucional para viabilizar a execução da reforma agrária. Ele só demandava à Câmara que se modificasse um artigo da Constituição Federal, segundo o qual toda desapropriação de terra tinha que ser paga ao proprietário indenizado com dinheiro em espécie. Assim era impossível; na prática, inviabilizava a reforma agrária, pois os interesses eram muito conflitantes. Como responsável pelo parecer sobre a matéria, tive vários contatos com o Jango. A emenda sobre a qual conversamos não era radical, não tinha nada violento. Lembro que ele me disse assim: "Plinio, não sei como você vai dar o parecer, mas vamos isentar de desapropriação as propriedades com até quinhentos hectares, senão é uma gritaria, os velhinhos vêm chorando e tal." E eu pus o limite de quinhentos hectares por causa dele. Não tinha nada de violento.

A ESQUERDA E O GOLPE DE 1964

Por que foi recusado o parecer?

Por causa das pressões. Os deputados são eleitos por seus financiadores, e os grandes financiadores são os donos de terra, os banqueiros... Projetos nessa linha não passam de jeito nenhum. Tanto que não passam agora.

Era necessário o projeto da reforma agrária?

Nossa Senhora... Era necessaríssimo! E é agora mais ainda. Quem deu o maior motivo foi o papa João XXIII. [...] Na ocasião, entrevistado em Roma, perguntaram-lhe por que era necessária uma reforma agrária no Brasil. "Por uma questão de democracia", ele respondeu. Foi muito perfeito, porque esse é exatamente o ponto da reforma agrária. Sem reforma agrária não pode haver democracia verdadeira neste país. Temos então esse simulacro de democracia. Quando você tem um terço da população que, para comer naquele dia, precisa desesperadamente do emprego que lhe dá o fazendeiro, ele não vota contra esse fazendeiro de jeito nenhum. É por isso que 80% da Câmara dos Deputados ou é de fazendeiros, ou de filhos de fazendeiros, ou de genros de fazendeiros. Não há maneira de ser de outra forma. É por isso que não passa e não passará, enquanto não houver outra composição no Congresso Nacional.

O artigo da Constituição de 1946 que deveria ser mudado foi a polêmica que envolveu o seu texto na relatoria?

Foi, foi exatamente isso. Eu dei um parecer que foi derrotado. O golpe começou ali. Na verdade, o golpe não começou ali, porque eu costumo dizer que o Jango era um cabra marcado para morrer. A posse dele já foi uma dificuldade enorme, porque os militares vetaram. Eu acompanhei muito bem isso de perto, porque estava no governo Carvalho Pinto em São

PLINIO DE ARRUDA SAMPAIO (1930-2014)

Paulo [1959-1963] e nós ficamos o tempo inteiro mobilizados. Já havia uma conspiração. Durante todo o tempo que ficamos no governo Carvalho Pinto, apareciam lá os três ministros militares. Quando eles saíam, o Carvalho Pinto dizia para mim: "Olha, vieram aqui porque estão conspirando para derrubar o Jango." Quer dizer, eles já tinham essa disposição. Então, quando o americano entrou e deu o apoio... Porque esse é o ponto fundamental que precisa ser dito, que o povo brasileiro precisa saber, e que precisa ser falado. É uma coisa que a nova geração precisa saber.

Aconteceu o seguinte: a Quarta Esquadra fica situada nos mares do sul e cuida dos países da América Latina. Qualquer problema que interesse aos americanos, ela se desloca para apoiar uma intervenção, uma ação americana nesse lugar. No dia da invasão da baía dos Porcos, em Cuba, o almirante comandante da Quarta Esquadra [...] ligou para o comandante de um porta-aviões brasileiro e deu as coordenadas: "O senhor se desloca para tal lugar, não vai entrar em ação, mas o senhor fica ali para segurar qualquer lanchinha ou naviozinho pequeno que queira fustigar a gente aqui, queira atrapalhar. Aí o senhor entra e faz. Fora isso, o senhor não precisa se preocupar." O comandante ligou imediatamente para o ministro da Marinha e perguntou como deveria proceder. O ministro da Marinha ligou para o Jango, e o Jango ficou furioso, com toda razão. Onde já se viu o sujeito dar uma ordem para o comandante brasileiro!

Jango chamou o Almino Afonso e o San Tiago Dantas, e os três escreveram uma carta bem forte protestando. Ele chamou o embaixador americano no Palácio e pediu que entregasse a carta em mãos ao presidente John Kennedy. Passam-se quinze ou vinte dias e morre o papa João XXIII. Jango foi ao enterro e Kennedy também. E aí se encontraram em Roma. O Kennedy estava uma fera e quase não lhe deu a mão, foi seco. E disse o seguinte: "Recebi sua carta, li, não vou responder. Agora quero lhe dizer uma coisa: isso vai ter consequência. O senhor se prepare, porque vai ter consequência."

A ESQUERDA E O GOLPE DE 1964

O Jango voltou e o que aconteceu? O governo norte-americano, a CIA, através da companhia ITT, soltava dinheiro para um instituto chamado IBAD, e este financiava o IPES, que era um biombo para esconder a atividade golpista. Foi com esse dinheiro que ele comprou general para dar o golpe. Ele trouxe aqui um padre carismático, chamado padre Peyton. Esse padre rezava um terço às 7 horas da noite, em cadeia nacional, um negócio enorme. "A família que reza unida permanece unida." O resultado é que políticos hábeis viram isso e montaram as "Marchas com Deus". A marcha foi um monstro de marcha. Os militares olharam aquilo e falaram "vai dar bolo; é melhor, antes que aconteça, segurar". E aí deram o golpe. Foi essa a razão.

O senhor relatou a importância da participação norte-americana no planejamento do golpe. Então não se pode dizer que o presidente João Goulart tenha se espantado, pois já tinha sido alertado.

Não tinha dúvida alguma. Ele sabia muito bem. Quem comandava era o embaixador americano no Brasil, Lincoln Gordon. Esse homem chamou generais, indicou o Castello Branco, de quem era muito amigo. Ele pintou e bordou aqui dentro. E no dia do golpe mesmo, um porta-aviões americano, enorme, estava do lado do porto de Santos para assegurar que não haveria perigo de o Jango evitar a chegada de gasolina para abastecer os tanques e veículos militares. Foi uma intervenção direta dos Estados Unidos. Se não fosse isso, o Jango não caía.

O senhor poderia falar sobre a participação do ministro Carvalho Pinto no governo Goulart e por que ele saiu do governo?

[...] Carvalho Pinto era um homem sistemático, um administrador excelente, um homem preparado, metódico, espetacular. Ele começou a pôr ordem. Teve um arranca-rabo fortíssimo com o Lincoln Gordon. Ele foi aos Estados Unidos tentar fazer um acordo e jogar o pagamento de nossa dívida para mais adiante. Teve uma reunião com o secretário do Tesouro. Lincoln Gordon abriu a reunião e começou a explicar a economia brasileira. Ou seja, cortou Carvalho Pinto, que praticamente ficou sem a palavra. Até que ele pediu permissão e disse: "Quem veio falar aqui fui eu. Parece que o senhor é o ministro da Fazenda, pois é o senhor quem está relatando. De modo que eu lhe peço que se cale." Gordon não gostou, ficou quieto. O resultado foi que Carvalho Pinto voltou com a mão abanando, não ganhou nada.

Por que Carvalho Pinto deixou o Ministério da Fazenda?

Ele fez um plano de contingência, com critérios para a concessão de empréstimos. O Jango pegou um cupincha dele chamado Nei Galvão [presidente do Banco do Brasil], deu um papelzinho, o sujeito veio aí no Banco do Brasil e entregou um dinheirão, quebrando toda a política e criando uma indisciplina. Por que, afinal, quem era o ministro da Fazenda? Ele me chamou lá e disse o que tinha acontecido. "Eu pedi demissão, mas o Jango disse: 'Não, o que é isso, professor?' Plinio, o que você acha?" Respondi: "Acho que o senhor deve ir embora, não tem condição. O que vai acontecer é o seguinte: ele vai levar o senhor até certo ponto. Quando o senhor tiver alguma dificuldade, menos popularidade, ele põe o senhor para fora." O Carvalho Pinto então foi embora.

E qual foi o efeito disso no governo de Jango?

Mortal. Simplesmente mortal. O Jango caiu, e não cairia se o Carvalho Pinto estivesse lá dentro.

Por quê?

Porque o Carvalho Pinto dava credibilidade ao governo dele na direita. Toda a direita e a classe média tinham um respeito enorme pelo Carvalho Pinto. O fato de ele ser ministro segurava. Quando ele saiu, ficou uma espécie de sinal: olha, não tem jeito. E aí foi a conta. [...]

No caso de desrespeito à hierarquia, pois o ministro da Fazenda era Carvalho Pinto, a quem foi concedido o empréstimo?

Não lembro os nomes das pessoas, mas o que eu sei é que esse dinheiro serviu para comprar militares.

Quer dizer, o presidente deu anuência para o próprio golpe que o derrubou?

Contra si próprio. Uma coisa inacreditável.

O historiador Jorge Ferreira, biógrafo de João Goulart, disse que o golpe não foi propriamente contra as reformas de base, mas contra as esquerdas. Na visão dele, mesmo a direita era a favor de algumas das reformas. O que o senhor acha disso?

Bem, havia gente da direita que era favorável, o pessoal mais lúcido. Mas o grosso, não; não queria nem ver as reformas. Foram contra mesmo.

Por que o senhor chamou o comício da Central do Brasil de "comício das lavadeiras"?

Porque só havia tanque e trouxa. Eu estava no meio do povo, não quis subir no palanque, e pensei: não é possível, onde já se viu fazer um comício

PLINIO DE ARRUDA SAMPAIO (1930-2014)

com tanque de guerra na praça? Aqui, em São Paulo, o Jânio [Quadros] fazia comício e os soldados da Força Pública tinham que ir à paisana, não podiam ir fardados. Lá no comício da Central só tinha tanque, só tinha trouxa, que éramos nós.

Na visão de alguns historiadores, as esquerdas teriam condição de se unir para resistir ao golpe. Qual a sua opinião? Havia muita divisão entre as esquerdas?

Muita divisão. E, sobretudo, muita irresponsabilidade. Uma vez, o jornalista Samuel Wainer, que era meio confidente do Jango, me chamou para jantar na casa dele. E me disse: "Olha, eu chamei você aqui porque o presidente me pediu: 'Vai lá e fala com o Plinio Sampaio, ele é o único daquele grupo ali que não é termocéfalo, o único que não tem a cabeça quente. Tem que moderar os ataques e as provocações, porque eu não tenho condições de aguentar. Com isso, eles atraem uma oposição que eu não tenho condição... Se vier para cima de mim, eu caio. Então, diga a ele que, hoje de manhã, eu estive com o embaixador soviético e lhe disse que eu via a situação muito difícil, e que talvez eu fosse obrigado a tomar alguma atitude menos institucional. Não propriamente um golpe, mas tomar algumas medidas que não estariam respaldadas por lei.'" Mas a verdade é que terminaria num golpe. O embaixador disse o seguinte a ele: "Cuba custa 8 milhões de dólares por dia ao governo soviético. Cuba tem 8 milhões de habitantes. O Brasil custaria 80 milhões de habitantes. Para Cuba nós temos condição; para o Brasil, nós não teríamos condição. De modo que eu queria dizer ao senhor: nem pense em golpe, porque nós não temos a menor condição de ajudar." E, de fato, o primeiro país que reconheceu, antes dos Estados Unidos, o governo militar foi a União Soviética. É impressionante.

A ESQUERDA E O GOLPE DE 1964

Então não havia mesmo unidade e condição da esquerda resistir?

Não. Eu falei, chamei o pessoal, expliquei. Inútil. Era um pessoal sem base popular.

À qual esquerda o senhor se refere? Como era composta a esquerda da época?

PCB, PCdoB, o grupo compacto do PTB, nós que éramos minoria no PDC. Era disperso, não tinha base popular maior, de jeito nenhum. Resultado: não aguentou coisa nenhuma, tivemos que sair correndo.

Uma última pergunta: qual foi a marca do governo João Goulart?

A preocupação com a pobreza, com os pobres. Jango era preocupado com isso. Jango era um homem muito simples, eu convivi com ele, uma pessoa simpática, de bem com a vida. Uma das coisas que me contaram: quando acabava de jantar, ele descia no porão, onde ficava a guarda pessoal dele, os capangões que trouxe do Rio Grande do Sul. Tomava chimarrão e conversava com eles. Um homem simplérrimo. Ele foi uma perda grande para o Brasil. O golpe nos atrapalhou muito, pagamos até hoje o preço, porque desbaratou os partidos políticos, afastou lideranças. Quando a gente voltou, já era outra geração, não tinha noção de quem éramos. Tivemos todos de reconstruir lenta e dificilmente a nossa volta à participação política.

RAUL RYFF (1911-1989)
"TODOS QUERIAM ATROPELAR JANGO"*

Secretário de Imprensa da Presidência da República e um dos confidentes de João Goulart, o jornalista Raul Ryff impacienta-se quando se sugere que Jango era hesitante em suas decisões. A voz rouca reage:

— O Jango sofria pressões de todos os lados. Não era fácil, não.

Raul Ryff guarda a sete chaves – e com carinho próprio de um discípulo – fotos, documentos, cinejornais das viagens de Goulart à União Soviética, em 1960, e à China, em 1961. Orgulha-se do convívio com o amigo que conheceu jovem no Rio Grande do Sul. Ryff tenta ocultar a emoção, mas tem os olhos úmidos quando diz:

— Jango nunca traiu os trabalhadores e a classe operária, e como presidente deu à esquerda elementos para ela progredir.

Como era o relacionamento do presidente Goulart com a esquerda?

O Jango, quando subiu ao governo, tinha compromissos com o povo brasileiro. Como vice-presidente, ele pregava reformas que tratou de pôr em prática no governo. Muitos alegam que ele quis fazer várias reformas ao mesmo tempo e com isso enfraqueceu o governo em diversas frentes. Mas isso não foi a causa principal. A meu ver, quando se faz tudo aquilo que o Jango fez – lutou pelo controle da remessa de lucros, pela liberdade sindical, pela reforma agrária; encampou as refinarias de petróleo, enfim, medidas de caráter nacionalista –, levanta-se uma onda tremenda contra.

---

* Entrevista concedida ao autor em 5 de maio de 1988.

Toda a imprensa estava contra ele. Os grupos reacionários nacionais e internacionais se mobilizaram imediatamente para impedir a ação do governo. Essa é que é a grande causa do golpe. O Jango talvez pudesse ter sido mais moderado nas reformas, mas não era fácil, não, porque ele tinha um programa claro, específico, ao qual ele condicionara sua candidatura à vice-presidência. Ele também sofria pressões populares e sindicais.

As constantes reivindicações salariais e as greves dificultaram a ação do governo?

De certo modo, sim, mas não foi só isso, não. Hoje, temos greves, como nunca houve no país, e o governo está aí, sem problemas. Naquela época, dado que o governo tinha compromissos com o povo e o proletariado, as organizações a ele ligadas, como os sistemas ferroviário e marítimo, eram as que faziam as greves. Sabiam que o Jango não iria colocar a polícia em cima deles.

O movimento sindical era, porém, muito mal estruturado, como ainda é hoje – só que antigamente muito mais. Basta ver que o índice de trabalhadores sindicalizados era muito reduzido. O proletariado não tinha uma liderança politicamente mais esclarecida e partia logo para as reivindicações de caráter imediato. Uma das barreiras para o Celso Furtado [ministro do Planejamento] executar o Plano Trienal foi o fato de que os trabalhadores não concordaram com o limite de aumentos salariais. E aí o plano se rompeu e não foi executado.

O Plano Trienal teria sido um fator de estabilização econômica?

Não creio. É preciso examinar o plano internacional. Havia um boicote muito grande, tremendo, dos Estados Unidos, aos preços do café, além de falta de empréstimos, cobrança de dívidas – tudo isso em cima do governo de Jango. Claro que aproveitaram as fraquezas do movimento sindical, do próprio governo, as reivindicações precipitadas. Tudo isso ajudou a campanha contra nós. E campanhas com apelo popular, como aquelas Marchas da Família. O Jango era um camarada muito marcado pela reação. A direita não é boba, é esperta, tem sensibilidade, percebe logo onde está o inimigo.

Faltou um sistema de informações mais seguro para impedir a marcha do golpe?

Não. Nós sabíamos que o golpe estava em marcha, não havia dúvida. O Renato Archer me contou uma vez que Osório de Almeida, encarregado de negócios da Embaixada do Brasil nos Estados Unidos, trouxe documentos circunstanciados sobre a conspiração, mostrou-os ao Jango e ele não se surpreendeu, pois estava informado sobre isso.

O que o presidente poderia ter feito para conter a escalada golpista?

Do ponto de vista militar, era muito difícil. A questão passou de um problema nacional para a escala internacional, com interesses imediatos dos Estados Unidos. Talvez o Jango pudesse ter organizado forças politicamente, fazer o partido apoiá-lo, estruturar o movimento sindical. Mas isso não era fácil. Os trabalhadores tinham necessidades imediatas de aumentos de salários. Não dava para viver com aqueles salários, embora o Jango tenha elevado o salário mínimo na medida do possível.

Havia dificuldades no relacionamento entre Jango e as esquerdas?

A começar com seu próprio partido, com lideranças do PTB. Basta ver o episódio do estado de sítio, em que ele não conseguiu apoio nem dentro de seu partido.

Miguel Arraes assustava o presidente?

Não. A impressão que tínhamos era que ele era legalista, no sentido não só de apoio ao governo, mas também que o processo político seguisse normalmente. Segundo se dizia na época, ele estava engajado com Magalhães Pinto para ser candidato à vice-presidência.

As relações com Brizola eram complicadas, não?

Eram relações mais frias. O Brizola estava empenhado em acelerar o processo político e achava que Jango não tinha a firmeza necessária para enfrentar a situação.

A versão de que, a partir dos primeiros meses de 1964, o presidente fez sua opção definitiva pelo lado progressista confere com propósitos de Jango?

Discordo. Esses compromissos ele manifestou desde que assumiu a presidência.

Por que então ele vivia num vaivém político?

Não havia vaivém. Às vezes, não se entendiam as coisas. Um exemplo disso foi a encampação de refinarias de petróleo, que estavam em mãos de empresas aparentemente nacionais. Foi uma onda enorme contra o governo. *O Globo* fez um editorial contra a decisão do governo. A gente percebia que havia uma mesma mão orientando os editoriais. Levei os dois editoriais ao Jango, mostrando as semelhanças. Passado um tempo, o Jango me disse: "Olha, o Serviço de Informações do Exército assegura que o Samuel Wainer recebeu 300 mil dólares para assumir essa posição contra o governo." O negócio não era brincadeira, não.

O presidente era mal aconselhado militarmente?

Nem tanto, porque ele não tinha um conselheiro militar. Tinha três militares, o chefe da Casa Militar, amigos militares, companheiros com os quais se aconselhava e ouvia. Como eu lhe disse, as reformas foram lançadas em ampla escala e com pressões fortes de saída. O Jango se viu envolvido por várias frentes.

O presidente endossou mesmo o esforço de San Tiago Dantas para unificar as esquerdas?

Endossou. San Tiago pregava a unidade do movimento popular, mas não tinha apoio. Uma coisa é o povo; outra, a sua representação política no Congresso.

Jango tinha vocação para unificar o movimento popular?

Tinha. O Jango assumiu o governo numa crise política, numa crise partidária, numa crise econômica, numa crise militar – tudo junto. Assumiu com o governo castrado pelo regime parlamentar híbrido, que não funcionou e teve que ser removido pelo plebiscito. Isso embaraçou o governo. O Jango queria fazer uma revolução tranquila, pelos meios pacíficos.

A ESQUERDA E O GOLPE DE 1964

Faltou à esquerda um projeto estratégico de transformação social?

Nós não conseguimos ter, para usar uma linguagem militar, um projeto tático ligado ao projeto estratégico. O projeto tático de reivindicações salariais imediatas, por exemplo, estava desvinculado de um projeto estratégico maior. Não havia compreensão disso na época. A esquerda queria atropelar. Até havia jornais de esquerda fazendo pressões contra o governo. O Prestes tinha um relacionamento muito bom com o Jango. O Jango fazia uma política aberta, transparente não só com a esquerda, mas com todo mundo. Recebia o pessoal de esquerda. Mas não contou com uma base de sustentação sólida.

As forças armadas divididas, os partidos divididos. No primeiro teste sério – a questão do sítio –, não atenderam ao pedido do governo. Além do mais, reforma suscita logo movimento de protesto. Quem se mete com reformas enfrenta barreiras enormes, ainda mais num país subdesenvolvido como o nosso.

As esquerdas, então, teriam se equivocado ao cobrarem de Jango posições de esquerda?

O Jango não era um revolucionário, um homem de esquerda. Nunca se propôs a isso. Era um homem progressista que deu à esquerda elementos para ela progredir. Não há um ato sequer do Jango contra o povo trabalhador, a esquerda ou a classe operária. Não era um revolucionário, embora certos atos tivessem uma tintura revolucionária, como a reforma agrária.

RUI MOREIRA LIMA (1919-2013)
"O ESQUEMA MILITAR ERA UM FIASCO"*

Desligado o gravador, o brigadeiro Rui Moreira Lima passou-me a impressão de não ter esgotado a reflexão sobre o que vivera em 1964 como comandante da Base de Santa Cruz, então a mais poderosa unidade da Força Aérea no Rio de Janeiro. Ao entrar no elevador, cumprimentou o ascensorista, pôs óculos escuros e continuou a recordar.

— Eu passei o comando da base, após o golpe, a meu substituto, com a tropa formada.

Não dissera isso por empáfia; apenas expressava a sensação do dever cumprido, apesar da derrota, que lhe custaria três inquéritos policiais militares e um total de 153 dias de prisão. Coronel-aviador com 25 anos de relevantes serviços, defendia a hierarquia militar, a legalidade e a ordem constitucional.

Perguntei ao brigadeiro se, hoje, ele faria um voo rasante e dispararia contra as tropas sublevadas do general Mourão Filho, que se deslocavam para o Rio de Janeiro em 31 de março de 1964.

— Não. Primeiro porque meu avião não estava armado; eu fazia um voo de reconhecimento. Só atiraria com ordens. Sou um militar, atiraria se estivesse cumprindo uma ordem. Ora, o presidente, às 5 da tarde, tinha ido para Brasília; às 8 da noite já estava no Rio Grande do Sul. Então, por que eu ia atirar? Seria um Dom Quixote.

---

* Entrevista concedida ao autor em 20 de maio de 1988.

A ESQUERDA E O GOLPE DE 1964

Qual a sua apreciação sobre a era Goulart?

Goulart não estava preparado para ser presidente da República. Fora escolhido por Getúlio Vargas, que era um homem sagaz, para substituí-lo no PTB, porque tinha uma liderança, um carisma. O João Goulart, quando se dirigia às massas, empolgava porque falava na linguagem que o povo queria ouvir. Ele não media palavras. Mas no momento em que chegava em casa passava a ser um latifundiário, um homem conservador, um sujeito tranquilo. O Jango não era um revolucionário, um reformador. Era um latifundiário, cheio de dinheiro.

Ele não soube conduzir o esquema militar?

Ele não teve um esquema militar. Quando quis montar o seu esquema militar, chamou o general Assis Brasil para cuidar disso. E o general Assis Brasil não tinha um passado para ser esse líder que o Jango queria que ele fosse. O Assis Brasil foi um homem que se empolgou com o poder.

Você poderia me perguntar: "O senhor fazia parte desse esquema militar?" Bem, eu devia fazer, pois era comandante da Base Aérea de Santa Cruz, onde havia o primeiro Grupo de Caça, o "Senta a Pua", com uma tradição desde a Itália, e o Grupo de Aviação Embarcada, um grupo novo, de homens altamente técnicos, com cursos na América. Pois bem: mais de 70% dos homens que integravam esses grupos eram afeitos ao golpe, queriam derrubar o presidente. Me puseram nesse fogo. Fui para lá e tive a felicidade de ver esses rapazes – que eram absolutamente radicais, com passado em Jacareacanga – se manterem disciplinados, leais a mim.

O general Assis Brasil não tinha capacidade de articulação militar?

Não tinha. O general Assis Brasil nunca falou comigo. Veja bem: nunca falou comigo. Eu era um homem-chave no esquema, e ele nunca falou comigo. Ele falava com o brigadeiro Francisco Teixeira, que era o comandante da 3ª Zona Aérea.

Há quem diga que o presidente Goulart conciliou muito nas forças armadas, fez promoções erradas...

O presidente não tinha absolutamente noção do que eram as forças armadas. Era um primário nesse problema. Não entendia nada. Você prendia um sargento; o sargento escrevia uma carta para ele. Jango pegava a carta e, quando tinha despacho com o ministro daquela Força, mandava apurar. Ora, se o comandante prendia um sargento, muito raramente era por motivo político, e sim por indisciplina. Aí o camarada inventava um motivo político e o comandante tinha que informar o porquê de sua decisão. Isso era uma inversão da hierarquia.

O presidente Goulart recebia sargentos no Palácio! Não tinha capacidade de distinguir as coisas. Era um homem boníssimo. Não tive o prazer de conhecê-lo, mas quem convivia com ele dizia que era um homem bom, que não tinha malícia. Mas, em termos militares... O sargento pedia transferência, ele mandava transferir, sem consultar o comando. O ministro, em vez de chegar e endurecer com ele, mostrar que não estava agindo certo, que não respeitava a sequência da hierarquia, cumpria logo o que ele pedia.

Quando o governo começou a perder a sua base de sustentação militar?

Começou a perder a base no comício da Central. Foi um comício muito armado, montado. Coloquei um *blue jeans* e fui à Central, como cidadão. Fiquei apavorado com os termos dos discursos, que eram muito avançados. Aquilo assustou a classe média. Por isso é que nas nossas costas estava a esquadra americana. Hoje isso é um fato consumado, todo mundo sabe, mas, na época, eu não sabia que a esquadra estava aí.

O senhor tinha informações sobre a marcha conspiratória?

Tinha. Em março, uma semana antes do famoso 31 de março, a minha base sofreu uma ameaça de invasão de oficiais de outras unidades. Eles estavam doidos para criar um problema. Os chefes, como Castello Branco e toda essa gente, não faziam nada. Eram uns pândegos, que falavam muito, faziam fofocas. Quem fez a chamada revolução foi o Mourão Filho. Os oficiais golpistas da Aeronáutica queriam ir à luta. Tentaram tomar a minha base porque era a única que tinha força para reagir. Me telefonaram, fui lá e mandei prender todo mundo.

Aí há um episódio que merece ser contado. Prendi um sargento, de nome Juarez, e mandei levá-lo escoltado, com ofício secreto dizendo que tinha sido preso por isso e aquilo. O brigadeiro Teixeira já sabia, o Conselho de Segurança Nacional também. Pedia também que abrissem um inquérito e o mantivessem preso, incomunicável, até que se obtivesse o depoimento dele. Quando cheguei, no mesmo dia à tarde, no Comando da 3ª Zona Aérea, procurei pelo Juarez e o brigadeiro Teixeira disse: "Mandei ele para casa, deixa isso para lá." Quer dizer, era um esquema militar fraco, um fiasco.

Havia dificuldades de entrosamento entre o setor nacionalista das forças armadas e o movimento popular?

Nunca tratei com um civil. Não confiava neles como líderes. Aqueles líderes dos sindicatos do João Goulart não tinham capacidade. Você aplicava uma punição a um maquinista que tinha cometido uma falta e eles desencadeavam uma greve porque você fez isso. Começava na Central e dali a pouco todas as estradas de ferro do Brasil estavam em greve. Não tinha cabimento.

Havia muito esquerdismo. Não havia uma organização como hoje. Quando ocorre uma greve, você sabe os motivos. Todo mundo dialoga:

o [empresário] Mário Amato senta-se à mesa com o [dirigente sindical] Joaquinzão; o Lula é uma pessoa esclarecida. Naquele tempo, não havia isso. O sujeito fazia o que lhe dava na telha.

Qual a repercussão interna nas forças armadas de movimentos como o dos sargentos e marinheiros?

O medo que tinham a classe média e a oficialidade, de indisciplina, era real. Convenhamos, havia muita indisciplina. Aquele levante dos sargentos em Brasília foi por falta de comandante. Se tivesse um comandante lá, não teria acontecido. A culpa foi dos oficiais, e os sargentos começaram a ocupar espaços.

Olha, eu promovi palestras na base, levando gente como Osvaldo Lima Filho, João Pinheiro Neto, sobre reforma agrária; o dom Helder Câmara, sobre cristianismo – com uma visão, aliás, que era socialismo puro. Não houve um deslize, a não ser a prisão de dois oficiais que achavam que aquilo não estava certo, que eu não devia fazer conferências lá dentro. Enquadrei os dois no regulamento disciplinar, com oito dias de prisão para cada um. Eles não reclamaram, nem recorreram. Eram dois garotos que resolveram me enfrentar. A questão da hierarquia é fundamental.

Faltou uma estratégia ao presidente Goulart para enfrentar a situação?

Faltava-lhe uma diretriz. Ele devia ter chamado o Assis Brasil e ordenar: "Quem botar a cabeça para fora, você corta." Bastava punir os golpistas com transferência. A pior coisa para um tenente-coronel, que ainda está acabando de criar os filhos, é ser transferido. Depois de um ano, você o transfere de novo. Eu quero ver se ele vai conspirar de novo.

A ESQUERDA E O GOLPE DE 1964

O que mais determinou o golpe: a crise política ou a crise militar?

É difícil dizer. As duas. Os militares porque perderam o bonde da História. Não estavam preparados para reagir. Você dava informações ao general Assis Brasil e ele dizia: "Isso é provocação, deixa para lá." A crise política foi marcada pela dubiedade do presidente João Goulart, pela pressão americana em cima dele, que foi muito forte. Ainda é assim até hoje. O FMI [Fundo Monetário Internacional] está aí mesmo batendo às nossas portas, conferindo nossas contas, o que é uma vergonha nacional. Quando o certo era dizermos: não pagaremos, pois essa dívida é impagável. O João Goulart não tinha força, não dispunha de um *staff* político que lhe dissesse as coisas certas a fazer. Na esquerda, havia muita picaretagem. O que mais existia era pelegagem, sujeitos que queriam se aproveitar da situação.

SÉRGIO MAGALHÃES (1916-1991)
"BANDEIRAS CERTAS EM MÃOS ERRADAS"*

No final da década de 1950, o engenheiro calculista de concreto Sérgio Magalhães, de uma família de políticos pernambucanos (o pai foi deputado federal e o irmão, Agamenon, deputado, interventor e governador de Pernambuco), projetou-se politicamente dirigindo o Montepio dos Servidores do Distrito Federal.

Em 1960, concorreu a governador da Guanabara enfrentando o super-homem da direita, Carlos Lacerda. Perdeu por pouco. Eleito deputado federal em 1962, Sérgio Magalhães integrou o "grupo compacto" do PTB e presidiu a Frente Parlamentar Nacionalista. Apresentou o projeto de lei limitando as remessas de lucros ao exterior e cobrou a sua regulamentação ao presidente Goulart. Após o golpe, com base no AI-1, seu mandato parlamentar foi cassado e os direitos políticos suspensos por dez anos.

Quase 25 anos depois, um senhor magro, calvo, voz pausada, leve sotaque nordestino, me recebe à porta do apartamento em Copacabana. Depois de uma hora de conversa, digo-lhe que poderia ceder alguns recortes com seus pronunciamentos e entrevistas nos idos de 1964. Com um sorriso tímido e uma ponta de amargura, Sérgio responde:

— Muito obrigado, mas já vi esse filme.

---

* Entrevista concedida ao autor em 30 de abril de 1988.

A ESQUERDA E O GOLPE DE 1964

Como o senhor analisa a atuação da esquerda no governo Goulart?

Eu acho que muitos setores de esquerda cometiam erros de avaliação. Se um administrador tomava alguma medida que lhes agradasse, mesmo que a sua inspiração tivesse sido política e não de acordo com um pensamento coerente de esquerda, era logo elevado ao máximo. Não se distinguiam bem as coisas.

Dê um exemplo.

Cito o Jango. Ele tomou medidas de desapropriação de terras ao longo de rodovias federais, para efeito de reforma agrária, e logo foi criticado. Mas essas esquerdas não compreendiam a situação; não tinham, digamos, um objetivo. Havia muito aquela ideia de se querer isto; se não for isto, não pode ser, não serve. É um erro. Nós observamos que, em vários países, as medidas tomadas pelos governos podem não ser exatamente as desejadas por todos, mas chegam próximo, a meio caminho.

Em 1964, havia ideologia de esquerda, mas não havia política, no sentido de se atuar para a consecução dos objetivos. Muitos não sabiam que não basta querer uma coisa, você precisa saber como chegar lá. Por incrível que pareça, eu fui descobrindo isso na minha própria atuação. Fiz uma ação parlamentar e consegui, depois de muita luta, a aprovação da lei de remessa de lucros, até hoje lembrada.

Aliás, é incrível, mas se não fosse Jânio Quadros não teríamos a lei de remessa de lucros. Tudo começou na campanha eleitoral de Jânio, em Salvador. Na campanha, você tem que fazer dez, quinze discursos por dia. A gente não pode ficar renovando. Temos que construir um discurso tal que possa ter uma linha definida, adaptando-a a quem se está falando. O Jânio chegou na Bahia e, cansado de repetir, disse aos jornalistas: "Vocês não têm um tema diferente?" Um jornalista disse: "Por que o senhor não fala em remessa de lucros?" A surpresa foi enorme quando Jânio, a certa altura, sem assunto, disse [imita a voz de Jânio]: "Se eleito, remeterei ao Congresso uma lei limitando a remessa de lucros para o exterior." O comício veio abaixo.

O jornalista que fez a sugestão foi Moniz Bandeira. Aliás, o Moniz era uma daquelas esquerdas que chegavam, faziam e aconteciam. Às vezes, eu não passava telegrama algum e ele o passava por mim, depois me dizia. O que podia fazer? Você veja as dificuldades. Jânio, então, facilitou. Chamou um assessor e mandou colocar o assunto no programa de governo. Depois que assumiu, mandou o João Agripino preparar a mensagem ao Congresso. O projeto era água com açúcar, mas bateu no Congresso, a UDN pediu urgência para agradar ao presidente e, na urgência, nós atuamos e acabou saindo a lei.

Crê que a batalha pela limitação das remessas de lucros foi um dos pontos que mais açularam a direita?

Aí está o "x" do problema. A direita tinha homens políticos, que sentiam o problema. Passou a me considerar mais perigoso que os outros porque eu lutei para convencer o Parlamento de que o país precisava disciplinar a remessa de lucros. Enquanto aqui vivíamos dificuldades enormes, os lucros saíam em massa para o exterior.

Do nosso lado, não tínhamos um homem que conduzisse os acontecimentos com lucidez, que não fosse contra os fatos. Na batalha pela aprovação da lei de remessa de lucros, aprendi que discurso não é como roupa, que você não pode ficar repetindo uma só que todo mundo estranha. Quanto mais eu falava, mais me convencia – embora muitos companheiros dissessem que eu já estava cansado, que batia na mesma tecla. Pois bem: provocamos uma surpresa geral aprovando a lei.

A ESQUERDA E O GOLPE DE 1964

Não creio que a lei tenha açulado tanto assim. É claro que os meios mais intelectualizados da direita, os economistas da direita, sabiam que ali estava algo de sério para os interesses dos trustes: ter que limitar suas remessas, embora a lei viesse a ser um tanto ineficaz. Se não havia controle da remessa, não poderia haver controle do quantitativo enviado. Mas, de qualquer forma, teriam que encontrar meios de burlar a lei – o que, para eles, não era lá conveniente.

O movimento progressista subestimou a conspiração comandada pelo complexo IPES-ESG?

Eu não era muito chegado ao Palácio, não me metia lá. Mas posso lhe dizer que não se subestimava. Sabia-se que eles contavam com muitos recursos. Tanto que, na eleição de 1962, o financiamento do IBAD foi grande e, apesar de tudo, não teve o resultado esperado. Posso responder por mim. Eu achava que o Brasil já tinha um grau de desenvolvimento grande, com interesses tão complexos e múltiplos que não havia mais condições para se dar um golpe militar. Veja meu erro. Pensava no golpe de Getúlio em 1937: o país era monocultor, exportava produtos primários, sem maior industrialização. Eu voltava a pensar em 1964 e constatava que 90% da produção de automóveis já estavam nacionalizadas. Isso me dava a noção de que tínhamos nos tornado um país importante e que esses interesses não podia haver ditadura que pudesse contrariar.

O senhor era um dos que acreditavam no dispositivo militar de Jango?

Não, eu não acreditava no dispositivo militar. Acreditava que, se houvesse um choque, seria, conforme fora planejado e se dizia na época do golpe, uma intervenção para retomar o processo democrático. Eu estava raciocinando de um modo que não previa o que aconteceria depois – uma ditadura se estabelecendo. Pensava que pudesse haver um choque, e aí os grandes interesses nacionais fariam com que houvesse uma solução. Que haveria um choque, eu sentia.

Qual o papel que Brizola teve no processo que levou ao golpe?

Brizola pecou pelo primarismo. Era um político primário, no sentido de colocar tudo em função de suas ambições. É natural que as pessoas tenham suas ambições, mas nunca podem colocá-las acima de tudo. Pela pregação dele, via-se que não compreendia o que se passava. O que ele pretendia? Aguçar, como aguçou? Ele não foi o político no sentido de defender teses para que fossem vitoriosas. Defendia as teses para provocar realmente uma convulsão que – ele pensava – pudesse tornar vitoriosas suas pretensões, desaparecendo a questão do cunhado. Porque a realidade era esta: ele não poderia concorrer à presidência pelos laços de parentesco com o presidente.

Frente de Mobilização Popular e grupos dos onze foram tentativas desesperadas de unir as esquerdas?

Ali existiam os que estavam de boa-fé, achando que o Jango ia fazer as reformas e poderia se tornar um ditador para executar aquelas medidas todas, que imaginavam conveniente para o país. Não era o que pensava o Brizola. Ora, ele não queria o Jango ditador, pois também queria ser presidente. Uma coisa é certa: os fatos históricos provaram que tudo isso estava errado. Era errado querer coisas sem falar, explicar, ter repercussão junto à sociedade.

[Mas, em março de 1964, o deputado Sérgio Magalhães tinha opinião diversa sobre a ação política de Leonel Brizola: "Os que pretendem apagar a grande contribuição do Brizola para a causa da emancipação nacional não são autênticos nacionalistas, são reacionários."]

A ESQUERDA E O GOLPE DE 1964

Onde Jango errou?

O Jango errou no sentido de não procurar conduzir as reformas, que eram justas e reclamadas pela nação, pelo caminho político. Embora as reformas não pudessem ser concluídas no governo dele, ele as deixaria encaminhadas através da coordenação de toda a bancada. O PSD, num determinado momento, e isso eu próprio senti, cederia ao controle da remessa de lucros. A conduta política não era no sentido de conseguir o que se pregava. Em poucas palavras: tínhamos as bandeiras certas em mãos erradas.

Acha que a campanha eleitoral da Guanabara, entre o senhor e Carlos Lacerda, foi um dos marcos da confrontação ideológica que conduziria ao golpe?

Não creio. Pelo contrário, existem opiniões de que a história seria diferente.

Em que sentido?

Que eu evitaria o que se passou em 1964 se tivesse chegado ao governo.

Por quê?

Porque eu teria adotado uma orientação diferente. Não quero dizer com isso que as coisas não fossem acontecer, mas o que se diz é que eu, no governo da Guanabara, evitaria que o país tivesse seguido naquela direção.

Segurando a esquerda?

Talvez. Eu passaria a ser aqui um centro de gravitação. Muita gente diz isto: a história teria sido diferente. A minha experiência diz o seguinte:

os homens estavam defendendo as teses certas, populares, que até hoje o Brasil clama, de reformas estruturais. Mas eu sentia o descompasso entre as teses que não poderia deixar de abraçar – reformas agrária, bancária, tributária, distribuição de renda – e a maneira como se encaminhavam as coisas.

Eu não tinha, naquele tempo, a experiência para fazer uma denúncia séria sobre isso, compreende? Era um engenheiro calculista de concreto que, de repente, se viu na Câmara dos Deputados, num caldeirão. Se eu tivesse mais experiência política, podia fazer um discurso abalando tudo aquilo, defendendo essas minhas teses. Iria à UDN e indagaria: "Vocês contestam que o Brasil precisa de reformas? Vamos discutir isso, vamos conseguir um acordo."

Mas a verdade é que não tínhamos líderes. Nossas lideranças eram primárias. Conjugavam teses caras ao povo brasileiro com objetivos outros, tal era o desarranjo. O que fizeram? Assustaram a classe média. As pessoas mais esclarecidas diziam: "Com esses homens que aí estão, não tem reforma alguma. Eles querem é fazer subversão."

THEOTONIO DOS SANTOS (1936-2018)
"PERDEMOS NA FALTA DE AMADURECIMENTO"*

Após o golpe de 1º de abril de 1964, o economista Theotonio dos Santos foi demitido do cargo de professor da Universidade de Brasília. Perseguido por sua militância na Polop, da qual era um dos ideólogos, seu exílio de quinze anos começou no Chile, onde foi pesquisador e diretor-geral do Centro de Estudos Socioeconômicos da Faculdade de Economia da Universidade do Chile. Escapou da selvageria do golpe militar que derrubou o presidente Salvador Allende, em 11 de setembro de 1973, asilando-se na Embaixada do Panamá. Seis meses depois, obteve salvo-conduto para o México. Durante o exílio, escreveu sua obra seminal sobre a teoria da dependência na América Latina.

Ao recordar-se da experiência na Polop, Theotonio detém-se num ponto: eventuais posições de ultraesquerda que a organização sustentava (inclusive atacando o governo Goulart) não lhe tiravam a sensibilidade para avaliar que caminhávamos para o golpe.

— Achávamos que não haveria condições para a resistência. E tratamos de nos preparar, fazendo três ou quatro ensaios de clandestinidade na hipótese de um golpe. Tínhamos "aparelhos" para abrigar o pessoal. Foi isso que nos permitiu sobreviver.

---

* Entrevista concedida ao autor em 2 de agosto de 1983.

A ESQUERDA E O GOLPE DE 1964

Por que as teorias da Polop eram distanciadas do movimento operário?

Pode ser que em parte fossem, mas não creio que fossem tanto assim, não. Realmente não havia um ambiente no movimento operário para que as nossas teses pudessem ser expostas mais amplamente. Tínhamos algumas teses equivocadas. Defendíamos muito a autonomia sindical, e sempre o movimento sindical teve muito medo disso. Defendíamos os conselhos e os comitês de fábrica, que hoje cada vez mais se desenvolvem, mas que também eram temidos pelos dirigentes sindicais da época. Defendíamos o fim progressivo do imposto sindical, o que gerava muita resistência. Essas três teses eram mal recebidas.

Vocês criticavam muito a política do CGT.

Criticávamos a dependência do CGT ao governo de Jango, que o levou inclusive a não ter condições de atuar independentemente. Apoiamos a criação do CGT e todo o seu processo de desenvolvimento, tínhamos boas relações com as lideranças sindicais. Mas mantínhamos aquelas três posições políticas que eram bastante difíceis de ser aceitas.

Hoje, acho que eram posições que nos dificultaram a penetração no movimento sindical. Tínhamos que ver que o movimento sindical brasileiro dependia muito do Estado, por razões históricas, por sua própria debilidade. Não podíamos pensar num movimento sindical à americana, à europeia, que se desenvolvesse independentemente do Estado.

Como viam o governo de Jango?

[...] Criticávamos certas posições do Jango, de forma bastante dura. Considerávamos que Jango estava facilitando as condições para o golpe militar, na medida em que não ampliava a base dos processos de reforma estrutural. Ele vacilou muito tempo nesse sentido. Havia uma divergência entre nós. Sobretudo o Rui Mauro Marini [também dirigente da Polop] punha muita ênfase num golpe janguista, de tipo bonapartista. E a Polop como tal se negava a apoiar uma fórmula desse tipo.

Pessoalmente, nunca concordei que o Jango pudesse dar um golpe. Sabia que ele articulava nessa direção, mas não via viabilidade histórica numa fórmula desse tipo. Isso nos levava muito a acreditar no golpe de Estado. Chegamos a um ponto em que estávamos realmente seguros de que haveria o golpe, sem condições para a resistência.

A partir de que momento vocês perceberam que poderia haver um golpe?

Bem, achávamos que ia haver um golpe de Estado desde que nos formamos. O primeiro documento nosso era sobre o governo Jango; chamava-se "Gigante do pé de barro". Dizíamos que o governo era débil, apesar da força que ele aparentava, por causa das contradições internas que trazia. E que inevitavelmente a burguesia brasileira iria perder o controle político da situação do país. O desdobramento seria muito mais no sentido de uma solução de força do que qualquer outro tipo. E que só haveria uma fórmula democrática se nós conseguíssemos formar a frente dos trabalhadores da cidade e do campo e partir realmente para uma transformação revolucionária.

Em que medida a esquerda foi um fator de desestabilização do governo Goulart?

Bem, o governo do Jango era instável. Por exemplo: o CGT, dirigido pelo Clodesmidt Riani, que era janguista, brigou, entrou em choque com o Jango. Por quê? Porque o Jango manipulava o CGT para defender interesses políticos dele, sem fazer concessões econômico-sociais e sem atender às demandas por reformas mais profundas. Quer dizer, ele queria usar o movimento sindical como base de apoio, mas não queria dar as reformas que cada vez mais se pedia.

Depois de 1961 – e nesse movimento marcante que foi a campanha pela legalidade, o papel de Brizola foi absolutamente definitivo –, criou-se no Brasil uma aspiração de transformação social. O povo percebeu que era possível derrotar os militares. Então se radicalizaram as demandas sociais, imensamente. O povo exigia mais, mais e mais. O esquema de controle político que o Jango tinha era incapaz de sustentar essas demandas.

Voltando à sua pergunta: as forças com posições mais radicais podiam prejudicar talvez alguns acordos de cúpula, algumas coisas. Mas nenhuma força de ultraesquerda, historicamente, impediu uma revolução.

Na corrida à sucessão de 1965, vocês estavam com Brizola ou Arraes?

Com Brizola. O Arraes estava de composição com o Magalhães Pinto para ser seu vice. Arraes estava muito ligado ao PC, à linha mais à direita do PC.

A disputa sucessória não foi um fator de divisão da esquerda? Havia gente que estava com Arraes.

Era a divisão entre a linha nacional-democrática e uma linha mais avançada, que o Brizola já expressava. Brizola estava muito mais inspirado na Revolução Cubana do que numa perspectiva nacional-democrática.

Tinham conhecimento dos planos militares dos grupos dos onze?

Participamos dos grupos dos onze, que não tinham grandes planos militares. Era mais uma ideia de resistência propriamente militar. Era mais um grupo capaz de promover uma resistência ao golpe militar. Mas não havia assim um projeto de organização ofensiva. Era mais um mecanismo de resistência.

Onde você acha que a esquerda errou?

A esquerda estava comprometida com uma frente ampla sem perspectivas e não tinha amadurecimento para criar outra frente política, capaz de fazer as transformações de que o país precisava. Ela se equivocou muito no que respeita ao papel da burguesia brasileira.

Tanto é assim que o golpe de 1964 foi entendido por grande parte da esquerda como um golpe latifundiário, um golpe das forças feudais, quando era o golpe das multinacionais, das forças mais modernas do capitalismo brasileiro. Representavam uma modernização pró-imperialista, dentro do sistema internacional, aprofundando o caráter dependente da economia e a monopolização. A esquerda pensou que fosse ser um golpe da direita arcaica, tradicional. E ela continuava vendo falsos inimigos. Ela não estava muito preparada teoricamente para enfrentar a situação.

Não compreendia a realidade?

A esquerda, em seu conjunto, não compreendia a realidade. Nisso inclusive homens como Brizola fazem autocríticas muito profundas. Talvez seja um pouco absurdo dizer que a Polop compreendia. Talvez dentro da Polop houvesse uma consciência maior da situação digamos, dos elementos essenciais da situação. Mas não basta para fazer uma transformação social. Se você não tem os elementos práticos para atuar, pode somente descrever a situação.

Creio que era uma questão mesmo de falta de amadurecimento político das forças capazes de fazer uma transformação revolucionária, com capacidade própria de articulação política. Elas começaram a esboçar essa capacidade em figuras como Brizola, em organizações como a Frente de Mobilização Popular e o CGT, ainda nascentes.

Perdemos aí. Se o processo tivesse continuado, seguramente a contradição entre o Jango e essas forças iria se aprofundar, cada dia mais. Nesse sentido, a direita compreendeu bem a situação. Tinha que cortar antes que o processo amadurecesse. Dois anos mais em um processo como aquele e realmente nós teríamos no Brasil um processo de transformação muito profundo. O perigo que o Jango representava para a direita não era ele, pessoalmente, e sim a impossibilidade de controlar aquele processo.

WALDIR PIRES (1926-2018)
"NÃO TÍNHAMOS UM PROJETO ESTRATÉGICO"*

Waldir Pires alisa os cabelos, tem os olhos marejados, passa o dorso da mão no rosto. A entrevista mal começara e eu lhe propusera a simulação improvável de um exercício: imaginar-se aos 37 anos, consultor-geral da República, descendo o elevador do Palácio do Planalto pela última vez, com João Goulart deposto.

Funde-se o passado, e Waldir caminha apressado ao lado do chefe da Casa Civil, Darcy Ribeiro, no saguão da Base Aérea de Brasília. Darcy mandara preparar o avião que iria levá-los ao encontro de Goulart no sul do país. O oficial da Força Aérea que os recebe diz que não tem autorização superior para atender ao pedido. O golpe já dava as cartas.

Tensos, Waldir e Darcy conseguiram, afinal, embarcar em um monomotor, em ação articulada pelo deputado Rubens Paiva com a colaboração de amigos.

Na sala de seu apartamento na avenida Atlântica, em Copacabana, Rio de Janeiro, Waldir olha para mim e comenta: "Sabe lá o que é você entrar num avião e acabar no Uruguai, longe de sua família, de repente, por causa de um golpe?" Diz isso com dor, balança a cabeça, aperta os lábios.

— Fomos para o Uruguai num acidente de percurso. Aquele não era o nosso destino. Eu e Darcy tínhamos saído para tentar chegar ao Rio Grande, na expectativa de que lá se organizaria a resistência. Na fron-

---
* Entrevista concedida ao autor em 28 de novembro de 1987.

teira do Mato Grosso com a Bolívia, descemos numa fazenda e tivemos a notícia pelo rádio de que o presidente já estava em Montevidéu e que Brizola se encontrava escondido, ninguém sabia onde. Era absolutamente inviável ir para o Rio Grande àquela altura, porque já estávamos sendo muito procurados em Brasília. Decidimos então ir para o exílio.

Por que a esquerda perdeu em 1964?

Não sei se havia a noção muito clara de que era um problema da esquerda. A esquerda tinha uma divisão, em 1964, muito grande. Havia uma desarticulação profunda nessa área. Uma certa incapacidade de ter um projeto só. Sob muitos aspectos, até que ponto Jango era um homem de esquerda? Havia uma consciência muito forte no Brasil de que o país, naquele instante, precisava efetivamente mudar suas estruturas, que eram incapazes de responder às nossas potencialidades e, sobretudo, à vida do povo.

As necessidades de mudanças – que tinham o nome de reformas de base – eram uma coisa generalizada. Eram uma espécie de linha que cortava muitos setores da sociedade e também muitos setores políticos que não se organizavam em função, digamos assim, de um pensamento determinado, mas que desejavam a transformação, a mudança.

Seria, portanto, a tentativa de fazer um governo socialista no Brasil? Não, não creio. Havia algumas áreas do pensamento marxista no Partido Comunista. E havia, em áreas outras de esquerda, posições muito mais radicalizantes, mas não marxistas no Partido Comunista. A Igreja começava a iniciar um processo de vinculação com o movimento social ou mesmo com a questão social. Era já a influência da encíclica *Mater et Magistra*, de João XXIII, portanto de retomada de uma visão do cristianismo primitivo.

De modo que as forças então chamadas de reformistas tinham uma inorganicidade muito grande, conquanto fossem representativas das aspirações populares. E isso para enfrentar, aí sim, o *establishment* brasileiro, muito forte e conservador, muito seguro nos controles estratégicos da vida econômica e social.

As lideranças principais do movimento reformador se situavam em torno de uma liderança como a do presidente João Goulart, que no fundo era uma pessoa generosa, uma disponibilidade humana muito grande – mas não era um organizador de massas. Ele tinha uma disponibilidade de contato com as massas; desejava que pudessem ter uma condição de vida melhor. Mas não era um organizador determinado, com uma articulação de pensamento político. O Jango era muito mais uma figura aberta para o mundo que pudesse abranger as pessoas que viviam do trabalho.

Além da liderança do presidente, havia a de Brizola, muito forte, carregada de reputação por sua resistência em 1961. Mas ele não tinha uma elaboração do movimento político, das alianças de forças capazes de desestabilizar uma sedimentação no tempo tão longa como a da direita conservadora no país. Brizola era muito mais um homem de ação, sem propriamente ter um projeto estratégico de ação política e democrática.

Por não ter tido esse projeto estratégico, Brizola acabou não interferindo como poderia no processo?

Certo. Eu creio que nesse particular foram mobilizadas ações que não tinham correspondência numa análise de correlação de forças. Como o quadro brasileiro era o de necessidade de uma reformulação completa, em vez de se ter muito nítido o campo de cada uma das etapas, quase que se pretendeu ao mesmo tempo uma visão do poder que não correspondia à realidade política e sociológica do Estado. Com isso, o grau de desentendimento entre Jango e Brizola era muito grande, pela própria natureza do temperamento de ambos.

Outra figura importante era a de Arraes, no Nordeste. Uma figura da mais alta respeitabilidade, liderando uma aliança de forças populares, mas também sem muita possibilidade de uma articulação conjunta. E tínhamos ainda as forças de esquerda dos partidos então ilegais, como o Partido Comunista e a AP.

Creio que uma das razões profundas do golpe de Estado de 1964 foi que não houve clareza no projeto das reformas sociais e econômicas, no sentido de que não se construiu uma estratégia nítida sobre o que seria reformar a sociedade brasileira. Como? De que forma? O Estado democrático se consolidará e se fortalecerá de que modo? É possível abrir mão do projeto do Estado democrático? Havia dúvidas – não na minha cabeça, mas na de outros companheiros – sobre a possibilidade de a solução não ser institucional.

Esse quadro desestabilizou o governo e favoreceu a articulação golpista?

Não creio que tenha sido isso que desestabilizou. Isso desencadeou uma agressividade muito grande da direita. E algumas das medidas propostas nos retiraram o apoio das classes médias, que são fundamentais na estabilidade do processo político brasileiro, não só porque já são numerosas e têm interesses específicos e claros, como também porque são muito presentes na visão e no comportamento das forças armadas. De modo que, quando em determinados instantes foram agredidos interesses da classe média, ela se amedrontou com a capacidade de mistificação da direita.

A direita desenvolveu, por exemplo, a ideia de que a reforma agrária era alguma coisa incompatível com os interesses da classe média, quando nós sabemos que não há nada mais compatível com os interesses da classe média do que a reforma agrária. Que absorve mão de obra do homem no campo, dá a todos a capacidade de ter terra e trabalhá-la, com crédito, organização de mercado, abastecimento, com toda uma política agrícola e agrária. Ora, isso é altamente conveniente à classe média, que, no entanto, foi mobilizada contra a reforma agrária, como se a reforma agrária pudesse ser alguma coisa de conteúdo estritamente marxista. Tudo isso tem a ver com a inexistência de um projeto democrático de mudanças.

Não acha que faltou base popular para sustentar as reformas?

Entre as reformas políticas que nós propúnhamos – e eu escrevi essa formulação na última mensagem do presidente João Goulart –, se situava a hipótese do plebiscito toda vez que houvesse um conflito na posição de reforma do presidente da República ou do Congresso Nacional. O Congresso tinha uma representação, naquele momento, digamos assim, muito mais vinculada às estruturas agrárias retrógradas do que, por exemplo, hoje. Nós sabíamos que no Congresso não havia maioria. O nosso Congresso de hoje é muito mais suscetível a mudanças do que em 1964.

Do lado de cá, inexistiam candidaturas à presidência da República que somassem nossas posições, que nos unissem ao invés de separar-nos. Nós estávamos muito divididos e subdivididos. A própria candidatura que eventualmente poderia avançar numa segunda etapa, a de Juscelino, que representava uma espécie de esbarro na articulação da direita de tendência mórbida, era muito combatida dentro do nosso movimento. Ao mesmo tempo, não se articulou outra candidatura. Falava-se muito de Carvalho Pinto como aliança da burguesia industrial e classe média, com um tipo moderno de relação com o movimento operário, uma relação civilizada de forças sociais que estabelecesse uma partilha da renda nacional de forma decente para todas as classes sociais.

A ESQUERDA E O GOLPE DE 1964

Foi por ambição de alguns que não se articulou uma candidatura desse tipo?

Foi pela inexperiência das forças sociais, que não se organizaram. O Brasil não tem experiência de partidos políticos, que estavam muito divididos internamente. O movimento popular mais progressista tinha um corte em praticamente todos os partidos. Claro que em alguns com um corte mais expressivo que em outros. No PTB muito maior que no PSD ou na UDN. Essa articulação não foi realizada porque não se tinha um projeto.

Nós vivíamos uma situação democrática, mas não tínhamos um projeto claro de defender uma candidatura que representasse a aliança de forças sociais, com um corpo de compromissos para o avanço da sociedade brasileira. Creio que isso foi responsável pela enorme articulação da direita. A direita é insuscetível de reduzir seus privilégios. Quando ela tem receios de que não seja possível manter seus privilégios, dispõe-se a tudo. Não faz a luta simplesmente institucional; ela se mobiliza de todos os modos para defender seus interesses, inclusive com a interrupção do processo democrático.

O movimento popular, a esquerda e o governo subestimaram a conspiração golpista?

Creio que sim. Havia poucas informações a respeito e, sem um projeto articulado no lado democrático, não se enfrentava esse movimento golpista de forma eficaz. Havia muito mais a retórica dos discursos do que propriamente uma ação organizada para preservar o processo democrático. Na nossa área mesmo, havia os que não tinham clareza de que era indispensável assegurar a continuidade do processo democrático, para que as liberdades públicas e individuais significassem um avanço inequívoco e inelutável do povo brasileiro e dos trabalhadores.

WALDIR PIRES (1926-2018)

O Palácio do Planalto tinha poucas informações sobre a conspiração?

Creio que sim. As expectativas em relação à posição militar eram até otimistas. Naquele momento, a chefia da Casa Militar era muito otimista. Não se dava conta de que o movimento era daquela natureza. Eu perguntei, por exemplo, ao presidente Goulart, nos primeiros dias do exílio, conversando madrugada adentro (no exílio, uma coisa que a gente tem é tempo), por que não foi possível a resistência no Rio Grande. E ele me disse que decorreu de um diagnóstico sobre a posição militar e ao mesmo tempo resultante da compreensão de seus deveres para com o Brasil. Ele tivera informações sobre a articulação externa para o golpe de Estado. O golpe não estava assentado apenas na mobilização das forças internas, mas havia uma conspiração externa inequívoca.

De modo que ele me disse, nessa madrugada, que recebeu a notícia do levante do general Mourão, imediatamente após os dois generais que eram amigos dele – Oromar Osório e Cunha Melo – assegurarem a superioridade das forças legalistas que iriam se encontrar com as forças comandadas pelo general Mourão. E que era tal a diferença de poder militar de uma força para outra, tão esmagadoramente superior era a força que saía do Rio de Janeiro, que eles asseguraram que era um encontro para ser resolvido em cinco minutos de batalha, se fosse o caso. Ou então de rendição. Seria uma tropa de elite comandada por dois generais muito amigos do presidente.

Algumas horas depois, o presidente tem notícia exatamente do oposto: as forças extraordinariamente superiores eram as que passaram para o lado de Mourão. Só o general Cunha Melo se manteve fiel e retornou com alguns oficiais. Ora, se aquela era uma tropa escolhida, de elite, comandada por pessoas da confiança do presidente, e tinha dado no que deu… Jango disse-me: "Senti ali que estava deposto." E voou para Brasília em seguida, com a comunicação de que o general Kruel, comandante do II Exército, tinha passado a apoiar o golpe de Estado. O diálogo com Kruel dignifica o presidente. Houve imposições no plano político que ele não aceitou.

Creio que não havia a noção clara da profundidade da articulação da direita, da eventualidade do golpe de Estado. Além de alguns equívocos no tratamento da questão militar, houve provocações. Hoje todos nós sabemos o papel que desempenhou o cabo Anselmo naqueles episódios que venderam a ideia de um governo que estava desrespeitando o princípio da hierarquia e da disciplina, portanto da governabilidade democrática. Tudo isso foi conturbando e retirando a sustentação militar do governo. O presidente seguramente não tinha essa informação detalhada.

Como observador dentro do Palácio, como analisava a relação das forças progressistas com o governo? Era difícil a convivência?

Havia de tudo. O presidente tinha uma relação muito direta com o movimento sindical, conquanto o CGT não fosse uma instituição legalizada. Mas era um organismo com o qual o presidente dialogava. Ao lado disso, havia toda uma deformação do movimento sindical que vinha do Estado Novo, portanto das ligações mais fisiológicas. Era muito crescente o sentimento de politização e muito forte a ideia do voluntarismo político fácil. Havia toda uma influência de que se poderia repetir num país como o Brasil o episódio democrático da Revolução Cubana. Mas Cuba era uma ilha, tinha em relação ao Brasil uma população reduzida, com interesses muito limitados.

A ideia de que seria possível uma solução de foco revolucionário, um movimento de tipo cubano, correu muito naquela época. Isso em vez de se defender a estruturação de partidos políticos que viriam a ser partidos de massas, para organizar os movimentos reivindicatórios e estabelecer uma relação democrática de disputa de poder e ganhar nessa disputa fatias da riqueza nacional e dos benefícios do progresso.

De modo que tudo isso perturbou a formação de um projeto articulado. Quando você não tem a estratégia acabada, flutua ao sabor dos episódios de cada dia e fica prisioneiro dos desejos táticos deste ou daquele setor mais ou menos importante.

A literatura sobre o golpe assinala os vaivéns de Jango: ora se inclinava pelo lado progressista, ora tendia para o lado conservador. Como explica isso?

Havia algumas áreas políticas que gostariam que o Jango adotasse um projeto revolucionário mais ou menos radical. Ele não era isso, nunca foi radical. Ele não era um articulador da revolução – era um equívoco. Ele era um articulador das reformas. E nisso há uma enorme coerência do Jango. Você não encontra nenhuma posição dele que seja reacionária. Ele tinha certo senso do que podia e do que não podia. Quando, na fase anterior, ele articula a retomada dos poderes presidenciais, o faz sem ceder no essencial. [...]

Ou seja: o projeto do Jango era incompreendido por setores progressistas.

Era um conflito de ordem metodológica. O que se pretendia do Jango era algo que ele não estava disposto a fazer, nunca esteve, não era do seu temperamento, da sua formação. Ele era um homem do acordo, mas do acordo que avança. Não se conhecem acordos do Jango em que ele tenha retrocedido, recuado que seja para dar um passo atrás comprometedor do avanço da sociedade brasileira. Ele era um tático.

PARTE 5

O DESAFIO QUE FICOU PARA TRÁS

QUATRO HIPÓTESES

Guardemos os rolos com os filmes dos depoimentos, os recortes de jornais, os documentos de partidos, organizações, grupos e líderes de esquerda, as imagens de sargentos e marinheiros amotinados, o presidente João Goulart no seu veemente discurso no comício da Central do Brasil, ou ainda os jovens revolucionários do Centro Popular de Cultura na busca apaixonada pela aproximação com o povo brasileiro. À primeira vista, 1964 remete a um retrato na parede, desses que doem. No entanto, cintila perante os nossos olhos depois de tudo o que vimos sobre aquelas jornadas de esperanças revolucionárias e tensões angustiantes. A releitura me fez pensar nos versos finais do poema "Maio 1964", de Ferreira Gullar: "A luta comum me acende o sangue/ e me bate no peito/ como o coice de uma lembrança."[1]

Podemos identificar, nos depoimentos, ao menos quatro linhas de interpretação sobre possíveis razões da derrota.

Primeira hipótese

Prevalecia a crença de que nada conseguiria deter os setores populares em direção às reformas de base.

José Serra menciona um episódio eloquente. Durante reunião da Frente de Mobilização Popular no gabinete do deputado Neiva Moreira, Serra notou na parede um mapa com tachinhas espetadas.

— Neiva, o que é isso? – indagou Serra.

A ESQUERDA E O GOLPE DE 1964

— Quando o pessoal da UDN vem aqui na minha sala, eu aponto para o mapa e digo para eles que são os nossos postos já de luta, nossa organização. E cada vez que eu vou aumentando, eles ficam nervosos — respondeu Neiva com bom humor, arrancando risos dos presentes.[2]

A imagem que me vem à mente é a de João Goulart equilibrando-se na corda bamba. Ora fustigado pela direita, na ofensiva para desestabilizar o seu governo; ora pressionado pelo movimento sindical, que demandava a reposição das perdas salariais e outros direitos trabalhistas; ora cobrado por setores esquerdistas, que exigiam reformas na lei – ou na marra.

Não raro, as pressões desconsideravam as etapas a percorrer rumo às reformas e os dilemas implícitos em cada uma delas, levando-se em conta os conflitos de interesses, o grau de coesão do lado golpista e sua influência ideológica em segmentos da opinião pública. Os depoimentos referem-se a um ponto capital: para muitos, Jango deveria romper com a conciliação entre as reivindicações das classes subalternas e as pressões das classes dominantes. E ainda restringir as alianças às forças nacionalistas e de esquerda. Essas exigências remetem à ilusória ideia de uma supremacia política que não batia com o real atravessado por antagonismos. Diagnósticos falhos subestimavam obstáculos que certas reformas teriam que superar até a sua efetivação, a começar pelo apoio político que precisavam obter no Congresso. Ou seja: não tinham o condão de produzir respostas a curto ou a médio prazo, com facilidade. Por exemplo, a reforma agrária: quanto tempo exigiriam as desapropriações de terras, indenizações, legalização de lotes, infraestrutura, assistência técnica, ocupação organizada, trabalho coletivo etc.?

Nesse sentido, a "esquerdização" conduziu a equívocos que ajudaram a enfraquecer a sustentação política de João Goulart, tanto no Congresso como no seio da sociedade civil. Os discursos mais radicais no comício da Central do Brasil – na percepção do brigadeiro Rui Moreira Lima – assustaram as camadas médias urbanas, colocando grande parte delas ao

QUATRO HIPÓTESES

alcance da pregação golpista.[3] O tom agressivo de alguns pronunciamentos preocupou o ministro Evandro Lins e Silva (1912–2002), ex-chefe da Casa Civil e nomeado por seu amigo Jango para o Supremo Tribunal Federal em setembro de 1963. Na noite de 15 de março de 1964, durante conversa a sós no voo de regresso do Rio a Brasília no avião presidencial, Jango quis saber a opinião de Evandro sobre o comício. O ministro, que assistira ao evento pela televisão, foi direto: "Acho que o comício não ajudou em nada o desenvolvimento da sua ação como presidente da República para a realização das reformas pacíficas. Porque o comício se deu em frente ao Ministério da Guerra e, evidentemente os generais não estão de acordo com o que se passou ali." Jango nada disse.[4]

SEGUNDA HIPÓTESE

A esquerda não conseguiu unificar-se numa plataforma comum, que englobasse um projeto estratégico definido que se desdobrasse em táticas condizentes e métodos de ação compartilhados.

Waldir Pires e Sérgio Magalhães apontam essa incapacidade de elaboração estratégica e aplicação tática como um dos fatores que impediram um melhor entendimento por parte de setores sociais mais amplos em relação às reformas de base.[5] "Em 1964, havia ideologia de esquerda, mas não havia política, no sentido de se atuar para a consecução dos objetivos", observa Sérgio Magalhães. "Muitos não sabiam que não basta querer uma coisa, você precisa saber como chegar lá. A esquerda não foi capaz de definir, com clareza e unidade, os meios para executar as mudanças estruturais que pregava." Theotonio dos Santos acredita que a esquerda, do ponto de vista político, esbarrava num obstáculo: não demonstrava condições de apresentar uma proposta unitária, que superasse suas próprias diferenças: "Ou a esquerda fazia uma proposta nacionalista democrático-burguesa, ou então caía numa posição de ultraesquerda."[6]

Hércules Corrêa arrisca-se a dizer que propostas apresentadas já não se coadunavam com o modelo econômico vigente. Tudo isso abria brechas para o conservadorismo golpista infundir temores a respeito da "comunização" do país, no bojo das medidas anunciadas por Jango.[7]

As disputas na esquerda derivavam – de acordo com Herbert de Souza, Neiva Moreira, Francisco Julião,[8] entre outros – de uma tendência das organizações de colocar suas formulações acima dos interesses gerais da luta por mudanças sociais. A competição pela hegemonia dentro do bloco nacional-reformista evidenciava desajustes entre as palavras de ordem e a realidade, assim como incompreensões sobre o papel a desempenhar naquela conjuntura de crise. "Havia disputa de tudo. Disputa de lideranças, velhas concepções de poder e também velhas análises políticas que não correspondiam à realidade. As nossas teorias, já em 1964, estavam atrasadas pelo menos uns quinze anos em relação ao que se passava no Brasil", destaca Herbert de Souza.

A corrida pela sucessão presidencial em 1965 opunha Leonel Brizola a Miguel Arraes e vice-versa, e isso alimentava dissonâncias e rusgas entre eles e seus respectivos seguidores. Dissonâncias talvez inevitáveis, levando-se em conta as ambições políticas, os distintos perfis e as alianças que procuravam formar. Da mesma maneira, a forte rivalidade pelo controle dos movimentos operário e camponês, particularmente no Nordeste, entre as Ligas Camponesas, o PCB, o governo de Arraes e outras organizações, dificultava conexões entre demandas e formas de luta numa área de vital importância econômica e potencial político.

TERCEIRA HIPÓTESE

As contradições e ambiguidades entre forças de esquerda impediram que elas colocassem em prática uma direção político-ideológica mais convincente ao bloco nacional-reformista.

QUATRO HIPÓTESES

Isso repercutia nos modos de enfrentamento das forças conservadoras e oligárquicas agrupadas em torno da conspiração. Às vezes, a energia se concentrava, excessivamente, em reprovar certas hesitações de Jango na condução do governo, perdendo-se o foco no inimigo primordial: a direita. "Nós, erradamente, colocamos como principal objetivo barrar o que chamávamos de vacilações do Jango. Em certa medida, nós combatíamos com mais vigor as oscilações do Jango do que a direita. Isso, com certeza, atrapalhou", admite José Salles.[9]

Frei Betto chama atenção para a ausência de um trabalho de base estruturado e permanente, capaz de enfrentar o avanço golpista: "A direita fazia uma deseducação política do povo 24 horas por dia, e nós não fazíamos um trabalho consequente de educação política." Sem falar na insuficiente integração com outros movimentos pró-reformas, aí incluídos os setores militares nacionalistas.[10]

As concepções de revolução oscilavam entre a opção democrático-burguesa do PCB, o nacionalismo anti-imperialista de Brizola e as teses insurrecionais do PCdoB, da Polop e do MRT, com seus matizes, inspiradas, via de regra, na teoria do foco revolucionário e nos triunfos das Revoluções Cubana e Chinesa. A contestação às teses do PCB, com uma etapa democrático-burguesa na transição para o socialismo, marcou a fragmentação da esquerda a partir de fins dos anos 1950, num processo que iria acentuar-se após 1968 com na luta armada contra a ditadura.

Os segmentos radicalizados acreditavam que, incorporando à frente política os extratos subalternos das forças armadas, poderiam reforçar o poder de fogo de suas reivindicações e engrossar a pressão popular junto ao governo. Na verdade, não percebiam que a correlação de forças na sociedade não lhes era favorável, sobretudo a partir do segundo semestre de 1963, na moldura de crise econômica que serviu de combustível para a oposição conservadora.

A ESQUERDA E O GOLPE DE 1964

O equilíbrio político-institucional foi afetado pela crença de que quase tudo poderia se resolver na boca do fuzil. "Não se pensou que era possível aprofundar a luta social sem expor-nos ao retrocesso", lamenta Almino Affonso, para quem o golpe poderia ter sido evitado "se tivéssemos tido os avanços na medida do possível, sem pretender levantar palavras de ordem ou provocar ações acima do que as próprias pernas permitem".[11]

QUARTA HIPÓTESE

A responsabilidade maior pela derrota caberia a João Goulart. Ele não teria sido capaz de dirigir o bloco nacional-reformista, com o qual manteve uma relação de calores e esfriamentos, de incompreensões mútuas.

De acordo com Marcello Cerqueira, Neiva Moreira e Luiz Carlos Prestes,[12] Jango deveria ter abandonado a política de conciliação a tempo de dissuadir divergências e ampliar a base de sustentação do governo. "Se Jango tivesse tido uma atitude mais corajosa, mais firme, se tivesse entregado os comandos militares a pessoas ideologicamente afins com a sua política de reformas, se tivesse tido o descortino de criar uma grande frente popular de luta, ele teria tido outras condições políticas para resistir ao golpe", demarca Neiva Moreira.[13]

A imputação de responsabilidade a Goulart enfrenta forte objeção de dois de seus mais íntimos colaboradores, Darcy Ribeiro e Raul Ryff.[14] Eles criticam a intolerância de lideranças da esquerda, que não se convenciam acerca do estreito espaço de manobra de que dispunha o presidente numa conjuntura de pressões e contrapressões, dentro e fora do governo. Darcy diz que o "esquerdismo" impedia líderes do porte de Leonel Brizola de avaliar na devida conta que, apesar das limitações, Jango propunha medidas sociais "com uma profundidade que não tinha ocorrido antes na História brasileira". Embora indique oscilações na

QUATRO HIPÓTESES

conduta política do presidente, Herbert de Souza reconhece que o movimento popular não soube fazer uma leitura de Goulart como aliado: "Muitas vezes, na prática, nós colocávamos o Jango como um obstáculo ao desenvolvimento do processo político. Queríamos avançar, ir muito além do que a realidade realmente tornava possível."[15]

Alvo de críticas por suas reiteradas cobranças em um quadro político delicado, Leonel Brizola situa suas divergências com Jango em dois planos: ele pretendia que o ministério fosse integrado por políticos comprometidos com as reformas de base; e achava que o governo deveria ter uma atitude mais firme e decidida contra a ameaça de golpe. O não enfrentamento das duas questões, levantadas por Brizola e seus aliados na Frente de Mobilização Popular, teria minado a autoridade do governo. De um lado, não soube conter os excessos de movimentos que o apoiavam. De outro, não interveio, com os instrumentos legais existentes, para travar a conspiração golpista. Confiou até a última gota no "dispositivo militar" do general Assis Brasil (aliás, ele e quase toda a esquerda).

O "esquema militar" pode até ter existido nos cálculos de Assis Brasil. Mas, na prática, simplesmente inexistiu ou evaporou quando o golpe foi desencadeado, O jornalista Janio de Freitas lembra que, uma semana antes do desfecho, o coronel Donato Ferreira Machado – de quem era amigo desde os tempos em que dirigia a redação do *Correio da Manhã* e se entendiam bem nas análises da conjuntura – lhe disse: "Janio, não há esquema militar. Levantei todas as designações militares, para onde foram feitas, quem eram os oficiais. Não há esquema militar, não há defesa nenhuma. Temos o general Chrysantho [de Miranda Figueiredo] no Paraná, numa posição muito importante, e ele vai agir corretamente. No mais, estamos ferrados."[16]

Numa das noites que antecederam a deposição de João Goulart, o brigadeiro Rui Moreira despediu-se da família e, a caminho da Base Aérea de Santa Cruz, por ele comandada, foi ao apartamento do general

Assis Brasil. Esperava participar de uma reunião que analisasse a grave situação do país. Presentes generais, almirantes e brigadeiros, em animadas rodas. Moreira Lima levou um choque ao perceber que se tratava de um convescote, regado a bandejas de uísque. Não demorou a retirar-se, desiludido.[17]

Nelson Werneck Sodré e Eduardo Chuahy[18] salientam os erros de Goulart na condução da questão militar. "Jango nunca se saiu bem na área militar. Pela natureza dele. Ele achava que poderia ir empurrando", diz Chuahy. E os equívocos se sucederam. Desde promoções de militares conservadores em detrimento de oficiais progressistas, até designações dos comandantes de unidades estratégicas, nem todos claramente alinhados à orientação política nas relações do Palácio do Planalto com o comando das forças armadas.

Ivo Acioly Corseuil, que em 1964 era capitão de mar e guerra e diretor do Serviço Federal de Informações e Contrainformações (SFICI), subordinado ao Conselho de Segurança Nacional, tem avaliação semelhante às de Werneck Sodré e Chuahy. Ele cita, como caso notório, a indicação do general Benjamin Galhardo para o comando do III Exército, contra o parecer unânime dos oficiais legalistas que integravam o Conselho de Segurança Nacional e haviam sugerido o nome do general Ladário Telles. Tardiamente, Ladário foi nomeado em 1º de abril de 1964, quando oficiais do III Exército já haviam aderido ao golpe. Outro equívoco, segundo Corseuil, foi a nomeação do general Amaury Kruel para o II Exército. Jango teria se esquecido de que Kruel encabeçara o "Manifesto dos coronéis", que forçara a sua exoneração do Ministério do Trabalho em 1954?[19]

Parece não haver mais dúvida de que Jango desanimou quando soube que Kruel havia aderido ao golpe. Talvez tenha sido um dos momentos mais excruciantes em que, afinal, admitiu para si mesmo que o "esquema militar legalista" não passava de um mito ou, no mínimo, era bastante vulnerável.

QUATRO HIPÓTESES

Werneck Sodré, Francisco Teixeira e Rui Moreira Lima[20] creem que, com as debilidades políticas do próprio governo e a ausência de uma articulação legalista consistente no interior das forças armadas, a resistência militar ao golpe não surtiria os efeitos almejados. "Na realidade, o golpe militar de 1964 foi um golpe político, vitorioso na área política. Isolado o governo, deu-se a operação militar de ocupação. A derrota já existia politicamente. O governo estava politicamente vencido", ressalta Werneck Sodré.

O conteúdo dessas interpretações subdivide-se em pelo menos duas vertentes: a) as contradições entre as forças progressistas dificultaram um respaldo sólido e coerente a estratégias voltadas à viabilização das demandas sociais; e b) a subestimação do valor da democracia, ao menos entre aqueles que exigiam de Jango medidas contundentes para implementar as reformas de base.

A problemática unidade entre as organizações de esquerda – mesmo que o discurso da unidade fosse constantemente invocado – desbordava nas rusgas entre partidos, grupos e movimentos que almejavam influir no debate das reformas de base e nos rumos do governo Goulart. Uma percepção atenta dos depoimentos nos permite identificar duas direções não confluentes: a que vislumbrava a intensificação da luta pelo socialismo, com distintas estratégias e táticas com viés revolucionário; e a que entendia que a etapa vivida era ainda intermediária, pressupondo alianças mais amplas com forças moderadas, e mesmo fora do âmbito da esquerda, porém receptivas às reformas.

Não é de se estranhar que discordâncias presentes em tais alinhamentos tenham retardado ou inviabilizado acordos permanentes e interseções de linhas no campo progressista. A multiplicidade de tendências é sinal de pluralismo. Mas também sugere dificuldades para se alcançar entendimentos duradouros, indispensável à governabilidade. Pode ser que isso resulte da "natureza contestadora" da esquerda, como mencionado por Darcy Ribeiro. É lícito pensar, também, que certas ideias fora de lugar (ainda que legítimas) de algumas correntes de esquerda tenham prejudicado a convergência de programas e ações.

De todo modo, Marcello Cerqueira pondera que a unidade, num país com a dimensão do nosso, com forças e personalidades políticas tão diversas, será sempre episódica. "As forças populares só se unem no descenso do movimento de massas. No ascenso, prevalecem as contradições."[21]

A segunda vertente de análise contempla a falta de clareza, por parte de segmentos da esquerda, de que preservar a democracia era, de fato, o desafio principal em 1964. Como compatibilizar a legitimidade reivindicatória das camadas subalternas com o equilíbrio político-institucional, num ambiente em que as liberdades individuais e coletivas fossem asseguradas? "Democracia, para nós, era um negócio tático", queixa-se Hércules Corrêa. "Jogávamos muito com a ideia do quanto pior, melhor."[22] Na visão de tendências mais à esquerda, as soluções para a crise brasileira poderiam ultrapassar os marcos institucionais e as disposições constitucionais, tendo o socialismo como seu *leitmotiv*. Como se os fins socialmente generosos justificassem eventuais recursos a meios extralegais – ou que nome tenha um certo "golpismo" à esquerda, vamos chamar assim.

Indícios na tela:

1) A proposta de Brizola de dissolver o Congresso eleito em 1962 e convocar uma Assembleia Constituinte, de que participassem "trabalhadores, camponeses, sargentos, oficiais nacionalistas, homens públicos autênticos", e da qual fossem excluídas "as velhas raposas da política tradicional".

2) Os focos guerrilheiros das Ligas Camponesas, em pleno regime de garantias constitucionais e liberdades democráticas, sem correspondência no mundo real.

QUATRO HIPÓTESES

3) A quebra da hierarquia e da disciplina nas forças armadas nos movimentos de marinheiros, sargentos e a baixa oficialidade – mesmo havendo razão nos reclamos por direitos que lhes eram negados. Esse ímpeto reivindicatório deixou de considerar as implicações no âmbito militar e deu à maior parte do oficialato o argumento da quebra da disciplina e da hierarquia para aderir ao golpe.

Quanto ao continuísmo que poderia estar nas cogitações de João Goulart, ele a negou, taxativamente, quando o ministro Evandro Lins e Silva comentou a desconfiança entre os pares no Supremo Tribunal Federal quanto a uma possível intenção de Jango de prolongar a permanência na presidência por algum artifício à margem da Constituição.[23] Coincidência ou não, em 19 de março de 1964, quatro dias depois da conversa com Evandro, após reunir-se com 39 deputados federais do PSD, Jango repudiou qualquer propósito continuísta na campanha pelas reformas de base: "Os que falam em golpismo, continuísmo ou personalismo o fazem por conta própria, ora por imaturidade política, ora por desejarem capciosamente desviar o grande debate em que toda a nação se acha empenhada para rumos que tendem precisamente a impedir que as reformas venham por via pacífica e democrática."[24]

Os itens aqui mencionados remetem a hesitações quanto ao reconhecimento dos limites de sustentação da democracia (burguesa) e do próprio governo constitucional. Alguns alertavam para a possibilidade de um golpe com a mesma ênfase com que pregavam a "revolução operário-camponesa" como saída para o país, durante o comício da Central do Brasil. "Esta é a grande lição que devemos tirar de 1964: na ação política, a medida das forças deve ser permanente. Deve-se avançar. Não é em nome da prudência que se deve ficar estático", propõe Almino Affonso.[25]

Para grupos mais à esquerda, talvez as conquistas obtidas na escala possível a um governo sem base política sólida não correspondessem à volúpia com que imaginavam chegar ao poder. No limite extremo, seus planos admitiam até uma ruptura no processo político-institucional em nome das aspirações populares. A concepção das reformas na lei ou na marra não se coadunava com um contexto no qual o bloco conservador, mesmo fora do governo, influenciava formadores de opinião, ganhava a classe média e tramava o assalto ao poder.

A direita e a extrema direita percorreram itinerários coerentes com seus propósitos: organizaram-se, acumularam forças, seduziram setores na sociedade civil com campanhas anticomunistas, falaciosas e orquestradas, e elegeram o golpe de Estado como solução final.

Antes de terminar o roteiro do filme, algumas observações a respeito do valor intrínseco da luta, mesmo quando nossos propósitos acabam derrotados, circunstancialmente ou não. A luta política não cessa quando orientada pela ideia-força do devir. A cada tombo, podemos colocar em perspectiva o esforço dialético para repensar, extrair lições e tentar seguir em frente na direção necessária.

As forças progressistas e de esquerda não tiveram clareza sobre a correlação de forças real na sociedade brasileira, nem a unidade exigida na diversidade, muito menos planos de voo sólidos e articulados para enfrentar a batalha das ideias pela hegemonia política e cultural. Porém, sem deixar de lado seus erros, contradições e ilusões, penso ser importante não perder de vista que estavam em curso mobilizações sociais e medidas governamentais (ainda que parciais) voltadas para uma efetiva democratização da vida social, econômica, política e cultural do país.[26] E mais: em todo o percurso, interrompido pela violência do 1º de abril, essas forças se recusaram a ficar contemplando o horizonte à espera da mudança de estação – e buscaram expressar anseios compartilhados com as classes oprimidas e exploradas.

Uma das vozes mais lúcidas das gerações alvejadas pelo golpe, o dramaturgo Oduvaldo Vianna Filho vislumbrou um norte para a resistência democrática nos tormentosos anos de chumbo: "Uma derrota não significa a falência de nossas convicções, mas sim a fragilidade de nossos planos de ataque. Então, é preciso aprimorá-los." Essas frases constam do texto de sua peça *Nossa vida em família*, escrita em 1971, no período mais cruel da repressão ditatorial.

A longa e árdua luta pela redemocratização do Brasil, vitoriosa 21 anos depois, veio realçar a convicção de Vianinha.

A pertinente reflexão da historiadora Marly Vianna sobre 1964 está em linha com o reconhecimento do valor intrínseco da luta: "É preciso, é imprescindível não desqualificar as ações políticas simplesmente porque foram derrotadas. É preciso lembrar, passados quarenta anos [2004], todos aqueles que lutaram pela liberdade, por um Brasil melhor; aqueles que lutaram pela democracia e contra a corrupção, que deram suas vidas nessa luta, perdidas às vezes da forma mais cruel. É preciso não esquecer, 'pela honra, pelos princípios'."

NOTAS

1. Ferreira Gullar. "Maio 1964". In: _____. *Dentro da noite veloz*. São Paulo: Círculo do Livro, 1975. p. 54.
2. Depoimento de José Serra a Mônica Teixeira no canal da Universidade Virtual do Estado de São Paulo (Univesp) no YouTube, em 1º de abril de 2014, disponível em: www.youtube.com/watch?v=og3vBvCEO0E.
3. Depoimento de Rui Moreira Lima ao autor, 20 de maio de 1988.
4. Evandro Lins e Silva. *O salão dos passos perdidos: depoimento ao CPDOC*. Rio de Janeiro: Nova Fronteira, 1997. p. 371-372,
5. Depoimentos de Waldir Pires e Sérgio Magalhães ao autor, respectivamente em 28 de novembro de 1987 e 30 de abril de 1988.
6. Depoimento de Theotonio dos Santos ao autor, 2 de agosto de 1983.
7. Depoimento de Hércules Corrêa ao autor, 30 de abril de 1988.
8. Depoimentos de Herbert de Souza, Neiva Moreira e Francisco Julião ao autor, respectivamente em 15 de agosto de 1983, 4 de fevereiro de 1984 e 20 de julho de 1983.
9. José Salles ao autor, 11 de outubro de 2023.
10. Depoimento de Frei Betto ao autor, 1º de setembro de 2023.
11. Depoimento de Almino Affonso ao autor, 3 de maio de 1988.
12. Depoimentos de Marcello Cerqueira, Neiva Moreira e Luiz Carlos Prestes ao autor, respectivamente em 13 de setembro de 1988, 4 de fevereiro de 1984 e 9 de agosto de 1983.
13. Depoimento de Neiva Moreira ao autor, 4 de fevereiro de 1984.
14. Depoimentos de Darcy Ribeiro e Raul Ryff ao autor, respectivamente em 11 de maio de 1988 e 5 de maio de 1988.
15. Depoimentos de Herbert de Souza ao autor, 15 de agosto de 1983.
16. Depoimento de Janio de Freitas ao autor, 29 de agosto de 2023.
17. Depoimento de Rui Moreira Lima ao autor, 20 de maio de 1988.
18. Depoimento de Nelson Werneck Sodré e Eduardo Chuahy ao autor, respectivamente em 26 de maio de 1988 e 9 de maio de 1988.
19. Ivo Acioly Corseuil citado por José Murilo de Carvalho. *Forças Armadas e política no Brasil*. Rio de Janeiro: J. Zahar, 2006. p. 162-163.
20. Depoimento de Nelson Werneck Sodré e Rui Moreira Lima ao autor, respectivamente em 26 de maio de 1988 e 20 de maio de 1988.
21. Depoimentos de Marcello Cerqueira ao autor, 13 de setembro de 1988.
22. Depoimento de Hércules Corrêa ao autor, 30 de abril de 1988.

23. Evandro Lins e Silva. *O salão dos passos perdidos: depoimento ao CPDOC*. Rio de Janeiro: Nova Fronteira, 1997. p. 371-372
24. *Última Hora*, 20 de março de 1964.
25. Depoimento de Almino Affonso ao autor, 3 de maio de 1988
26. Marly de Almeida Gomes Vianna. "40 anos depois". *Folha de S.Paulo*, 22 de abril de 2004.

POSFÁCIO À PRIMEIRA EDIÇÃO

René Armand Dreifuss

Lá se vão décadas. A esquerda de 1964 – com muitos de seus representantes de volta à cena política – para e repensa os anos do governo Goulart. Como pano de fundo, a histórica ruptura institucional: o golpe militar da classe empresarial.

Algumas importantes lideranças da época rememoram e analisam neste livro as causas e o feitio da justificada derrota, contrapostas às razões-sem-razão da "vitória" da direita. As aspas não são casuais, já que nem as esquerdas "perderam", no sentido óbvio do termo, na luta aberta, eleitoral ou na situação-limite do confronto militar; nem as direitas ganharam nesses campos. Na realidade, o desmoronamento das esquerdas se deu nos moldes clássicos do *confronto estratégico*: foram reduzidas à impotência ou despojadas de sua vontade de luta pela ameaça de emprego e disposição dos recursos de coação e coerção, que na política não se limitam à força militar ou policial, mas incorporam outras formas de violência organizada. Neste livro, o ex-deputado Neiva Moreira diz: "Nós não fomos derrotados porque não lutamos. E não lutamos porque não havia uma vontade de lutar."

Na realidade, as esquerdas foram derrotadas bem antes de chegado o momento de um possível enfrentamento militar, no *campo político-propagandístico* e no *plano comparativo* da *organização* com os vários segmentos sociais da direita. Foi a existência desse *preparo* e dessa *predisposição* organizacional-estratégica, traduzidos em superioridade política, que permitiu a articulação das várias e diversas estruturas de poder da direita e viabilizou a sua *mobilização* – o *deployment* consequente, sistemático e eficaz de forças, de forma ostensiva e sub-reptícia. Com efeito, não há mobilização de efetivos civis que seja relevante, sem que estes tenham sido preparados para tanto, isto é, para a ação política. Uma preparação técnica, política, anímica, não para uma batalha, mas para uma *campanha* de lutas. Senão, a tão decantada "mobilização" se torna um desgastante e inefetivo chamado singular da tropa civil a comparecer à praça pública, inconsequente e inoperante, na medida em que se esgota em si mesmo, incapaz de produzir desdobramentos significativos. Quanto às *articulações*, estas só serão possíveis se houver o que articular, isto é, forças sociais estruturadas e preparadas para a luta, sob comandos e lideranças diversas, e cuja entrada em ação deve ser *concatenada* politicamente, *sincronizada* operacionalmente e *consensualizada* programaticamente, apesar da sua "natural" e histórica diferenciação ideológica. A direita ganhou porque soube desenvolver um conjunto de campanhas políticas (e tinha acumulado os meios para tanto) no contexto de um *projeto estratégico* viável de desestabilização do governo Goulart e de contenção das esquerdas, desorganizadas e despreparadas para o nível de luta que teriam de enfrentar.

Uma das lições que emanam dessas reflexões é a de que uma campanha de luta não pode prescindir de seus componentes essenciais e prévios: preparo estratégico, projeto e visão, planejamento estratégico e organização política permanente e contumaz, para *ter* e *saber* o que mobilizar e articular; disposição tático-operacional no campo de forças, para saber *o que* e *quando* mobilizar e articular; avaliação permanente de conjuntura e correlação de recursos e meios em jogo, para saber *como* e *quando*; preparo e antecipação de novos recursos próprios e antecipação ao preparo ou emprego dos meios do adversário etc. São esses os movimentos e momentos da política, que envolvem – se bem-sucedidos – a participação sempre crescente da população, para desenvolver seu potencial de *resistência ativa permanente*, sobre a qual se constrói a mobilização das forças sociais. Não se trata da *cotidiana reclamação passiva*, nem da

POSFÁCIO À PRIMEIRA EDIÇÃO

resistência ocasional, mais ou menos heroica, prévia a um golpe, pois aí a parada já está perdida. Como lembra o ex-governador Leonel Brizola, "os grupos dos onze foram uma tentativa desesperada de unir o povo contra o golpe". De fato, eles eram a constatação da falta de organização, seu pretenso sucedâneo. Bem diferente do que seria desejável: a crescente consciência da população dos seus interesses específicos e necessidades comuns, organizada politicamente e contraposta aos poderes de elite; a sua constituição como sociedade civil autônoma; e, com isso, seu questionamento cada vez mais profundo, mais radical, no sentido estrito do termo, do estado de coisas da nação.

Nos idos de 1964, a situação era de tal desorganização estrutural e de tal imediatismo político que, segundo o ex-líder das Ligas Camponesas, Francisco Julião, "ninguém estava preparado para a resistência" – entendida aqui como restrita à contenção do golpe que se avizinhava. Para agravar a situação, "os partidos políticos – que não tinham uma grande estrutura, mas líderes carismáticos, como Lacerda, Jânio, Brizola, Prestes – estavam na expectativa de uma grande batalha pela presidência da República. Todo mundo estava pensando em formar coligações para ganhar a maior fatia e chegar a Brasília". E mesmo assim, as esquerdas, na visão do ex-consultor-geral da República Waldir Pires, não tinham "um projeto claro de defender uma candidatura que representasse a aliança de forças sociais, com um corpo de compromissos para o avanço democrático da sociedade brasileira". Enquanto "todo mundo estava voltado para a eleição", prossegue Julião, "a direita conspirava, porque sabia que perderia" no pleito "para um candidato mais avançado". Já as esquerdas, "muito preocupadas com as eleições presidenciais, não perceberam a conspiração". Ou, pelo menos, como observaria Waldir Pires, não tinham "noção da profundidade" desta.

Não só não tinham uma candidatura à presidência que representasse a sua própria diversidade, procurando a convergência política dos vários posicionamentos de esquerda, como não dispunham de estrutura partidária para a luta política desse nível. Segundo o ex-ministro do Planejamento Celso Furtado, "o movimento popular era dirigido por líderes até ingênuos e tinha bandeiras sem viabilidade". Ou, na expressão do ex-deputado federal Sérgio Magalhães, "bandeiras certas em mãos erradas". Mais ainda: o divisionismo imperante nas esquerdas as impedia de constituir uma formação sólida e eficaz para gerir a transformação do país, na eventualidade de consolidar posições e ganhar a cobiçada presidência.

De fato, uma questão que surge nitidamente nas análises do passado é a atomização e balcanização das esquerdas, os compartimentos estanques – em termos sociais e ideológico-políticos – que estas criavam e nos quais se moviam; a filigrana das desavenças pessoais, grupais e regionais, e os nós que as amarravam; a coesão colada com a saliva da retórica. Essa pulverização, segundo Julião, "é uma característica dos movimentos que não têm absolutamente uma base nas massas. São movimentos que nascem de uma concepção de grupos [...]" que "fazem seu projeto revolucionário e depois o implantam como um corpo estranho no seio de uma determinada massa". Mas "esse corpo ali não entra [...] porque a massa não foi preparada, trabalhada, conscientizada". O resultado, conclui Julião, "é que quando chega o momento do ajuste de contas com as forças reacionárias e as oligarquias – sempre bem orientadas, com uma grande tradição de unidade e organização –, esses movimentos de esquerda se desfazem como espuma. Não encontram o caminho, nem sequer para a unidade entre eles. Já começaram divididos, e o ódio entre eles é tão poderoso, é mais forte até mesmo do que contra o inimigo comum que pretendem combater".

Esse "sentimento de politização" e uma muito forte ideia de "voluntarismo político fácil" seriam registrados por Waldir Pires, e seriam os mesmos que o ex-comandante da Base Aérea de Santa Cruz brigadeiro Rui Moreira Lima detectaria nos discursos do comício da Central, que

POSFÁCIO À PRIMEIRA EDIÇÃO

tanto assustaram as camadas médias urbanas, colocando-as decisivamente do lado golpista. Uma questão fundamental, portanto, era a de ser capaz de desenvolver atividades de esclarecimento e informação, por todos os meios de comunicação de massas, para evitar a perda do apoio das classes médias, que, na análise de Waldir Pires, "são fundamentais na estabilidade do processo político brasileiro. Não só porque já são numerosas e têm interesses específicos e claros, como também porque são muito presentes na visão e no comportamento das forças armadas".

Às vésperas do golpe de 1964, parecem ter faltado aos movimentos de esquerda e às forças populares – que "só se unem no descenso do movimento de massas", segundo o ex-vice-presidente da UNE Marcello Cerqueira – coesão, disciplina, orientação coordenada e até "preparo psicológico para a luta", segundo arremate do ex-dirigente do Partido Comunista Brasileiro Gregório Bezerra. Enfim, uma visão de consensualização de objetivos e *sincronização* de esforços, *concatenando* as suas ações nos estágios e etapas de luta, isto é, uma *soma de meios, recursos e forças*, com um apurado senso de oportunidade, sem resvalar para o oportunismo; uma posição de princípios que não seja anulada por rigidez sectária e uma flexibilidade política que não descambe para o pragmatismo irresponsável.

Com a consensualização e concatenação das esquerdas "teríamos ganhado tempo, mas o processo de desestabilização continuaria", avalia Celso Furtado. Portanto, não se trata só de como fazer convergir meios e recursos de forças amigas, mas de como *discernir potenciais* ou *reais adversários*. Darcy Ribeiro, ex-chefe da Casa Civil, lembra que "o movimento popular não só subestimou, como nem viu a conspiração contra Jango", enquanto Leonel Brizola enfatiza: "Éramos ingênuos e não nos dávamos conta da articulação golpista conduzida pelo IPES e pela ESG."

Mais ainda: como conter, neutralizar e frear a agressividade da direita, que transforma em temas tabus os projetos alternativos de sociedade? A direita é mestra em desenvolver a ideia de que as reformas são utópicas, desengonçadas, inviáveis etc. e de que, portanto, são incompatíveis com os "interesses da nação", tomando como referencial único do país, para medi-las, uma pretensa "visão de classe média" – tapume doutrinário e propagandístico atrás do qual se esconde a elite do país, para disfarçar seus interesses entrincheirados. A fatia superior dessas classes médias seria, por sua vez, o suposto padrão de comportamento e horizonte ideológico das forças armadas. O pavor gerado pela tímida reforma agrária que o governo Goulart tentou implementar foi uma bem-sucedida "ideia tabu", assim como a estigmatização do ISEB, ou a mistificação que "transformou nacionalismo em sinônimo de comunismo" – que, por sua vez, já tinha sido demonizado pela direita. Foi a "ofensiva do inimigo que alimentou isso", com o intuito de enfraquecer as esquerdas perante a população, lembra o ex-fundador do ISEB, general Nelson Werneck Sodré.

Como, portanto, *atingir* e *alvejar* o adversário e como *identificar* e *explorar* as suas vulnerabilidades? Como impedir o desenvolvimento do seu *potencial* de luta? Ou, como se indaga Waldir Pires, pode-se chegar a ter "uma elaboração do movimento político, das alianças de forças capazes de desestabilizar uma sedimentação no tempo, tão longa como a da direita conservadora no país"? Afinal, como constata Darcy Ribeiro, "a direita tem interesses mais concretos para defender: reter o que tem, manter a ordem e a disciplina. É mais fácil você obter a unidade para isso".

As diversas esquerdas careciam de *projetos estratégicos* singulares, quanto mais um que fosse unificador, para definir os rumos da ação política. Em outras palavras: havia, como frisou Sérgio Magalhães, "ideologia de esquerda, mas não havia política". Mais ainda: para Waldir Pires, "não houve clareza no projeto das reformas sociais e econômicas, no sentido de que não se construiu uma estratégia nítida sobre o que seria reformar a sociedade brasileira". Para outros, como o ex-dirigente do Comando

POSFÁCIO À PRIMEIRA EDIÇÃO

Geral dos Trabalhadores Hércules Corrêa, pior ainda: "Nossas propostas não casavam com o Brasil."

Os dilemas eram vários: decidir que reformas sociais deveriam ser feitas, de que forma, por que meios humanos e materiais, carecendo de programas partidários operacionais. "As reformas foram mal definidas", acusa Celso Furtado. A questão era realizar as reformas que sintetizam o anseio de mudança da população, sem fazer o jogo, como alerta Darcy Ribeiro, daqueles "louquinhos da esquerda desvairada, que supõem que o melhor é derrubar tudo e levar ao caos". Saber quando e como consolidar posições ("queríamos avançar mais do que podíamos", lembra o ex-ministro do Trabalho Almino Affonso), sem se tornar um freio ou descambar para o imobilismo amedrontado. Executar mudanças sociais e reajustes econômicos, aplicando, para isso, o que o ex-dirigente da Polop, Theotonio dos Santos, chama "a base dos processos de reforma estrutural", e preservando, no entanto, a eficácia e a eficiência produtiva. Reformular a administração federal enquanto se aprofundava o perfil democrático do Estado, sem torná-lo um campo de lutas do democratismo estéril. Afinal, havia, segundo Waldir Pires, "os que não tinham clareza de que era indispensável assegurar a continuidade do processo democrático para que as liberdades públicas e individuais significassem um avanço inequívoco e inelutável do povo brasileiro e dos trabalhadores". Assim, era importante ser capaz de assimilar o alcance das reformas em curso, sem perder de vista os limites objetivos dos atores e das circunstâncias. "O Jango só foi entendido pela direita. Ele abriu um caminho para a revolução", diria Darcy Ribeiro. Mais: "Queriam que o Jango fosse o articulador da revolução, mas ele era o articulador das reformas", observaria Waldir Pires. E ainda: era fundamental submeter a *força das armas à força das ideias*, sem provocar as *ideias de força* e a *política das armas*, mas sempre se preparando para esta eventualidade, e, portanto, deflagrando continuamente ações neutralizadoras, já que, segundo o ex-comandante da 3ª Zona Aérea brigadeiro Francisco Teixeira, "a tradição das forças armadas é intervir".

As esquerdas não tiveram uma *visão estratégica*, isto é, foram incapazes de pensar nos planos da Estratégia, das Operações, das Táticas, das Campanhas, das Manobras, e organizar sólida e sistematicamente a população, de forma a corresponder às expectativas. A conclusão é de Waldir Pires: "Não havendo um projeto articulado no lado democrático, não se enfrentaria esse movimento golpista de forma eficaz. Havia muito mais a retórica dos discursos do que propriamente uma ação organizada para preservar o processo democrático." Mas planejamento e preparo estratégico não são tudo. Como pondera o ex-líder da Ação Popular Herbert de Souza, "política é uma luta. E a luta não tem uma trajetória predeterminada. Existe o elemento da indeterminação, que só a ação decide. Nesse sentido, o papel dos indivíduos, das lideranças e dos acontecimentos pode ser crucial".

O mal, afinal, não advém de líderes ou quadros de destaque, impulsionados pela sua capacidade no contexto de uma organização política eficiente e eficaz, sujeitos explicitamente às normas programáticas e comprometidos com as reformas necessárias, mas dos figurões e caudilhos, indivíduos de ação sem amarras a um estado-maior estratégico, livre-atiradores e capitães sem tropa, politiqueiros instintivos sem traçado e sem objetivos estratégicos, navegando politicamente ao sabor de conchavos e de projetos pessoais. E como observa Waldir Pires: "Quando você não tem a estratégia acabada, flutua ao sabor dos episódios de cada dia e fica prisioneiro dos desejos táticos deste ou daquele setor mais ou menos importante." Afinal, é dos acordos imediatistas, de sabor eleitoreiro, sem maior substância a escorá-los do que pavimentar a trilha presidencial deste ou daquele candidato, que se nutre a perda do rumo e o desencanto da população. A manipulação sem princípios afasta não só o eleitor, mas desengaja o cidadão comprometido de uma defesa persistente do sistema

POSFÁCIO À PRIMEIRA EDIÇÃO

democrático, despojando-o das suas convicções e promovendo, às vezes, o retorno inerme ao berço do autoritarismo.

Faltaram às esquerdas a visão de *objetivos possíveis* e a percepção do estado real das suas próprias forças: "Muitos tinham a ilusão de que estávamos fortes. Ora, as greves só ocorriam em empresas estatais", frisa o ex-secretário-geral do PCB Luiz Carlos Prestes. Em suma: confundiu-se o *poder de empolgação* com a *empolgação do poder*.

Neste grande espaço político que as esquerdas deixavam a descoberto – ao faltar-lhes projeto e visão estratégica, preparo e organização –, o que parecia sobrar eram, segundo Leonel Brizola, *objetivos estratégicos*. O que lhes faltava, segundo o mesmo, era *tática* – a mesma falha apontada pelo secretário de Imprensa de João Goulart, jornalista Raul Ryff: "Não conseguimos ter um projeto tático que se vinculasse ao projeto estratégico maior." E, já que este era, na apreciação geral, inexistente, fechava-se o círculo vicioso e fatal das carências e desacertos, da desorganização de possíveis estruturas de poder popular, de desarticulação político-ideológica dos grupos de esquerda constituídos e da inorganicidade social da população.

Mas no campo progressista havia alguém que agia com senso tático. Este era João Goulart, equilibrado no trapézio dos acordos partidários e do vaivém dos grupelhos politiqueiros, sem base de sustentação viável. Nas palavras de Almino Affonso, o próprio PTB "era uma contradição. Como podia dar sustentação ao governo?" É o tático Jango – "uma figura conciliadora", segundo o capitão Eduardo Chuahy, que à época servia na Casa Militar – que, sem condições políticas e recursos adequados, teve de enfrentar um estrategista político, o general Golbery do Couto e Silva, no comando de uma vasta articulação civil-militar de forças mobilizadas com um viés golpista, isto é: predispostas a fazerem valer, na eventualidade de uma correlação de forças favorável, o poderio militar. E isto, apesar de lideranças progressistas da época, como Sérgio Magalhães, que não acreditavam na possibilidade de um golpe, pois, na sua ilusão, "o Brasil já tinha um grau de desenvolvimento grande, com interesses tão complexos e múltiplos que não havia mais condições" para um retrocesso. Faltou o lembrete de Waldir Pires: "A direita é insuscetível de reduzir seus privilégios. Quando ela tem receios de que não será possível manter seus privilégios, dispõe-se a tudo. Não faz a luta simplesmente institucional; ela se mobiliza de todos os modos para defender seus interesses, inclusive com a interrupção do processo democrático."

Como decorrência da falta de projeto e visão estratégica das esquerdas, que incluía a desorganização e o despreparo político da população, foram, segundo Waldir Pires, "mobilizadas ações que não tinham correspondência numa análise de *correlação de forças*". Como o quadro brasileiro apontava para "a necessidade de uma reformulação completa, em vez de se ter muito nítido o campo de cada uma das etapas, quase que se pretendeu, ao mesmo tempo, uma visão de poder que não correspondia à realidade nem política nem sociológica do Estado". Se clareza houvesse, isto implicaria dispor de cronograma operacional, com campanhas, táticas e manobras definidas e viáveis; prioridades estabelecidas politicamente; recursos humanos em materiais predispostos à ação; visualização realista daqueles em preparo e dos passos e medidas necessários para realizá-los; discernimento claro dos adversários, de seus recursos e movimentos atuais, de como contê-los e de como minar seus meios e manobras futuras. A lição que Almino Affonso tira de 1964 é a de que "na ação política a medida das forças tem que ser permanente". Isso vale tanto para as próprias forças como para as forças do adversário.

O que resta, então? Um decálogo de erros? Não, resta, no mínimo, uma história apaixonante e apaixonada, que este livro retrata. Mas não só.

Há várias leituras possíveis do inteligente e hábil trabalho realizado por Dênis de Moraes, inclusive como coletânea de testemunhos de diversas figuras do primeiro escalão da política de esquerda da década, que

POSFÁCIO À PRIMEIRA EDIÇÃO

suplementam a reconstituição de um período crucial da história recente do país. Nesse sentido, o livro permite, pela sua técnica narrativa, a explicitação de fatos, numa montagem diferente da habitual, enquanto implica uma análise política, no ritmo da câmera que desmembra os detalhes perdidos e resgata o passado.

Mas é de olho no presente e no futuro próximo que podemos fazer uma das leituras mais ricas desta mesa-redonda imaginária. Em que sentido? Como advertência histórica e lição de política sem a arrogância da receita ou da fórmula pronta. Trata-se de repensar o passado, no bojo de uma reflexão sobre o presente e à luz dos recentes acontecimentos, para preparar e antecipar um futuro real e desejável. Confrontar o ilusionismo do verbo com o realismo da força social, preparada pela organização política e o esclarecimento conscientizador que predispõe para a ação responsável da população. Tudo isso sem perder a esperança ou cair no desânimo perante o poderio econômico, propagandístico e militar--policial das elites.

Para finalizar, uma observação. Cada um dos depoimentos reunidos no livro de Dênis de Moraes contém reflexões, dados e análises preciosas. Cada um dos depoentes enxerga e sabe de uma parte dos problemas e das questões em pauta e tem alguma coisa pertinente a dizer a respeito. Isto vale tanto para a análise quanto para a ação. É do somatório e do confronto das opiniões diversas e fundamentadas e do necessário desprendimento pessoal, visando ao bem maior da transformação social, que se nutre a ideia de um estado-maior político. Lapidadas pelo debate, estas opiniões e percepções são capazes de produzir uma orientação sólida para a ação, sedimentada nos segmentos sociais que respondem a cada uma dessas visões e lideranças. É precisamente da articulação das organizações – às quais pertencem as lideranças que expressam este conjunto de percepções – que se constitui a base sobre a qual um estado-maior de campo se viabiliza, isto é: pode ser capaz de agir nos níveis estratégico, operacional e tático, conduzindo campanhas de luta e não meras batalhas isoladas e defensivas. A *arte da política* está, justamente, em reunir os *diferentes com suas diferenças* – que representam ou espelham as diversas parcelas populares –, no interior de uma consensualização programática e de um planejamento estratégico conjunto, para uma ação política sincronizada e concatenada, capaz de fazer frente aos adversários reais.

BIBLIOGRAFIA

AFFONSO, Almino. *1964 na visão do ministro do Trabalho de João Goulart*. São Paulo: Imprensa Oficial do Estado de São Paulo, 2016.
ALBUQUERQUE, Manoel Maurício de. *Pequena história da formação social brasileira*. Rio de Janeiro: Graal, 1981.
BANDEIRA, Moniz. *O governo João Goulart:* as lutas sociais no Brasil (1961–1964). Rio de Janeiro: Civilização Brasileira, 1977.
_____. *Brizola e o trabalhismo*. Rio de Janeiro: Civilização Brasileira, 1979.
BARCELLOS, Jalusa. *CPC:* uma história de paixão e consciência. Rio de Janeiro: Nova Fronteira, 1994.
BENEVIDES, Maria Victória. *O governo Jânio Quadros*. São Paulo: Brasiliense, 1981.
BETTO, Frei. *Fidel e a religião:* conversas com Frei Betto. São Paulo: Brasiliense, 1985.
_____. *Batismo de sangue:* guerrilha e morte de Carlos Marighella. Rio de Janeiro: Rocco, 2006.
BOJUNGA, Claudio. *JK:* o artista do impossível. Rio de Janeiro: Objetiva, 2001.
BOTTAS, Paulo César Loureiro. *A bênção de abril:* memória e engajamento católico (1963–1964). Petrópolis: Vozes, 1983.
BRIGAGÃO, Clóvis; RIBEIRO, Trajano. *Brizola*. São Paulo: Paz & Terra, 2015.
BRANCO, Carlos Castello. *Introdução à revolução de 1964*. Rio de Janeiro: Artenova, 1975. v. 2.

BRANDÃO, Gildo Marçal. *A esquerda positiva:* as duas almas do Partido Comunista (1920–1964). São Paulo: Hucitec, 1997.

BRANDÃO, Ignácio de Loyola. *Cuba de Fidel:* viagem à ilha proibida. São Paulo: Cultura, 1978.

CARONE, Edgard. *O PCB:* 1943 a 1964. São Paulo: Difel, 1982.

CARVALHO, Apolônio de. *Vale a pena sonhar.* Rio de Janeiro: Rocco, 1997.

CARVALHO, Ferdinando de. *IPM 709:* o comunismo no Brasil. Rio de Janeiro: Biblioteca do Exército Editora, 1967.

CARVALHO, José Murilo de. *Forças armadas e política no Brasil.* Rio de Janeiro: J. Zahar, 2006.

COELHO, Marco Antônio Tavares. *Herança de um sonho:* as memórias de um comunista. Rio de Janeiro: Record, 2000.

COUTINHO, Carlos Nelson. *Cultura e sociedade no Brasil:* ensaio sobre ideias e formas. 4. ed. São Paulo: Expressão Popular, 2011.

D'ARAUJO, Maria Celina; SOARES, Gláucio Ary Dillon; CASTRO, Celso de (orgs.). *Visões do golpe:* a memória militar de 1964. Rio de Janeiro: Relume Dumará, 2018.

DEL PICCHIA, Pedro. *O PCB no quadro atual da política brasileira.* Rio de Janeiro: Civilização Brasileira, 1980.

DIAS, Mauricio. Revolução de 1964. In: BELOCH, Israel; ABREU, Alzira Alves de (coord.). *Dicionário Histórico-Biográfico Brasileiro 1930–1983.* Rio de Janeiro: Forense Universitária/CPDOC/FINEP, 1984.

DREIFUSS, René Armand. *1964:* a conquista do Estado. Ação política, poder e golpe de classe. Petrópolis: Vozes, 1981.

FAUSTO, Boris. *História geral da civilização brasileira.* São Paulo: Difel, 1981. v. 3. (O Brasil republicano: sociedade e política, 1930–1964).

FERREIRA, Jorge. *João Goulart, uma biografia.* Rio de Janeiro: Civilização Brasileira, 2011.

BIBLIOGRAFIA

FERREIRA, Jorge; DELGADO, Lucília de Almeida Neves (orgs.). *O Brasil republicano:* O tempo da experiência democrática. Rio de Janeiro: Civilização Brasileira, 2019. v. 3. (Da democratização de 1945 ao golpe civil-militar de 1964 – Terceira República: 1945-1964).

FERREIRA, Jorge; GOMES, Angela de Castro. *1964:* o golpe que derrubou um presidente, pôs fim ao regime democrático e instituiu a ditadura militar no Brasil. Rio de Janeiro: Civilização Brasileira, 2014.

FICO, Carlos. *Além do golpe:* versões e controvérsias sobre 1964 e a ditadura militar. Rio de Janeiro: Record, 2004.

_____. *O golpe de 1964:* momentos decisivos. Rio de Janeiro: Ed. FGV, 2014.

FLEISCHER, David V. (org.). *Os partidos políticos no Brasil.* Brasília: Editora Universidade de Brasília, 1981.

FREDERICO, Celso. *A esquerda e o movimento operário (1964-1984).* São Paulo: Novos Rumos, 1987. v. 1.

FURTADO, Celso. *Obra autobiográfica.* Rosa Freire D'Aguiar (org.). São Paulo: Paz & Terra, 1997. v. II. (Aventuras de um economista brasileiro; A fantasia desfeita).

_____. *Diários intermitentes (1937-2002).* Rosa Freire D'Aguiar (org.). São Paulo: Companhia das Letras, 2019.

_____. *Correspondência intelectual:* 1949-2004. Rosa Freire D'Aguiar (org.). São Paulo: Companhia das Letras, 2021.

GARCIA, Marco Aurélio (org.). *As esquerdas e a democracia.* São Paulo: Paz & Terra/Cedec, 1986.

GASPARI, Elio. *As ilusões armadas: 1. A ditadura envergonhada.* Rio de Janeiro: Intrínseca, 2014.

GORENDER, Jacob. *Combate nas trevas:* a esquerda brasileira, das ilusões perdidas à luta armada. São Paulo: Ática, 1987.

GRAMSCI, Antonio Gramsci. *Cadernos do cárcere.* Carlos Nelson Coutinho, Marco Aurélio Nogueira e Luiz Sérgio Henriques (orgs.). Rio de Janeiro: Civilização Brasileira, 2000. v. 2. (Os intelectuais. O princípio educativo. Jornalismo).

_____. *Cadernos do cárcere*. Carlos Nelson Coutinho, Marco Aurélio Nogueira e Luiz Sérgio Henriques (orgs.). Rio de Janeiro: Civilização Brasileira, 2002. v. 3. (Maquiavel. Notas sobre o Estado e a política).

HOLLANDA, Heloisa Buarque de. *Impressões de viagem:* CPC, vanguarda e desbunde (1960–1970). São Paulo: Brasiliense, 1981.

_____; GONÇALVES, Marcos A. Cultura e participação nos anos 60. São Paulo: Brasiliense, 1982.

IANNI, Octavio. *O ciclo da revolução burguesa*. Petrópolis: Vozes, 1984.

_____. *O colapso do populismo no Brasil*. Rio de Janeiro: Civilização Brasileira, 1994.

JOSÉ, Emiliano. *Carlos Marighella:* o inimigo número um da ditadura militar. São Paulo: Sol & Chuva, 1997.

JUREMA, Abelardo. *Sexta-feira, 13:* os últimos dias do governo Goulart. Rio de Janeiro: Edições O Cruzeiro, 1966.

KONDER, Leandro. *A democracia e os comunistas no Brasil*. Rio de Janeiro: Graal, 1980.

LESSA, Carlos. *15 anos de política econômica*. São Paulo: Brasiliense, 1983.

MACIEL, Luiz Carlos. *Anos 60*. Porto Alegre: L&PM, 1987.

MAGALHÃES, Mario. *Marighella:* o guerrilheiro que incendiou o mundo. São Paulo: Companhia das Letras, 2012.

MARIGHELLA, Carlos. *Por que resisti à prisão*. São Paulo: Brasiliense; Salvador: EDUFBA, 1995.

MARINI, Ruy Mauro. *Subdesenvolvimento e revolução*. Florianópolis: Insular, 2014.

MARTINS FILHO, João Roberto (org.). *O golpe de 1964 e o regime militar*: novas perspectivas. São Carlos: EdUFSCAR, 2021.

MONTEIRO, Karla. *Samuel Wainer*: o homem que estava lá. São Paulo: Companhia das Letras, 2020.

MORAES, Dênis de. *Vianinha, cúmplice da paixão:* uma biografia de Oduvaldo Vianna Filho. 2. ed. Rio de Janeiro: Record, 2000.

_____. *Crítica da mídia e hegemonia cultural*. Rio de Janeiro: Mauad, 2016.

_____. *O rebelde do traço: a vida de Henfil*. 3. ed. Rio de Janeiro: José Olympio, 2016.

_____. *Sartre e a imprensa*. Rio de Janeiro: Mauad, 2022.

MORAES, Dênis de; VIANA, Francisco. *Prestes: lutas e autocríticas*. 3. ed. Rio de Janeiro: Mauad, 1997.

MOREL, Edmar. *O golpe começou em Washington*. Rio de Janeiro: Civilização Brasileira, 1965.

MOTA, Lourenço Dantas. "A história vivida (II)". *O Estado de S. Paulo*, São Paulo, 1981.

MOTTA. Rodrigo Patto Sá. *Em guarda contra o perigo vermelho*: o anticomunismo no Brasil (1917–1964). Niterói: Eduff, 2020.

_____. *Passados presentes:* o golpe de 1964 e a ditadura militar. Rio de Janeiro: J. Zahar, 2021.

NAPOLITANO, Marcos. *1964:* história do regime militar brasileiro. São Paulo: Contexto, 2014.

NETTO, José Paulo. *Ditadura e serviço social*: uma análise do Serviço Social no Brasil pós-1964. São Paulo: Cortez, 1998.

_____. *Nelson Werneck Sodré:* o general da história e da cultura. São Paulo: Expressão Popular, 2011.

_____. *Pequena história da ditadura brasileira (1964–1985)*. São Paulo: Cortez, 2018.

PARKER, Phyllis R. *1964:* o papel dos Estados Unidos no golpe de estado de 31 de março. Rio de Janeiro: Civilização Brasileira, 1977.

PERICÁS, Luiz Bernardo. *Caio Prado Júnior:* uma biografia política. São Paulo: Boitempo, 2016.

POERNER, Artur José. *O poder jovem:* história de participação política dos estudantes brasileiros. Rio de Janeiro: Civilização Brasileira, 1979.

REIS FILHO, Daniel Aarão; RIDENTI, Marcelo; MOTTA. Rodrigo Patto Sá (orgs.). *A ditadura que mudou o Brasil:* 50 anos do golpe de 1964. Rio de Janeiro: J. Zahar, 2014.

REIS FILHO, Daniel Aarão; SÁ, Jair Ferreira de (org.). *Imagens da revolução.* Rio de Janeiro: Marco Zero, 1985.

RIBEIRO, Darcy. *Aos trancos e barrancos:* como o Brasil deu no que deu. Rio de Janeiro: Guanabara, 1985.

_____. *Confissões.* São Paulo: Companhia das Letras, 1997.

_____. *Tempos de turbilhão:* relatos do golpe de 64. Eric Nepomuceno (org.). São Paulo: Global, 2014.

RIDENTI, Marcelo. *Em busca do povo brasileiro*: artistas da revolução, do CPC à era da TV. Rio de Janeiro: Record, 2000.

_____. *Brasilidade revolucionária:* um século de cultura e política. São Paulo: Unesp, 2010.

RODRIGUES, Leôncio Martins. "Sindicalismo e classe operária". In: FAUSTO, Boris. *História geral da civilização brasileira.* São Paulo: Difel, 1981. v. 3.

SANTOS, Wanderley Guilherme dos. *Quem dará o golpe no Brasil?* Rio de Janeiro: Civilização Brasileira, 1962. v. 5. (Coleção Cadernos do Povo Brasileiro).

_____. *Sessenta e quatro:* anatomia da crise. São Paulo: Vértice, 1986.

SCHILLING, Paulo. *Como se coloca a direita no poder.* São Paulo: Global, 1979. 2 v.

SERRA, José. *Cinquenta anos esta noite:* o golpe, a ditadura e o exílio. Rio de Janeiro: Record, 2014.

BIBLIOGRAFIA

SILVA, Hélio. *1964: golpe ou contragolpe?* Rio de Janeiro: Civilização Brasileira, 1975.

SILVA, Juremir Machado da. *1964:* golpe midiático-civil-militar. Porto Alegre: Sulina, 2017.

SKIDMORE, Thomas. *Brasil:* de Getúlio a Castelo (1930–1964). São Paulo: Paz & Terra, 2007.

SODRÉ, Nelson Werneck. *A verdade sobre o ISEB.* Rio de Janeiro: Avenir, 1978.

_____. *História da História Nova.* Petrópolis: Vozes, 1986. p. 122.

_____. *A fúria de Calibã:* memórias do golpe de 64. Rio de Janeiro: Bertrand Brasil, 1994.

STARLING, Heloisa Maria Murgel. *Os senhores das Gerais:* os novos inconfidentes e o golpe militar de 1964. Petrópolis: Vozes, 1986.

TAVARES, Cristina; MENDONÇA, Fernando. *Conversações com Arraes.* Belo Horizonte: Vega, 1979.

TAVARES, Flávio. *1961:* o golpe derrotado. Porto Alegre: L&PM, 2012.

_____. *1964:* o golpe. Porto Alegre: LP&M, 2014.

TENDLER, Silvio; DIAS, Mauricio. *Jango.* Porto Alegre: L&PM, 1984.

TOLEDO, Caio Navarro de. *ISEB:* fábrica de ideologia. São Paulo: Ática, 1978.

_____. *O governo Goulart e o golpe de 64.* São Paulo: Brasiliense, 1982.

_____. (org.). *1964: visões críticas do golpe. Democracia e reformas no populismo.* Campinas: Ed. Unicamp, 2014.

VINHAS, Moisés. *O Partidão:* a luta por um partido de massas (1922–1974). São Paulo: Hucitec, 1982.

WEFFORT, Francisco. *O populismo na política brasileira.* Rio de Janeiro: Paz & Terra, 1978.

FONTES CONSULTADAS

ACERVOS PÚBLICOS E PRIVADOS

Arquivo Edgar Leuenroth, Unicamp: www.ael.ifch.unicamp.br/
Arquivo Nacional (AN)
Arquivo Público do Estado de São Paulo (APESP):
   www.arquivoestado.sp.gov.br/web/acervo/
Arquivo Público Mineiro: www.siaapm.cultura.mg.gov.br/
Biblioteca Central do Gragoatá (BCG)/Universidade Federal
   Fluminense (UFF)
Biblioteca Mário de Andrade (São Paulo)
Biblioteca Salomão Malina, Fundação Astrojildo Pereira (FAP):
   www.fundacaoastrojildo.org.br/biblioteca-salomao-malina/
Cetro de Documentação e Memória (Cedem), Universidade Estadual
   Paulista (Unesp): www.cedem.unesp.br/
Centro de Pesquisa e Documentação de História Contemporânea do
   Brasil (CPDOC)/Fundação Getulio Vargas (FGV)
Centro de Referência Memórias Reveladas/Arquivo Nacional:
   www.gov.br/memoriasreveladas/
Centro Internacional Celso Furtado de Políticas para o Desenvolvimento:
   www.centrocelsofurtado.org.br/
Centro Sérgio Buarque de Hollanda de Documentação e História
   Política/Fundação Perseu Abramo: www.acervo.fpabramo.org.br/
Comissão Estadual da Verdade do Rio de Janeiro: www.base.aperj.rj.gov.
   br/index.php/comissao-estadual-da-verdade-do-rio-de-janeiro-2/

Comissão Estadual da Verdade "Rubens Paiva": www.comissaodaverdade.al.sp.gov.br/

Comissão Estadual da Verdade e Memória Dom Helder Câmara, de Pernambuco: www.comissaodaverdade.pe.gov.br/index.php/comissao-da-verdade/

Comissão Nacional da Verdade (CNV): www.cnv.memoriasreveladas.gov.br/

Documentos Revelados: www.documentosrevelados.com.br/

Eletronic Reading Room/Central Intelligence Agency (CIA), Estados Unidos da América: www.cia.gov/readingroom/

Fundação Biblioteca Nacional (FBN)

Fundação Maurício Grabois: www.grabois.org.br/

Fundo/Coleção Campanha da Mulher pela Democracia/Arquivo Nacional: www.dibrarq.arquivonacional.gov.br/index.php/campanha-da-mulher-pela-democracia-2

Fundo/Coleção Instituto de Pesquisas e Estudos Sociais (IPES)/Arquivo Nacional: www.dibrarq.arquivonacional.gov.br/index.php/instituto-de-pesquisas-e-estudos-sociais

Fundo/Coleção Luiz Carlos Prestes/Arquivo Nacional: www.dibrarq.arquivonacional.gov.br/index.php/luiz-carlos-prestes

Fundo/Serviço Nacional de Informações (SNI)/Arquivo Nacional: www.sian.an.gov.br

Hemeroteca Digital Brasileira/Fundação Biblioteca Nacional: www.bndigital.bn.gov.br/hemeroteca-digital/

Marxismo 21: www.marxismo21.org/.

Marxists Internet Archive: www.marxists.org/

Memorial da América Latina: www.memorial.org.br/

Memorial da Democracia: www.memorialdademocracia.com.br/

Memorial da Resistência de São Paulo: www.memorialdaresistenciasp.org.br/

FONTES CONSULTADAS

Memórias da Ditadura: www.memoriasdaditadura.org.br/
Núcleo de História Oral e Memória do Laboratório de Estudos do Tempo Presente/ Universidade Federal do Rio de Janeiro (UFRJ): www.nuhom.historia.ufrj.br/
Universidade Virtual do Estado de São Paulo (Univesp), canal no YouTube: www.youtube.com/@univesptv/

COLEÇÕES DE PERIÓDICOS

A Classe Operária
A Liga
Binômio
Brasil Urgente
Carta Capital
CooJornal
Correio da Manhã
Diário Carioca
Diário de Notícias
Estudos Sociais
Folha de S.Paulo
IstoÉ
Jornal do Brasil
Jornal do País
Novos Rumos
O Estado de S. Paulo
O Globo
O Metropolitano
O Semanário
Panfleto

Repórter
Revista Brasiliense
Senhor
Tribuna da Imprensa
Veja
Última Hora
Última Hora Nordeste

AGRADECIMENTOS

Agradeço a Almino Affonso, Ana Arruda Callado, Ana Helena Tavares, Antonia Solange Silva de Albuquerque Salles, Clodesmidt Riani, Frei Betto, Janio de Freitas, José Carlos Monteiro, José Paulo Netto, José de Albuquerque Salles, Luiz Bernardo Pericás, Marcelo Ridenti, Marcello Cerqueira, Maria Helena Guimarães Pereira, Mário Magalhães, Marly de Almeida Gomes Vianna, Mauricio Dias, Miguel Yoshida, Milton Temer, Plinio de Arruda Sampaio Junior, Ricardo Costa, Ricardo Lessa, Rodrigo Czajka e Silvio Tendler. E, especialmente, a Maria do Carmo Villas Boas de Moraes, minha sábia e querida mãe.

Agradeço também ao Arquivo Nacional, à Empresa Brasil de Comunicação (EBC) e à Universidade Virtual do Estado de São Paulo (Univesp).

Em memória, minha gratidão a René Armand Dreifuss, Carlos Nelson Coutinho, Celso Furtado, Clodomir Santos de Morais, Darcy Ribeiro, Edmar Morel, Eduardo Chuahy, Francisco Julião, Francisco Viana, Francisco Teixeira, Gregório Bezerra, Herbert José de Souza (Betinho), Hércules Corrêa, Jelcy Rodrigues Corrêa, Kardec Lemme, Leonel Brizola, Luiz Alberto Bettencourt, Luiz Alberto Moniz Bandeira, Luiz Carlos Prestes, Mário Augusto Jakobskind, Narciso Júlio Gonçalves, Octavio Tostes, Neiva Moreira, Nelson Werneck Sodré, Paulo Malta Rezende, Paulo Mercadante, Plinio de Arruda Sampaio, Raul Ryff, Rui Moreira Lima, Sérgio Magalhães, Theotonio dos Santos, Vito Giannotti, Waldir Pires e Wanderley Guilherme dos Santos.

Este livro foi composto na tipografia Adobe Garamond Pro,
em corpo 12/16, e impresso em
papel off-white no Sistema Cameron da
Divisão Gráfica da Distribuidora Record.